IRÈNE FRAIN

Quand les Bretons peuplaient les mers

marabout

Collection
marabout université

Les chevaliers de la mer

Partir pour la Bretagne, c'est changer d'univers. Passé Rennes, les noms français ont disparu. Certains villages sont désignés par des consonances aussi étrangères à des oreilles françaises que des mots turcs ou japonais. On le sent déjà : cette terre est autre. On est entré en pays celte.

Le promontoire de l'Europe. Pays rude, sauvage même. Qui n'a parlé des grands vents de Bretagne, de ses longues pluies, de ses brumes froides ? L'océan cerne la province. Ses côtes s'y enfoncent peu à peu. Il la dévore et la creuse de multiples criques, gorges, rias et autres abers. Remontant les estuaires, la marée s'insinue à l'intérieur des terres, et, lors des grandes tempêtes, le vent vient bousculer les arbres des campagnes.

A d'autres peuples, les courants ou les dédales de récifs ont interdit l'aventure maritime. Les Bretons sont partis. A l'époque où l'Europe se cherche de nouveaux mondes, la Bretagne toute entière brave les périls de la mer. Entre le XVe *et le* XVIIIe *siècle, elle produit des hommes qui ouvrent les routes océanes.*

Explorations, guerres, colonisations, les Bretons fourmillent. Au Canada, aux Antilles, en Amérique du Sud, aux Indes, en Chine.

Quête des îles bienheureuses. La grande mystique bretonne des anciens chevaliers errants porte ces marins. Ducs, marchands, pêcheurs, gueux de mer pressurés par les grandes compagnies de commerce, ils ont tous la même mentalité et les mêmes rêves, dès qu'ils se tournent vers l'océan. Le corsaire le mieux organisé est aussi un chasseur de chimères. Le petit matelot qui louvoie à merveille entre les écueils ne cesse de reconstruire l'univers au gré de son imagination, qui n'est pas française... Aventuriers, et avec quel panache.

Retourner sur leurs traces, c'est comme eux se laisser prendre à l'enchantement des sirènes. Consentir à la démesure d'un voyage qui ne connut d'autres limites que celles du monde lui-même. S'embarquer pour le plus reculé des extrêmes lointains.

avant Jésus-Christ, a eu vent d'une terre sacrée, qui serait le point d'embarcation vers un paradis d'au-delà les mers. Un autre Grec, un peu plus tard, évoque avec frisson « une colonne dite Boréale, très élevée, avançant sa pointe dans la haute mer houleuse ». Pays bien étrange que celui dont les habitants n'auraient eu, à en croire tous ces récits, d'autre métier que de faire passer sur leurs barques les morts de ce monde-ci dans l'autre. On ne savait pas très bien d'ailleurs ce qu'était cet autre monde. On finit donc par se demander si ce n'était pas dans les parages de ce pays qu'avait dérivé Ulysse, quand il avait trouvé le chemin des Enfers...

Certains comprirent pourtant que s'il existait là-bas un peuple de passeurs, ils pouvaient passer dans leurs barques, outre leurs cargaisons de défunts arrivés de toute la Celtie, des objets un peu plus matériels. De l'ambre, de l'étain, de l'or, par exemple; tout ce qu'on trouvait dans les îles du Nord de l'Europe, l'Irlande, la Grande-Bretagne, et dont les peuples de la Méditerranée faisaient grand cas.

Cette idée envoya sur l'Océan, au IIIe siècle avant Jésus-Christ, un navigateur marseillais, Pythéas, qui cherchait une nouvelle route maritime rapide, donc moins chère, vers toutes ces richesses. Lorsqu'il arrive en Bretagne, il découvre toute une civilisation. Des ports bien organisés jalonnent le rivage : Nantes, Corbilo (l'actuelle Saint-Nazaire), Ouessant. On signale de port en port, et rapidement, le passage des navires étrangers. Ainsi, quand Pythéas aborde l'étrange Oxysamé (l'actuelle Ouessant), la reine qui gouverne l'île a déjà été prévenue de sa présence dans les parages. Cette femme, Ioalla, est à la fois prêtresse et reine. Elle croit d'abord que le navigateur est à la recherche de la route vers le pays des morts. Pythéas finit cependant par lui faire comprendre qu'il recherche le pays de l'or et de l'étain. La reine le fascine, mais il ne s'arrête pas. Il sait qu'il est sur la bonne route; en signe d'amitié, Ioalla lui a offert des grains d'ambre, des osselets d'étain. Il obtient alors, sans trop de difficultés, semble-t-il, qu'elle lui révèle ce qu'elle sait de ces routes maritimes vers les richesses du Nord. Et quand vient l'heure de la séparation, en reine des passeurs, Ioalla fait guider le navire de Pythéas à travers les écueils dangereux qui entourent Oxysamé.

Trois siècles plus tard, César cherche à se rendre maître du territoire des passeurs. Le pays est alors dominé par les Vénètes, les fondateurs de l'actuelle Vannes. Ceux-ci ont organisé un véritable empire à partir de leur base du golfe du

1/La vocation de l'errance

Letavia, la porte de l'Autre Monde

Pour les Celtes de l'Antiquité, tous les chemins menaient à la Bretagne. Le nom qu'elle reçoit à son entrée dans l'histoire est *Aremorica* : il déborde le cadre de la péninsule; le mot, identique au terme breton actuel *Arvor*, désigne chez les Romains un « pays près de la mer », qui comprend tous les peuples maritimes de la Gaule occidentale, aussi bien la Vendée et la Normandie que la Bretagne. Les Celtes qui habitaient les Iles britanniques lui donnèrent un autre nom, Letavia. Il signifie aussi « le pays près de la mer », mais désigne exclusivement le promontoire où, selon les légendes irlandaises, devaient se rendre les âmes des morts avant de s'embarquer vers l'Autre Monde. La Bretagne constitue donc le centre de ces pays celtiques. Dès l'origine, le territoire des passeurs.

Le pays des passeurs

Il avait intrigué depuis longtemps les peuples méditerranéens. Dans l'Antiquité, on ne connaît cet univers que par des récits plus ou moins affabulés, colportés de bouche à oreille par des marchands ou des aventuriers. Mais qui y est vraiment allé ? Les Anciens sont sûrs que cette terre joue un rôle très important pour les habitants de la Gaule; c'est le point d'aboutissement d'un chemin qui mène vers autre chose. Une route de pèlerinage, pensent certains. Aristote, le philosophe grec du IVe siècle

Morbihan. Leur flotte de chêne dur leur donne la maîtrise des mers. Ils contrôlent l'Océan mais aussi une partie de la Manche, au besoin à l'aide de bateaux pirates. Les Vénètes produisent des conserves et du sel qu'ils vendent dans les Iles britanniques contre l'ambre et l'étain. Ils ne gardent pas les métaux pour eux, mais les revendent à Marseille et à d'autres cités méditerranéennes. D'après certaines suppositions, pour faire tomber Marseille, César devait tenir le pays vénète.

Les Vénètes ne voient pas pourquoi ils devraient se soumettre à César et lui abandonneraient leurs richesses et leur liberté. Ils retiennent donc prisonniers ses ambassadeurs. Le général romain ressent cet acte comme une véritable provocation, d'autant que les Vénètes paraissent particulièrement sûrs d'eux-mêmes sur mer : leurs vaisseaux sont adaptés à l'océan, ses marées, ses coups de vent, ses écueils. La flotte de César est lourde et maladroite. La campagne s'enlise. En gens de mer, les Vénètes se réfugient à l'extrémité des promontoires multiples qui découpent la côte. Si la pression ennemie se fait trop forte, ils embarquent facilement et rapidement pour un autre promontoire.

César décide alors d'attendre la flotte vénète et d'engager la bataille dès que les vaisseaux paraîtront. Cette fois le vent abandonne les Vénètes et seule la chance permet aux Romains de les réduire et de s'approprier leur territoire : ports, salines, conserveries. Les chefs vénètes sont exécutés, les autres, d'après César, réduits en esclavage. Cette année 56 avant Jésus-Christ marque la fin de l'empire des passeurs.

Or tous les contes qui évoqueront plus tard la présence romaine en Bretagne présentent les Romains comme les vaincus. Comme si la défaite bretonne était inconcevable et le Romain l'ennemi héréditaire. Combien de légendes racontent encore que tel alignement de menhirs n'est rien d'autre qu'une armée romaine pétrifiée par la providence divine au moment même où elle allait écraser les Bretons.

Pourtant la présence romaine a apporté à la Bretagne des éléments positifs. En particulier, un remarquable réseau routier qui faisait le tour de la côte, de port en port, d'estuaire en estuaire, et traversait la péninsule de part en part en reliant à travers les landes de l'intérieur les ports du Nord à ceux du Sud. Tout ce réseau va demeurer jusqu'au XVIIIe siècle. Ces routes seront celles que prendront les marchands et les futurs marins de l'âge d'or de la Bretagne.

Quand les Romains s'en vont, chassés par les invasions

barbares, ils n'ont pas transformé le pays en profondeur. Une bonne partie de ses habitants a gardé la vieille langue celtique. Et surtout, dans l'esprit de tous les peuples qui avaient conservé la tradition celte, la Bretagne demeurait Letavia, le pays des passeurs.

La terre promise

De l'autre côté de la Manche, l'Empire romain s'était aussi installé. La romanisation avait peu pénétré les Celtes des Iles britanniques. Ils étaient restés très farouches, mystiques même, et avaient gardé de nombreuses pratiques et comportements propres à l'ancienne civilisation celtique. Quand l'Empire romain s'écroule, ils sont déjà christianisés. Mais ils ont mélangé à leur manière les enseignements des druides et ceux des évangélisateurs. Les chrétiens parlent d'« autre vie », d'« Au-delà ». Tout cela est bien fait pour leur plaire : ils n'abandonnent pas pour autant leur façon bien à eux de rêver à cet autre monde, de se représenter cette autre vie. Ce sont des hommes austères, individualistes, organisés en clans.

Surviennent les envahisseurs barbares. Angles et Saxons. La terreur, les massacres. La vie devient intenable pour les Celtes des îles. On ne peut même pas convertir ces barbares : ce serait courir le risque de les retrouver dans l'Autre Monde...

Il faut partir.

Partir, de l'autre côté de la mer. La Manche, la mer celtique qui mène à Letavia, la terre de bonheur dont parlent les vieux chants des bardes. Porte de l'Autre Monde. Mais dans l'immédiat et plus prosaïquement, le pays de la survie.

LES PREMIERS AVENTURIERS

Les Bretons des îles, frères jumeaux des Bretons de la péninsule, y débarquent au Ve ou au VIe siècle de notre ère. Des hommes d'audace. Ils manquaient de tout, même de bois. A la même époque, les Romains construisent leurs bateaux en pin et en érable. Les drakkars vikings sont faits de chêne dès l'origine. Aux Bretons des îles, la pirogue suffit pour s'en aller chercher la terre promise. De l'osier tressé, tendu sur une très légère membrure de bois. Quelques peaux de cuir cousues ensemble la recouvrent. On leste le tout de cailloux ou de minerai de fer. Sous la conduite du chef s'embarquent des familles entières, et les longs esquifs prennent la mer à la recherche de Letavia...

Depuis lors l'aventure et l'audace sont à jamais inscrites dans l'histoire de la Bretagne. On n'oubliera jamais ce premier départ. En cette errance des commencements naît la mentalité bretonne, telle qu'elle s'exprimera dans toute sa grandeur entre le XVe et le XVIIIe siècle. Partir, pour construire. La mer, pour ce qu'elle promet en son terme. Parvenus aux rivages de Letavia, les Bretons insulaires fondent une nouvelle civilisation. Les hommes qui avaient conduit les pirogues donnent à la Bretagne son organisation. On s'entend d'abord avec ce qui reste de la population armoricaine : on a beau être frères de race, il ne s'agit pas d'empiéter sur la terre du premier occupant. Celui-ci leur laisse souvent des landes ingrates ou des terrains abandonnés. Ou des îles où ils ne viennent déranger personne. Ces premiers aventuriers, dans le silence de leurs retraites, commencent discrètement leur œuvre. L'Autre Monde se construit. Audace et courage. Ils établissent d'abord des petits ermitages retirés, discrets, oubliés. Ils travaillent. Ils reprennent l'exploitation de vieilles salines. Ailleurs, ce sont des sécheries de poisson. Ils retrouvent sous les ronces les anciennes routes romaines. Ils défrichent et bâtissent. Ils relèvent les ruines de fermes abandonnées, en font quelquefois un monastère. Et peu à peu la population arrive des alentours. On vient les consulter : ces hommes qui parlent de l'Au-delà chrétien savent aussi l'art de trouver l'eau dans une lande sèche. Ils connaissent la science des herbes, ils sont un peu guérisseurs. Ils écoutent ceux qui viennent les voir, et souvent le corps se remet parce que la bouche a parlé. Bientôt les gens se fixent autour d'eux; la foi où se mêlent encore beaucoup de souvenirs des druides se propage d'année en année. Les aventuriers bretons deviennent vite hommes de pouvoir. Ils créent des paroisses, qui représentent autant des institutions religieuses que des établissements politiques. Depuis le passage de la mer, et pour longtemps, la croyance en Dieu et la foi en l'aventure humaine ne se séparent plus.

A leur mort, l'Église romaine, lointaine et indifférente, les oublie. Le peuple breton, lui, a la mémoire fidèle. Il sait ce qu'il leur doit. Plus encore : il veut faire de ces hommes l'exemple de la voie à suivre. Il en fait des saints. Les lieux où se sont fixés les sept marins évangélisateurs les plus connus sont choisis pour être les sièges des sept évêchés bretons. Et des cathédrales s'y élèvent, qui portent leur nom : Saint-Pol-de-Léon, Saint-Tugdual de Tréguier, Saint-Brieuc, Saint-Malo, Saint-Samson de Dol, Saint-Corentin de Quimper et Saint-Patern de Vannes. Ainsi sept villes sacrées jalonnent les côtes bretonnes. Pas un rivage ne peut échapper au souvenir de l'ancienne aventure. Elle est inscrite dans le granit des cathédrales et les pavés des routes. La Bretagne s'invente un pèlerinage bien à elle, au moment où la vogue des pérégrinations religieuses jette les autres Européens sur les routes de Compostelle ou de la Terre Sainte. C'est le Tro Breizh, le pèlerinage des sept saints fondateurs. Il suit le tracé des routes dont les Romains avaient ceinturé le littoral breton. On pouvait commencer le Tro Breizh (tour de la Bretagne) par n'importe laquelle des villes sacrées, pourvu qu'elles soient toutes visitées et qu'on rende hommage à chacun des sept saints. 525 kilomètres, moins sans doute que pour aller et revenir de Compostelle, mais la durée du voyage était limitée. Il fallait abattre vingt kilomètres par jour... Le long du parcours, on construit des chapelles, où se reposer en priant, des fontaines, où se désaltérer devant l'image du saint. La foi est partout présente.

L'espérance qui s'exprime tout au long de ces routes dépasse la simple conviction religieuse. En ces sept saints, ce sont les pères de leur patrie que les Bretons vénèrent. En se rendant à leur sanctuaire, en buvant l'eau de leurs fontaines, c'est un peu de leur courage et de l'ancienne audace qu'ils viennent chercher, en des temps où la Terre Promise n'est plus le paradis qu'on attendait et où il faut, peut-être, en chercher d'autres.

LA CHIENNE DU MONDE

Les Bretons des îles s'étaient trompés quand ils avaient cru trouver en Letavia la Terre Promise. Il avait fallu vite déchanter. Ils n'étaient pas seuls au monde. Cette illusion tenait sans doute à leur origine insulaire. Mais ici, ils se trouvaient en un lieu de passage, et certains ne se contentaient pas de longer les côtes.

Un jour l'Océan, en des temps reculés, avait apporté une flotte de longues pirogues à proue en forme de dragon. Les drakkars. Les Normands, les rois de la mer. Aussitôt, le pays avait été mis à feu et à sang. Beaucoup d'habitants, à peine installés sur leurs pauvres champs, avaient dû partir. Ils s'étaient tournés vers les terres et s'étaient dispersés en Bourgogne, en Aquitaine.

Le danger pouvait aussi venir de la terre. De l'autre côté des forêts qui s'étendent à la lisière de la Bretagne, la France naît, grandit, s'organise. Ses rois, comme tous ceux du Moyen-Age, ont un féroce appétit de terres. Ils se sont fait des ennemis. Les Anglais, en particulier. Or ceux-ci tiennent la Guyenne, au Sud-Ouest de la France actuelle. Un simple coup d'œil à la carte permet de le saisir : la Bretagne, dès la naissance des royaumes médiévaux, est prise comme dans un étau entre l'Angleterre et la France. Tout conflit entre les deux grandes puissances a d'immédiates répercussions sur le duché. Le paradis attendu se révèle donc plus qu'incertain. Il peut même prendre la figure de l'enfer.

Toutes les raisons sont bonnes pour l'attaquer, les bonnes comme les mauvaises. Les Bretons sont rebelles et soucieux de leur indépendance : on les dira donc sauvages et insolents. Leur foi et leurs traditions sont originales. On les prétendra immoraux, on les comparera à des bêtes : « Traîtresse à sa foi, la nation bretonne n'est plus chrétienne que de nom : car d'œuvres, de culte, de religion, plus de trace. Nul égard pour les enfants, ni pour les veuves, ni pour les églises; le frère et la sœur partagent le même lit; le frère prend l'épouse du frère; tous vivent dans l'inceste et le crime. Ils habitent les bois et installent leur couche dans les fourrés; ils vivent de rapts, semblables à des bêtes sauvages. Chez eux n'existe nul asile pour la justice, et les règles du droit sont bannies ». Beau motif de guerre !

Le plus terrible de ces conflits fut, au XIVe siècle, la guerre de Succession de Bretagne. Pendant vingt-trois ans, deux candidats au duché vont s'affronter sur la terre même qu'ils revendiquent et la ravager entièrement : Jean de Montfort, soutenu par le roi d'Angleterre, et Charles de Blois, cousin du roi de France. Derrière cette querelle de succession, l'enjeu est clair. Ou bien la Bretagne devient « une simple anse, bande ou métairie du royaume de France », ou les Anglais l'annexent à leurs possessions. Au cœur de l'Empire Plantagenêt, la Bretagne est pour ceux-ci une proie tentante puisqu'elle coupe les communications maritimes de l'Aquitaine vers la Manche. Un souverain anglais, Édouard III, a été jusqu'à déclarer publiquement que la Bretagne est « la plus belle entrée qu'il se puisse avoir pour conquérir le royaume de France ».

A travers toutes ces batailles, les Bretons voient revenir le spectre de la misère. La « Chienne du Monde », comme l'appellent certains vieux proverbes :

> « *Prenez garde à la Chienne du Monde*
> *Qui vous saute dessus et n'aboie jamais.* »

On respecte si peu les lois de la guerre alors en vigueur que les Anglais s'en scandalisent : « outageuses prises et estorcions et destruction de povres gentz ». Dans certains massacres on tue « sans différence les hommes et les femmes, de quelqu'âge qu'ils fussent et mêmement les enfant qui alaitoient ». Le pays est mis en coupe réglée. On viole. On torture. On pille. On trouve dans cette guerre beaucoup de mercenaires qui agissent pour leur propre compte. Ils recherchent le plus grand gain. Ce sont razzias sur razzias. Ils revendent aux paysans qui ont encore de quoi les acheter les marchandises volées aux habitants des villes. On ne sait plus où est le pouvoir. Dans les campagnes, l'occupation d'une armée, puis d'une autre, désorganisent l'habitat et les formes traditionnelles de culture. Les paysans sont à bout. S'ils découvrent un soldat isolé, fût-il en train de voler des pommes, son compte est bon. Ainsi, un fermier égorge un page de l'armée française, qu'il a surpris dans son verger; mais avant de le tuer, il ne se prive pas de lui dire que sa mort le vengera de tous les occupants : « Entre nous, messieurs les pages, vous ne faites pas bien. Il ne demeure ni blé, ni autres vivres en ce pauvre pays de Bretagne, et ni vous ni vos maîtres n'en payez rien : le peuple ne peut plus le supporter ! »

Pauvreté, pauvres gens, voilà la chanson de la Chienne du Monde, la litanie du temps. Le mot ne cesse de revenir, des contes aux chroniques officielles, et même dans les documents administratifs. Cette époque ne connaît ni les indemnités, ni les assurances. Quand la Chienne du Monde vous est tombée dessus, vous passez à l'état de gueux. Vous devenez « chercheur de pain ». Dans les campagnes apparaissent des vagabonds, en nombre si élevé que les chroniqueurs le relèvent. Ils errent dans les forêts, ne possèdent que les hardes qui couvrent leur corps, pour n'être pas vêtus, comme disent les contes, de « l'air du ciel ». C'est le dénuement, au sens strict du terme. Chaque jour qui vient demande sa nourriture comme les autres. Le chercheur de pain est celui qui n'a d'autre ressource que de mendier de village en village. Voir s'il y reste encore de quoi manger, et ravaler l'orgueil. Car se dire que les chercheurs de pain sont les élus du Christ, ne calme pas le ventre qui crie...

La Chienne du Monde n'épargne pas les côtes. Les paysans-marins qui les peuplent voient leur destin ballotté au gré des alliances entre les deux pays. Les pirates sont à l'affût des moindres prises. La maladie rôde et vient ajouter ses coups à ceux de la guerre. La misère semble s'acharner à plaisir sur certaines familles. La froideur même des documents appartenant à l'administration des impôts laisse transparaître cette vie quotidienne sans cesse menacée par la misère. Voici trois familles de Carnac, entre dix autres semblables, écrasées par l'histoire et jetées dans le malheur : Guillaume Le Bagoute, dont les onze enfants sont morts de la peste, « a été six fois prisonniers des Angloys, dont l'une fois, fut pris en sa maison, et cette fois il perdit tous ses biens ». Même sort pour Yvon Le Greil, qui, lui, n'a pas échappé à la peste : il est mort avec presque tous ses enfants, et voici sa femme veuve, dans une maison vide, pillée par les Anglais. Jean Guilloton, lui, avait réussi à se faire une petite fortune, mais les Anglais ont capturé son bateau sur la mer, l'ont fait prisonnier, et plus tard ont saccagé sa maison : « Avant, ils étaient riches et maintenant n'y a pas grands biens »...

Bientôt les murs de certaines églises bretonnes vont se couvrir de danses macabres. L'espoir en l'Autre Monde semble perdu. La Mort, An Ankou, mène le bal. Elle entraîne les vivants, quelle que soit leur condition, dans une danse effrénée où tous se côtoient : le laboureur, le châtelain, le cardinal et l'amoureux. Pour exorciser cette horreur de la mort, nouvelle pour les Bretons, les artistes font ricaner les squelettes sur les murs des églises. Ce n'est pas une solution. Alors, partir encore ? Retrouver l'errance ?

De fait, depuis deux siècles, il s'est trouvé des Bretons pour émigrer. Mais ils allaient surtout vers les terres et étaient assez peu nombreux. Des étudiants, qui ne pouvaient guère approfondir leurs connaissances en Bretagne et avaient préféré, comme Abélard, devenir « escoliers en païs de France »; des paysans, attirés par le Maine, l'Anjou et surtout Paris. Ils y sont devenus plus pauvres encore que tous les autres travailleurs immigrés. Pour pouvoir gagner leur vie, tout ce qu'ils ont pu obtenir du roi est le monopole de « couper le genêt aux bois » et de « curer les fosses d'aisances »... On se moque d'eux, parce qu'ils parlent mal la langue. On va répétant que « les plus sots sont de Bretagne », que les Bretonnes sont « toutes filles à soldat ». Un poète de cour dit même que si l'on peut être généreux avec tous les autres hommes, il est déplacé de l'être avec les Bretons...

Ce voyage vers les terres n'offre donc rien de tentant. Et pourtant, on s'en va. Surtout au moment des guerres. On part au hasard des routes. Les officiers chargés du recouvrement des impôts ont souvent du mal à retrouver le débiteur. Ils font enquête. La plupart du temps, l'intéressé s'est volatilisé. En face de son nom, sur le registre, ils notent la cause de son départ. L'une après l'autre, elles forment la chanson de la misère :

« Vagabond. » « Mendiant. » « Mendiante. » « L'on dit qu'il est larron. » « A fui le pays par pauvreté. » « Allé à Tréguier par pauvreté et y vit de l'aumône. » « Parti par pauvreté. »

Les Bretons retrouvent l'errance. Dieu ne s'occupe plus comment le monde va, disent les contes. Dans leur misère, ils vont rejoindre tous les exclus. Le juif, en particulier. Il apparaît dans un vieux conte, le *Dialogue du juif errant et du bonhomme Misère.* Au hasard d'une route, le juif errant rencontre le bonhomme Misère. Comme tous les vieux, ils se saluent, puis entament une discussion. Le juif croit sa souffrance la plus ancienne de la terre. Mais le bonhomme Misère le détrompe, et se vante : « Moi, je compte par milliers d'années... Partout où je passe, j'entends pleurer. Je suis la cause des malheurs et le père des crimes... Depuis que je suis né, le genre humain crie mon nom; je lui ai fait souffrir tous les maux, je l'ai exercé à tous les tourments... Je sais faire des pauvres gens avec des nobles, ô juif ! » Alors le juif se révolte : « Adieu, démon, ton aspect me tourne le sang. Passe, passe, méchant vieillard, nous n'avons rien à démêler ensemble. »

Les auteurs du conte font du juif un homme sympathique : ils reconnaissent en lui une similitude de destinée. Comme les Bretons, il est l'homme de l'errance, et ils lui prêtent leur propre révolte contre le bonhomme Misère. Car il n'est pas possible que la torture de la misère se prolonge. Il n'est plus possible de continuer à marcher sans arriver jamais.

LA VOCATION DE L'ERRANCE

La solution, ce serait alors la mer ? Ainsi l'histoire ramène les Bretons aux sources de leurs légendes. On aurait pu craindre qu'au fil des siècles ne se perde l'ancienne représentation celte de l'univers, qui faisait de la péninsule l'embarcadère vers l'Autre Monde. L'arrivée des Bretons d'outre-Manche a renforcé et enrichi cette vision de l'univers.

Dans cette terre de la survie, ils ont fondé des ermitages, des paroisses, des communes, dont les toponymes en *lan-*, *plou-*, *tré-*, nous gardent encore aujourd'hui la mémoire. Et ils ont conservé le souvenir de leur civilisation passée. Il est très vivace, comme celui de tous les émigrés. Ils l'entretiennent, même lorsqu'ils abandonnent leur langue. A l'est du territoire breton, c'est le pays « gallo », où l'on parle roman, la langue qui donnera plus tard le français. Mais la mentalité celte demeure : sens de la chevalerie, obsession de la quête du paradis, goût de la rêverie.

Les Bretons ne vont pas cesser d'enrichir et d'embellir cette culture tout au long du Moyen-Age. L'Europe émerveillée ne s'y trompera pas. Pas de plus grand prestige dans une cour que de compter au nombre de ses chevaliers un guerrier de Bretagne. Les écrivains de l'Europe entière viennent chercher les thèmes majeurs de leur littérature dans les contes bretons. C'est la fameuse « matière de Bretagne », qui sert de canevas à tant d'ouvrages célèbres : *Tristan et Iseult, Lancelot du Lac, Perceval le Gallois.* On sait moins que les Bretons qui peuplent les mers entre le XVe et le XVIIIe siècle vivront en complète familiarité avec cette vision du monde, qui n'a pour eux rien de littéraire; c'est leur manière d'être, de penser, de sentir. Elle se moque du temps et des modes, elle traverse les siècles, elle défie l'histoire, la grande, celle qui dit les événements. Longtemps aussi elle s'est moquée de l'écriture, et c'est « l'héritage des oreilles », selon l'expression de Pierre Jakez Hélias, qui nous l'a transmise.

Si pour les Bretons des îles la Bretagne avait pu devenir cette terre de survie, c'est qu'elle était restée, dans leurs contes et leurs chants, le pays merveilleux d'où l'on pouvait partir vers d'autres merveilles. Le promontoire ouvert sur une autre vie, et peut-être même, d'autres vies. Tout est partance dans leur conception du monde. La mort n'y représente qu'un passage entre les passages. « Le milieu d'une longue vie », et les Romains avaient été les premiers à remarquer que cette façon d'être les rendaient prêts à toutes les entreprises, tous les sacrifices, toutes les aventures, pourvu que demeure la liberté.

Un texte d'un barde gallois résume à lui seul cette manière d'être. Il prend encore plus de poids si l'on se souvient que les

Gallois formèrent une part importante des immigrants. Ce texte, attribué à Taliesin, est le *Chant des migrations,* le *Kat Godeu :*

J'ai revêtu une multitude d'aspects
avant d'acquérir ma forme définitive.
J'ai été une lance étroite et dorée,
Il m'en souvient très clairement.
J'ai été goutte de pluie dans les airs,
J'ai été la plus profonde des étoiles,
J'ai été mot parmi les lettres,
J'ai été livre dans l'origine,
J'ai été lumière de la lampe.
Pendant une année et demie
J'ai été un immense pont jeté
sur trois vingtaines d'estuaires,
J'ai été courant marin, j'ai été aigle,
J'ai été bateau de pêcheur sur la mer,
J'ai été victuaille du festin,
J'ai été goutte de l'averse,
J'ai été une épée dans l'étreinte des mains,
J'ai été bouclier dans la bataille,
J'ai été corde d'une harpe.
Ainsi, pendant neuf années,
J'ai été eau, j'ai été écume,
J'ai été éponge dans le feu,
J'ai été arbre au bois mystérieux.

Les migrations qu'évoque ici le barde Taliesin sont les voyages de l'âme à travers une longue suite d'existences. Mais d'autres chants, plus nombreux, décrivent les migrations des hommes. Les Celtes des Iles britanniques, quand ils arrivent en Bretagne, demeurent fascinés, comme leurs ancêtres, par l'image du soleil couchant. Ils ont imaginé qu'existent au lieu où le soleil a sa « maison du soir », des îles extraordinaires, de bonheur et de jouvence éternels, qu'ils appellent « Terre de la jeunesse » ou « Terre des vivants ». Là-bas, pensent-ils, les morts de ce monde-ci trouvent une seconde vie. Ce sont ces croyances qu'avait évoquées Ioalla, la reine d'Ouessant, quand elle avait rencontré Pythéas. Mais, petit à petit, tous ces contes commencent à dire l'histoire d'hommes bien vivants qui ont pu approcher, et même pénétrer ces îles rêvées. Iles rêvées, car, jusqu'à la fin du Moyen-Age, on ne cherche pas à les situer sur une quelconque carte. Tout cela demeure du domaine de l'imaginaire, même si, par ouï-dire, de la bouche de navigateurs aventureux, les Bretons ont pu connaître l'existence du continent américain. Le voyage, ils le portent en eux. Dans leur cœur, dans leur inconscient, comme on dit de nos jours. Si l'on examine les poèmes irlandais, gallois, bretons du Moyen-Age, qui deviennent si célèbres en Europe, on s'aperçoit en effet que tout n'y est que navigation, voyage ou migration. Ainsi, les *Voyages vers le Soleil.* Dans l'un d'entre eux, le héros, Charles, doit ramener d'une île lointaine une princesse mystérieuse et enchanteresse. Il doit bien se garder de succomber à ses charmes, qui le retiendraient dans l'île pour toujours. « Prenez bien garde d'être aperçu d'elle avant que vous l'ayez vue, car elle vous enchanterait. »

Ainsi naissent les aventuriers. Pionniers de l'imaginaire, pour l'instant, mais aventuriers tout de même, car le monde où l'imagination des Bretons les fait se déplacer pendant tout le Moyen-Age est un monde difficile. Pour atteindre les îles du Soleil, de la Connaissance ou de la Jeunesse, il leur faut subir toutes sortes d'épreuves, de multiples pièges les guettent. Ils doivent savoir tout particulièrement se concilier les femmes, prêtresses ou sirènes, qui gardent les portes de la mer. On raconte par exemple qu'en l'île de Sein, vivent des femmes étranges, capables de déchaîner par leurs formules magiques ouragans et tempêtes, de se métamorphoser selon leur caprice en n'importe quel animal. Celui qui prend la mer se doit de les consulter. Alors le héros peut s'en aller sur les flots. Il enfourche souvent le dieu Marc'h, le dieu cheval qui conduit sur la mer les hommes partis à la quête de l'Autre Monde. Longue errance au milieu des îles qui les attendent au pays du Soleil Couchant. Certaines sont des pièges : l'île des Rieurs, dont les habitants ne cessent de rire d'un bout à l'autre du jour. Prenez garde à vous si vous y débarquez, car l'envie de rire s'emparerait aussi de vous, et vous n'y résisteriez pas. Ce serait alors votre prison pour toujours. Ailleurs, ce sont des forgerons dont la haine pour les marins vous fera courir mille morts.

Si le navigateur parvient à déjouer tous les traquenards de l'archipel de l'Autre Monde, alors il trouvera le vrai bonheur. Pour les Bretons rêveurs du Moyen-Age, ce bonheur-là, ce sont les femmes qui le gardent. Toutes les dames d'amour des îles lointaines. Un marin, heureux entre tous, découvre l'île des femmes. Une reine la gouverne, entourée de ses dix-sept filles.

Et non seulement chacune d'elles s'offre au navigateur, mais encore, la nuit passée, la reine lui propose l'éternité et la jouvence sans fin loin de ce monde-ci et des errances de la mer...

Il y a surtout l'île de Morgane. La fée. La sirène. Celle qui sait, qui charme et qui soigne, les plaies du corps comme celles de l'âme. Elle attend le navigateur en son île mystérieuse, la terre centrale de tous les rêves bretons : Avallon, l'île des Pommes. C'est encore le barde Taliesin qui nous la décrit :

« L'île des Pommes est aussi appelée Ile fortunée parce que toute végétation y est naturelle. Il n'est point nécessaire que les habitants la cultivent. Toute culture est absente, sauf celle que fait la nature elle-même. Les moissons y sont riches et les forêts sont couvertes de pommes et de raisins. Le sol produit tout comme si c'était de l'herbe. On y vit cent années et plus. Neuf sœurs y gouvernent par une douce loi... De ces neuf sœurs, il en est une qui dépasse toutes les autres par sa beauté et sa puissance. Morgane est son nom, et elle enseigne à quoi servent les plantes, comment guérir les maladies; elle connaît l'art de changer l'aspect d'un visage, de voler à travers les airs... »

Le royaume marin de Morgane est la terre de l'amour et de la connaissance. D'où son nom d'île des Pommes; le fruit symbolise pour les Celtes la seule connaissance véritable : celle que donne un amour partagé, quand la sensualité, la sensibilité et l'intelligence sont à l'unisson. C'est à cette île que pensait Tristan quand il promettait à Iseult qu'ils se retrouveraient au-delà de la mer, au-delà de la mort, en une terre de cristal où l'amour serait roi. Et ils partirent de Penmarch, la pointe occidentale de la Bretagne, pour s'y retrouver.

C'est aussi au royaume de Morgane que l'on a conduit Arthur grièvement blessé lors d'une bataille qui a livré la péninsule aux envahisseurs. La fée l'y soigne encore de nos jours. Elle l'a endormi dans un profond sommeil, où le roi se remet de ses épreuves et se refait des forces neuves, tandis qu'alentour tout n'est qu'amour et danse, chansons et cris de joie sous les arbres verts chargés de pommes. Quand le temps sera venu, Morgane réveillera Arthur, et il reviendra en Bretagne. Alors à nouveau les Celtes s'uniront et de cette reconnaissance surgira la grandeur bretonne.

Car jusqu'à la fin du Moyen-Age ce rêve des îles est aussi un rêve politique. Qu'on mélange ainsi des descriptions de terres paradisiaques et l'espoir du rétablissement d'un pouvoir perdu peut surprendre de nos jours : parler de pouvoir politique, ce n'est plus, semble-t-il, évoquer l'Autre Monde ! Il s'agit dans ce cas de la Bretagne bien réelle. Celle qui vit, qui souffre et qui a faim. Or cette Bretagne est une Bretagne déchirée ou vaincue.

Alors elle rêve. Elle imagine cet Autre Monde, derrière la mer, au pays du Soleil Couchant, d'où pourrait revenir la grandeur d'antan. La splendeur des temps passés. Elles viendront de la mer, sans nul doute.

Dans l'idée même que les Bretons se font de leur terre, la Bretagne est un bateau. Elle flotte sur les eaux; elle est soumise à toutes les tourmentes. Une rivière vient-elle à déborder ? C'est une voie d'eau qui perce le vaisseau en son centre. Ou bien la vague passe par-dessus bord et engloutit les grands ports.

La ville d'Is, par exemple. Le légende dit mieux que toute autre le destin maritime de la Bretagne. Sa princesse détenait les clefs des portes de la mer. C'étaient aussi les clefs de la grandeur bretonne. Les Français en étaient devenus jaloux et n'avaient rien trouvé de mieux que d'appeler Par-Is leur capitale, c'est-à-dire « Égale à Is ». Tout n'était dans la ville d'Is que splendeur et puissance venues des mers. La princesse, qui avait nom Dahut, se montrait magicienne consommée, comme bien des Bretonnes. Elle avait réussi à dompter des dragons marins qui permettaient à chacun des habitants de la cité de partir commercer au-delà des mers ou d'attaquer les vaisseaux ennemis croisant dans les parages. La ville en était devenue si riche, dit le conte, que les bourgeois de la ville « mesuraient le grain avec des hanaps d'argent ». Partout le luxe et le plaisir. Princes et princesses accourent chaque soir pour y faire fête. On vient du monde entier. Dahut mène le bal. Danses folles sur danses folles. La princesse en oublie souvent qu'elle porte à son cou les clés des portes de la mer qui protègent la cité contre l'invasion des flots. Chaque soir elle prend un nouvel amant. Elle lui donne un masque magique pour la rejoindre en sa tour auprès des écluses de l'Océan. Mais quand au matin reparaissent les mouettes, le masque se referme sur l'amant d'une nuit et l'étrangle. Un homme vêtu de noir vient le reprendre et l'emmène en un gouffre lointain, où il est rejeté dans les eaux froides sur lesquelles flotte la Bretagne. Un soir, c'est Satan lui-même qui se présente à Dahut. Il est vêtu de rouge. Ses yeux brillent, il est beau parleur. Dahut succombe devant l'inconnu, qui l'entraîne dans une danse insensée, plus démente que toutes les autres danses. On croirait voir la mer en tempête. C'est le moment que choisit Satan pour dérober à la princesse les clefs des portes de la mer.

La mer est haute. Les flots se répandent sur la ville et l'engloutissent. Malgré les supplications de son père, Dahut sera engloutie elle aussi. Et pourtant la princesse, pas plus que la ville d'Is, ne sont mortes. La cité demeure intacte sous les eaux. Le temps y a été arrêté. Chacun des habitants est resté figé dans la posture où l'a surpris l'invasion des flots.

La fin de l'histoire défie la morale. Pour que tout cela soit bien chrétien, Is, telle Sodome et Gomorrhe, aurait dû être détruite, et la tentatrice jetée en enfer. Or il n'en est rien. Dahut est vivante. On peut l'apercevoir parfois, telle une sirène, peignant ses longs cheveux au bord de l'eau... Et la ville d'Is doit renaître :

« *Pa vo beuzet Paris*
Ec'h dadsavo Ker Is.
(Quand Paris sera englouti,
Resurgira la ville d'Is.) »

La signification de la légende et du proverbe est claire : pour les Bretons du Moyen-Age qui inventèrent ces histoires, malgré toutes les tourmentes, le bateau qu'est leur terre est promis à la grandeur. Et Dahut, comme ses sœurs sirènes qui peuplent les îles, les grottes et les estuaires, en garde les clefs. Ce sont les clefs des portes de la mer.

La belle aux flots dormant garde des trésors. Quand le regard des Bretons du Moyen-Age se pose sur l'Océan, on y lit autant de cupidité que de rêves d'Autre Monde. Là, peut-être, comme pour les aïeux, le moyen d'échapper à la misère. Dans les contes que la tradition nous a transmis pullulent les malheureux pressés par la Chienne du Monde qui descendent des campagnes vers la mer pour y tenter leur chance. Comme toutes les tentatrices, elle est dangereuse. Elle peut retenir à jamais celui qui s'en va lui demander fortune. C'est le risque. L'aventure, à nouveau. On ne descend pas vers le rivage de gaîté de cœur. La faim est au ventre. Les héros des contes vivent dans l'angoisse.

Ainsi, Houarn Pogamm et son amie Bellah Postik, qui ressemblent beaucoup à tous ces jeunes de la fin du Moyen-Age, ils se désespèrent et se disent qu'à la terre l'avenir est bien sombre :

« Si nous avions seulement de quoi acheter une petite vache et un pourceau maigre, disait Houarn, je louerais à notre maître un morceau de terre, le curé nous marierait, et nous irions demeurer ensemble.

– Oui, répondait Bellah avec un gros soupir; mais nous vivons des temps si durs ! Les vaches et les porcs ont encore renchéri à la dernière foire de Ploudalmézeau; pour sûr, Dieu ne s'occupe plus comment le monde va. »

Houarn décide alors de partir sur les routes chercher fortune. La jeune fille veut le retenir, mais Houarn ne veut rien écouter : « Les oiseaux vont devant eux jusqu'à ce qu'ils aient rencontré un champ de grain, et les abeilles jusqu'à ce qu'elles trouvent des fleurs pour faire leur miel; un homme ne peut avoir moins de raison que des bêtes volantes. Moi aussi, je veux chercher partout ce qui me manque, c'est-à-dire le prix d'une petite vache et d'un pourceau maigre. »

Sur son chemin, Houarn est poursuivi par des mendiants qui le prennent pour un seigneur « parce que ses braies étaient entières ». Enfin il arrive près de la mer, à Pont-Aven, où des vendeurs de sel lui apprennent l'existence d'une fée immensément riche, la Groach'. Elle vit dans l'île du Loch, peu éloignée de la côte. Aucun de ceux qui y sont allés pour lui prendre ses trésors n'ont pu en revenir. Houarn, qui a tellement envie de son pourceau et de sa petite vache, est de la race de ceux que rien n'arrête. Il se rend donc en l'île de la fée. Très jolie femme, et si aimable... Elle ne se fait pas prier pour lui dire l'origine de ses richesses : l'étang qui se trouve au milieu de l'île communique avec la mer, et tous les trésors engloutis par les naufrages y sont apportés par un courant magique. Elle fait boire Houarn. Huit espèces de vin ! Il n'a jamais été aussi heureux; par-dessus le marché, elle lui propose le mariage. Il déchante vite. Il apprend, par bonheur, que la sorcière des mers a la fâcheuse habitude de métamorphoser en poissons ses visiteurs, puis de les faire frire. La poêle a beau être d'or, Houarn veut s'enfuir. Il parviendra à prévenir sa fiancée restée au pays, elle le délivrera de la Groach', et sa fortune leur permettra de s'établir au pays.

Il n'est pas indifférent que dans ce conte des vendeurs de sel aient indiqué à Houarn la route de la richesse. Du sel, en effet, naîtra la première grande époque de la Bretagne maritime. Mais attention ! dit aussi le conte, il faut savoir distinguer les vraies richesses des tentations fallacieuses. Il ne faut pas rester prisonnier de la mer. Que deviendrait alors le pays ?

L'angoisse, qui pourtant pousse à partir, va demeurer au cœur de l'errance. Et surgissent les premiers chants d'exil :

> « *Hélas dans mon cœur est une blessure :*
> *La moindre pensée de partir de mon pays.*
> *De la misère aussi j'aurai,*
> *Mais Jésus me conduira.*
> *Oublier le pays ne sera pas facile*
> *Je prends angoisse et nostalgie*
> *Mon pays certes quand je te laisse.*
> *Ce n'est pas de mon gré que je te dis adieu...*
> *Angoisse, chagrin me percent complètement*
> *En quittant ce pays, ce qui est nécessaire.* »

Ce texte faisait partie d'un « mystère » du XVe siècle. Le morceau était si populaire que des paysans à demi lettrés l'ont transmis, de génération en génération, jusqu'au XVIIe siècle, en le recopiant tant bien que mal, le soir, à la veillée.

La femme qu'on y voit gémir en quittant son pays avait pourtant raison, au fond de sa douleur, de garder une petite étincelle de foi. La mer a pu apporter, au moins un temps, quelques richesses bien palpables.

2/L'âge d'or des sirènes

LE RÈGNE DES MARCHANDS

Jusqu'à la guerre de Succession, une multitude de petits ports s'est développée le long du littoral breton, un peu au hasard des visites de bateaux étrangers. Les pilotes bretons sont appréciés. Les Anglais, les Flamands font souvent appel à eux pour guider leurs navires dans les passes dangereuses.

D'autres Bretons ont moins bonne réputation. On dit que les Bigoudens, entre Quimper et Douarnenez, les Pagans, au nord de Brest, s'enrichissent en pillant les épaves. Ils ont été souvent décrits sans complaisance : « Ces peuplades se précipitent sur la proie que la mer leur amène avec l'avidité et la brutalité de tigres. On ne peut la leur arracher. » On va même jusqu'à dire qu'il s'agit purement et simplement de naufrageurs qui attirent les bateaux sur les récifs par n'importe quel moyen. En liant des torches aux cornes de taureaux boiteux pour imiter la lumière clignotante des feux destinés à guider les navires. En illuminant l'intérieur des églises qui sont alors le seul point de repère du navigateur... En fait, la plupart du temps, ils ne se donnent pas tant de mal : il suffit d'attendre la tempête. En fracassant les vaisseaux sur les écueils, elle amène avec ses dernières vagues leurs carcasses et quelquefois leurs trésors. En cas de disette, les habitants de ces parages particulièrement dangereux n'éprouvent aucun scrupule à prier leur saint patron d'apporter la tempête au plus vite. La mainmise sur une cargaison, et on aura des mois à vivre sans le souci du lendemain.

« *Itron Varia Molenez*
Digasit pense d'am enez
Ha c'hwi, Aotrou Sant Ronan
Na zigasit ket evel unan
Digasit evel daou pe tri
Evit m'hen devezo lod pep hini

(Madame la Vierge de Molène
Envoyez à mon île un naufrage.
Et vous, monsieur saint Ronan,
N'en envoyez pas un seulement
Envoyez en plutôt deux ou trois,
Que chacun en ait un morceau... »*)*

Dans ces conditions, on ne s'inquiète guère des moyens de retirer les bagues des phalanges boursouflées d'un riche noyé... On tranche les doigts et on passe au suivant. Les seigneurs des côtes ont d'ailleurs un droit spécial, le droit de bris. Il leur permet de s'approprier les épaves échouées sur leurs plages. L'un d'entre eux, Guyomarch de Léon, se vante de posséder « une pierre plus précieuse qu'aucun joyau ». Elle lui rapporte tous les ans une fortune. Ce sont les écueils qui bordent ses terres. Les nefs viennent régulièrement s'y briser... Ce n'est pas très moral. Mais comment renoncer à un revenu aussi lucratif ? Pour être en règle avec l'orthodoxie chrétienne, les seigneurs bretons envoient à La Rochelle, à Bordeaux et jusqu'en Allemagne des représentants qui proposent aux marchands étrangers des assurances contre le pillage. En cas de naufrage, le porteur de cette assurance, le « bref de sauvetage », était censé être protégé. Précaution purement formelle, car il est probable que les pilleurs, illettrés pour la plupart, s'intéressaient peu aux parchemins qui gonflaient le portefeuille du capitaine noyé...

Le pillage des épaves et la vente d'assurances contre les naufrages ne peuvent constituer les bases d'une véritable économie. Il y a la pêche, bien sûr. Dans tous les petits ports disséminés sur le littoral, on ramasse dans les criques coquillages et crustacés. C'est toujours autant pour caler le ventre quand le reste manque. Si l'on a la chance de posséder un « batel » ou une « escaffe », ces petits navires lourds qui tiennent solidement la mer, on se met à la pêche côtière pour chercher le merlu qui se vend si bien. Ou le merlan, le hareng, la julienne. Les gens des villes en réclament. Comme Rennes et

Vitré sont loin et les transports très lents, la plupart du temps, on leur envoie du poisson séché ou salé. Seulement pour pêcher, même à pied, il faut payer un droit au seigneur; payer encore pour mettre un bateau à la mer; payer, pour vendre la marée; payer, pour avoir permission de sécher les poissons. Sur le produit de la pêche, le seigneur vient en plus prélever sa dîme : le « poisson royal ». Il arrive encore à cette époque que des baleines s'échouent sur les plages : elles lui appartiennent de droit. Trente à soixante barriques d'huile, six à vingt quintaux de fanons, c'est une belle affaire. A Morlaix, l'évêque et le duc se battent pour une baleine : le prélat range le peuple derrière lui pour s'approprier l'animal. Quand il l'apprend, le duc est pris d'une sainte colère et dépêche ses officiers chez l'évêque. Ils saccagent son palais, distribuent quelques coups de poing et ramènent au duc leur trophée : la baleine dûment dépecée. Fou de rage, l'évêque de Morlaix fera procès et ira se plaindre jusqu'au pape...

On a donc l'impression, jusqu'au règne de Jean V, que les Bretons ne s'aventurent guère sur les mers. Ils regardent les bateaux des étrangers passer. Et certains d'entre eux s'installent. Des Espagnols, des gens de Bayonne, des Anglais. Les Italiens se sont introduits à la cour des ducs et ont même pénétré des bourgs assez peu importants. Les ports bretons sont des lieux de passage. Des comptoirs, en quelque sorte. L'argent qu'on y fait ne profite pas aux habitants. Et pourtant il y a de l'argent à faire en Bretagne. Au moment où se termine la guerre de Succession, les Bretons en prennent conscience. Ils vont tenter de prendre en main leurs propres richesses.

La route du sel

Tout commence avec le sel.

Son importance est si grande en Bretagne que ce peuple qui n'a pas de légende pour expliquer l'origine de l'Océan va en inventer une tout exprès pour justifier la « salaison de la mer »...

Le pays du sel, c'est la baie de Bourgneuf, au sud de Nantes, et surtout Guérande, au nord. Là s'étend un immense miroir divisé en parcelles géométriques qui reflètent tous les changements du ciel. Le marais salant, le Gwen Ran, le pays blanc. L'eau et le ciel s'y marient dans la lumière. Au XVe siècle, les habitants du marais ne sont peut-être pas aussi sensibles que nous à sa beauté capricieuse. Le travail du sel est dur. Mais il représente aussi le début de la richesse. Bien des pêcheurs ont essayé d'en produire par ébullition. Ce procédé n'est pas rentable. La meilleure solution est l'évaporation de l'eau de mer au soleil. Dans le sud de la Bretagne où le soleil ne manque pas, c'est le paradis du sel. Depuis déjà longtemps, les ducs ont accordé à certains seigneurs des concessions de terres marécageuses où la mer vient s'enliser : les « baules ». Ils y ont installé des paysans qui ont transformé le marécage en salines et ont construit des villages alentour. Chacun est responsable de son « aire à faire sel », sa petite parcelle de mer isolée par des digues et que vient chauffer le soleil. Il faut veiller surtout sur le « couëf », la bonde de bois qui permet à l'eau de mer, quand on la relève, de s'étaler dans l'aire à sel. Il faut constamment avoir l'œil sur le ciel, surveiller les grandes marées, entretenir les digues. Après les premières chaleurs de l'été, c'est la récolte. Avec de longs râteaux, on recueille l'écume blanche, un peu rosée, qui s'est cristallisée à la surface de l'eau. Le sel est accumulé en tas, chargé sur des charrettes et protégé de la pluie par une couverture de paille. Le marchand entre alors en scène. Les nefs médiévales à coque ventrue ne peuvent pénétrer dans le marais. Des barques à fond plat, chargées à ras bord, vont en pleine mer à la rencontre des marchands. On vend le sel, directement, sans intermédiaire. On le mesure et le seigneur prélève sa dîme. On l'entasse dans des sacs de toile et on le charge. Le marchand repart avec sa nef.

Il n'y a pas que du sel dans la cale de son bateau. Depuis que les Anglais ont guerroyé en Bretagne, on connaît leur prédilection pour le vin. Avant de venir à Guérande, le marchand breton a caboté le long des côtes jusqu'à Bordeaux ou l'Espagne. Il y a échangé ses céréales contre du vin. A Guérande, le sel lui permet de compléter sa cargaison qu'il va vendre dans les grands ports d'Angleterre.

Les paludiers de Guérande sentent venir à eux le vent du large. Les bateaux arrivent de partout. La guerre a réussi à certains Bretons qui ont bâti des petites fortunes à force de rançonner et de piller les navires ennemis; les Malouins en particulier, spécialistes de la prise d'otages, ont vite fait fortune en échangeant des prisonniers contre la cargaison entière d'une nef... Avec cet argent, ils ont construit des bateaux, enrôlé des équipages et ils commercent désormais à leur propre compte.

Les gens de Guérande se prennent à rêver. S'ils se mettaient eux aussi à aller chercher du vin ? S'ils y ajoutaient des toiles ?

Il faut de la toile pour emballer le sel, mais il en faut aussi pour les voiles. Et du chanvre, pour les cordages. Et des draps, pourquoi pas ?

Et si on armait des bateaux ? Les gens de Guérande sont hommes de sagesse : l'aventure commerciale, oui, mais dans la paix.

JEAN V, LE DUC DE LA PAIX

Le 23 mars 1402, en la cathédrale de Rennes. Une cérémonie fastueuse. Un jeune garçon, treize ans à peine, reçoit la couronne de duc. Cette couronne à fleurons ressemble étrangement à celle d'un roi. On lui met ensuite à la main l'épée nue, et il jure de « soutenir les droits royaux de la Bretagne ». Ce jeune duc, dont le sacre est placé sous le signe de l'indépendance, s'appelle Jean V. Il va régner quarante ans. Quarante ans d'indépendance, mais aussi de paix. Il ne se servira guère de l'épée, et son temps sera l'un des meilleurs que la Bretagne ait connu.

Si la guerre de Succession est terminée, la situation extérieure de la Bretagne est inchangée. Elle demeure prise en étau entre l'Angleterre et la France. Cette guerre a au moins démontré que toute victoire armée est impossible sur les terres du duché. Les Anglais, comme les Français, ont intérêt à ce que la Bretagne garde ses distances avec l'un et l'autre de ses partenaires. Dans le traité de Guérande, qui a clos le conflit, ni les Anglais ni les Français n'ont renoncé à contrôler cette position stratégique. Alors, qui choisir ?

Aux Anglais s'attachent les mauvais souvenirs de l'occupation, les méfaits permanents de ses pirates. Maintenant, et pour longtemps, les Bretons sont hostiles aux Anglais : « Saozon viliget ! » (« Saxons maudits ! »). Les ducs de Bretagne possédaient des terres outre-Manche : le comté de Richmond. Les Anglais s'en sont emparés et ont ainsi détruit le seul lien tangible qui pouvait les unir aux Bretons. Le peuple de Jean V n'accepterait l'alliance avec le Saxon maudit que si la France était à nouveau menaçante.

De leur côté, les Français n'ont pas laissé non plus de très bons souvenirs en Bretagne. Voici ce qu'on chante dans les chaumières :

« N'eus netra koulz hag eskern gall
Kouls hag eskern gall bruzunet
Da lakaad a zevel an ed.

Il n'est rien de tel que des os de Français
Que des os de Français broyés pour faire pousser la moisson. »

En 1378, le parlement de Paris a voulu confisquer le duché, et seule la mort providentielle du roi de France Charles V a pu éviter l'annexion...

A l'intérieur, le jeune Jean V n'a pas que des amis. Certains nobles bretons jouent ouvertement la carte française. Ils flattent le roi de France; ils ont des terres là-bas. A force de sourires et de courbettes, ils obtiennent de lui des charges et des pensions importantes. Tous ces nobles, les Rieux, les Clisson, les Penthièvre, les Rohan, attendent le jour où leur pouvoir sera assez grand pour enlever à leur profit la couronne ducale. Pour le moment, ils intriguent et concoctent des alliances secrètes. Mais ils se méfient les uns des autres. Un jeu de mariages entre leurs héritiers successifs empêche toute défection : les Rohan, les Penthièvre et les Clisson forment un véritable clan où la jalousie envers Jean V et les intérêts familiaux vont de pair.

Que faire ? Après la Guerre de Succession, la Bretagne n'est plus qu'une plaie ouverte. La seule solution réside dans le commerce, le « trafic », comme on dit alors. Et le trafic se fait avec l'Angleterre. La raison – l'intérêt – imposent qu'on fasse taire la haine pour les Saxons. Après tout, on peut ramasser leurs écus, et, sitôt rentrés en Bretagne, continuer à les maudire. De plus, le commerce avec l'Angleterre ne suppose pas nécessairement une alliance, encore moins une alliance définitive. Comme les marins de son duché qui commencent à peupler les mers, Jean V choisit donc la navigation « à l'estime » : un jour le sourire aux Anglais, un autre jour le charme aux Français. Suivant l'air du temps...

Une telle politique n'a rien de glorieux en apparence. En décidant de mener ainsi la barque, Jean V court le risque de passer pour bourgeois aux esprits passionnés de chevalerie et de hauts faits d'armes. On va le dire « esprit médiocre, et timoré, dévot sans hautes vertus, âpre au gain et conduit en tout par un souci étroitement égoïste de ses intérêts et de sa tranquillité ». D'autres au contraire le trouveront bienveillant, enjoué et généreux. Il est vrai qu'il ne dédaigne pas le faste : il aime se voir vêtu de drap d'or et « de grands colliers à grosses pierres ». Mais il protège aussi les artistes. Ce qui ne l'empêche pas de prendre plaisir à arrondir sa cassette personnelle. Tout ce qui porte la marque de l'orgueil commerçant le séduit. Ses ennemis lui reprochent surtout d'être du côté des marchands. En ménageant à la Bretagne la place d'un petit Etat neutre entre deux puissances en guerre, le duc permet à son pays de panser ses plaies et d'accéder à une certaine richesse. Mais la neutralité, vue par Jean V, ne se conquiert pas sur les champs de bataille. La paix et la prospérité avant tout. En France, les ravages de la guerre de Cent ans continuent. Qu'ils se battent ! Pour son duché, Jean V veut la tranquillité. Et le peuple est derrière lui, même s'il ne saisit pas toujours les oscillations déroutantes de sa diplomatie. L'essentiel, c'est l'indépendance : « Il (Jean V) ne voulut plus s'entremettre de la guerre entre les Françoys et les Angloys mais se délibéra (décida) de garder (d'empêcher) son pays et ses sujets d'être opprimés. »

Pourtant certains veulent sa perte. Les Penthièvre convoitent sa couronne. En février 1420, ils convient Jean V à une grande fête en leur château de Champtoceaux, à la frontière de l'Anjou et de la Bretagne. La fête tourne mal : ses hôtes ne veulent plus le laisser partir. Le duc doit se rendre à l'évidence. Il est bel et bien prisonnier. Il sait que ses ennemis sont prêts à tout pour prendre le pouvoir. Son seul souci est alors d'avoir la vie sauve. Il promet tout : pensions, mariages, domaines. Rien n'y fait. Sa femme, qui est restée libre pour n'être pas venue à la fête, vient alors à son secours. Elle bat le rappel de tous les marchands amis des Bretons, Rochelais, Bordelais, Espagnols, Ecossais. Au dauphin de France, elle rappelle que Jean V est son vassal et que la France ne peut l'abandonner. Pendant qu'il réfléchit, elle fait mettre le siège à Champtoceaux. Le château est mal défendu. Elle libère le duc son époux. Il n'y a pas eu de nouvelle guerre de Succession. Jean V regagne Nantes encore plus convaincu de la nécessité de la neutralité. S'il n'avait pas été neutre, les marchands ne l'auraient pas sauvé.

Et c'est pourquoi Jean V aime tellement Guérande, où se côtoient chaque année plus de commerçants. La ville où fut signée la paix. Dans cette cité douce, presque maternelle, la vie a toujours eu quelque chose de très lent. Guérande croît sans tapage à l'ombre de ses remparts. L'attente des bateaux marchands accompagne désormais l'attente du soleil. On ne compte plus seulement sur l'été qui met le marais en feu. On espère d'autres moments que l'heure où les cristaux s'entassent au bord des salines. On guette le vent du large qui amène les pêcheurs du Nord à la recherche du sel pour conserver leurs poissons. On souhaite le retour d'Espagne de la nef chargée de vin doux. On apporte des terres les toiles qui emballeront les marchandises. Maintenant que le duc a exempté la ville de l'impôt sur le sel, des hommes d'affaires ambitieux s'intéressent à Guérande : Jacques Cœur en personne, dit-on... On attend patiemment, et d'été en été la prospérité augmente. Les marchés sont de plus en plus animés, de nouveaux villages naissent, et derrière les remparts des fortunes s'amassent, des manoirs cossus s'élèvent. Guérande grandit, sereine et lumineuse. Un cocon de paix. Mais la mer miroite toujours au bout du marais. La ville des salines a ouvert la Bretagne à de nouveaux lointains.

LES TISSEURS D'AVENTURE

Avec la paix, la fièvre du commerce se propage en Bretagne. Il n'est pas de noble ou de paysan qui ne soit ébloui, ne serait-ce qu'un instant, par le prestige du marchand. A une époque où les distances paraissent plus grandes que de nos jours, le marchand qui débarque au port ou s'enfonce dans les terres est l'homme qui vient de loin. Il apporte avec les nouvelles des produits tentants ou inconnus : le vin, et bientôt le pastel, les épices. Il est l'intermédiaire avec cet autre monde dont vient la richesse. Il sait les routes qui mènent à l'opulence : dans le conte de la Groach', ce sont des vendeurs de sel qui indiquent au héros le repaire de la sorcière et de ses trésors. Les Bretons sont fascinés par l'homme d'ailleurs. Le pays bouge. Car le commerçant ne vient pas seulement proposer sa marchandise. Il suggère à ses clients de nouvelles activités. Le monde des terres rencontre alors le monde des mers. Le même élan vers la richesse.

Dans le duché de Bretagne, il se trouve d'excellentes terres où faire pousser le chanvre et le lin. On dit que les paysannes sont expertes à le filer et qu'on pourrait découvrir dans les campagnes des tisserands très compétents. La mer, au sud comme au nord, porte chaque année plus de navires. Les

C'est une étape indispensable pour les navires, qu'ils viennent du Nord comme du Sud. Et les petits marins de Penmarc'h découvrent que leurs services sont appréciés dans toute l'Europe. Ils vont vite et bien. Il y a les petits caboteurs qui transportent le sel, les vins, les toiles jusqu'aux Pays-Bas, d'où ils ramènent les harengs et des produits manufacturés. Leurs bateaux lourds mais de faible tonnage ont été construits par les artisans de Penmarc'h et n'ont pas beaucoup coûté à l'armateur. Ils peuvent s'échouer facilement : en cas de coup de vent, on se met tout de suite à l'abri. Certains, plus hardis, se sont mis à la « carvelle », qui a plus de voile et dont la coque, très fine, prend bien la mer. C'est un risque : le naufrage est plus fréquent, et pour l'acheter, les marins de Penmarc'h ont dû se mettre à plusieurs. Devenir « parsonniers », comme on dit. Les Bretons sont prêts à tout : les premiers, ils font entrer la « carvelle » en mer du Nord.

En Flandre, en Zélande, les marins de Penmarc'h ne se sentent pas en pays étranger. A Arnemuiden, 80 pour 100 des navires sont bretons. Outre leur réputation de rapidité, ils sont célèbres d'Espagne en Angleterre pour leur goût du vin et des filles. On ne compte plus leurs rixes ni leurs paillardises. On les dit très doués pour soutirer en cachette le vin des tonneaux qu'ils amènent de Bordeaux. On dit aussi que leurs rivaux en matière de jupons finissent jetés par-dessus bord... Comme beaucoup de Bretons, les gens de Penmarc'h sont des marins, pas des commerçants. Ils veulent faire de l'argent : pour l'instant, ils en font. Les temps sont bons. Les affréteurs étrangers les réclament. Mais sur l'ensemble des cargaisons qu'ils transportent, que représente leur propre production ? Si les temps viennent à changer, que vont-ils devenir ? Pour le moment, ils ne font que profiter des occasions qui s'offrent à eux. Ils ne les créent pas. A Penmarc'h on échafaude les grands rêves. Le bourg grandit. On voit apparaître la Grande Rue, la rue des Marchands, la rue des Argentiers, la rue des Orfèvres. Pour combien de temps ? Dans les villes, et jusqu'au fond des terres, se lèvent de redoutables concurrents.

La fortune de Landais

Toutes les villes bretonnes vivent désormais au rythme de la mer. Dans l'intérieur des terres les bourgs grossissent et deviennent villes. Jean V est mort, mais ses successeurs, François Ier, Pierre II, Arthur III, malgré leurs personnalités diverses, ont tous suivi la ligne de l'indépendance. François II, devenu duc en 1458, tente aussi de continuer cette politique. C'est la seule solution pour la prospérité du commerce.

François II a vingt-trois ans. Le duc est bel homme, il a beaucoup d'allure. Sous son panache, il tente de dissimuler un caractère hésitant. Il adore les petits complots, les tractations secrètes. C'est le seul point commun qu'il ait avec son principal ennemi : Louis XI, « l'universelle aragne », bien plus expert que lui en la matière.

Le roi de France soutient systématiquement les opposants de François II : « Toujours tâchait le roi de venir à fin de Bretagne plus que à autre chose. » L'annexion de la Bretagne est l'obsession de Louis XI. Il tente de brouiller le duc avec tous ses alliés, et tout particulièrement les Bourguignons : il fait croire au duc de Bourgogne que les Bretons le considèrent désormais comme un allié gênant, et dans le même temps il essaie de persuader le duc de Bretagne que les Bourguignons l'abandonnent. La Bretagne est seule devant l'ennemi français. Les Anglais sont en pleine guerre civile et les Bourguignons hésitent à intervenir. Ils se décident enfin malgré les intrigues du roi de France. A peine sont-ils arrivés que Louis XI abandonne la guerre et signe un traité avec la Bretagne...

Ce n'est que partie remise : le roi passe son temps à ourdir des machinations qui lui permettront de se battre contre le duc avec les apparences d'une juste cause. Deux ans plus tard, il offre à François II le collier de l'ordre de Saint-Michel. Si le duc accepte, il doit au roi de France serment d'obéissance et de dévouement absolu. S'il refuse, il commet un véritable affront envers son suzerain et lui donne donc un beau motif de guerre.

François refuse, et c'est la guerre; mais pas tout de suite ! Louis XI a pris bien soin de préparer le terrain, de diviser les Bretons entre eux avant d'envahir le duché. Ce sont ravages sur ravages. Le duc demande une trêve. On finit par signer un traité. Le roi de France renonce à ses prétentions sur la Bretagne, François II promet obéissance. L'affaire paraît close. C'est mal connaître Louis XI. La Bretagne demeure sa blessure secrète. Il revient guetter sa proie. Il achète aux Penthièvre, nobles bretons ennemis de François II, les droits qu'ils prétendent avoir sur la couronne ducale. François II est affolé. Il cherche de nouveaux alliés : l'Angleterre, à nouveau ? L'Autriche peut-être ?

La Bretagne est ballottée au rythme de ses alliances incertaines. On commence à regretter le bon vieux temps de Jean V où le commerce prospérait dans la stabilité. Auprès de François II grandit un homme dont l'obsession est de retrouver cet âge d'or qu'on croit perdu. C'est Pierre Landais, bourgeois de Vitré et trésorier général de Bretagne.

Vitré, sa ville natale, est aux marches du duché. Elle le défend contre les invasions. C'est la première ville bretonne sur la route qui vient de Paris; Vitré est « dans les terres », comme on dit. Et pourtant la cité vit elle aussi au rythme de la mer. Un double cordon ombilical la relie à l'Océan : la route de Nantes et celle de Saint-Malo. A Vitré, la plupart des marchands produisent du « canevas », une toile de chanvre assez grossière qui sert un peu à tout, d'emballage, de draps et même de toile à voile. Les Vitréens s'en vont la vendre au-delà des mers. Ils la chargent sur des chevaux et des mulets et partent en troupe pour éviter sur les chemins les pièges des brigands. A Saint-Malo et à Nantes, d'autres Vitréens les attendent : ils y forment des sortes de petites colonies qui préparent l'arrivée de leurs concitoyens; ils ont aménagé des entrepôts, ils ont cherché de bons navires où charger la marchandise, ils donnent des nouvelles des absents.

A force de voyages, les marchands de Vitré se sont enrichis. Ils ont des relations partout. En Espagne, tout spécialement. Certains s'y sont installés. Ils ont appris la langue, se sont parfois mariés là-bas, mais reviennent toujours au pays un jour ou l'autre : dans une grande famille de Vitré, les Frain, on trouve des livres de comptes tenus en espagnol. Il est vrai que le marchand qui les écrivait portait le prénom fort peu français d'Esteban...

Il y a aussi le Nord : Bergues, le premier port flamand en sortant de la Manche, l'Ecluse (Sluis de nos jours). Un centre très important puisqu'il peut abriter cinq cents navires tout près de Bruges, le marché où accourent tous les grands commerçants d'Europe. Les Italiens, avec leurs tissus de luxe. Les Anglais, avec leurs métaux, leur charbon. On y trouve de tout, du miel du Portugal aux dattes d'Egypte. Tous les parfums de l'Arabie. Les gens de Vitré sont des terriens, mais ils n'hésitent pas à prendre la mer pour suivre les marchés de Flandre. Ils essaient même d'y vendre le blé de leurs campagnes avec leurs traditionnelles cargaison de canevas. Les Vitréens d'Espagne se chargent d'apporter le vin de Xerès, les figues, les raisins secs, et bientôt le sucre de Madère et les épices.

Entre les pays de pluie et ceux du soleil, Vitré, cachée dans les terres, guette le retour de ses marchands. Cela ne va pas sans angoisse. Les écus se gagnent au péril de la mer. Au mépris des tempêtes et des forbans de toute espèce. Joinville a écrit depuis longtemps : « Lorsqu'on perd la terre de vue, celui-là est bien fou hardi qui s'ose mettre en péril de mer avec le bien d'autrui ou en péché mortel; car on s'endort le soir où l'on ne sait pas si l'on ne se trouvera pas dans le fond de la mer au matin... »

C'est de ce milieu de marchands que sort Pierre Landais. Il a grandi parmi ces bourgeois qui ont pris tous les risques pour la plus grande gloire du commerce. Bourgeois méfiants, qui placent des compatriotes à demeure, à Bruges ou à Cadix, pour surveiller les marchés étrangers. Bourgeois habiles à se créer des relations, au point qu'ils reçoivent chez eux le fils d'un client étranger « pour apprendre le langage et aller à l'escole »... Bourgeois organisés, qui s'unissent en confrérie pour défendre leurs intérêts et s'assister mutuellement dans les coups durs : « Nous marchands demeurant à Vitré ou au diocèse de Rennes, fréquentant pays étrangers tant par terre que par mer, ... considérant que les messes peuvent moult profiter aux âmes des défunts et aussi valoir à l'accroissement des biens temporels de ceux qui sont en vie, ... fondons et ordonnons une confrérie en contemplation, honneur et révérence de la glorieuse Annonciation... »

La Vierge protège le profit commercial. C'est à elle qu'on s'adresse, à travers la confrérie, quand l'Espagnol rançonne les marchands de Vitré et les met à croupir au fond d'un cachot. Pour éviter l'impôt ducal, les commerçants ont décidé de se cotiser au prorata de leur chiffre d'affaires. On se serre constamment les coudes. Pour les investissements importants, on fait bourse commune. On se marie entre marchands. Les affaires et la vie sentimentale vont de pair. Si un associé vient à mourir, il aura sa messe dans la chapelle de la confrérie.

Une de ces familles, les De Gennes, a très bien réussi. Chacun des retours de Flandre ou d'Espagne a fait tomber dans son coffre les ducats et les réaux. Elle possède beaucoup d'argent, suffisamment pour que l'un des enfants s'en aille faire des études à Paris, bien que le père ne soit pas très convaincu de l'efficacité du collège. Chez les De Gennes, le commerce avant tout. On sait le prix de chaque écu gagné sur la mer. Quand on prête, on impose au débiteur des délais de remboursement très courts; sur le livre de comptes, en face des bénéfices et des remboursements de dettes, tous les baptêmes, mariages et enterrements des membres de la famille, dûment décrits et évalués. On y trouve aussi le nombre et le prix des chausses qu'on envoie au petit qui est parti étudier... Chez les De Gennes, un sou est un sou.

Mais la famille, en secret, nourrit une ambition douloureuse et ne cesse de penser à Pierre Landais. Bourgeois de Vitré, comme eux, il est devenu le trésorier du duc. Pierre Landais, c'est le modèle de l'ascension sociale. Depuis qu'ils fréquentent Bruges, les De Gennes ont vu que les gros marchands peuvent prétendre à la politique : les grands seigneurs italiens, dont les courtiers fréquentent la Flandre, ont commencé dans le drap eux aussi. Maintenant ils tiennent Florence et Pise.

A Vitré, chaque fois qu'on referme un livre de comptes, on repense à Landais. Quand on se promène dans la ville, Landais est toujours présent : il a fait reconstruire les chapelles latérales de l'église; elles sont décorées de ses armoiries et il a obtenu que sa mère et sa sœur y soient ensevelies. Il s'est fait bâtir une splendide maison, le « château Landais », dont les mauvaises langues disent qu'elle est de mauvais goût et qu'elle sent le parvenu. Mais on a beau raconter que le trésorier du duc est né dans la crotte, que seules des escroqueries et des abus ont permis à ce fils d'un pauvre tailleur des faubourgs d'amasser sa fortune, il demeure toujours pour les De Gennes le modèle de la réussite.

Très astucieusement, Landais a investi les quelques capitaux de son père dans le commerce. Il a repéré un bon client : François d'Etampes, le futur duc. Landais a remarqué que le jeune homme est très soucieux de son apparence : il lui fournit des draps de laine, puis des draps de soie. Si François d'Etampes manque de fonds, il lui fait crédit, et éventuellement lui prête de l'argent. Cela contribue à l'amitié... Tout est commerce dans la réussite de Landais, même son mariage : ce n'est pas par hasard qu'il a épousé la fille d'un fournisseur de la cour ducale en tissus de luxe... Il est vite passé drapier officiel de François II, l'ancien François d'Etampes devenu duc, puis, sans autre transition, son trésorier général. La mer et le commerce ont mené Landais à la politique.

Landais pourtant n'oublie pas la mer. Il possède une grande nef, appelée, comme il se doit, *La Trésorière.* Il essaie de développer encore la flotte bretonne et tente de protéger les côtes du duché en réunissant au moins cinquante « carvelles ». Du commerce vitréen, il a gardé l'habitude de compter chaque sou, le goût du travail et le sens de l'entreprise : les finances de Bretagne sont gérées de manière exemplaire. Il a même obtenu du pape que les Bretons puissent commercer avec les Infidèles que sont les Turcs ! Il protège les grandes familles étrangères installées à Nantes. Landais est l'homme de la prospérité. Il continue l'œuvre de Jean V.

A Vitré, grâce à lui, les marchands arborent à côté de leurs blasons, sur la porte de leurs maisons ou le manteau de leurs cheminées, la « tessera mercantile », l'emblème des plus illustres familles commerçantes d'Italie. A côté des entrepôts de canevas, les maisons s'ornent de tourelles. Les grand-salles, que leurs plafonds empoutrellés font ressembler à des bateaux, se remplissent de bahuts historiés. Les jours de réjouissance, on sort les fourrures et les robes de velours. Et quelles fêtes ! Evidemment, on n'a plus le loisir, comme à Nantes, de faire danser dans les rues, « pour ébat et joyeuseté », une femme mauresque peu vêtue. Mais les fêtes de Vitré ont leur charme. Une année, les filles de bonne famille se déguisent : elles sont censées représenter les vertus de charité, de force et de sagesse. On s'extasie. Mais l'une d'entre elles est singulière : quelle vertu représente-t-elle ? Et par quel miracle parvient-elle à faire jaillir du vin par l'un de ses seins, et du feu par l'autre ?... L'étonnement passé, la fête terminée, on reprend le travail et on recommence à penser à Landais. Les gens de Vitré ont peut-être tort de l'envier. La politique lui sera plus traîtresse que la mer. Il conseille trop bien François II. Le roi de France veut le perdre. Louis XI, toujours très renseigné, a appris que Landais possède un ennemi implacable en la personne du chancelier du duc, Guillaume Chauvin. Il attise la rivalité entre les deux hommes. Au moment où Landais tente un rapprochement avec l'Angleterre, Chauvin se laisse flatter par Louis XI et devient son agent secret... Pierre Landais parvient à faire la preuve de cette trahison. Chauvin est arrêté, ses biens confisqués. Le procès commence, trop lentement au goût du trésorier. Il s'impatiente. Il décide alors de jouer de son influence pour que Chauvin, qu'on a traîné de prison en prison, soit soumis à un régime de la plus extrême rigueur. Traitement des plus efficaces puisque Chauvin meurt bientôt de faim et de froid au fond de son cachot. Les ennemis de Landais saisissent l'occasion. Beau prétexte pour assassiner le trésorier ! Ils tentent un coup de force contre le palais ducal de Nantes. Le peuple, qui croit le duc en danger, accourt et met les conjurés en fuite. Le duc les déclare rebelles. Leurs châteaux sont rasés et leurs biens confisqués. Ils se réfugient en France.

Louis XI est mort. Sa fille, Anne de Beaujeu, assure la régence. Dans la tradition d'intrigue qui lui vient de son père, elle connaît l'art de flatter les rebelles au duc de Bretagne. Elle leur fait signer un texte dans lequel ils promettent de reconnaître le roi de France comme héritier du duché de Bretagne à la mort de François II.

Landais ne désarme pas. Il est prêt à s'attaquer directement à Anne de Beaujeu. Il n'en a pas le temps. Le chef des rebelles marche sur Nantes. Le trésorier n'a pu s'enfuir. Les conjurés contraignent François II à l'arrêter. On le juge à la hâte, et il est pendu haut et court, à l'insu du duc.

L'aventure du marchand avait réussi, son aventure politique a échoué. Et pourtant, à Vitré, on pense toujours à Landais. Peu importe qu'il ait mal fini. Il en avait trop fait, peut-être. Aux bourgeois de Vitré, pour parfaire leur fortune, un peu de noblesse pourrait suffire.

Pirates-marchands ou marchands-pirates ?

Pour certains, la noblesse a précédé la fortune. Depuis le début du XVe siècle, une famille de Morlaix fait de plus en plus parler d'elle. Petite noblesse, sans doute. Mais les Coëtanlem se mêlent de commerce : en Bretagne, faire du « trafic » ne fait pas déroger. Il suffit d'en faire la déclaration publiquement. Le hobereau dépose son épée et sa noblesse reste « dormante » tant qu'il ne vient pas la reprendre. Quand il cesse ses activités commerciales, il le déclare à nouveau publiquement au prône de la grand-messe de sa paroisse, et si personne ne formule de réclamation ou d'opposition, il reprend son épée et recouvre tous ses droits et privilèges antérieurs.

Aux environs de 1455 naît Jean de Coëtanlem. Bientôt, comme beaucoup d'autres, la mer l'appelle. Faire de l'argent. Seulement il n'a même pas de quoi armer un bateau ! Où trouver les capitaux ? Jean va au plus simple. Il ne se sent pas la bosse du commerce. Par contre, il se voit très bien donner la chasse aux navires étrangers. A l'époque, faire du commerce et de la piraterie, c'est un peu la même chose. Plutôt que d'être du côté du livre de comptes, Jean de Coëtanlem préfère le vent de la mer en permanence. La piraterie ? Les ducs de Bretagne ne l'encouragent pas. Toujours la vieille politique de la neutralité.

Pour protéger les marchands, ils ont même institué le Convoi de la Mer, flottille de navires bretons réquisitionnés, qui doit éloigner les pirates de leurs côtes. Ce n'est donc pas de ce côté-là que Jean de Coëtanlem trouvera de l'argent. Il faut frapper ailleurs. Pourquoi pas le roi de France ? Jean de Coëtanlem a vingt ans. La France et la Bretagne sont momentanément en paix. Rien ne l'arrête : il s'en va sur les routes pour proposer ses services à Louis XI en personne. Le roi de France pèse le pour et le contre. Contre, évidemment, il y a la dépense. Mais ce petit Breton se contentera peut-être d'un vieux rafiot. On les dit habiles marins, ces Bretons. On l'a vu pendant la guerre de Succession. Il vaut mieux s'en servir. Louis XI prête 200 livres à Coëtanlem, en espérant bien récupérer sa mise. Il n'a pas si mal placé son argent : Coëtanlem s'est mis à attaquer tous les navires étrangers, quels que soit leur nombre ou leur taille. Il a évidemment une petite préférence pour les vaisseaux anglais : Saozon viliget ! Il n'est pas breton pour rien. Il écume l'Océan. C'est le roi de la mer.

Le pirate a tôt fait de rembourser ses dettes. Il rentre à Morlaix; il lui reste de l'argent, de quoi commencer une belle carrière. Il fonde une société d'armement de navires et organise une petite flottille pour continuer à rançonner les navires étrangers. Autour de lui, personne ne s'en formalise. Telle est la loi du commerce. Et son neveu Nicolas se montre même particulièrement intéressé par cette affaire : c'est un marchand. Il investit des capitaux et trouve quatre autres associés, eux aussi commerçants. Il est convenu qu'ils auront leur part des prises effectuées sur les bateaux capturés. Ce sera autant d'argent frais pour le commerce...

On arme donc quatre vaisseaux aux noms originaux : *Le Griffon, Le Picart, La Figue* et *La Barque.* En général, en Bretagne, on évite de baptiser les bateaux de noms profanes; on leur donne des noms de saints. Jean de Coëtanlem n'a pas de ces scrupules. Plus tard, il appellera une nef *Le Singe,* une autre *La Cuiller* – sans doute pour évoquer ses capacités d'écumage maritime...

Les Anglais sont vite excédés. Coëtanlem ne cesse de les harceler. Ils veulent se débarrasser de lui une fois pour toutes. Ils organisent à Bristol une procession solennelle suivie d'une messe où ils prient saint Georges, leur saint patron, de leur donner le bonheur de « rencontrer Jean Coëtanlem en la mer ». La prière est exaucée. Le lendemain, trois bateaux anglais prennent la mer et rencontrent effectivement Coëtanlem.

Les Anglais sont six fois plus nombreux en hommes. Mais le Breton n'a pas investi tant de capitaux pour battre retraite devant les Saxons maudits. La bataille va durer six heures. Les archers bretons font un tel carnage chez l'ennemi qu'il doit demander une trêve. Deux heures, le temps pour les Bretons de se refaire pendant que les Anglais pansent leurs plaies. Quand la bataille reprend, les Bretons parviennent à lancer l'abordage. L'un après l'autre, les vaisseaux anglais tombent aux mains de Coëtanlem. Mais Jean n'a pas encore assez de butin; peut-être aussi veut-il se venger. La flottille fait route vers Bristol. La ville est mise à sac. On pille tout ce qu'on peut. Tout spécialement les maisons des riches marchands anglais qui s'alignent sur les quais. On capture les notables; voilà aussi du capital : on pourra les revendre plus tard, ou les échanger contre des marchandises. Et comme Jean Coëtanlem aime le travail bien net, il met le feu à la ville avant de repartir... Bristol flambe. Coëtanlem est satisfait : un bon coup contre les Saxons, et ses cales sont pleines. De quoi remplir ses caisses et celles de son neveu.

Mais dès que les Coëtanlem débarquent en Bretagne, les choses prennent une autre tournure. Les plaintes affluent. Les lois du commerce et celles de la piraterie ont beau se confondre, les nobles de Morlaix sont trop voyants. Ils se sont mis aussi les Espagnols à dos. Pour les Coëtanlem, il n'y a pas de mauvaise prise, pourvu que le navire soit étranger. Le duc de Bretagne, en raison de sa politique de neutralité, est très embarrassé devant ces plaintes qui viennent du Nord comme du Sud. Il interdit qu'on ravitaille les bateaux des marchands-pirates et ordonne qu'ils restituent une partie de leurs marchandises aux Espagnols qu'ils ont attaqués. Le duc, qui connaît l'importance économique des prises, n'exige pas le remboursement de la totalité du butin, mais une sorte d'indemnité forfaitaire... On remarquera aussi qu'il n'est pas question de rendre quoi que ce soit aux Anglais.

Jean Coëtanlem fuit le pays. Le duc lui a demandé publiquement de s'exiler; en réalité, il a vraisemblablement favorisé ce départ. Le marchand-pirate s'en va, avec ses navires et ses hommes. Sa renommée a franchi les frontières. Le Sud le tente. Le Portugal. Il entre à Lisbonne, où il reçoit un accueil triomphal : « Le roy de Portugal le reçut à très grande joye et le fit son amiral, et en outre lui bailla en terre un chasteau... là il mourut. » Ce château est un véritable palais. Jean ne reviendra pas en Bretagne. On raconte que ses marins connaissaient depuis bien longtemps la route de l'Ouest et qu'entre deux chasses à l'Anglais, ils avaient fréquenté Terre-Neuve. Ils en gardaient le secret pour ne pas perdre leurs richesses. On prétend aussi qu'un soir de ripaille ils eurent la langue trop longue devant un dénommé Christophe Colomb...

Tandis que son oncle vieillit à traquer le barbaresque sur les caravelles portugaises, Nicolas reste seul en Bretagne. Il ne perd pas son temps. Malgré les indemnités à verser aux Espagnols, il a amassé un joli petit capital. Il a tout pour réussir dans le négoce. Il sait l'espagnol. Il a des commis en Angleterre. Et c'est un homme dur en affaires. Pour lui, il n'y a pas de petites tractations, ni d'économies inutiles. Il s'associe avec un ami pour importer de l'étain, mais pour les autres marchandises il trafique en concurrent. Sur ses livres de comptes, les petites sommes qu'il a prêtées sont notées avec le même soin que les grosses. À Morlaix, ses capitaux lui permettent de tenir le haut du pavé. Il prête, puis il emprunte. Il arme un navire, s'en va chercher en Flandre ou en Gascogne des marchandises qu'il revend; et il prête encore, de préférence à un compatriote, qui hypothèque ses terres ou ses maisons. Nicolas de Coëtanlem s'arrange alors pour que son débiteur ne puisse le rembourser et s'empare de ses domaines. Il met en pratique à terre les leçons de la piraterie maritime. C'est le banquier de Morlaix. Il ne faut pas cependant regarder de trop près ses registres. Il a toujours l'aventure en tête; il sait compter, il sait mener ses affaires, mais il le fait à l'intuition. Il les mène comme on mène encore les bateaux à la fin du Moyen-Age. A l'estime. Sur ses livres de comptes, jamais de bilan. Il ignore la lettre de change. Il traite au coup par coup. L'essentiel, c'est que l'argent rentre. Il traite bien, d'ailleurs. De la mer, il a gardé la rapacité. A la fin de sa vie, il écrit sur son registre :

« Chacun doit craindre sa fortune
Car nul ne sait son aventure. »

Au XVe siècle, le mot de fortune a encore le double sens de « hasard » et de « richesse ». En somme, d'après Nicolas de Coëtanlem, il n'y a pas d'enrichissement sans risque. Et la mer est le lieu de l'aventure : il faut donc savoir miser. La duchesse Anne viendra un jour lui demander, malgré son passé douteux, de construire, armer et approvisionner une « carracque ». C'est un navire de grande dimension. Nicolas accepte : il lui en coûte 15 000 écus d'or, qu'il ne reverra jamais. Et pourtant il marie ses trois filles aux meilleurs gentilshommes du pays. Cette opération malheureuse ne l'a pas ruiné.

On le sait tellement prêt à risquer qu'on le sollicite pour participer à un complot contre la France. Des gentilhommes, furieux du mariage de la fille de François II avec le roi de France et qui préfèrent à ce mariage une alliance avec les Anglais. En dépit de ses anciens combats contre les Saxons, Coëtanlem se lance dans l'aventure. Le complot est vite ébruité. Nicolas se retrouve emprisonné au Louvre, loin de la mer et de ses affaires. Il trépigne. Au bout de deux mois, il s'évade. Il déjoue tous les contrôles et rentre à Morlaix. Les autorités finirent sans doute par sourire de ce complot un peu fantaisiste : il obtient des « lettres de rémission ». Il est amnistié, en quelque sorte.

Il reprend ses affaires, à sa manière habituelle de pirate. Il meurt vingt-sept ans plus tard. Quelque temps avant sa mort, il semble tourmenté. Ce n'est pas d'avoir comploté contre la duchesse. Il a vite oublié la mésaventure. Ses scrupules semblent d'une autre nature : il fait un acte de donation à l'hôpital de Morlaix ainsi rédigé : « Nicolas Coëtanlem, sieur de Keraudy, pour décharger sa conscience et pour certaines et justes causes qu'il disoit ne vouloir déclarer par testament, a ordonné être baillé à l'hôpital de Morlaix, pour aider à la substantiation, aliment, nourriture, entretien, nécessité des pauvres qui y affluent, sont et seront à l'avenir en l'hôpital de Morlaix..., le nombre de 100 quartiers de froment, ... chaque année, en perpétuité. »

Coëtanlem est torturé. Il a besoin de « décharger sa conscience »; il affirme en même temps que les raisons en sont « justes » : il tient pourtant à les garder secrètes... Dans son passé, tout n'est pas très clair. La vie de pirate avec l'oncle Jean, personne à Morlaix ne songe à la lui reprocher. Mais tous ces prêts usuraires, ces escroqueries à peine voilées contre lesquelles personne n'a osé s'élever... Qui aurait osé défier le neveu du roi de la mer, pourfendeur des Saxons et banquier de Morlaix ?

Nicolas Coëtanlem veut effacer le passé. Au moment de rédiger son testament, il met ses comptes au net. Il note le nom de tous ses créanciers et fait un bilan exact de ce qu'il leur doit : cordes, balles de locronan ou de poldavy pour l'essentiel. Sur le parchemin apparaissent tous les noms des grands tisserands bretons. Et une grande partie du testament est consacrée à des dons à des églises ou même de simples chapelles disséminées en Bretagne, mais aussi en France, en Angleterre ou en Allemagne. Tous les pays avec lesquels il commerçait. A-t-il fait des dupes aussi loin ? Ou tout simplement, comme beaucoup d'hommes du Moyen-Age, désire-t-il que Dieu ait sa part de cet argent ? On est ému de voir qu'il cite des sanctuaires minuscules ou éloignés, où ses héritiers devront faire porter des offrandes. Peut-être y-a-t-il prié pour la réussite d'une négociation difficile ? Peut-être quelque madone anglaise ou allemande l'a-t-elle exaucé ?... Il est très difficile de faire la part du remords et celle de la gratitude à une époque où la foi n'est pas ressentie comme incompatible avec la volonté de s'enrichir, et où l'on parle sans rougir du « très saint profit »...

Nicolas Coëtanlem peut mourir tranquille : la part de Dieu et celle des hommes ont été faites.

L'AGE D'OR DES SIRÈNES

Le temps du bonheur s'effiloche. François II, le « bon duc François », sombre dans des crises de dépression de plus en plus violentes. Il n'a pratiquement plus d'autorité sur son entourage : « L'entendement et la disposition corporelle du duc étoient si affaiblis que plus il ne savait entendre (il ne comprenait plus rien) aux publiques affaires de son duché. » Les derniers moments de sa vie ont été tragiques : Anne de Beaujeu a fait mettre le siège devant Nantes; elle n'a pu réussir à faire prendre la ville, mais l'année suivante, les Bretons ont été battus à Saint-Aubin-du-Cormier. Le duc a dû accepter le traité du Verger : la Bretagne demeure indépendante, mais Anne, fille de François II, ne pourra se marier qu'après avis du roi de France.

François II est mort trois semaines après la signature du traité. Anne n'a que douze ans. Elle a vu le siège de Nantes. La devise de son père : « Il n'est trésor que de·liesse » paraît maintenant dérisoire. Les anciens fastes de la cour ducale se ternissent. Il ne sert à rien de regarder le passé. La jeune duchesse est intelligente et énergique. Dès l'âge de quatorze ans, elle prend en main les affaires de la Bretagne. Pour s'en faire une idée exacte, elle va sur le terrain. Elle prend contact directement avec le peuple. Les signes de la richesse accumulée pendant tout un siècle commençent à se voir : des églises toutes neuves, des chapelles en chantier. Anne comprend vite qu'il faut maintenir les conditions de la prospérité. Le peuple réclame la paix. Au revers d'un feuillet, sur le registre des dépenses de la ville de Nantes, un scribe anonyme griffonne ce petit poème :

> « *Gens de diverses nations*
> *La terre occupent des Bretons;*
> *Espagnols, Flamands et Angloys*
> *Qui pour combattre les Françoys*
> *Sont venus de leurs régions...*
> *Dieu, qui a sur eux puissance*
> *Veuille unir Bretagne et France*
> *Et ces gens conduire en leur terre*
> *En tous pays ôter la guerre...* »

Pour la paix, les Bretons sont prêts à oublier la mer. Quand le roi de France vient à Rennes convaincre la duchesse de l'épouser, Anne finit par accepter. Elle était pourtant déjà mariée par procuration à Maximilien d'Autriche. Charles VIII jubile; il écrit à sa sœur Anne de Beaujeu : « Madame, vous allez être satisfaite. J'ai pris Rennes et la fille qui est dedans, par les moyens que je souhaitais. » La nature des « moyens » n'est pas précisée. Anne l'épouse le 6 décembre 1490. Du moins le duché aura-t-il la paix. Le contrat de mariage définit les droits respectifs des deux époux sur la Bretagne : le duché devient principauté. Il demeure indépendant, mais au cas où le roi de France mourrait avant Anne, elle devrait épouser son successeur : « Et pour éviter incommodités de guerre et sinistres fortunes entre les deux pays, ladite dame ne convolera à autres noces, fors avec le roi futur... »

Charles VIII meurt le 8 avril 1498. Il s'est cogné la tête à une porte basse du château d'Amboise. A peine sept ans de mariage, quatre enfants qui n'ont pas vécu. Et pour Anne un nouvel époux, un nouveau roi de France, Louis XII, qui ne manque pas de charme. Un règne fastueux. Des maternités successives, des fils, qui meurent eux aussi en bas-âge. L'héritière de la Bretagne est sa fille Claude et le sort de la principauté dépend de son mariage. Si la princesse épouse un Français, la Bretagne sera vite annexée. La reine s'est donc empressée de la fiancer à un Autrichien. Louis XII est revenu sur cette décision; il a désigné François d'Augoulême comme successeur. C'est à lui qu'on donnera Claude.

Anne ne peut fléchir son mari. Elle décide de s'éloigner un peu. Retrouver la Bretagne. Retrouver son peuple.

Elle descend la Loire. Dès Nantes, c'est la liesse. Anne est aimée. Le peuple la fête. Elle entreprend le Tro Breizh, le tour de la Bretagne, pour demander aux Sept Saints la grâce de fléchir son mari.

La reine ne peut s'empêcher sans doute de penser à son premier voyage à travers son pays, quand elle n'avait que quatorze ans. Elle avait alors fait route sans apparat, sans autre escorte que des archers. Tantôt sur la litière, tantôt à cheval. La légende dit même que lorsqu'elle en descendait, elle chaussait des sabots pour marcher dans la boue.

La duchesse en sabots n'a pas beaucoup changé depuis ce temps. Elle a gardé son goût pour tout ce qui est œuvre de création et de construction. Elle se méfie cependant des débordements de la fantaisie et de la nouveauté. En cette Renaissance commençante, l'art italien la touche peu. Non qu'elle manque de culture : elle est connue au contraire comme l'une des femmes les plus raffinées d'Europe. Mais c'est, en tout, une femme de tradition. Dans les fastes de la cour, entre Blois et Amboise, elle n'a rien oublié de la Bretagne. A l'heure où l'aristocratie ne pense plus qu'à imiter les modèles italiens en matière de galanterie, elle continue à pratiquer un catholicisme intransigeant. Elle se fait réaliser un livre d'heures somptueusement enluminé et suscite même une croisade contre les Turcs ! Le passé breton est à l'origine de la plupart de ses initiatives artistiques; elle ne cesse d'y penser. Elle incite l'ancien secrétaire personnel de son père à raconter les événements qu'il a vécus : Alain Bouchard écrit alors *les Grandes Chroniques de Bretagne*. C'est aussi sur la demande de la reine que Pierre Le Baud rédige l'histoire de l'ancien duché. Pour ses parents, elle fait construire un tombeau à l'intérieur de la cathédrale de Nantes. Les gisants de pierre blanche reposent sur un socle de marbre noir. A chaque coin du tombeau, les vertus cardinales, Force, Prudence, Tempérance et Justice. Dans chacune de ces statues, la grâce des modèles italiens est devenue rigueur. Tout est calme, mais sans alanguissement : les drapés même donnent l'impression de la fermeté.

Voilà ce qu'aime Anne de Bretagne. Sous son apparente fragilité, c'est une femme énergique, plus dure avec elle-même qu'elle ne l'est avec les autres. Dans les œuvres d'art, elle cherche le reflet de cette rigueur, de cette tension permanente où la maintient sa foi. En Bretagne, elle retrouve un art qui lui ressemble. Un art d'indépendance. Un art de plein vent.

Anne retourne à ses sources. Le pays qu'elle parcourt n'est

certainement pas le « droit paradis terrestre » qu'ont décrit ses chroniqueurs. La mer a donné la prospérité, non l'abondance des contes de fées, et Alain Bouchard a exagéré en disant que « l'on n'eût trouvé si petit village en Bretagne où il n'y eût vaisselle d'argent à foison ». La reine sait que l'âge d'or est un mythe. Le bonheur se cultive, comme tout le reste. Et sa politique n'a d'autre but, comme ce voyage, que de conserver l'indépendance de son pays dans la paix avec la France.

A travers villes et villages, elle découvre que l'art breton est précisément un art d'indépendance. Pour garder le pays des agressions venues de l'extérieur, les châteaux se sont multipliés. Leurs puissantes fortifications évoquent tous les conflits avec le royaume des Valois. Et partout dans la campagne, toutes ces gentilhommières nées de l'enrichissement, de la simple maison de campagne aux grands manoirs des nobles que le commerce a gâtés. La Bretagne se sent prête pour des temps neufs. Les fenêtres s'ouvrent, leurs frontons décorés les prolongent vers le ciel, mais les vieux motifs celtiques demeurent et viennent souvent animer la rigueur des façades.

Les villes aussi ont grandi. Elles se sont organisées : Nantes a son université, Guérande ses halles, son monastère, sa léproserie. Chaque cité conserve son originalité : dans les maisons de Guérande, toute proche des mers qui mènent les bateaux aux ports d'Espagne, on sent davantage d'art de vivre que dans les gros hôtels des marchands de Vitré. Partout on se singularise : à Morlaix, on construit des maisons étranges : deux corps de logis séparés par une cour vitrée à galeries... L'argent des marchands sert aussi à continuer les travaux de fortification : on veut garder solidement son bien. Les Rennais sont si fiers de leurs remparts qu'un chroniqueur écrit que personne n'aurait osé en construire de semblables, sauf sous le règne du roi Arthur... Les Bretons ont l'impression que la prospérité qui leur permet de construire a ramené les temps bénis des commencements. Les temps lointains où l'on croyait avoir découvert l'Autre Monde sur les rivages de la Bretagne.

Maintenant l'Autre Monde est retrouvé. Il est partout présent. Dans la façon même dont les maisons s'ordonnent autour de l'église : la plupart du temps, en long rectangle autour d'une place. Le sanctuaire n'est qu'un élément parmi d'autres au milieu de ces maisons. Mais en apparence seulement, car la terre où s'élève l'église n'est pas la même. C'est un enclos sacré, le territoire des morts. Pour y pénétrer, il faut franchir une porte, qui prend souvent l'allure d'un arc de triomphe. Et avant d'entrer, le visiteur doit enjamber une dalle verticale. C'est un symbole. Ainsi le monde des vivants et le monde des morts communiquent sans que la clôture qui sépare les deux univers soit jamais interrompue. Cet Autre Monde, contenu à l'intérieur de l'enclos paroissial, renferme le cimetière. Et c'est avec l'argent gagné à échanger sel ou blé, à tisser la toile ou à courir les mers que l'on a édifié l'église, le porche, l'ossuaire et bientôt le calvaire monumental. En donnant à Dieu sa part du gain, comme l'a fait Nicolas Coëtanlem. Ces enclos sont le lieu de la foi en l'Au-Delà, plus que le lieu de la mort. Les richesses de l'Autre Monde vécu en cette vie sur la mer servent à construire l'Autre Monde dont parlent les Evangiles. Le premier est le reflet humain du second. Dans l'enclos paroissial on peut vraiment dialoguer avec Dieu : tout y est devenu sacré, même l'argent. L'univers y prend signification. L'absurdité de la mort disparaît. Par la porte triomphale, on accède à l'éternelle joie de l'Au-delà.

Aux étapes du Tro Breizh, la reine prie sous les longs clochers ajourés. Elle va au Folgoët qui pourtant ne fait pas partie du Tro Breizh, mais dont la Vierge est, paraît-il, très puissante. Cathédrale toute en finesse et en force flamboyante. La féminité celte faite pierre.

Il y a aussi partout, disséminés dans les campagnes, des petits sanctuaires plus modestes. Ils sont particulièrement nombreux là où le commerce est florissant, dans les régions de toile, de drap ou de sel. On les bâtit souvent près d'une source qui donne l'eau qui guérit. La source devient fontaine et l'on construit à côté la chapelle basse, aux charpentes posées sur des arcades plus élevées. Quelquefois, l'importance de la population a exigé un édifice plus grand. L'église s'élargit et s'élève jusqu'à donner à l'ensemble une grandeur presque inquiétante, comme si les marchands avaient voulu qu'on y mesure l'étendue de leur pouvoir.

L'essentiel est de faire mieux et autrement que le voisin, même s'il n'habite que de l'autre côté de la plage ou du vallon. Et les marchands et les nobles qui commandent les églises ou chapelles trouvent en Bretagne des artistes capables d'innovation. Ce sont à l'origine des artisans : tailleurs de pierre ou maçons. Mais ils recherchent constamment des modèles nouveaux ou combinent astucieusement des formules différentes. D'une lande à l'autre, les ogives ne flamboient jamais tout à fait de la même manière. Et chaque chapelle se marie exactement au paysage dans lequel elle est bâtie. Jamais, comme en France, le paysage naturel ne semble s'ordonner autour d'elle. Au contraire : elle est faite pour la nature. Son granit est vite recouvert des mêmes lichens roux et gris que ceux des rochers qui affleurent. Comme eux elle reçoit en pleine face le soleil, le vent et la pluie. Qu'elle fasse front à la mer ou qu'elle se cache derrière un bois, les découpures flamboyantes des fenêtres paraissent prolonger les forces du monde extérieur. Elle s'y fond, tout en lui donnant une autre signification : l'Autre Monde, toujours.

A l'intérieur, tous les signes de la prospérité. Et parfois sous les formes les plus païennes : vierges aux seins nus, solides, avec la force un peu troublante que donne la maternité en triomphe. Vierges en majesté d'allaitement... Ce n'est pas un hasard si le grand marchand Nicolas Coëtanlem demande dans son testament qu'on fasse un tableau de Notre Dame de la Fontaine à Morlaix. Son modèle est une statue représentant Marie, toute nouvelle accouchée, qui allaite l'Enfant-Jésus. C'est aussi les seins nus que la Vierge apparaît à Tronoen, sur le plus ancien calvaire breton. On dit qu'à cet endroit s'élevait un temple en l'honneur de Vénus anadyomène, Vénus sortie de l'écume de la mer... Sous la forme des vierges aux seins nus, ce sont les sirènes qui réapparaissent. Sirènes christianisées, défaites de leurs hanches inquiétantes de bêtes insaisissables. Sirènes devenues terriennes et fécondes, toujours toutes-puissantes, mais prêtes à accueillir la prière. Quand elles gardent leurs formes anciennes, les sirènes se dissimulent davantage. Elles dénouent leurs cheveux au pied d'un chapiteau, ou se lovent au pied d'une statue, comme à Brennilis. Là-bas, dit-on, se trouve « l'œil de la mer », l'endroit où la terre communique avec les eaux souterraines sur lesquelles flotte la Bretagne.

Les sirènes ne se cachent jamais bien longtemps. Non loin de là, à Sizun, elles s'exhibent sans retenue sur les murs du sanctuaire, et la plus jolie d'entre elles vous invite à franchir le seuil de la porte triomphale qui ouvre le territoire de l'Autre Monde. Les sirènes se sont infiltrées dans les terres. Elles y disent la richesse comme le font les bateaux gravés sur les murs des églises côtières.

Anne est rentrée de son Tro Breizh. Elle n'aura aucun fils qui puisse survivre et devenir roi. Après sa mort, en 1514, on continuera à construire des chapelles et des clochers. Les sculpteurs tailleront longtemps encore des saints de pierre et des vierges polychromes. Les artistes bretons mettront du temps à oublier les fenêtres flamboyantes. Il y aura quelques nouveautés : les bateaux apporteront des retables copiés sur les modèles flamands, des tableaux venus d'Espagne.

Mais on verra de moins en moins de sirènes, et de plus en plus de calvaires.

3/Le temps des noces françaises : déjà mal mariée, déjà...

« BRETAGNE EST PÉROU POUR LA FRANCE »

Les temps changent. La duchesse Anne est morte. Enfermé dans un reliquaire d'or fin, son cœur, « le plus beau que jamais dame eut au monde », repose en terre bretonne.

Le temps du bonheur sournoisement se dissout. Le mariage de sa fille Claude avec François Ier a été suivi, en 1532, de l'acte d'Union. Le roi de France a demandé qu'on joignît « par une union perpétuelle le pays et duché de Bretagne au royaume et couronne de France ». Sa volonté a été accomplie. François Ier promettait que la Bretagne garderait ses droits, libertés et privilèges ! Dans l'ancien duché, maintenant devenu province, on lui fait confiance.

Le statut de la Bretagne, défini en ces termes, est en effet celui d'une autonomie. Les Bretons espèrent conserver ainsi tranquillité et prospérité. Et de fait, le bon vieux commerce continue à porter ses fruits. Toiles, sel, vin, produits de la pêche, comme avant, entre les Flandres, l'Angleterre et l'Espagne. On commence à aller plus loin : Terre-Neuve, pour pêcher la morue. Tout cela rapporte. Les métaux précieux affluent dans la province, témoins de cette expansion. Et dans les campagnes, pour la plus grande gloire de Dieu et du très saint profit, églises, chapelles et calvaires. On raffine. On donne dans le grandiose et le monumental. On soigne davantage les accessoires intérieurs. Les sculpteurs, orfèvres, facteurs d'orgues ne sont pas près de mourir de faim.

Et pourtant... A Paris, lors de la signature de l'acte d'Union, c'était la liesse. Allégresse suspecte : « Bretagne est Pérou pour la France ! » L'image est belle, en plein XVIe siècle : doit-on comprendre que les Français s'apprêtent à piller la province comme les Espagnols le font de leurs nouvelles colonies ? La province est riche, c'est vrai. Mais son équilibre économique est instable, facile à briser. Proue d'une Europe qui va bientôt se battre pendant plusieurs siècles pour la domination des océans nouvellement découverts. Les gros clients de la Bretagne sont des étrangers déjà engagés dans la course aux empires d'outre-mer. La France, elle, n'est pas encore partie. Que deviendra la Bretagne quand le roi s'avisera de lancer ses flottes vers les mers lointaines et toutes jeunes qui promettent tous les trésors ?

« Bretagne est Pérou pour la France. » Il est enfin lâché, le mot. La voilà bientôt à merci, la jolie proie qui peuplait les rêves de Louis XI... Encore heureuse. Pour un peu plus d'un siècle. Le chanvre et le lin poussent toujours aussi bien dans les champs et cela se fête aux jours sacrés, à grand renfort de processions et bannières. Draperies brochées aux fenêtres et offrandes somptueuses au saint protecteur. Les marchands de Rennes, Nantes et Vitré dorment tranquilles. Chacun fait encore à peu près ce qu'il veut. Il suffit de regarder les églises et les manoirs. La Renaissance ? Oui, on connaît. On s'en inspire vaguement, mais le gothique aussi était bien joli. On assimile, on transforme, au gré du rêve et de la fantaisie. C'est le cœur qui parle. Le cœur du peuple, d'un peuple encore heureux.

Mais pour combien de temps ? Guérande, d'où tout est parti, commence à s'installer dans une torpeur lagunaire. Bientôt elle s'y enlisera, comme son marais qui se comble au fil des années. L'océan est immense, on peut partir plus loin. Les Espagnols le font. Les Portugais aussi, et les Hollandais. La fièvre de la découverte commence à gagner certains marins bretons... Plus loin, encore plus loin. Mais la France, désormais, aura toujours son mot à dire.

Et de Paris, la Bretagne est pays étranger. Une nouvelle venue dans le royaume. Le bout du monde rattaché à la France. La Provence, elle aussi, est nouvelle arrivée. Cependant, vue de Paris, celle-ci demeure la *Prouincia* dont parlait autrefois César : la culture, la civilisation. Un morceau de France encore, avec un air pittoresque d'Italie. Mais la Bretagne ! Riche, mais rêche, rugueuse. On l'a prise, convoitise oblige. Seulement quel pays ! Sitôt signé l'acte d'Union, François Ier s'est senti obligé d'aller y faire un tour. Ce sont les usages. Panique à la cour. Le roi n'a plus sa raison. C'est comme projeter de descendre aux Enfers ! Ce pays arriéré, ces demi-sauvages, dont le seul mérite est de baratter le meilleur beurre du royaume. Un siècle et demi plus tard on parle encore de ce voyage dans les salons parisiens. La folle équipée ! Il est vrai qu'il se trouva des Bretons pour crier sur le passage du roi : « Biken ! Bikenn' embara an onner hag ar bleiz ! (Jamais, jamais ne s'accoupleront la génisse et le loup !) » Et La Fontaine en tire quelques jolis vers :

Le pauvre homme était loin
De tout humain secours
C'était à la campagne
Près d'un certain canton de Basse Bretagne
Appelé Quimper Corentin
On sait assez que le Destin
Adresse là les gens quand il veut qu'on enrage
Dieu nous préserve du voyage !

Pour les richesses de Bretagne, François Ier aurait donc voué son âme au diable...

On a créé un parlement, garant du statut d'autonomie. La prospérité se maintient. Les guerres de Religion affectent peu la province. Le peuple breton, dit-on, n'est pas fait pour le protestantisme. Religion trop cérébrale, qui s'accorderait mal à un tempérament sensible et traditionaliste. On n'allait quand même pas renverser les statues des vieux saints navigateurs ! Pour certains, le désarroi général créé en France par les conflits religieux constitue cependant une occasion privilégiée de faire main basse sur la province. En cette fin du XVIe siècle, le duc de Mercœur, gouverneur de Bretagne, est pris de cette ambition. Sa fonction en fait le représentant de l'autorité du roi dans la province.

Or il est marié à une Penthièvre. Dans cette famille, depuis des temps immémoriaux, on est élevé dans la tradition du complot et de la sédition. Des maniaques du putsch militaire. Jean V en avait fait l'expérience, qui avait bien failli leur laisser sa couronne de duc. Mercœur est jeune, il a les dents longues et il est très populaire en Bretagne depuis qu'Henri IV le parpaillot revendique la couronne de France. Etre gouvernés par un hérétique, jamais ! Alors, pourquoi Mercœur ne tenterait-il pas de rétablir l'indépendance de la province ? Se faire reconnaître duc, et prince souverain... Il est bien l'héritier des

Penthièvre... Il s'en va à Nantes, où il s'entoure d'une cour brillante. Il y installe un nouveau parlement, rival de celui de Rennes. Voilà la Bretagne coupée en deux. Précipitée, malgré elle, dans les guerres de la Ligue. Mercœur appelle les Espagnols à son secours. Ils accourent avec un corps expéditionnaire, des hommes, des navires. Il leur faut un havre sûr. A l'embouchure d'une ria inconnue et désolée, mais bien protégée, ils créent un centre d'opération contre les huguenots : Blavet, à l'extrémité de l'actuelle rade de Lorient. L'Angleterre s'en mêle. Elizabeth Ire fait débarquer à Paimpol toute une armée pour soutenir le roi parpaillot. Et tout ce beau monde se bat pendant dix ans, de 1588 à 1598. Le duc de Mercœur doit vite déchanter : même s'il obtient des succès militaires, les Espagnols font traîner la guerre en longueur. Embuscades, pillages, petits coups de main... Ils n'ont aucune envie de voir la Bretagne redevenir indépendante; s'ils sont venus, c'est pour favoriser l'accession au trône de France d'un roi catholique auquel on pourrait marier l'infante Isabelle... Mercœur essaie alors de discuter, négocier, comploter. Sur le terrain, il est maître de la situation : le chef ennemi, le prince de Dombes, est plutôt du genre indolent. Il préfère à la guerre la dolce vita. Henri IV doit le faire remplacer : la guerre se durcit. La Bretagne est mise à feu et à sang. Les brigands de grand chemin en profitent. L'un d'eux, La Fontenelle, met sur pied un quartier général pour le brigandage systématique. Une petite île, repaire imprenable, où il vient se reposer après avoir pillé, violé, torturé. Certains villages, dont Penmarc'h, ne se relèveront jamais de son passage. La Cornouaille entière, terrorisée et saccagée. Et partout, la plus totale confusion, la misère la plus dure. Les paysans finissent par se révolter contre les nobles. On brûle des châteaux, on tue un seigneur en criant : « Ar Vretoned oll tudchendil ! (Les Bretons tous gentilshommes !) » Comme toujours en Bretagne, le malheur a réveillé le cheval d'orgueil.

Il faut recouvrer l'honneur ancien. La vieille tradition de chevalerie, qui couve toujours sous la misère. Mais on doit faire avec son temps. La Bretagne, qui a inventé la chevalerie, sait bien que seul en est digne celui qui peut faire face en toutes circonstances.

Henri IV s'est converti, Mercœur a dû se soumettre et les Espagnols ont décampé. La situation est définitivement éclaircie. Et c'est à Nantes que le roi a décidé de venir signer l'édit qui fait de la France le seul pays d'Europe à admettre la liberté de conscience. Sa cordialité et sa bonhomie légendaires lui ont rallié tous les cœurs. L'œil exercé du roi sait cependant distinguer les signes de la puissance. Découvrant la cité de Nantes, il ne peut réprimer une exclamation : « Ventre Saint-Gris, ce n'étaient pas de petits sires que ces ducs de Bretagne ! » Des tours, des remparts, un palais, c'est le souvenir de la force guerrière qui l'impressionne. A Vitré, où il se rend la même année, ce ne sera pas tout à fait une admiration identique. Elle est peut-être plus significative. Il dîne chez le gouverneur de la ville. L'ancien roi de Navarre est depuis longtemps maître dans la science du bien-vivre et l'épicurisme truculent. Pourtant il ne s'attendait pas, en cette bonne ville de Vitré, à tant d'opulence et de faste : « Ventre Saint-Gris, si je n'étais roi de France, je voudrais être bourgeois de Vitré ! » Parole politique, bien sûr : il faut savoir flatter les adversaires vaincus. Mais ne flatte-t-on pas aussi la richesse ?

Bretagne, pays étranger, Pérou du bout de la France, mais Pérou quand même. Beurre, chanvre, lin; bateaux qui s'en vont chaque fois plus loin. Saison après saison, on ne sent pas trop encore que l'âge d'or s'en va en charpie. La joie n'est plus la même, pourtant, en ce début du XVIIe siècle, et l'on finit par dire que les temps bénis s'en sont allés. On grogne. Voici, chaque année, toutes les « nouvelletés » porteuses de mal. Elles viennent parfois de la mer. Plus souvent du fond des terres. De Paris. Ces messieurs des villes, pas toujours bretons, deviennent chaque année plus puissants. Et l'on a besoin d'eux. Ils ont l'argent; c'est à eux qu'on doit vendre, c'est à eux qu'on doit acheter. A quel prix ! Tout était mieux avant. Dans notre langage moderne, on dira que le rattachement de la Bretagne à la France a accéléré le passage de l'économie villageoise à celle des grands circuits commerciaux. D'où un malaise sourd, qui couve et grossit. La Bretagne est riche encore, mais elle se sent devenir colonie. Elle n'a pas tort : voici ce qu'écrit Louis XIV en 1655 : « Je puis bien dire qu'il n'y a pas de province qui soit soulagée (aisée) et riche comme la leur. » On ne peut être plus clair.

Pays riche, et lieu stratégique. Car depuis le XVIe siècle pour l'Europe entière les temps ont changé. A force d'aller plus loin sur la mer, on a découvert d'autres mers, des océans neufs, d'autres îles, des continents parfois. On ne se battra plus seulement pour la bonne vieille Europe. Il y a au loin des terres à défendre. Là-bas, d'où viennent ces poudres étranges qu'on paie des sommes astronomiques. Les épices.

Là-bas aussi l'or et les pierreries. Les bois inconnus. Des hommes jamais vus sous nos climats, d'où leur nom de sauvages. On se hâte de les convertir au Christ avant d'en faire des esclaves. On en débarque de temps en temps des spécimens dans les ports d'Europe fous de curiosité, mais ils meurent si vite, comme les petits oiseaux multicolores qu'on a rapportés avec eux.

Voyage après voyage, le monde prend corps sur les cartes des nouveaux marins. Le partage des terres vierges a commencé. L'Espagne a obtenu du pape la domination de l'Amérique, l'Angleterre grandit, les Hollandais s'infiltrent un peu partout. Les marins bretons du XVIe siècle sont aussi de la partie, on le verra, mais les rois de France ne les écoutent guère. Il faut attendre Richelieu pour que les puissants s'avisent enfin que le nouvel ordre économique mondial fait du rattachement de la Bretagne à la France une excellente affaire, et qu'il n'y a pas seulement dans la lointaine péninsule que de bonnes vaches à faire le meilleur beurre du pays.

Depuis qu'il se sent une vocation politique, Richelieu est persuadé que la France se doit de devenir une grande puissance navale. Malheureusement, le royaume ne possède en tout et pour tout que des rafiots n'ayant que trop bourlingué et prêts à faire eau dès le premier coup de vent. Quand le cardinal accède au pouvoir, l'une de ses premières décisions est de mettre sur pied une marine. Remettre à flot « la navigation, depuis longues années délaissée, vaisseau errant, à la merci des vents, démâté, par miracle ». A peine au pouvoir, il supprime toutes les amirautés. Toutes. Sauf une : la Bretagne. Ménageons-la... on en a trop besoin. Richelieu s'arroge aussi le titre de « grand maître chef et surintendant général de la navigation et du commerce ». Tout un programme, et des plus précis : rendre au pays « les trésors de la mer que la nature lui avait si libéralement offerts ».

Malgré l'incertitude des techniques cartographiques contemporaines, à contempler le seul tracé de ses côtes, le cardinal a deviné le parti qu'on peut tirer de la Bretagne : « Il semble que la nature ait voulu offrir l'empire de la mer à la France. La seule Bretagne contient les plus beaux ports qui soient dans l'Océan. » Richelieu sait lire une carte. Ici, une rade gigantesque, gardée d'un gros bastion. Brest. Réputée inexpugnable depuis le Moyen-Age. Un vieux proverbe dit : « N'est pas duc de Bretagne qui n'est sire de Brest. » Excellent pour la marine de guerre. Plus au sud, entre Quimper et Vannes, une autre rade, plus petite, plus étroite, mais bien protégée elle aussi, d'une grande île tout en longueur : la rade de Blavet, dont les Espagnols avaient pu apprécier les qualités lors des guerres de la Ligue. A reprendre, à étudier. Au sud encore, le golfe du Morbihan, encore très actif dans les circuits du commerce maritime breton. Une vraie petite mer intérieure qui pourrait servir de base à une compagnie commerciale : la Compagnie du Morbihan. Et toutes ces rias calmes, mi-mer, mi-rivière. Le cardinal a remarqué que les vaisseaux se font mieux en Bretagne que partout ailleurs. Pourquoi ne pas y ouvrir des chantiers de construction navale ? Et l'on y lancerait, les jours où la fortune sourirait à la France, de ces vaisseaux nouveaux, semblables à des forteresses flottantes, pour s'en aller chercher la gloire sur tous les océans du monde... Pour les équipages, les Bretons, évidemment. Il les ménage : de ses origines maritimes Richelieu a appris qu'il ne faut pas brutaliser les hommes de mer.

Brest, Blavet : la marine française commence en Bretagne. Celle du Soleil Couchant, du Ponant, comme on dit alors. Des chantiers navals s'ouvrent. Au fond de l'estuaire de la Vilaine, à La Roche-Bernard, on construit le bateau le plus fou de l'époque : *La Couronne*. On a abattu une forêt pour le fabriquer. Un mât immense, 7 200 mètres carrés de voiles, trois cuisines toujours fumantes, tant de chambres qu'on se croirait en un palais.

Pour le commerce, Richelieu est moins heureux. Les gentilshommes ne sont guère attirés par les affaires. Louis XIII avait tenté de les y intéresser : il faut « relever et faire honorer ceux qui s'occuperaient du commerce sur mer ». A Saint-Malo, on n'a guère besoin de ces conseils. Les nobles ne les ont pas attendus pour s'enrichir en créant le système de la « noblesse dormante » : on dépose son épée tant qu'on est aux affaires et on la reprend fortune faite. Les autres gentilshommes bretons sont plutôt des terriens, hobereaux de campagne vivant comme des paysans et qui n'ont guère envie de risquer leurs derniers écus aux hasards de la mer. Et puis M. le cardinal n'est-il pas l'ennemi juré de la noblesse, avec tous ces châteaux qu'il fait démanteler, ces seigneurs décapités ? Les marchands des villes se défient aussi de Richelieu. Ils aiment traiter leurs affaires eux-mêmes, sans que l'État vienne s'en mêler. Les expéditions commerciales sont des affaires de famille. On est prêt à risquer, mais on se méfie des compagnies de commerce inventées par ces messieurs de Paris.

En définitive, le cardinal n'obtiendra que peu de résultats. A sa mort ne resteront de ses projets que quelques bâtiments entretenus tant bien que mal pendant le gouvernement de Mazarin. Mais une idée a été lancée. Une certaine idée de la mer. Une certaine idée de la Bretagne.

Dans l'ombre de Mazarin grandit un homme qui ne cesse de méditer les visions prestigieuses de Richelieu. Colbert, fils de drapier. Pour ces gens-là, un sou est un sou. Alors qu'il n'est encore qu'intendant de Mazarin, il s'occupe déjà de la marine : l'argent vient de la mer, on n'est pas fils de marchand rémois pour rien ! Il a sur le commerce maritime des idées très précises : mercantilisme, dirigisme, protectionnisme. La France n'a guère de colonies. Peu importe : il suffit d'attirer en France l'or étranger. Celui que les Espagnols vont chercher au bout du monde, en des lieux où, d'après lui, les Français n'ont que faire. Une fois l'or rentré, l'empêcher de sortir : donc il faut vendre le plus possible aux étrangers, et leur acheter le moins possible. Les étrangers en question, Hollandais, Anglais, sont furieux de voir s'instituer tous ces contrôles et autres barrières douanières. Une véritable « guerre d'argent » commence. Guerre économique, dirions-nous de nos jours. Les étrangers ont sur la France l'avantage d'avoir directement accès aux colonies qui fournissent des produits de plus en plus recherchés, et ils proposent de surcroît des prix concurrentiels. Colbert doit donc reprendre le projet avorté de Richelieu : créer une marine de commerce, conquérir des colonies. Et comme Hollandais et Anglais ne laisseront certainement pas circuler tranquillement entre leurs vingt mille navires les six cents concurrents français, il faut aussi, de toutes pièces, créer la marine militaire capable de protéger le trafic et de neutraliser les hostilités plus que probables des actuels seigneurs de la mer.

« Rétablir la gloire du royaume en remettant sur la mer un nombre considérable de vaisseaux... » La formule a de l'allure. Seulement pour Louis XIV, la bonne et vieille et jolie guerre, c'est sur terre qu'elle se passe. Colbert décide alors de toucher le roi là où il est le plus sensible : le goût du faste. Le ministre organise, sur un bassin de Versailles, un combat naval avec flotte miniature. Louis XIV est amusé. Flatté aussi. Ces navires, à sculptures dorées, la mythologie se pliant allègrement à l'architecture savante des bateaux-joujoux... Pour son prestige, le Roi-Soleil se doit de posséder une flotte. Et Colbert, ce fils de marchand, sait certainement où il va...

NAISSANCE DE LA RÉVOLTE

Colbert a jeté les yeux sur la Bretagne. Réaliser ce que Richelieu n'a pu mener à bien. Et vite. Tout ménagement serait un luxe. C'est d'ailleurs en Bretagne que Colbert est parvenu à sortir de l'ombre. En 1661, à Nantes, quand il a réussi enfin à éliminer Fouquet. Celui-là aussi comptait bien se servir de la position privilégiée de la province pour assurer sa fortune. Il s'était annexé une île entière, Belle-Ile. Base de départ avantageuse pour des opérations commerciales et forteresse dûment protégée en cas de conflit avec le roi. Colbert a décidé la perte du surintendant des Finances. C'est à Nantes qu'elle se joue. Le roi y a réuni son conseil. A la sortie, Fouquet est arrêté. A présent Colbert a la haute main sur les affaires du royaume.

Il n'est plus question désormais de respecter les clauses de l'acte d'Union de la Bretagne à la France. « Bretagne est Pérou pour la France » : le ministre a mis en marche la pompe à finances. Louis XIV profite de sa présence à Nantes pour présider les États de Bretagne et leur réclamer un « don gratuit » de quatre millions de livres. Scandale aux États : il n'est pas question d'en accorder plus de deux. Le premier moment d'émotion passé, on discute, on marchande. On transige à trois millions.

De temps à autre l'épisode va se renouveler. Maladresse notoire : les Bretons s'étaient faits au pouvoir français, pourvu qu'il fût discret et modéré. Et voilà qu'on se met à toucher à leurs privilèges les plus chers : les privilèges fiscaux... La province, « pays réputé étranger », avait gardé de ce statut un système d'imposition original. Le roi ne pouvait y lever d'impôts royaux, mais seulement ceux que percevait l'ancien duc. Somme dérisoire, et les Bretons en étaient conscients. On avait donc eu recours, depuis Henri IV, à ce fameux système du « don gratuit ». Et l'on demeurait dans des limites raisonnables. Or, depuis Colbert, ces temps sont révolus, et la couleuvre devient de plus en plus difficile à avaler. Ce Colbert qui fait surveiller tous les ports, inspecter tous les sites de Bretagne ! Ses agents, partout, qui lui envoient rapport sur rapport. Il veut tout savoir. Il s'intéresse même à des landes désolées de Basse-Bretagne pour y créer, dit-on, une compagnie de commerce avec privilège du roi. Il veut apprendre comment les gens de Nantes confectionnent leurs barques, réclame des dessins à l'appui, exige des mémoires sur les activités des premiers Terre-Neuvas de Saint-Malo... Il se mêle de tout. Ce n'est pas le pire. Il veut trop d'argent. Et la Bretagne renâcle.

Curieusement, c'est lorsque Colbert va vouloir les avoir à la ruse que les Bretons vont passer de la grogne à la révolte. Puisque les édits relatifs aux levées d'impôts doivent passer par les États de Bretagne, et que c'est chaque fois une bataille épique et un marchandage sans fin, recourons, pense le ministre, à un moyen simple mais efficace : l'impôt indirect.

1673 : édits formulant l'obligation d'utiliser du papier timbré pour rédiger tous les actes de justice. Taxes sur les péages, moulins, pêcheries, batelleries. Les États de Bretagne, au désespoir, tentent de « racheter » l'impôt indirect en accordant au roi « un don gratuit » double du don habituel... En contrepartie, le roi consent à révoquer quelques édits, formule deux ou trois vagues promesses. Deux ans plus tard, sans consultation des États de Bretagne, les mêmes édits sont rétablis.

1675 : la politique commerciale de Colbert commence à ruiner la province. Par la mer, les Bretons exportaient avec le vin et le sel leurs fameuses toiles si appréciées des Anglais. Ils les échangeaient contre du drap de laine. Mais depuis que le ministre a institué la « guerre de l'argent », le marché anglais s'est fermé aux Bretons. Le Parlement de Bretagne est inquiet; il sera bientôt obligé d'en faire remontrance au roi : « Les Anglais, ne nous aimant pas naturellement, et jalousant en toutes rencontres l'augmentation de notre commerce, se porteront à une des deux extrémités, ou d'interdire entièrement nos toiles, ou de multiplier leurs manufactures de toile qu'ils ont commencé d'établir en Écosse et Angleterre. » A quoi on répond aux Bretons que de toute manière ce commerce était des plus « vitieux », que les Anglais n'attendaient d'ailleurs que la première occasion de s'en passer, puisque depuis longtemps on oblige outre-Manche d'ensevelir les morts dans de l'étoffe de laine et non de la toile bretonne !

Voici venir le centralisme. Des temps difficiles se préparent. Douaniers, inspecteurs et agents de tout poil s'apprêtent à venir surveiller les ports de la Bretagne. Où sont les grandes mers offertes à la liberté, les heures tranquilles que tissaient les gens de Locronan et de Vitré ? Misérables, les campagnes, misérables les villes, où le menu peuple ne peut même pas profiter de la baisse des prix. Et l'on murmure surtout de port en port, de village en village, qu'on ne pourra même plus faire du sel commerce libre, et que le roi de France va envoyer en Bretagne une femme terrible, porteuse de ruine et de malédiction, avec ses fils plus redoutables encore. Elle aurait nom Gabelle...

1675, nouveaux édits de Colbert : la vente du tabac sera monopole d'État, la vaisselle d'étain sera taxée. On est en avril, approche le joli mois de mai. C'est la révolte : à Rennes, les épiciers réclament le droit de vendre le tabac comme avant. Sûrs de l'avoir obtenu, ils se rendent au bureau général des tabacs et le mettent à sac : « Vive le roi sans gabelle ! » A sac, lui aussi, le bureau de l'impôt sur les boissons. La nouvelle parvient à Saint-Malo. Les marins, grands fumeurs de tabac, grands « pétuneurs », comme on dit, sont fous de rage. Ils veulent eux aussi se venger sur le bureau des taxes. On ne pourrait pas grand-chose contre la révolte de deux mille matelots malouins... L'évêque intervient. On attendra qu'ils soient partis pour Terre-Neuve pour percevoir la taxe. Du 20 au 23 avril, la révolte gronde à Nantes. Elle gagne peu à peu toute la Basse-Bretagne...

On est en mai, et ce sont maintenant tous les petits, tous les humbles, tous les oubliés de la « guerre de l'argent » qui crient à l'humiliation et appellent au soulèvement. Çà et là, de campagne en campagne, mais surtout en Cornouailles. Entre Douarnenez et Concarneau. Le pays des tisseurs d'aventure. Le pays des toiles, du lin, des chapelles qui disent contre tous les vents la richesse fière et l'union de la terre avec la mer. L'aventure, maintenant, c'est l'insurrection politique. On ne se contentera pas, comme à Rennes, de jeter un chat crevé sur la robe de soie de Mme de Chaulnes, femme du gouverneur. En Cornouaille, voici des hommes décidés, violents, brutaux, et dont certains savent lire et écrire. Tout est bon pour faire taire l'injustice. On oublie le papier timbré et la taxe sur la vaisselle d'étain. On s'attaque à toutes les inégalités. Les agents du fisc, préleveurs de dîme et autres représentants du pouvoir sont mis à mal. Les vicaires se rebellent contre leur curé , les paysans contre leur seigneur. Les Anglais présents dans les ports plient bagages et se hâtent de déguerpir. Le mois de mai ne peut suffire à cette révolte-là.

Juin : quatorze paroisses de Cornouaille s'unissent et décident d'élaborer leurs propres lois : le Code paysan. A eux, enfin, la parole ! Ils énumèrent les impôts et les droits féodaux abolis. La raison ? « Comme victoire de la liberté armorique. » La liberté bretonne contre la féodalité... Les filles nobles pourront désormais épouser des manants, et l'on pourchassera sans pitié dame Gabelle . « Il est défendu, à peine d'être passé par la fourche, de donner retraite à la Gabelle et à ses enfants, de leur fournir à manger ni aucune commodité, mais au contraire il est recommandé de tirer sur eux comme chiens enragés. » Et l'on chante, et l'on crie le soulèvement : c'est la *Ronde du papier timbré,* où l'on dénonce « la bourse du roi, comme la mer toujours béante »... « Du temps de la duchesse Anne, on ne nous traitait pas ainsi ! »

Mme de Sévigné, qui se trouve près de Rennes en sa villégiature bretonne, écrit pendant ce temps d'une plume furibonde. Ces Bretons-là « auraient bien besoin d'être pendus pour leur apprendre à parler. »

Ils ne l'ont pas pour longtemps, cette parole... Le temps de la répression est venu. Les troupes françaises s'installent sur le pays. Les meneurs sont pris, torturés, exécutés. Certains parviennent à s'enfuir, s'engagent dans la marine hollandaise. Les petits, qu'on arrête au hasard des embuscades, sont bons pour le bagne. Pendant tout l'hiver, vingt mille dragons à demeure, pour mettre définitivement la province à genoux. La bonne marquise de Sévigné finit par s'en émouvoir : « Les soldats vivent, ma foi, comme dans un pays de conquête... Tout est plein de gens de guerre... il y a là dix à douze mille hommes qui vivent comme s'ils étaient au-delà du Rhin... » A Rennes, extermination, comme pour la vermine : on détruit à titre d'exemple un quartier entier et on prend au hasard des habitants pour les exécuter; la bonne marquise, qu'on ne peut soupçonner pourtant d'être antifrançaise, est maintenant indignée : « On a chassé et banni toute une grande rue et défendu de recueillir les habitants sous peine de sa vie, de sorte qu'on voit tous ces misérables, femmes accouchées, vieillards, enfants, errer en pleurs au sortir de cette ville, sans avoir de nourriture ni de quoi se coucher [...] On a pris à l'aventure vingt-cinq ou trente hommes, que l'on va pendre... » Quelques jours plus tard, encore soixante autres : « Quelques-uns furent roués, d'autres pendus, d'autres envoyés aux galères. Si vous voyiez l'horreur, la détestation, la haine qu'on a ici pour le gouverneur, vous sentiriez bien plus que vous ne faites la douceur d'être aimés et honorés partout. Quels affronts... » Le gouverneur en question, le duc de Chaulnes, est lui-même dépassé par les cruautés des soldats que Louvois lui a envoyés, et il finit par se plaindre au ministre : « Je ne puis vous exprimer, monsieur, quels ravages les troupes font sur leur route. Je crains que cette province ne soit traitée en pays ennemi. » Il a de quoi craindre en effet : Mme de Sévigné en est devenue presque anarchiste ! « Nous sommes étonnés qu'en quelque lieu du monde on puisse aimer un gouvernement... »

En pays bigouden, entre Douarnenez et Quimper, on prend, on emprisonne, on déporte comme ailleurs. Mais le pouvoir royal veut pour ces Bretons-là un châtiment plus dur encore. Car on y a crié la liberté trop fort. Et trop bien. Et c'est là-bas aussi qu'on trouve les plus orgueilleuses des églises de plein vent. Les chapelles du bout du monde au péril de la mer, qui datent des temps heureux où les petites nefs bretonnes affrontaient toutes les tempêtes pour la prospérité du duché tout entier.

Pour ces Bretons-là, un châtiment plus rude. La mort des hommes n'est pas assez. On la portera dans les pierres.

Les dragons sont repartis du pays bigouden. Comme ailleurs, ils laissent derrière eux filles violées, veuves et orphelins. Et aussi, désormais offerts à tous les courants d'air, six clochers décapités. Les vents eux-mêmes ne s'y retrouvent plus. Les soudards s'en vont au pas joyeux de la vengeance.

Louis XIV et Colbert se sont trompés. On ne découronne jamais la Bretagne. On ne décapite pas l'orgueil breton, tout Roi-Soleil qu'on se prétende. Mutilées de leurs clochers, les façades des églises n'en sont que plus massives. Plus dures, plus fermes. L'orgueil blessé les rembrunit davantage. Comme partout ailleurs, c'est au clocher que le regard vient chercher le point de ralliement, la sécurité, le signe de la foi. Et chaque fois que les yeux s'y posent, son absence même, ce vide insultant, ravive la souffrance, réveille la révolte.

Les Bigoudens ne reconstruiront pas les clochers. En Bretagne, messieurs de Paris, la souffrance se porte haut. Et en silence. Puisqu'il le faut. On a décapité les clochers. Le peuple désormais se tait. La pauvreté s'installe et gagne chaque jour du terrain. C'est le retour de la Chienne du Monde. Mais qui pourra décapiter l'orgueil des Bretons ?

Après la révolte du papier timbré, gouverneurs et autres grands commis du roi auront fort à faire. En 1689, on a placé un intendant à demeure. Les fonctionnaires se succèdent, et les lamentations de l'un suivent les plaintes du précédent : « Les esprits de cette province ne se gouvernent pas comme les autres... »

Calme apparent. De temps en temps, un soubresaut. Quelques Bretons, dans les villes, font fortune. Dans l'intérieur, c'est le désastre. Les Anglais se sont créé leurs propres tissages. Les ports du Nord de la France ont reçu l'exclusivité des importations avec l'étranger. Le peuple s'appauvrit. Le coût de la vie et les charges fiscales ne cessent d'augmenter. Les temps deviennent de plus en plus noirs. Dans les légendes, l'Autre Monde, apparaît de plus en plus souvent sous l'aspect de l'enfer froid de l'Ankou : la Mort, squelette ricanant errant dès la tombée du jour dans tous les chemins creux et sur toutes les grèves, toujours prêt à punir et à faucher les vies humaines. L'Ankou, c'est aussi l'angoisse. Elle est permanente. Comme dans toutes les autres provinces françaises de l'Ancien Régime, société violente et brutale. Mais il s'y ajoute en Bretagne la violence de ce qu'il faut bien appeler un racisme. Voici ce qu'écrit le commandant militaire de la province en 1718 : « Il faut fréquenter les Bretons pour les connaître. Il n'y a que la rigueur qui les mette à la raison. » Il n'est plus question que de soumettre, écraser, humilier : « Il faut ôter des esprits de cette province l'idée qu'ils sont indépendants. » Car certains rêvent encore de temps neufs où la Bretagne redeviendrait l'ancien duché libre et ouvert sur toutes les mers.

En 1719, les troubles ont repris. Tout est trop cher, les taxes sont trop lourdes. Au fond d'un vieux manoir breton perdu dans les forêts du Morbihan, un vieux noble presque ruiné s'est pris d'utopie. Ses seules ressources lui viennent de la contrebande de tabac. Rendez-vous de nuit sur des criques désertes, bateaux clandestins, il vit de mystères et de catiminis. Frauder les fermiers généraux qui ont reçu du roi le monopole de la vente du tabac, n'est pas en Bretagne faillir à la noblesse : tout le monde y gagne. Entre deux rendez-vous nocturnes, le marquis de Pontkallec passe son temps à la chasse. Sur ses terres, ce ne sont que gueux et pauvresses. Il ne se prive pas d'ailleurs de les maltraiter quand ils ne lui obéissent pas. Mais le voilà pris, depuis quelque temps, de rêves de république. Fonder une république bretonne. La Bretagne possède la mer. La reconquérir. Autour du marquis, quelques nobles, qui stockent des armes. Des paysans, qui sortent leurs fourches. Le nom de Pontkallec est encore prestigieux et son manoir bien protégé. Conspiration. Les rêves de grandeur sont encore plus grisants quand on s'y met à plusieurs. Le marquis et ses amis contactent les Espagnols. Le renfort viendra de la mer. Les Espagnols promettent; à l'horizon pourtant, pas la moindre frégate.

Pontkallec a déjà remué toute la province, et il n'est pas un exemple de discrétion, malgré son expérience de la contrebande. Les autorités françaises ont des espions partout. Leurs informations parviennent très vite au gouverneur de Bretagne, puis au Régent. Et lui, Pontkallec, chevalier de sa république imaginaire, continue à attendre de l'océan les forces espagnoles qui lui permettront de relever son pays. Les jours passent. Il sent sa cause perdue, mais il continue à croire aux rivages bienheureux d'une nouvelle Bretagne...

Les conjurés s'étaient donné rendez-vous au fond d'une forêt d'où ils devaient marcher sur Rennes et s'emparer du commandant militaire de la province. Au rendez-vous de la forêt ne vinrent que quinze conjurés. Pontkallec n'en était pas. Il avait compris qu'il était espionné. Une seule frégate espagnole aborde aux côtes bretonnes. L'un des conjurés, pris de panique, a alerté le commandant militaire.

Et pourtant, du fond de sa solitude, le marquis ruiné continue à croire. La population va le suivre, il en est sûr. Le gros des renforts va venir après ce premier navire espagnol. Ce n'était que l'avant-garde... Pontkallec ne peut se déprendre de sa chimère. Il sera fait comme un rat.

L'abbé Dubois, conseiller du Régent, a mené l'affaire rondement. Pontkallec est arrêté, puis jugé. Parodie de justice où il n'aura guère l'occasion de s'exprimer. Il est accusé au premier chef d'avoir comploté avec l'étranger : « lèse-majesté, félonie. »

Sur la place de Nantes, on décapite un contrebandier un peu fou et vieillissant... Mais la population bretonne l'a déjà transfiguré. Le marquis de Pontkallec est devenu un héros de l'indépendance. On en fait des chansons : c'est un jeune homme, splendide et raffiné, en bel habit doré sur son cheval jaune. Le vieux célibataire hirsute n'existe plus. Dans la chanson, il a une épouse jeune et jolie qui s'inquiète de ne pas le voir revenir, et voici qu'on lui répond :

« Si c'est le marquis que vous cherchez
Vous tombez mal pour le trouver
Son corps est suspendu à la potence
Et je n'ose pas m'avancer.
Sa tête est sur le pavé
Roulant entre les mains des enfants... »

La Bretagne recommence à se raconter des histoires. Faute

de toiles, elle tisse un mythe. Le marquis, nouveau chevalier des rêves. D'une cause perdue d'avance. Car Pontkallec est mort d'avoir cru que l'histoire peut se répéter et qu'il suffit d'une conjuration au fond d'une forêt pour faire revenir l'âge d'or des sirènes.

L'ÈRE DE LA SIRÈNE FRANCAISE

Et cette Bretagne impulsive, si difficile à gouverner, reprend les chemins de l'éternel vagabondage. D'abord les brigands que le désespoir a jetés sur les routes et qui, par périodes, mettent toute une région en coupe réglée. Parmi eux, murmure-t-on, il y a même des femmes. La belle Marion du Faouët défraie la chronique : chef de bande, elle vole, pille et saccage entre deux accouchements, commandant ses larrons en vraie Bretonne, à la baguette, et ne leur cédant que l'instant nécessaire au repos de la guerrière. Aussitôt après, debout, marauds, le banditisme n'attend pas !

Parmi ces vagabonds, toute une foule anonyme; l'errance ancienne, l'errance native. Celle du fond des âges. Au moins 10 pour 100 de la population est composée de mendiants, à tel point qu'être « chercheur de pain » demeure un véritable statut social en cette Bretagne des XVIIe et XVIIIe siècles, ce qui n'est plus le cas ailleurs en France. Les voilà à nouveau sur les routes, les Bretons, sur une terre que l'espoir semble avoir abandonnée. L'eau-de-vie, introduite au XVIIe siècle par les Hollandais, est là pour faire oublier la Chienne du Monde pendant quelques heures. La terre bretonne ne peut plus nourrir son monde. Les chemins creux sillonnés d'ornières se peuplent de galvaudeux. La femme est restée au « penty » – la maison traditionnelle bretonne – ou à la hutte avec la marmaille. Si elle le peut, elle tâchera de filer quelques aunes de lin ou de chanvre. L'homme, lui, a pris la route. Souvent d'ailleurs on se marie tard, pour pouvoir mieux aller au gré des chemins. Qu'on soit colporteur, artisan ou mendiant. Pillages, chapardages, ventrées d'eau-de-vie et la sieste folle qui s'ensuit, au bord du talus, en plein soleil comme sous les pluies d'automne. La route, où l'on dépense le peu que l'on gagne. Quand il n'y a plus un sou, les bouteilles volées, le couteau sorti... Les gouverneurs de Bretagne sont exaspérés. Ils tiennent à peu près le même langage que les administrateurs coloniaux du XXe siècle dans les pays d'Afrique : on ne peut les tenir, ces maraudeurs toujours sur la piste, qui grouillent partout, de village en village, et d'une fécondité inépuisable. Personne n'ose les dénoncer. Ils descendent les petites vallées des rivières avec les produits de leur pillage, bois, bétail. Ils descendent vers la mer. Les rivières s'y ouvrent en estuaires démesurément larges où s'infiltre très haut la marée. C'est là que sont les ports, Nantes, Saint-Malo, les vieilles villes où bougent les hommes et l'argent. Et aussi Brest, Lorient, les ports tout neufs, créés de toutes pièces par la volonté de Colbert.

Brest, port de guerre, dont Seignelay, fils de Colbert, écrit à Louis XIV : « Si jamais Votre Majesté visite ses arsenaux de marine, elle sera plus satisfaite de celui-là (Brest) que d'aucun autre... Lieu d'une magnificence à laquelle il n'est rien de comparable. En ce lieu qui n'était pas composé autrefois de cinquante habitants, il y en a, présentement, plus de six mille, tous ouvriers, matelots et marchands. » Ville-champignon, tout comme Lorient. En 1664 on y a tenté la folle entreprise de créer à partir de rien un nouveau port de commerce qui serait le siège de la Compagnie des Indes. Une lande plus ou moins marécageuse, deux ou trois villages éparpillés le long d'une rade étroite. Moins de cinquante ans plus tard, on s'y sent déjà confiné. Les habitants se plaignent : « Depuis vingt ans, si grand nombre de personnes sont venues s'établir à Lorient, qu'on y compte plus de sept cents familles, qui font plus de six mille âmes, et tous les jours ce nombre augmente. »

Pour assurer le recrutement des gens de mer, dont le nombre était essentiel pour le fonctionnement de leur stratégie maritime, Colbert et ses successeurs ont su s'attirer les vocations. Avant Colbert, pour former les équipages du roi, il fallait fermer les ports et réquisitionner tous les hommes, marins ou pas, qui s'y trouvaient. C'était le système de la « presse ». Le ministre de Louis XVI n'abandonna pas complètement ce procédé qui avait fait ses preuves. Il tenta cependant de lui substituer une organisation plus rationnelle. Il crée la grande « Inscription maritime » : en 1668 il fait procéder à un recensement de tous les marins avec enregistrement obligatoire. L'année suivante les hommes enregistrés sont divisés par leurs évêchés en équipage de trois cents membres. A ce système s'ajouta par la suite celui des « classes ». Les hommes étaient appelés successivement par rotation. Interdiction pour les navires marchands d'enrôler un homme d'une classe appelée. En attendant leur rappel, les marins touchaient la moitié de leur solde. Les enfants des appelés recevaient en principe une éducation gratuite et la solde de l'homme devait être payée à domicile, pour éviter qu'elle ne soit dépensée à terre dès l'arrivée au port. En 1673, l'État crée également une « caisse des invalides » pour subvenir aux besoins des blessés. Les « messieurs de Paris » proposent donc une autre voie que la révolte : l'errance sur le bateau, au péril de la mer et de la poudre à canon. Mais la solde au retour et la pension si on continue à naviguer. « Bara zur », Le pain assuré, comme disent encore de nos jours les vieilles femmes de Lorient en parlant des marins de la Royale...

Les pêcheurs finissent par se laisser faire et leurs femmes ne les cachent plus quand on vient les chercher. A côté d'eux s'installent les soldats, venus d'abord pour mater les révoltes. Puis les hommes des terres qui ont descendu les rivières. La terre et la mer vont se remarier. Mariage plus triste que celui d'antan. Les pêcheurs sont pris eux aussi dans le flot des « nouvelletés ». Le monde ne tourne plus comme avant. Face aux grands ports tout neufs, les petits ports ne peuvent plus mener leurs activités traditionnelles, pêche tranquille et cabotage à l'ancienne. L'intérieur de la province se dépeuple, puisque les gens des terres sont de plus en plus tentés par le départ. Pendant un siècle et demi, les campagnes ne cesseront de s'appauvrir, et voici le tableau qui s'offre au voyageur à la fin du XVIIIe siècle : un désert : « Donnez des bras à des contrées qui s'en privent pour la marine, augmentez l'industrie, et bientôt ces déserts seront couverts de fleurs, d'arbres, de moissons, de prairies... La France, en secondant, en servant la Bretagne, s'enrichirait bien plus qu'en voulant cultiver la totalité de Saint-Domingue. »

Désormais, il y aura deux Bretagne : l'Arcoat, celle des terres, qui se replie de plus ombrageusement sur elle-même. Et l'Armor, la tentatrice, qui parle de plus en plus des océans lointains et des mers chaudes. La Bretagne coupée en deux, avec les terriens irréductibles qui grommellent de farouches proverbes : « Mieux vaut une maison de rien sur la terre ferme que la valeur d'un château sur la mer... » « An douar d'ar c'houeridi, hag ar mor d'an duda listri ! » (« La terre aux paysans, et la mer aux gens de vaisseaux ! »)

Du jour où Colbert a jeté les yeux sur la Bretagne, le vieil équilibre économique et culturel entre la terre et la mer était virtuellement rompu, la province était redevenue enjeu guerrier entre la France et ses ennemis, mais cette fois, sans aucune possibilité de retirer son épingle du jeu. Surtout quand l'ennemi de la France est l'Anglais. La Bretagne, vue de Versailles, c'est une sorte de jetée, le môle de la résistance française dans la course à la domination des océans. Pour prévenir toute attaque extérieure, les populations du littoral qui ne sont pas en mer sont transformées en garde-chiourme. On les racole d'office pour former des milices garde-côtes. A elles de guetter la moindre voile anglaise du haut des tours d'observation dont Vauban a parsemé les rivages. A elles d'approvisionner les batteries côtières, et, éventuellement, de payer de leur personne. D'autre part, en cas d'alerte, les troupes du roi doivent pouvoir atteindre très rapidement les positions stratégiques. Rapidité très profitable aussi si ces chiens de Bretons recommençaient à parler de soulèvement. Car le duc de Chaulnes a écrit une phrase qui sert de leçon à tous les intendants : « Ces gens-là ne croient pas que le mot de révolte soit criminel en leur langue. » Il faut donc des routes. Désenclaver la province, en quelque sorte. Ce sera la longue entreprise d'un intendant du XVIIIe siècle, le duc d'Aiguillon. Pour le tracé, point d'originalité. Il suffit de reprendre le parcours des anciennes voies romaines. Après tout, le dessein des Romains était identique ! Et pour la main-d'œuvre, rien de plus simple et de moins coûteux que de mettre à la corvée les malheureux paysans qui ont choisi de rester sur leurs terres. Corvée obligatoire, et en prime, taxes et surtaxes diverses... Ces vieilles routes romaines qu'il faut mettre au goût du jour, les Bretons les appelaient depuis le Moyen-Age les chemins d'Ahès. Groach' Ahes, la sirène Ahès, alias Dahut, qui fut punie pour sa consommation immodérée d'amants en la bonne ville d'Is. Et voici que les paysans, qui cassent le caillou des nouvelles routes pendant que leurs champs attendent, recommencent à raconter la vieille histoire. Les grands chemins sur lesquels ils peinent, ce seront toujours les chemins d'Ahès. Mais Ahès n'est plus la sirène bretonne. Elle n'est plus ni jeune, ni belle. Elle n'est plus celle qui dort sous la mer, les clés d'or des merveilles entre les doigts. C'est maintenant la vieille sorcière romaine et française, faiseuse de routes, pourvoyeuse de peste et de guerre, mère de toutes les calamités. Et surtout, la tueuse de liberté.

Les paysans mis à la corvée se vengent en chansons :

« Elle vient, la vieille Ahès, en notre pays
Portons de grandes pierres sur les routes

portons de grandes pierres et de petites pierres
sur le grand chemin au milieu de la lande
Et le vieil homme disait :
J'aime encore mieux la disette et la peste
que la vieille Ahès près de nous
J'aime mieux la guerre et la mort
que la vieille Ahès en notre patrie
Voici la vieille Ahès au bout de la lande
et elle ne vient pas seule !
Avec elle sont les collecteurs d'impôts
pour mettre à nu l'aire de votre maison...
Après elle, je ne vois plus
je ne vois plus personne sur la plaine
je ne vois que les grands arbres
qui croissent sur la plaine nue... »

Les routes d'Ahès enserrent la Bretagne de leur réseau circulaire. Seuls maintenant sur leurs landes, les hommes des terres, les « hommes de la montagne », comme on dit désormais. En dehors du commerce, et pour longtemps. Les chemins de la sorcière drainent vers les ports les vagabonds qui suivent les soldats du roi. Il y a, dit-on, de nouvelles îles. Là-bas, au bout de la rivière, derrière l'horizon du port.

Il est venu, le temps de la sirène française. La Néréide, chignon sage et seins de déesse romaine à la proue des nouveaux vaisseaux. La main des souverains se referme sur la province. Brest grandit : de la guerre. Lorient prospère, les hommes d'affaires de toute l'Europe viennent y chercher leurs bénéfices. Nantes s'engraisse de la traite des Noirs. Saint-Malo se referme sur sa tradition corsaire. Une deuxième Bretagne est née. Sa noblesse ne s'y trompe pas, qui se tourne de plus en plus vers Paris. Ni sa bourgeoisie, qui se francise. Mais les autres, les petits, les figurants, où les trouver ?

Et pourtant, dès la fin du XVIe siècle, un peuple neuf est né sur les rives bretonnes. La « Bretagne ambulante », comme l'appellera Balzac. Ce sont les fils des paysans repris par l'errance et ceux des anciens rouliers des mers. Les voici sur les grands océans au rythme des soubresauts de la France et des conflits européens. Les grands de ce monde envoient maintenant leurs troupes jusqu'aux Indes et aux Caraïbes vider les querelles soulevées de ce côté-ci des mers. Géographies nouvelles, guerres de plus en plus méthodiques. On conclut des alliances, on signe, ministre après ministre, des traités déchirés à la première occasion.

De gré ou de force, tous les Bretons sont pris dans cette immense aventure de l'expansion européenne : conquérir des mondes nouveaux, y installer des colonies, y grandir en force et richesse pour pouvoir mieux affronter tous les rivaux de l'ancien monde. Finalement, cette aventure ira assez bien aux hommes de Bretagne. Le panache. Il ne faut pas seulement penser, comme on le fait d'ordinaire, aux grands corsaires, à Duguay-Trouin, à Surcouf. Bel orgueil certainement, bien dans la tradition de l'ancien duché. Mais la foule des autres, des oubliés, y a aussi son droit. Les explorateurs fous, les petits marins du grand commerce, les matelots de la Royale. D'où viennent-ils ? A quoi rêvent-ils, avant de s'en aller trafiquer aux Antilles, labourer la terre du Canada, mourir dans les fièvres chaudes de Chandernagor ?

Un nouveau peuple breton. Pas aussi soumis qu'on l'a cru. C'est le temps de la sirène française. Mais derrière elle, jamais bien loin, la jeune et fraîche sirène bretonne et son royaume d'imagination. L'Océan est son domaine, la mer lui est rêve et révolte. Une race neuve est née aux rives de Bretagne, qui confond le rêve et le pain de la mer. Ce sont les chevaliers des mers nouvelles.

4/Le temps du cheval bleu

A LA RENCONTRE DU MONDE PÊCHEUR

Les hommes de France vont à la rencontre de la Bretagne. Richelieu et Colbert ont besoin de techniciens. Ils savent qu'ils y trouveront leurs hommes. Des seigneurs de la mer, et de quelle mer ! Ne la regardons pas avec les yeux d'un homme du XXe siècle : un bon gouvernail et un moteur robuste nous permettent toutes les audaces. A peine connaît-on alors le gouvernail d'étambot. Sur ces bateaux pêcheurs, il n'existe pratiquement pas de modèle uniforme de voilure et de gréement. Ailleurs cette simplicité des moyens aurait fait de l'Océan un obstacle insurmontable. Une côte découpée à l'extrême, des courants, des récifs partout, des dédales d'îlots, de falaises, des entonnoirs où le vent s'engouffre, des courants tourbillonnaires. Si le soir ou la brume vous surprennent, pas de phares, pas de balises. Il faut se repérer au bruit que font les vagues en se brisant sur les rochers. Ici, on croirait le chant du coq, ici, c'est le canard. Là-bas, un bruit indéfinissable. C'est le rocher de la sirène. On louvoie entre les écueils, l'oreille tendue. Et pourtant des hommes vivent de cette puissance étrange, que la plupart des Français du XVIe et XVIIe siècles ignorent ou connaissent mal.

En partant à la rencontre du monde pêcheur, l'histoire de France, celle des hommes d'État, des intrigues et des guerres, vient à la rencontre d'une autre histoire. Elle se perd dans la nuit des temps. Histoire longue, immémoriale. Elle ne connaît d'autre rythme que celui des saisons. Elle suit le cours des bancs de poissons, les caprices de la sardine et du maquereau, le temps de la récolte du goémon. Pour certains, depuis le début du

XVIe siècle, le rythme des absences plus longues vers des terres lointaines : Terre-Neuve, déjà, où se trouve la morue. Peu d'événements dans cette vie lente. La tempête. L'équinoxe qui grossit les marées. La voile anglaise ou espagnole à l'horizon, signe de guerre. Soldats et brigands. Mais la guerre fait aussi partie des saisons de la vie. Le naufrage d'un bateau de commerce, cadeau du ciel en temps de pénurie. Et la vie dure, chienne de vie, la misère toujours prête à montrer la tête. La mer, c'est l'enfer et le paradis. Enfer des goulets où peuvent se perdre les navires, paradis du port où revient le bateau, chargé de la manne de la mer. La côte est jalonnée de ces lieux infernaux : « Trou de l'enfer », « baie de l'enfer », et de ces ports qu'on appelle « blancs » parce qu'ils promettent à l'horizon du retour la joie et le repos.

Le monde pêcheur a ses règles et ses rêves. Les Bretons venus de l'intérieur des terres ne s'y sentiront pas étrangers. Il raconte la même histoire, celle de la richesse venue de la mer. Aux sirènes tentatrices s'ajoutent les lutins des plages : les korrigans. Ils gardent sous les sables d'immenses trésors. Le roi Salomon lui-même dort sous la mer au large de Guérande, entouré de son or et de ses joyaux. Les hommes de France n'ont cure de ces histoires. Il leur faut des hommes bien formés; ils les racoleront et les attireront dans leurs ports tout neufs, sur leurs vaisseaux en partance pour les grands lointains. La solde, l'habillement, la pension. Armée, commerce, inscription maritime et système des classes : la bureaucratie parisienne a tendu ses filets sur le monde pêcheur. En deux siècles, elle aura tôt fait de détruire son équilibre. A la fin du XVIIIe siècle, partout, les petits ports sont dépeuplés : « La mer est poissonneuse, mais les pêcheurs sont au service. »

Au service du roi, ou des compagnies de commerce, avec les autres, ceux des terres, tous flattés par les promesses de la sirène française. Mais sans eux, qu'aurait-elle été, la belle flotte du Ponant ? Et les mers d'Amérique, et de l'Inde, et de Chine, comment les tout-puissants actionnaires des compagnies les auraient-ils atteintes ? Qui les aurait protégés, avec cette patience et cette bravoure qui émerveille encore ? Pour cela, il fallait la grande tradition des travailleurs de la mer. Dure et douce à la fois. Le pain et les rêves mélangés dès l'enfance.

Pays gallo, pays bretonnant, l'histoire des pêcheurs est la même. Elle s'écrit au présent d'habitude. Toujours identique d'année en année, toujours simple, de joie en peine.

Quand un enfant est né dans une maison de marin, on place

aussitôt un coquillage dans son berceau. C'est un fils. Un pêcheur nous est né ! L'histoire, la grande, le fera peut-être corsaire ou matelot de la marine royale. Peu importe. La mère se penche sur le berceau : elle est persuadée que les premiers regards de l'enfant, se posant sur le coquillage, lui donneront la vocation irrésistible de l'Océan. Le rêve, déjà, avec la première goutte de lait. Il est même des endroits sur les côtes où le père dépose son nouveau-né à peine lavé et emmailloté dans un panier de pêche ou sur un lit de goémon. Son pıemier berceau : la mer. On fera du petit un bon marin, un de ces hommes dont on dit qu'il a de l'eau de mer autour du cœur : « Dour vor èn dro è halon ! » Plus tard, on le pouponne en faisant décrire à ses bras les gestes du rameur :

« *Rouanv'ta, rouanv'ta*
Domp ac' hann da besketa
Marn bo pesket bremija
Da znibi gant ar bara...
(Rame donc, rame donc,
Allons-nous en pêcher
Pour avoir du poisson tout à l'heure,
A manger avec du pain.) »

Et dès la prime enfance le petit apprend la misère : elle est aussi dans la chanson :

« *Deut ar bagou tout en od*
N'euz bet nemet or c'hellok.
(Les bateaux sont tous revenus au village,
On n'a rien pris qu'un oiseau de mer...) »

La vie est dure. Il faut manger, grandir à la va-comme-je-te-pousse. Le jour de Noël, au cap Fréhel, on fait boire aux enfants des décoctions d'algues. L'enfant Jésus, disent les vieux, leur a donné toutes les vertus; dans le goémon, l'intelligence, dans les grandes algues longues, le goût du travail.

Le temps des jeux ne dure pas longtemps. Vite s'enfuit le jour du premier bateau-jouet que l'enfant est allé baptiser avec sa mère en le lançant sur l'eau du lavoir. Les jours clairs où l'on jouait du matin au soir à torturer de mille manières les petits crabes de la plage. Les grands matins où les copains avaient décidé d'organiser sur les flaques entre les rochers des courses entre des vaisseaux miniatures. Il y avait même des fois où, pour corser l'affaire, on fabriquait de quelques revers de main les remous d'une tempête imaginaire. Malheur aux pauvres matelots embarqués, coccinelles et bourdons dont ils avaient coupé les ailes ! Les bateaux qui chavirent, sans indulgence, étaient déclarés aussitôt perdus corps et biens. Et que dire des après-midi de solitude où le doigt de l'enfant traçait sur le sable de profil, et toutes voiles dehors, le bateau qu'il aurait plus tard. Avec la chanson qu'on entonne pour les navires des grands lorsqu'on les bénit avant le départ :

« Bon voyage
Ne fais pas naufrage !
Sur les rochers
Prends garde à te jeter
Car ils pourraient te défoncer... »

La marée est venue recouvrir ces partances imaginaires. Et l'enfant a appris très tôt que la mer peut devenir méchante. Ses monstres guettent, on le lui a dit : quand les petits ne sont pas sages ou reviennent les pieds en sang d'avoir escaladé les falaises, leurs mères les menacent de bêtes terrifiantes. Les dragons du bout de la grève qui les emmèneront très loin, chez des sorcières à longs fouets d'algues... Et puis surtout ces lendemains de tempête où les femmes pleurent. On apprend bientôt que le père du meilleur copain ne reviendra jamais. Le petit se promène sur la plage et jette une coquille à la mer :

« Coquille que je mets à flotter
Fais-moi savoir le sort que j'aurai,
Montre-moi si je périrai ou si je réussirai... »

Pourvu que la coquille ne coule pas ! Il ne veut pas voir le présage de la mort en mer, de l'errance éternelle et plaintive des noyés dont l'océan garde jalousement les corps.

Très vite, il faudra quitter la rive et prendre la mer. Dès neuf ou dix ans, les voilà à bord, les enfants. Vie sans ménagements. Dans une famille de pêcheurs où le père travaille, un mousse enrôlé, c'est l'aisance. Le gain de l'aîné nourrira ses frères. Parfois, pour marquer ce passage à une vie nouvelle, une véritable cérémonie d'initiation. Dans certains ports, on se contente d'enterrer l'enfant dans le sable jusqu'à la ceinture. Ailleurs, comme à Audierne, c'est un bizutage en règle. Quand le père est venu annoncer au petit qu'il prendra bientôt la mer, la maman s'est assombrie. Le lendemain matin, l'enfant rejoint, à marée basse, la bande des mousses déjà confirmés. On lui offre du tabac. Il se sent devenir comme les grands. On lui chante une chanson paillarde, les « plaisirs de l'homme saoul », sur l'air d'un cantique où les curés énuméraient, eux, les joies du Paradis... La chanson se termine. « Déshabille-toi ! » Le futur mousse renâcle. C'est alors de force qu'on le met tout nu. Les uns lui briquent le corps avec du gravier. D'autres le « salent » : avec de grosses poignées de vers de vase, ils lui pétrissent, jusqu'à ce qu'il s'évanouisse, tout ce que le Bon Dieu lui a donné pour assurer la reproduction de l'espèce. Certains en meurent quelquefois. Quand il revient à lui, l'enfant reçoit un surnom qu'il gardera sa vie durant. Au retour à la maison, le père s'empresse de lui demander son nouveau nom et le déclare « sacré marin » ! La mère attire le petit à elle. Il a besoin de soins. Le moindre accident du « baptême » est un paraphimosis qu'il lui faudra réduire comme elle pourra.

Et l'enfant partira pour la mer où il grandira tant bien que mal. Plutôt mal que bien. Les voyageurs qui se rendent en Bretagne sont terrifiés à la vue de ces petits mousses de neuf à dix ans qui tâchent de devenir des hommes entre bourrasque et tempête : « Les nuits qu'ils sont obligés de passer, les orages qu'ils essuient, les peines qu'ils supportent trop tôt nuisent à leur développement. » Mais il faut bien vivre. Et il n'est jamais trop tôt pour apprendre les lois de la mer. On comprend mieux maintenant pourquoi les gens de guerre et de commerce recherchaient avidement le marin breton pour conduire leurs vaisseaux. Quand on a commencé si tôt l'apprentissage de la vie dure !

LE TRESOR DES FEMMES

Les filles resteront au rivage. A elles d'entretenir le champ pendant l'absence des hommes. A elles, la pêche à pied, complément de nourriture appréciable en cas de mauvaise récolte. On ne meurt jamais de faim au bord de la mer. Pêcheuses de crevettes, qu'elles attirent en chantonnant :

« *Attire-toi, crevette, de dessous l'herbier*
Afin que je puisse te pêcher
Pour te mettre dans mon panier
Où tu seras à l'abri du danger ! »

Dès qu'elle est dans le panier, on termine la chanson :

« *Puisque tu n'as pas eu plus d'esprit*
et que tu crois tout ce qu'on te dit
dans mon panier tu vas mouri' ! »

Les coquillages du sable, aussi, entendent des chansons. Une poignée de sel à l'entrée de son trou; le coquillage monte à la surface. On l'attrape à la main ou à l'aide d'un crochet bénit par le curé. Ne pas se munir d'un crochet bénit si l'on est une femme de mauvaise vie, le diable aurait tôt fait de sortir de la mer et d'emporter la pécheresse. Si le coquillage ne veut pas venir, le menacer en chantant :

« *Si tu ne viens pas, tu seras haché*
Comme chair à pâté ! »

Dans les criques, été comme hiver, les femmes cherchent les crabes, les petits crustacés, et surtout les berniques : un petit coquillage en forme de cône qui s'agrippe aux rochers. Réduites en bouillie, les berniques constituent un excellent moyen d'engraisser les cochons. Rien n'est perdu : les coquilles seront transformées en chaux, pour fortifier la terre et blanchir les toiles.

Il y a surtout le travail du goémon. La grande manne de la mer. Lui aussi il fertilise les terres. Il sert un peu à tout. Isolant parfait contre le chaud, le froid et le bruit. Quand le bois vient à manquer, et c'est souvent le cas, on fait un feu de goémon. Sinon, on en sera réduit à brûler des mottes de terre ou de la bouse de vache. Du goémon encore, pour bourrer les matelas, emballer les objets fragiles. Certains industriels le réclament aussi, car ils ont découvert qu'en le brûlant on obtient de la soude.

C'est l'herbe grasse de l'Océan. Mais il sert de refuge au frai des poissons. On ne peut donc en tolérer une coupe sauvage. Sous le règne de Louis XIV, puis de Louis XV, diverses ordonnances royales vont intervenir pour réglementer l'exploitation de cette véritable manne marine. On va distinguer deux sortes de goémon : le « goémon-épave », rejeté par la mer, à n'importe quelle époque de l'année. Celui-là appartient à tout le monde, au premier venu. On peut le prendre n'importe où, n'importe quand. Seulement il ne suffit pas. Il faut pouvoir aussi en couper sur les rochers que la marée basse laisse à découvert, ou sur les bas-fonds qu'on atteint en bateau. Il est plus précieux que tout : un rocher saccagé, et le poisson s'en va. Chaque paroisse revendique avec âpreté son territoire à goémon. On en vient souvent aux mains pour une brassée d'algues coupées sur le domaine du voisin. Un texte de loi était indispensable. Depuis 1681, tous les ans, le premier dimanche de janvier, les habitants des paroisses de la côte doivent se réunir pour fixer l'époque et la durée de la coupe des varechs croissant sur leur territoire. C'est la grande affaire : convocations affichées, publiées par syndics, trésoriers et marguilliers. Et sinon, l'amende. Interdiction à quiconque d'en cueillir hors de sa paroisse, d'en vendre aux forains, de transporter le goémon dans une autre paroisse sous peine d'amende et de confiscation des chevaux et harnais qui ont servi à transporter le corps du délit. Les seigneurs du littoral, connus comme grands brigands de varech, sont logés à la même enseigne. Interdiction d'aller piller hors de leur fief, et de dépasser la saison de coupe assignée aux autres paroissiens ! Petite compensation : ils auront un droit de varech supplémentaire s'ils consentent à élever à leurs frais les enfants trouvés.

Rien n'y fait. Pillages et chapardages. On se bat pour un rocher. Pour savoir à quelle paroisse il appartient. Guerres picrocholines. En moins drôle : il s'agit de survivre, et le goémon, c'est la moitié de la survie. On le coupe n'importe où et n'importe comment. Signe sans doute que les temps se font plus durs, et les populations du littoral de plus en plus nombreuses. Cela devient inquiétant. Il faut réagir. 1731 : nouvelle ordonnance royale. Elle fixe d'autres époques d'« ouverture et de clôture ». Comme pour la chasse, de nos jours. Avec des peines sévères pour décourager les abus, car il y avait de la fraude. Ces ordonnances étaient souvent comprises comme des interventions autoritaires d'un pouvoir central indifférent à la pauvreté de ses sujets. La période obligatoire de récolte sera comprise entre le 15 janvier et la pleine lune d'avril. Seuls instruments autorisés : la main (!) ou à la rigueur faucille et couteau. Mais on s'aperçoit vite que le goémon se reproduit moins bien que lorsqu'on l'arrache. En 1772, encore un texte : obligation d'arracher le goémon à la main ou au râteau. Les pêcheurs obtiennent enfin une priorité sur les fabricants de soude, qui ne pourront se servir que lorsque les riverains auront fait leur récolte... Le varech est un trésor.

Le trésor des femmes, le plus souvent. Et à quel prix. Une peine difficile à imaginer en nos jours de confort. Sur les vêtements ordinaires, elles passent, quand elles en ont les moyens, des vestes de drap imperméables (kaban) et se coiffent la tête de manière à ce que seuls les yeux et le nez reçoivent les rafales de vent. Spectacle hallucinant et presque funèbre que ces femmes à râteaux sur les plages et les rochers pendant les mois les plus durs de l'année : « Imaginez, dit un voyageur parisien, quel est l'état d'une femme obligée, dans les nuits d'hiver, au milieu des tempêtes et des fureurs de l'Océan, dans une obscurité profonde, sur un rocher glissant, tantôt dans l'eau jusqu'à la moitié du corps, tantôt suspendue dans l'abîme, de saisir avec un râteau le goémon que la mer apporte. « Les algues n'attendent pas. Si ce n'est pas elle qui le prend, ce sera la voisine, et il faut bien chauffer la marmaille et engraisser le champ. C'est une bénédiction de Dieu si une tempête apporte le goémon-épave détaché des fonds comme par un miracle, et tout un village se prend parfois à se réveiller en pleine nuit à la seule annonce de son arrivée par un de ces vagabonds qui errent sur les grèves. Gare alors aux lutins des plages prompts à le faire disparaître. Les korrigans ont bon dos. C'est souvent le seigneur ou le curé qui est passé par là ! Mais la plupart du temps, il faut aller à l'arrachage. Les accidents sont nombreux : fractures, pneumonies, noyades. « Le navigateur court une fois les dangers que ces infortunées éprouvent tous les jours. » Elles continuent pourtant, tout en rêvant à des matins chantants où la plage serait couverte par enchantement de la manne de la mer : on dit que cela arrive parfois après des aubes ruisselantes de rosée : « Ar gliz a zistag bizin dare ar c'houdouniou (La rosée détache le goémon mûr des bas-fonds.) »

Une fois ramassées, on transporte les algues à pleines charretées. On les met en tas pour qu'elles sèchent au soleil. Maintenant, il s'agit de se protéger contre les maraudeurs. On surveille son tas. S'il reste un peu de varech après le fumage du champ et la provision de chauffage, on pourra le vendre. Alors, c'est presque la fortune. Les nouvelles routes permettent de l'écouler plus avant dans les terres. A partir de 1756, le goémon augmente de 200 à 500 pour 100 : il est devenu l'engrais indispensable de certaines cultures tout récemment introduites, oignons, artichauts, choux-fleurs de Roscoff, melons même dans le golfe du Morbihan... Cultures riches mais difficiles, toujours entre sable et vent. Impossibles sans le trésor des algues que les femmes, patiemment, continuent d'arracher à la mer...

LES TRAVAILLEURS DE LA MER

Et pendant ce temps-là, l'homme est parti. L'autre moitié de la survie : le poisson. A la fin du Moyen-Age, la demande des hommes s'est modifiée. Depuis qu'un certain John Cabot s'en est revenu d'un long voyage d'exploration outre-Atlantique où il a découvert une terre nouvelle, qu'on croit être un continent. C'est en fait l'île de Terre-Neuve. Là-bas, a-t-il dit, la morue fourmille à tel point qu'il suffit quelquefois de paniers lestés d'une pierre pour en rapporter de pleines cargaisons. La morue devient à la mode. C'est le nouveau « poisson de carême ». Elle supplante la vogue du merlu séché et salé, qu'il n'était pas besoin d'aller chercher si loin. Seulement tous les pêcheurs ne sont pas disposés à traverser l'Océan. On murmure qu'à force d'aller loin en mer, on finit par tomber dans un gouffre, et qu'en ces lieux où le soleil a sa maison du soir, il fait un bruit épouvantable quand il se couche dans l'océan. Pourquoi prendre ce risque alors que depuis le Moyen-Age la jolie sardine vient de plus en plus souvent croiser au large des côtes bretonnes ? La belle et fraîche sardine, qui va par bancs entiers, du printemps à la fin de l'automne. Pas besoin de gros bateau. Une simple chaloupe, mais bien construite : on a copié celles des frères celtes d'Espagne, les Galiciens. Fine coque, voiles au tiers penchées; à l'arrière, un véritable aileron. Au milieu, un grand mât de la longueur du bateau, et un mât de misaine moitié plus court, tous deux inclinés de vingt degrés vers l'arrière; bref, un petit chef-d'œuvre d'artisanat nautique. La sardine le mérite bien. A bord, cinq hommes, presque tous parents entre eux : patron, matelots, mousses. La plupart du temps, dans cette pêche saisonnière, la chaloupe ne leur appartient pas. Un armateur l'a fait construire à ses frais et il a cédé au maître de barque le tiers ou le quart de sa propriété. En échange, il prélève au patron une part de la pêche pour son bénéfice personnel.

Dès le dimanche de mai où le curé a lu au prône de l'église la déclaration de l'ouverture de la pêche, après une belle procession, voici tous les bateaux sur la mer. Il faut maintenant trouver le banc, le suivre. Il faut du nez... On utilise un grand filet, très fin, tendu verticalement dans l'eau, où les sardines viennent « se mailler », attirées à la surface par l'appât semé par les pêcheurs : la rogue. La rogue, en elle-même, c'est toute une affaire. Des œufs de morue saumurés. La sardine les adore. Malheureusement la morue ne fait pas ses œufs en Bretagne, mais en Norvège. C'est de là-bas que vient l'appât. Il faut donc l'acheter, et les prix changent tous les ans. Les Norvégiens et leurs intermédiaires danois et flamands, sûrs de leur monopole, se comportent souvent en véritables truands. Combien de patrons de barque qui jurent en pleine mer tous les diables de l'enfer : la sardine est bien là, on l'a vue, on l'a suivie, mais elle ne mord pas. On les a possédés ! On leur a vendu de la rogue trafiquée. Aux œufs de morue, les marchands ont mélangé de la rogue de flétan, mais la jolie sardine ne s'y trompe pas, elle n'en veut pas, rien à faire. Il est d'autres fois où, faute de rogue, on ne peut pas partir. Les vendeurs flamands ou normands se sont entendus pour stocker les barils et faire croire à la pénurie. Ils se concertent pour fixer un prix, le plus élevé possible. Résultat : seuls les pêcheurs « solvables et prompts à payer » pourront aller à la sardine. Les autres resteront sur le quai et seront bons pour aller traquer les crabes. A moins d'utiliser d'autres appâts, comme les œufs de maquereau et de hareng, mais la sardine fait souvent la fine bouche. D'autres pêcheurs penchent sur la « gueldre » : mélange de frai de poisson, de crustacés et de crevettes pilées. La sardine se précipite. Seulement, une fois pêchée, elle pourrit vite. Et les autorités maritimes protestent : utiliser le frai de poisson pour attirer d'autres poissons, c'est un calcul à courte vue. Les fonds se dépeuplent déjà, et l'on détruit les œufs des poissons à venir. Si l'on vous surprend à pêcher à la gueldre, gare à l'amende ! Les messieurs de l'Amirauté, des Français qui ne comprennent pas un traître mot de breton, ne se laisseront pas impressionner si le pêcheur se réfugie derrière la barrière de la langue. Interrogatoire en bonne et due forme, interprète patenté à l'appui !

Attention aussi au filet ! Le filet traînant et la drague sont interdits. La même obsession des autorités françaises : ne pas dépeupler les fonds. Il est curieux que le pêcheur ne s'en préoccupe pas. La peur de la faim, sans doute. La volonté d'un profit rapide. L'écologie est considérée comme un souci de nanti. Si on est pris, tant pis, il faudra se trouver une bonne excuse, ou avoir préalablement monté une jolie magouille. Tels ces deux petits malins surpris à draguer la sardine. Ils s'étaient acoquinés, avant de partir, avec l'abbé d'un monastère. Devant les autorités maritimes, leur réponse est toute prête : mais c'est M. l'abbé qui leur a dit de la faire, ils travaillent pour le monastère, et M. l'abbé a obtenu, lui, la permission de draguer la sardine ! Qui pourrait le contester ? Ceux-là demeurent des marginaux. La plupart du temps, on préfère s'en tenir à la règle.

La rogue est semée, le filet tendu. Maintenant, l'attente.

Prendra-t-on la jolie sardine ? On s'est fait bénir au début de la saison, mais certains maîtres de barque présentent tous les dimanches leur chaloupe à monsieur le recteur, avec l'espoir que ces bénédictions répétées leur vaudront à chaque sortie une meilleure pêche. Capitalisation de la grâce divine, en somme. De toute façon on n'a jamais assez d'eau bénite contre la sardine. En mer, il faut encore solliciter le poisson : petites chansons pour le faire venir : « Mors, sardine, mors ! » Et si elle refuse, c'est sans doute que la mer n'est pas assez salée en ce moment, ou que l'un des marins du bord a fait injure au roi des Poissons. Redoutable personnage ! Il vit au fond de l'Océan, et il est pris souvent de grands accès d'humeur noire. En ces jours de courroux il entre en guerre contre tous les autres poissons. De sa gueule béante il lance sur eux tout le feu de son corps, et la surface de la mer, signe évident de conflit sous-marin, en devient phosphorescente. Or il se peut qu'un jour un de ces marins qui sont à bord ait pris dans ses filets le roi des poissons et qu'il ne se soit pas laissé attendrir par la douce plainte de l'animal arraché à son royaume des eaux. Malheur sur lui, qui ne l'a pas rejeté à la mer. Toutes ses pêches à venir seront désastreuses. Les bancs déserteront les abords de la chaloupe. Et puis il y a aussi tous les caprices du roi des Sardines. Ce souverain, qu'on appelle Maigre, a lui aussi ses jours de folie. Il se met à manger tous ses sujets. Le banc entier y passe. Pas la moindre sardinette qui en réchappe ! Dans ces-cas-là, le festin achevé, il vient faire un petit saut à côté du bateau. Les pêcheurs savent alors qu'il est inutile d'insister. On n'a plus qu'à rentrer au port. Mais d'autres jours au contraire tous ces tyranneaux sous-marins sont de bonne humeur, et l'on n'a plus assez de muscles aux bras pour tirer le filet à la barque. Dame Sardine est chose capricieuse...

Peu de loisirs dans cette chasse à l'animal insaisissable. Si tout a été pour le mieux, on s'octroie un petit pique-nique le long des falaises trouées de grottes. Repas tout simple, rasades d'eau-de-vie, et l'on chante, paillardises et cantiques mêlés, comme toujours en Bretagne. On escalade les rochers pour dénicher les petits des oiseaux de mer ou leurs œufs. Et c'est le retour au port.

Maintenant il s'agit de vendre. Les ports sont souvent effroyablement sales. Il faut laver le poisson : à Concarneau, pas de fontaine, même dans les faubourgs de la ville : « On fait une demi-lieue pour trouver une eau saumâtre mélangée d'eau de mer dans les grandes marées. Les marins trempent leurs barils (de poisson) dans cette fontaine unique. « Les écailles de poisson, le sang de la rogue s'y mélangent ». Peu importe. La sardine doit rapporter, et vite. On presse les poissons dans des barils percés. Sous l'effet de la pression, l'huile du poisson se répand; on fait coup double : ainsi traitée, la sardine vidée de son huile se conservera un an. Et l'huile précieusement recueillie est aussi une manne : elle servira à radouber la chaloupe, on la vendra pour le même usage aux propriétaires des grands bateaux de commerce. Aux tanneurs, pour la préparation des peaux. Aux pauvres, pour leurs lampes : l'huile de sardine fume, sent mauvais, mais elle donne la lumière des soirs d'hiver et des jours de tempête. Dans certains contes bretons, c'est la petite sardine qui tient le rôle de la marraine de Cendrillon, la bonne fée qui sort les gueux de leur impasse de misère.

La sardine se vend bien. Les gens de l'intérieur la réclament, à Rennes, à Paris, où on l'envoie dans de grandes charrettes tirées à cheval. Il existe de grands capitalistes de la sardine, possédant chaloupes, presses et circuits commerciaux. Ils ont réalisé le grand rêve que nourrissait Fouquet lorsqu'il s'installa à Belle-Ile. Pour ceux-là, l'approvisionnement en rogue est facile et ils ne manqueront jamais de poisson. Les pêcheurs sont à leurs yeux des manœuvres comme les autres. Mais pour les petits, les indépendants, comment écouler la sardine ? Comme le poisson breton est également très apprécié à Bordeaux, certains armateurs ont affrété des bateaux spéciaux pour y transporter la sardine par cabotage le long des côtes atlantiques. Là-bas, dans le Sud, on aime bien la sardine fraîche, « en vert », dans son premier sel. Seulement le poisson pourrit vite en ces temps qui ne connaissent pas la glace. Beau prétexte pour ces bateaux, les « chasse-marée », pour aller le chercher directement en mer. Le poisson s'effraie, le banc disparaît. Ou bien, si la pêche est terminée, les matelots du chasse-marée montent à bord de la chaloupe, eau-de-vie en main. On trinque une première fois à la santé de la jolie sardine. Et deux fois, et trois fois. Dans l'euphorie de la pêche réussie, les marins ne s'aperçoivent pas que leurs compères du chasse-marée ne boivent que du bout des lèvres. Quand vient l'heure de discuter le bout de gras, ils sont complètement « vent-dessus, vent dessous ». Autre manière de dire que ce n'est pas le seul effet du tangage qui les fait tituber. A quel prix la sardine ? Ton prix sera le mien. Le poisson passe d'un bateau à l'autre. L'équipage imbibé d'eau-de-vie préfigure le radeau de *La Méduse.* On rentre au port à l'aveuglette. Après le gros somme de l'après-boire, méchant réveil. Criailleries des femmes qui fouillent les poches.

La cuite était belle mais on ira quand même se plaindre à l'Amirauté, qui finira par interdire aux chasse-marée de se rendre sur les lieux de pêche... Du coup, une femme de Port-Louis en vient à se demander si la vente de la sardine ne serait pas plutôt un travail de femme. Rien d'étonnant à cela : la distribution locale est le plus souvent assurée par les femmes de pêcheurs. Mme Gallo voit encore plus loin. Vaillante mère, maîtresse femme, toute droite sortie des Saintes Ecritures. En plein règne de Louis XVI, elle met sur pied, toute seule, un véritable réseau industriel de la sardine. Elle rachète une usine. Mme Gallo ne sait ni lire ni écrire. Qu'à cela ne tienne ! Elle s'invente des signes à elle. Ses graffitis cabalistiques lui tiennent lieu de chiffres, qu'elle inscrit sur l'ardoise où elle tient ses comptes. Les résultats sont aussi exacts qu'avec l'arithmétique conventionnelle ! En été, au plus fort de la saison, c'est elle qui donne les ordres, tambour battant, en vraie Bretonne. Tel lot de sardine en vert à Rennes ou à Nantes, le reste à l'usine, au salage, à la presse. Les affaires prospèrent. Il est des choses qu'il ne faut pas laisser entre les mains des hommes. La sardine fait peut-être partie de ces cas-là. Affaire trop importante. En dehors de cette industrie, il n'y a guère que du travail d'appoint : le congre qu'on fait sécher au soleil avant de l'envoyer vers le Sud, Bordeaux et surtout la Catalogne qui le réclame pour ses teintures. On l'échange contre des vins. Le merlu, séché et salé, qui a encore ses amateurs. Et les poissons frais : aiguillettes, plies, soles, turbots, raies. Les premiers chaluts apparaissent, et les autorités s'émeuvent encore : on va dépeupler les fonds. Perquisition chez les pêcheurs. On ne trouve rien, une fois de plus... Par contre, il n'est pas interdit de pêcher de nuit, à la lueur d'une torche à l'avant du bateau, ou le long d'une ligne tendue non loin du rivage; et toujours, les formulettes chantonnées :

« *Plie, plie,*
Viens dans nos pêcheries
nous t'éclairerons avec de la bougie
Bars, soles et plies,
venez visiter nos hameçons
mordez le ver pour le puni'
d'avoir pris vos frères
Faites cela, je vous en prie,
messieurs bars, soles et plies ! »

Ce sont à peu près les seuls poissons consommés frais et non salés. Véritable luxe. Très recherché des ecclésiastiques qui, du fond de leur cure ou de leur évêché bien loin de la Bretagne, sont prêts à payer le prix d'un transport rapide pour pouvoir faire maigre sans renoncer aux plaisirs du palais. Mais ils sont encore rares, les snobs de cette espèce-là, et, en Bretagne sud, la sardine dûment salée demeure la reine de la pêche.

Elle a un avantage supplémentaire : elle n'éloigne jamais bien longtemps les hommes de la terre.

Certains pêcheurs sont prêts à des absences plus durables. Depuis le XVIe siècle, ils s'en vont à Terre-Neuve. Une abondance constante de morues dans ces eaux lointaines et froides. Il faut traverser l'Océan. Entre 1510 et 1540, une véritable fièvre d'armements s'est emparée du littoral breton, surtout au nord : Saint-Malo, Saint-Pol-de-Léon, et aussi Bréhat. Erquy, Cancale, et Vannes au sud, malgré son port qui s'envase. La pêche à la morue n'est pas une pêche comme les autres. L'absence, si longue, le métier beaucoup plus dur. On part en janvier ou en mars pour une campagne de cinq à six mois. Quelques baraquements sur cette île dont on ne connaît que les contours, mais dont on revendique bien haut la possession contre tous les étrangers : les noms de lieux : « Bréhat », « Cap Breton » sont là pour le rappeler. Certains traitent la morue à terre, découpage et salage. D'autres préfèrent errer sur le « Grand Banc ». Lignes tenues à la main, garnies d'hameçons sur toute leur longueur, avec harengs salés comme appât. On les mouille chaque soir, et chaque matin on les relève :

« Mors, mors, morue
Cent ans après ma mort
Je crierai encore
Mors, morue, mors ! »

A bord, on a inventé la division du travail. « Décolleurs » pour détacher les têtes, « trancheurs » pour vider la morue, et « saleurs » qui recouvrent à la pelle la chair fraîche du poisson entassé dans la cale.

De ces voyages on rentre rongé par le scorbut et les privations. Le froid et le sel qui crevassent les mains et gercent les lèvres. Les icebergs. Les spectres de la mer qui rôdent autour des navires, demandant sans trêve, au ras des flots, messes et prières. Par les nuits claires les Terres-Neuvas les ont vues, ces âmes de noyés damnés, faire des danses macabres, en rondes fantastiques aussi folles que celles des sorciers et des korrigans dans les landes bretonnes. Pour passer le temps long, on raconte des histoires. Etranges et belles, si possible. Comme celle de cet équipage qui ne prenait sur le banc aucun poisson jusqu'au jour où un homme bizarre s'introduisit à bord. Les morues se mirent alors à sauter d'elles-mêmes dans le bateau. Le patron fait fortune... Mais déjà l'homme étrange a quitté le bord et s'est évanoui dans les glaces. Le diable, ou le Bon Dieu ? L'histoire ne le dit pas, de manière à laisser à un autre conteur, lors de la prochaine campagne de pêche, liberté de donner sa version des choses. Ainsi de voyage en voyage se poursuit le propos légendaire.

On doit aussi se battre quelquefois contre le Basque et l'Anglais qui veulent le banc pour eux tout seuls. Le conteur s'interrompt. Bataille. Abordage. On y laisse parfois sa peau. Les pêcheurs de morue ne sont pas comme les autres. Ce sont les guerriers de la mer. Ils portent le nom de leur champ de bataille annuel. Les Terres-Neuvas... Pourtant, au fil du temps, on ne les considère plus que comme des manœuvres. La pêche devient de plus en plus industrielle. Il faut de gros capitaux pour armer un bateau et la pêche à la morue part des ports où se trouve l'argent : Nantes, Saint-Malo, et Lorient tant que les financiers y furent. La morue, c'est pour eux la fortune. Le pêcheur reste pêcheur, avec ses mains gercées et ses contes à dormir debout. A la fin du XVIIIe siècle, des Quakers de Nantucket tentent aussi d'établir à Lorient une base de départ pour la pêche à la baleine. Mais cette chasse au monstre marin ne prend guère. A tout prendre, on préfère encore la marine royale ou la flotte de commerce.

Car de gré ou de force, les interventions successives de l'Etat tendent à faire entrer les pêcheurs bretons dans la grande histoire maritime de la France. En cas de guerre, ils peuvent être levés à tout moment pour aller servir sur les vaisseaux du roi. Il arrive même qu'on lève toutes les classes à la fois et qu'on les maintienne plusieurs années de suite au service. Le système des classes devient alors une presse régularisée. Ceux qui ne veulent pas partir sur les navires de guerre s'y trouvent donc contraints un jour ou l'autre. L'opération ne va pas sans mal, d'après les autorités : « Ces sortes d'animaux-là ne se gouvernent pas comme des soldats qu'on fait marcher au tambour... » En définitive les Bretons doivent se soumettre. Et dans les ports nouveaux, ils rencontrent tous les prestiges, réels ou supposés, du monde des marchands.

LE CHAMP CLOS DES ÎLES

Seuls peut-être les pêcheurs des îles échapperont malgré tout au grand mouvement. Ils forment un monde fermé, ils vivent souvent en communauté; cela ne s'oublie pas. Aux Sept Iles, dans le Nord, ils ont même fondé une sorte de république avant la lettre. A Belle-Ile, un habitant plus fortuné que les autres a tout pris en main, les secours aux pauvres, l'organisation de la pêche, le recrutement des marins du roi, dont il paie la solde à la place de l'Etat si elle vient à tarder. Un univers à part, encore plus rude que celui du continent. Un monde où l'orgueil est encore plus sourcilleux : « Ar gurunen ar gloar. (Ils sont couronnés de gloire) », dit-on des habitants de l'île Tudy. Ils ne cherchent pas de rapport avec l'étranger, sauf pour les échanges commerciaux strictement nécessaires. Ils se marient entre eux. On croirait qu'ils veulent ignorer l'histoire. A Sein, en plein XVIIe siècle, on trouve les dernières druidesses capables d'arrêter et de déchaîner les tempêtes... Vie monocorde, dépouillée, austère. Un siècle plus tard, le duc d'Aiguillon, qui, pour être gouverneur de la province, en connaît bien la pauvreté, s'émeut du sort particulier des îliens. Il propose aux habitants de Sein de quitter des lieux aussi inhospitaliers : pas de fleurs, pas de fruits. Pas même sur cette île le moindre lièvre des landes ! Les gens de Sein refusent. Pas question. La pauvreté a ses us et coutumes. Le continent les détruirait. Normal, pour les femmes des îles, de s'en aller en plein hiver chercher dans l'eau glacée huîtres, crevettes et moules. Normal, de prendre le bateau pour le continent au petit matin, et d'attendre trois heures dans le froid l'heure d'ouverture du marché. Ordinaires, les maux d'yeux dont sont affectés les vieillards de l'île de Batz, et qui tentent pourtant dans le vent de scruter les horizons de mer qui leur sont désormais interdits. L'extraordinaire, dans ce monde-là, c'est un simple geste, mais qui ne se reproduira jamais plus : comme au jour des mariages, où pour la seule fois de leur vie commune, les deux époux se tiendront la main une journée entière.

Ces hommes-là ne demandent rien d'autre que la solitude de leur île. Dans les vieux contes celtiques, les îles apparaissent toujours comme le lieu des richesses enfermées. Les hommes qui se sont établis dans les îles bretonnes n'y ont certainement pas trouvé les trésors qu'y décrivent les légendes. Ils ont découvert une forme de vie rude mais tranquille. A l'époque des premiers établissements cette existence pouvait paraître inestimable.

Et ils continuent à y tenir. Autour d'eux vient se battre l'Europe qui explore et colonise des mondes lointains. Les îliens regardent, recueillent au besoin les naufragés, pourvu qu'ils s'en aillent vite, et reprennent leurs occupations séculaires.

NOUVEAUX CONTES DE L'ERRANCE

Les « gars de la côte », eux, n'ont pas trouvé leur île. Et la Bretagne n'est plus ce qu'elle était, avec ce monde qui entre périodiquement en convulsion. Au retour de la pêche, les vieux matelots discutent en attendant le retour des bateaux. Les enfants sont là qui écoutent le conte, la nourriture des pauvres. Mais le conte a changé en même temps que l'Histoire. Il dit maintenant de nouvelles errances. A nouveaux départs, légendes neuves. Depuis le XVIe siècle les navigateurs français sont à la recherche de mythiques « îles d'Or ». Le pêcheur met son imagination au goût du temps : un jour, dit-il aux enfants, vous prendrez peut-être dans vos filets le Roi des poissons. Rendez-lui la vie, écoutez sa plainte, il vous conduira à l'île d'Or, où vit la belle princesse Dore, qu'il vous faudra libérer. Vous chercherez les clefs de sa prison au fond de la mer, avec l'aide du Roi des poissons, qui fera battre tambour dans tous ses Etats pour que ses sujets les rapportent. Vous épouserez la princesse lointaine et deviendrez roi de l'île d'Or. Comment, après de telles histoires, ne pas se sentir un tempérament d'explorateur ? Tout le monde, sur la côte, a la mer dans la peau, dit aussi le vieux matelot. Même les rats et les souris. Il y en a qui s'ennuient tellement de rester ici, dans le même pays, qu'ils tiennent conseil et décident de s'en aller : « Ayant appris qu'il y avait à Saint-Malo un navire en partance pour l'Inde, ils allèrent trouver le capitaine et s'arrangèrent avec lui pour leur passage... » Et la fantaisie continue, qui raconte des pêcheurs partis pour la Chine, des fées des îles qui en font des nababs, des sirènes délicieuses vendeuses d'épices et de pierreries.

Ainsi naît, en cette Bretagne qui s'appauvrit de jour en jour, la race nouvelle des chevaliers des mers. Les pêcheurs sont prêts à reprendre la tradition des longues quêtes sur l'océan. Les sirènes sont toujours là. Cela suffit pour que les marins se mettent en partance. Elles ont un peu changé depuis l'âge d'or. Plus travailleuses, moins indolentes. Elles s'embourgeoisent par[illegible] et prennent des époux, qui travaillent eux aussi, mai[illegible] merveilleux, sirène oblige. On a dans ces ménages des bateaux qui grandissent et rapetissent à volonté... La présence constante des Français les a rendues plus ombrageuses. Veillez désormais à ne pas les déranger, ni surtout à blesser leur mari. Elles déchaîneraient les tempêtes. Ambiguës, douces-amères, les princesses d'écume : ce sont des femmes de pouvoir ! Alors, pourquoi ne protégeraient-elles pas, comme les pêcheurs, les marins qui s'en vont vers les hautes et nouvelles mers, elles qui en connaissent tous les secrets ? Elles savent tous les mystères de la grande plaine bleue. Les chemins des îles bienheureuses. Les arcanes du grand large qui fascine tant les navigateurs depuis le XVIe siècle. Elles savent les mers chaudes qui sont de l'autre côté du soleil. On dit même qu'elles ont une reine qui les surpasse toutes en beauté, et qui se promène pendant les orages sur un nautile, ce coquillage nacré qui vient des mers du Sud. Lorsqu'elle se lève en sa barque irisée, les vents se taisent au geste de sa main et les flots apaisés rendent tous les cadavres des naufragés. L'Autre Monde est toujours là, sous la forme des sirènes, et qui réclame ses hommes d'un appel plus insistant peut-être que celui des fonctionnaires du roi. Elles appellent tous les hommes, ces Marie-Morganes. Les hommes des mers et les hommes des terres. Le pêcheur professionnel comme le sabotier pressé par la faim. Celui-là, dit aussi le conte, avait pris en ses filets une sirène sans doute un peu inexpérimentée, car d'ordinaire ce genre d'aventure n'arrive guère aux princesses de la mer, surtout quand c'est un terrien qui pêche. La jolie dame se met à pleurer, et le brave homme consent à la remettre à l'eau. Et voilà qu'elle lui donne l'idée qui le sauvera à jamais de la misère : partez donc aux Indes, où vous ferez fortune ! Le pauvre sabotier s'exécute. La sirène le protège durant tout son voyage, et pour que ses enfants ne manquent de rien pendant sa longue absence, elle leur remet une bourse qui ne peut se vider...

Voici donc les nouvelles îles. L'outre-mer. Les colonies à découvrir, à conquérir. L'Histoire, qui a distendu les horizons marins, a dilaté aussi l'imaginaire du mythe. Les mers du Sud, les terres de l'Ouest. Les richesses cachées derrière le soleil. Or, ép[illegible]s et joyaux. La mer, comme aux beaux temps des premiers [illegible]nts, redevient le chemin du bonheur. Là-bas, refaire la [illegible]re l'amour. Prendre la mer, à la façon d'une route, [illegible]rres qu'il y a au bout. Comme pour les vieux saints [illegible]d'antan, elle est la « plaine fleurie où l'écume trace [illegible] L'une après l'autre, les grandes peurs vont tom-[illegible]ller vers l'ouest, où se cache peut-être un gouffre immense. La peur d'aller au sud et de brûler dans les chaudrons du diable. Mais la vie est ici trop précaire, et la tentation de la croire plus belle ailleurs trop séduisante. Peur, et frisson de curiosité. Et, toujours présent, le spectre de la misère. Il faut, une nouvelle fois, risquer pour survivre. Le temps des grandes errances est revenu.

LE TEMPS DU CHEVAL BLEU

« Voici venir le cheval bleu qui demande place ! »

C'est à cette phrase que se résume en Bretagne l'appel du large. Depuis l'union à la France le petit cabotage se meurt lentement. Voici l'heure de la mer profonde, de la mer haute, de la mer grande : ar mor doun, ar mor huel, ar mor bras. Dans un pays qui n'a jamais forgé de légendes pour expliquer l'origine de l'Océan, on en parle en termes de paysan. C'est que ces hommes prêts aux grandes partances sont à la fois de terre et de mer. A eux, le large, le grand pré, la vache à lait : ar vioc'h lezeg. A eux la haute mer calme, le cheval bleu qui les appelle. Ar marc'h glas : le cheval, toujours le cheval, semblable à celui qui a emmené Tristan et Iseult en leur terre d'éternelle jeunesse. Et quand la haute mer se fait coléreuse, elle devient femelle : ar gazek gwen, la jument blanche. La jument enragée, gazek glanv, quand siffle la tempête.

Voici venir le cheval bleu qui demande place. « Devine, a dit la mère à l'enfant, chose qui jamais ne reste en place, toujours va et vient. Souvent en colère, sa blancheur le dit, et sa voix haute sème l'épouvante. C'est un balai et un voleur. Comme elle prend sans demander, elle laisse sans rien dire. Qu'est-ce que c'est ? » L'enfant a vite appris la réponse. Ar mor, l'Océan, le cheval-mer. Souvent en furie, « cheval sans cavalier », et jusqu'à la folie : « cheval qui saute la barrière du champ ». On le chevauchera comme Arthur autrefois chevaucha la forêt. Au loin, là-bas, quand on perd de vue le port, l'Océan porte les bateaux sur son dos. Le large ? Ar c'heïn mor : le dos de la Mer.

Avec le XVIe siècle est venu le temps des explorations et de la géographie-fiction. Rêves d'épices et de pierreries, terres supposées, cartes nouvelles, Edens inventés à rechercher comme autrefois le Graal. Graal marin, cette fois-ci. Et les Bretons explorateurs ont gardé la mentalité des chevaliers d'antan. Le sens de l'aventure, avec les délires de l'imagination. Temps de fièvre. On se demande parfois si ce n'est pas la folie de l'entreprise qui fascine les Bretons encore plus que son but. Jusqu'à la fin du XVIIIe siècle, la cartographie demeure très imprécise. La carte marine est le lieu où se déploie l'imaginaire. Cartes planes, où les images de tous les parallèles ont la même longueur. Les terres supposées sont représentées avec leurs reliefs invariablement semblables à des chaînes de taupinières et leurs rivages incertains, où viennent se baigner tritons et néréides. Ceux-ci ne sont pas seulement présents à titre purement décoratif. Ils servent souvent à masquer des ignorances. Sur les rivages familiers, on se repère à l'estime, au clocher bien connu, aux quelques phares artisanaux. Les choses changent dès qu'il s'agit d'aller au loin. On devient des navigateurs à l'aveuglette. Des marins de l'ombre. Pour les hommes de mer et les géographes de cette époque, toute terre qu'on a vue ou dont on a entendu parler a deux réalités. Celle de la vision, et celle de la parole. Deux dimensions. Le vécu et le mythe. Cela est bien fait pour plaire aux Bretons. Dans l'univers celte, la seule apparence est réalité, la réalité même est apparence. Voilà la mentalité des nouveaux chevaliers des mers. Seule existence tangible de ces terres découvertes : les objets, les hommes qu'on en ramène. Encore faut-il pouvoir établir des relations suivies avec ces pays neufs, en retrouver la route, savoir en revenir ! Et rien n'est moins sûr, faute d'instruments de navigation précis. Boussoles, observation des étoiles, certes. Mais pas de montres marines avant la fin du XVIIIe siècle. Dans ces conditions, il est facile de se perdre. Quand on ne retrouve pas une île, c'est sûrement qu'il s'agissait d'une île flottante. Il y a même, dit-on, des îles vivantes, des îles-tortues ! Et tout cela flotte et dérive sur les cartes d'imagination... Il est vrai que certaines terres, vues de loin, ressemblent à des bateaux, et les légendes ne manquent pas, en Bretagne, qui racontent que si telle île se trouve ici ou là, c'est que les marins l'ont remorquée, telle un bateau échoué, pour libérer une passe dont elle gênait l'accès. Pourquoi ne trouverait-on pas de ces îles-bateaux au milieu des grands océans ? Dans les vieux romans de chevalerie ne manquaient pas non plus les fontaines enchantées, sources de jouvence, qui apparaissent et disparaissaient au caprice des fées et des dames du Lac... Alors, sur celle qu'on nomme « la Grande Fontaine » ou « la Source inépuisable », les îles ont bien le droit de se promener aussi. Tout y est incertain. Brumes, tempêtes, grand calme, sur le grand cheval bleu on découvre le domaine de l'éternel changement. Et puis c'est si commode, même au XVIIIe siècle, quand l'exploration est devenue plus scientifique, de noter une terre là où elle est supposée se trouver d'après les documents officiels qui vous mandent de la chercher... mais dont les informations ne sont souvent fondées que sur des « on-dit ».

Ainsi, la fameuse histoire de la terre des Perroquets. Les explorateurs bretons la recherchèrent pendant tout le XVIIIe siècle sur les ordres d'un fonctionnaire du roi qui affirmait son existence au sud de l'océan Indien. Un navigateur normand, Paulmier de Gonneville, qui tentait de doubler le cap de Bonne-Espérance, s'était retrouvé en Amérique du Sud. Il y vit des perruches, qu'il appela perroquets, et des indigènes vivant nus sous un climat tropical. Gonneville rapporta de ces jolies perruches, ainsi que le fils du roitelet local, Essoméric. Il devint vite la coqueluche des salons. L'explorateur le maria à sa propre nièce et le jeune et beau Essoméric fit souche sous nos cieux, dûment baptisé du nom de son protecteur et parrain, Paulmier de Gonneville. En 1660, un de ses descendants, Paulmier lui aussi, et abbé de surcroît, qui se trouvait sans doute en mal de racines, publia un mémoire visant à évangéliser les terres australes ou terre des Perroquets ! Il les situait non loin de notre actuelle et glaciale Terre-Adélie... L'erreur venait de ce qu'on se souvenait seulement que la mission du lointain ancêtre était de doubler le cap de Bonne-Espérance. Pour tout arranger, le rapport du vaillant capitaine avait été perdu. Cela n'empêchera pas les navigateurs bretons de partir à la recherche de ces terres édéniques, que l'on confondait aussi avec de mystérieuses îles d'or situées dans les mêmes parages de la géographie imaginaire... En plein XVIIIe siècle ! Écoutons les lamentations de Bougainville : « Honni soit quiconque trace des terres sur une carte sans autre fondement que le caprice de son ignorance. Je lui souhaite une partie des nuits cruelles que nous passons. »

Car la mer demeure la chasse gardée de l'imaginaire. L'Autre Monde, une nouvelle fois. Sur les vaisseaux du roi ou des messieurs du commerce, les marins bretons embarquent aussi leurs chimères. La mer lisse est tranquille comme à l'étale. « Mor sioul o kizal. » Mais ne vous y fiez pas. « Ar bed a zong ». Le temps écoute. La nature songe. Des hallucinations sont prêtes à surgir. Calme plat, temps des dames, où l'océan ne paraît bon qu'à servir de promenoir aux mouches ? Mine de rien, il attend ses hommes. « Ar mor a c'hortoz fortun. (La mer attend fortune.) » Et il n'y a pas de fortune de mer sans tempêtes. On verra vite l'océan changer de draps. Ils le savent bien, les marins bretons, qui l'appellent selon le jour mer jolie ou chienne de mer, et qui ont le même mot aussi pour dire sirène et putain : « Gast ! » Tous les compliments et toutes les injures, comme aux trop jolies femmes. Mais entre ses bras tout est à faire ou à refaire, et l'écho des terres nouvelles réelles ou supposées a vite fait le tour de tous les quais. C'est la magie du grand cheval bleu.

Les cartes-sermons du prêtre fou

Le seul ennui, avec ces Bretons qui prennent le large, c'est qu'on n'est pas sûr encore que ce soient de très bons catholiques. Toutes ces vieilleries dans leurs superstitions qui sentent le paganisme ! Au XVIIe siècle, un jeune prêtre s'est senti la mission de faire revenir ses compatriotes à l'orthodoxie. Surtout les marins. Car il est lui-même fasciné par la mer. Il a passé un an de solitude et de méditation sur une grève désolée, à l'emplacement d'une vieille cité disparue. C'est un grand mystique, un homme farouche. On l'appelle « ar belec fol », le prêtre fou. Il est persuadé que Dieu l'a chargé d'une mission envers les hommes. Sans demander l'autorisation des autorités ecclésiastiques, Dom Le Nobletz a pris la route. Léon, Trégor, Cornouaille, tous les évêchés en bordure de mer. Il va même jusqu'aux îles de Sein et Ouessant. Mais le mystique est aussi pédagogue. Il faut impressionner les fidèles. La plupart d'entre eux sont des illettrés. D'après lui, la vue conduit mieux à la croyance que l'ouïe. Prêcher ne suffit pas. Il faut montrer. Il invente donc les « cartes-sermons ». Les « taolennou ». Des tableaux peints de couleurs vives qui représentent le message divin. Art de la communication. Pour les marins, le tableau « Cordage ». On y donne quelques instructions sur l'art de la navigation. En bas, on a peint un navire capturé par un Turc, un grossier infidèle, qui ne suit pas les voies du Christ et périra en enfer, tandis que le marin catholique ira, lui, malgré son martyre, tout droit en paradis...

De nos jours, certains disent beaucoup de mal de Dom Le Nobletz et de son successeur le père Maunoir. Le prêtre fou aurait suscité la peur de la mort chez une population qui la considérait auparavant comme le milieu d'une longue vie. Il aurait contribué à répandre la figure terrifiante de l'Ankou, le squelette armé d'une longue faux qui hante la lande dès la nuit close. Il aurait, en somme, détruit le vieux mythe celtique de l'Autre Monde. Rien n'est moins sûr. Le Moyen-Age breton faisait déjà allègrement danser les squelettes sur les murs de quelques églises, autour de grosses marmites bouillant sur un vigoureux feu d'enfer ! Il semble au contraire que le prêtre fou ait su utiliser assez habilement les croyances profondes des Bretons, en particulier tout ce qui concerne l'Autre Monde. Dans les paroisses les plus reculées de la Bretagne, il utilise des « cartes-sermons » qui supposent de sa part des connaissances puisées aux sources les plus nouvelles du savoir. Des cartes du monde. Les almanachs parisiens, ceux de Troyes, ceux de Rouen, et qu'on répand aussi dans les campagnes françaises, conservent encore une grande indifférence à l'égard des découvertes accomplies depuis le XVIe siècle. Les cartes du prêtre fou, elles, montrent toutes les terres nouvelles. Les fidèles bretons sont effectivement médusés chaque fois qu'arrivent Nobletz et Maunoir. Avant de voir la carte, suspense. Méditation. L'acte est sacré. On bout d'impatience, mais on n'échappera pas à la prière préalable, « araok ar taolennou, (méditation sur l'image) ».

« *Sellit piz ouz ann taolennou*
Zo mellezour an eneou
Hag a lavar da bep hini
Ar wirionez hep damanti.
(Regardez avec attention les tableaux,
C'est le miroir des âmes.
Ils disent à chacun la vérité,
Sans ménagement.) »

Miroir des âmes bretonnes, cette mappemonde où l'on voit des bateaux cingler vers les rivages de l'Amérique. Le paradis du Père Eternel ? Cette île lointaine, en plein Pacifique. Le continent américain forme barrage aux vaisseaux qui cherchent à l'atteindre. Impossible d'éviter cet obstacle en doublant le cap Horn : « Il y a là-bas trop de fréquents naufrages. » Conclusion logique de la carte-sermon : Pour atteindre le paradis, il faut donc « prendre peine à couper cette terre »... Et de fait, on voit aussi sur la carte des ouvriers occupés à creuser des canaux pour réunir les deux océans... Le canal de Panama symbolise le travail que chaque croyant doit faire sur son âme avant de pouvoir connaître la béatitude céleste ! Nouvelle carte du Tendre de l'amour divin pour les chevaliers des mers à venir... Rien n'est plus celte que cette façon de représenter les choses : le réel et le surnaturel s'entrecroisent. Le voyage vécu et l'expérience spirituelle se confondent. Au long de ses méditations austères sur les grèves de Plouguerneau, Le Nobletz l'avait bien compris. La carte est le lieu où se déploie l'imaginaire. L'imaginaire de la mer, en ces temps d'aventure. Le prêtre fou n'a fait que christianiser les vieux voyages celtiques vers la Terre des Jeunes ou l'île des Pommes et leur donner l'actualité qu'ils méritaient.

Les Bretons des mers nouvelles ne seront pas comme les autres marins. Plus gueux, peut-être, d'apparence. Habiles techniciens, et pour cela recherchés des puissants et des rois. Mais il est un domaine dont ils sont seuls souverains, l'océan de leurs rêves : trésors supposés, créatures de fantaisie. Aller les voir, et peut-être se battre contre les nouveaux dragons sitôt les amarres larguées. Le grand cheval bleu qui demande place. Avec appétit, voracité, avidité : les îles, le bonheur, mais l'or aussi peut-être. Enfourché, le cheval de mer. Vers l'Extrême Lointain. Le monde enfin refait à la démesure celte.

L'océan des signes

C'est toute la Bretagne qui s'embarque avec ses marins sur chaque navire en partance. Avec eux, comme un lien invisible qui les relie, où qu'ils soient, à la terre natale. Le marin qui a franchi l'horizon ne quitte jamais sa mère, sa femme, ses enfants. Entre le navire et la terre fonctionnent, sans défaillances, les « intersignes ». Si la tempête menace l'homme ou que la vague l'emporte, aussitôt ses proches en seront avertis. Rêve, intuition, ou révélation fulgurante, mais ils sauront. Quelquefois le signe n'est pas assez clair et il faut faire déchiffrer le code par « ceux qui savent ». Des individus unanimement reconnus comme passés maîtres en voyance : ces sorciers de Plougasnou qui disent l'avenir d'« après la façon dont les flots se brisent sur le rivage... »

Les marins s'embarquent, leurs amulettes serrées au fond des poches. Tous les « louzous » confiés par leur mère ou leur femme, sachets magiques, poignée de goémon, perle trouvée dans une moule de rivière. De petits morceaux de Bretagne à bord, en ce qu'elle a de plus précieux.

Avec eux, surtout, tous les signes qu'ils ont appris pour se repérer sur la mouvance de la mer et les traîtrises du temps. Si vous rêvez d'un chat, il ventera demain. Méfiez-vous du pétrel, oiseau du diable, qui annonce la tempête. N'oubliez pas que la sirène chante quand se prépare l'ouragan. Apprenez bien par cœur toutes les formules qui conjurent l'ennemi des ennemis, plus traître encore que les flots déchaînés : le brouillard, malédiction du marin, ruine des armateurs :

Brume, va-t-en aller
ou tu seras coupée
par la moitié
avec un sabre d'acier !

Gare aux séductions de l'arc-en-ciel. Ne passez jamais par les bouts qu'il plonge dans la mer, car il « superait », il avalerait votre navire avec l'eau de mer dont il se nourrit. Observez bien la lune la nuit et surtout son halo :

Cerne de lune
n'abat pas la hune
mais va l'ébranlant
bougrement.

Surveillez sa « chaloupe », l'étoile qui la suit : elle disparaîtra si le mauvais temps menace... Attention, toujours, au diable, qui prend toutes formes possibles pour s'introduire à bord. Satan fait des âmes de marins sa pâture préférée... Un sabbat de la mer est toujours à envisager.

La géographie même est balisée d'imaginaire. Prendre la mer, c'est s'engager dans un immense labyrinthe où l'on va jouer à cache-cache avec les dangers d'une architecture peuplée de monstres. Les grottes, séjour nocturne des korrigans. Les falaises, restes de monuments construits autrefois par des hommes à la force surhumaine, et dont la puissance démente est peut-être encore présente dans les pierres. On entend parfois les rochers parler les jours de grand vent. Le diable, probablement... Et le long des rivages, la nuit, de ces grandes femmes blanches et tristes qui creusent le sable de leurs pieds nus. Toute forme géographique est la manifestation d'un pouvoir surnaturel, et lorsqu'elle devient plus folle que les autres, elle est consacrée lieu magique entre les lieux magiques. Quand on y passe pour la première fois, on reçoit un nouveau baptême. C'est ce qui se passe en vue du Raz de Sein : baptême de la ligne. Personne n'est exempté de l'usage. Henri IV en route vers Saint-Malo lui fut soumis comme les autres. Il demanda sur quel droit la coutume était fondée, et lorsqu'il eut appris qu'elle était si ancienne qu'on n'en connaissait pas l'origine, il ne fit aucune difficulté pour recevoir le baptême... En des lieux neufs, il y aura d'autres « lignes », d'autres monstres géographiques. Au bout des horizons grands ouverts aux voiles bretonnes, d'autres proies toutes offertes à leur imaginaire. D'autres Raz de Sein, mais tropicaux, de nouveaux lits de mort et palais de l'Ankou sous des soleils plus crus.

Et des dangers nouveaux. Les marins fourbus des premiers longs voyages ne tarissent pas. A l'équateur, le royaume des lutins noirs, qui suspendent les vents dans une chaleur torride, et les soulèvent quand l'équipage s'est endormi. La carrière d'aimant, qui peut se dresser devant le vaisseau n'importe où sur la mer. Tout navire qui la croise à trois lieues sous le vent sera « supé » par elle et ira se coller avec tous les autres navires pris au piège. Il y en a là-bas des mille et des cents qui ne pourront se décoller qu'au jour du Jugement dernier. Et que dire des bancs de sable ou de coquillages qui viennent se jeter sur les vaisseaux et les gardent emprisonnés comme en un entonnoir. Les marins s'en souviendront quand ils découvriront les premiers bancs de coraux. Et la perpétuelle menace des pieuvres géantes. Elles se lovent au pied des écueils et attendent patiemment les navires. Leurs tentacules se déploient au dernier moment, quand on ne peut rien faire. Des Malouins en font l'expérience en plein XVIIIe siècle. On en a gardé le témoignage : « Un bâtiment de Saint-Malo allait quitter la côte africaine pour se rendre aux îles de l'Amérique, lorsque tout à coup, le temps étant calme et en plein jour, un monstre marin, d'une épouvantable grosseur, s'éleva du sein des flots en les faisant bouillonner au loin, et passa par-dessus le pont du navire, s'accrocha au bâtiment, contourna les manœuvres et les mâts jusqu'à leur sommet, par des bras aussi longs que flexibles et effroyables... Ce monstre fit pencher le bâtiment de manière à le coucher sur le côté et à l'entraîner au fond de l'abîme. » Tous les marins se mettent à l'attaquer, à coups de hache et coutelas, sans oublier d'appeler en renfort leur saint patron, à qui ils promettent pèlerinage et ex-voto : « A grands coups de hache et avec le fil de leurs sabres, ces marins tranchèrent enfin les bras de cet horrible animal, qui n'était autre chose qu'un énorme poulpe; quand ils furent parvenus à les séparer de son corps, le tronc coula à fond; le vaisseau, n'étant plus tiré sur le côté ni menacé d'être englouti, se redressa... »

A redouter aussi la race des tritons, les hommes marins. Facilement effarouchés, ils peuvent d'un coup d'épaule renverser tout un vaisseau. Des chansons gaillardes racontent qu'ils sont tout particulièrement attirés par les figures de proue. Ainsi, un capitaine de vaisseau voit apparaître un homme marin, de très belle figure, « et tout le reste à l'avenant »... Il ne cessait de fixer la proue : « Devinez ce qu'il y voyait ? D'une sirène la figure qui était peinte en esculpture. Il la voyait, il la regardait, bref il donnait en témoignage qu'il la voulait en mariage... » « Les gens de mer sont bien farouches », conclut la chanson. Les matelots ne tolèrent pas de ces désirs impurs pour leur figure de proue : ils lui règlent son compte sur-le-champ.

Enfin l'universelle licorne. Cheval marin efféminé, gracieux, mais sauvage. Toujours prêt à trouer la coque des navires. Mais on l'aime, la belle cruelle. Autant que la sirène. Combien de navires appelés *La Licorne* ? Et pourtant à Saint-Malo l'hôpital où échouent les marins épuisés porte aussi son nom... Tandis que la sirène est côtière et appelle les marins à la mer, la licorne règne sur les grandes immensités nouvelles. Elle guette les navires heureux de s'en aller retrouver leur port, comme le montre ce récit d'un Nantais : « Cela se passait le 25 mai 1772... Nous rapportions comme à l'accoutumée... une pleine cargaison de sucre de canne et de café, et nous avions embarqué des passagers. Une belle brise, bien ronde, nous poussait, et j'étais heureux à la pensée de rallier rapidement Nantes, où ma chère et tendre femme et vous, mes petits, étiez. La nuit était belle, nous voguions tranquillement lorsque, tout à coup, une secousse ébranla le navire. Tout l'équipage et moi-même bondîmes sur le pont. Nous avions sûrement touché quelque épave à fleur d'eau... L'alarme fut générale. Toute la nuit on pompa. Enfin l'aurore arriva et on examina l'extérieur du brick : un énorme monstre marin était attaché à bâbord à quelques pieds au-dessus de la quille. Il remuait épouvantablement et donnait de la gîte. » Le capitaine le fait entourer d'un cordage et le fait tirer par trente hommes. En vain : « L'animal, une licorne, résistait et on ne put gagner un pouce. Et l'eau entrait toujours. » Le capitaine s'en remet alors à la Vierge, à qui il promet pèlerinage et cadeau. Prière exaucée aussitôt. Apparaît à l'horizon une voile anglaise. Appel de détresse, on vient l'aider, et par bonheur le capitaine n'est pas « un des ces faillis chiens d'Anglais comme ils sont d'ordinaire ». Ils parviennent enfin à séparer le monstre de sa corne, qui reste fichée dans la coque du vaisseau, tandis que le corps de la bête se dissout dans l'eau en une masse informe... C'était, dit la science, un narval : cétacé mâle dont la dent supérieure gauche s'est hypertrophiée en épée torsadée de 2,50 mètres. Sous l'action d'un parasite, la bête est prise parfois de crises de folie, et attaque tout ce qu'elle rencontre. Mais la fable est plus belle, qui place la corne au milieu du front d'un animal gracile, jument marine dont les formes délicieuses se décomposent dès que la mort et l'homme viennent à les toucher. Licorne, avatar du grand cheval bleu. Chimère des grands voyages océaniques. Grand espoir de merveilles, au péril de tous les monstres et de toutes les déceptions. Terreur et émerveillement, les deux faces du voyage sur la mer.

Départs bretons contre tous les monstres. Il faut vivre à grande allure. N'avoir devant soi que l'inconnu, et y aller jusqu'à la déception, jusqu'à la victoire de l'exiguïté même de l'univers. Les marins de Saint-Malo, génération après génération, s'en viennent mourir à l'hôtel-dieu de la Licorne. Partir, au risque de mourir, mais partir.

Partances

L'heure du départ. Surtout pas de chat, par pitié, aux abords des navires ! C'est le malheur fait animal. Le cheval, bien évidemment, porte bonheur.

On salue une à une toutes les chapelles du rivage où les marins se sont recommandés à Dieu avant de monter à bord. Les grands départs réclament quelquefois plus encore : il arrive qu'on demande au curé de bénir la mer entière. Il jette une fois l'an l'eau bénite aux quatre points cardinaux, et puis cantiques encore, et processions.

Et le vent ? Il n'y a pas de voyage sans vent. Et pourtant les Bretons n'ont pas de dieu souffleur de brise ou de tempête. On n'explique pas son origine. On constate son existence. Tout ce qu'on sait de lui, c'est qu'il va de branche en branche à travers le monde entier et qu'il peut vous emmener le plus loin qu'il est possible. Force cosmique. Elle a donc quelque chose à voir avec la femme. Les contes sont pleins de capitaines qui ont monnayé leur âme au diable pour avoir le vent du départ. Mais ce sont des curés misogynes qui ont travesti les faits. En Bretagne la femme n'est pas créature diabolique. La réalité, c'est qu'il s'est trouvé nombre de capitaines pour s'en aller acheter le bon vent à de jolies ou vilaines dames dont c'était le métier de les vendre. La vieille tradition des prêtresses bretonnes. Elles vendaient parfois aux marins la tempête. Tant pis, on ne revenait pas les voir. Peut-être un adversaire l'avait-il payée pour perdre son consultant. Seulement, en cas de succès, le renom de la dame était fait. Les quais bretons frissonnent de leurs noms murmurés de bouche à oreille... Femmes de vent, femmes de pouvoir. Pourquoi ? Les marins eux-mêmes ne sauraient l'expliquer. Mais ils sont sûrs que le vent et la femme ont quelque chose à voir ensemble. Par exemple, si le vent ne vient pas, ou qu'il souffle dans le mauvais sens, il est fort utile de disposer à bord d'un mari dûment et publiquement trompé. Le capitaine lui ordonne de se frotter la tête contre le gouvernail :

« *Allons, cornard*
Cornes sur bois
Bois sur cornes
Gentiment
Donne le vent
Que j'attends ! »

Si le procédé ne rend rien, on peut toujours essayer de fesser un mousse, ou de jumeler les deux recettes pour doubler la chance. Si rien ne vient alors, on soupçonne le pire. La malédiction des filles du port :

Vent debout, vent debout sans fin,
Quel salaud n'a pas payé sa catin ?

Regard circulaire du capitaine pour s'assurer que personne ne coud à bord : ce serait en même temps coudre le calme ou le mauvais vent. On siffle pour changer le temps... Pas trop quand même. Ce serait l'ouragan ! Car souvent les vents capricieux se déchaînent en tempête. Alors les marins vident leur sac d'injures. La pire n'est pas celle qu'on croit dans le répertoire breton, pourtant très étendu. Comment un vent du diable ne s'en retournerait-il pas outragé en recevant en pleine face les vociférations furibondes d'un équipage retenu par la tempête : « Saozon viliget ! (Foutus chiens d'Anglais !) »... Encore un coup du roi d'Angleterre... Il est pourtant des fois où le déchaînement paraît si universel qu'il est évident qu'il dépasse les pouvoirs malfaisants des humains, fussent-ils Saxons. C'est le triomphe des forces malfaisantes qui peuplent la mer. Le tud-vor, le peuple de la mer et ses oiseaux d'enfer. L'Ankou s'est mis à baratter l'Océan. A moins encore qu'une fois de plus, il n'y ait là une histoire de femme. Un marin, qui, même involontairement, aurait frappé une sirène. Ou l'aurait vue toute nue. Le peuple entier des dames marines s'est mis alors à enfler les vagues et les vents, a réveillé le peuple des petits démons noirs des côtes, kornandoned et autres bestioles de malheur. « An Ankou o c'houlenn digor. » La mort demande ouverture ! On entend du rivage l'âme des noyés avertir leurs camarades de ne pas s'embarquer et qu'il y aura du « foutrop ». Que faire d'autre que de donner à la mer une bonne correction ? Le marin se sent trahi, trompé, menacé. L'équipage, devant la lame plus forte que les autres, reconnaît en elle la groach'. La sorcière qui l'a envoûté. A la hache, au harpon, à la gaffe ! On la frappe, on la frappe, cette chienne de mer, jusqu'à ce qu'elle rende les armes. Et en ces lendemains de tempête, la femme morte ou blessée qu'on découvre au matin, cheveux épars sur le sable lavé d'écume fraîche, c'est la faiseuse d'ouragans que la mer a vomie quand les coups des marins l'ont ramenée au calme.

Les femmes du vent

Les grandes voiles ont pris le large. Les filles du port attendent comme toujours la première proue venue. Les autres femmes retournent au champ, au goémon, aux coquillages. Pour elles commencent les temps de longue patience. Qui ne sait pas attendre n'est pas digne des chevaliers. Elles viennent d'entrer dans un temps différent, où les saisons ne sont plus celles des arbres et des fleurs. Temps d'incertitude, à guetter le moindre signe. Temps de vent. Lui seul commande. Femmes de Terre-Neuvas, de corsaires, d'explorateurs ou de marins des Compagnies, elles sont toútes sœurs dans l'attente du vent. Guerre ou pas, c'est lui qui ramène les hommes, ou, du moins, les nouvelles. « Femme de marin, femme de chagrin, et pour espoir, le voile noir ». Malgré le dicton, elles ne cessent d'espérer. De croire au bonheur des retrouvailles. De la fortune rapportée, peut-être. Dans combien de temps ? Six mois pour Terre-Neuve, deux ans, trois ans pour l'Inde et la Chine. Les explorateurs ? Mieux vaut encore ne pas en parler. L'absence si longue, et la vie si courte.

Et elles font tout, les femmes de Bretagne, pour que le vent leur rendent les hommes qu'il leur a pris. Jamais femme de marin ne noiera un chat pendant tout le temps où son père, son fils ou son mari sont en mer. Jamais elle ne peignera ses cheveux à la nuit close. Et le fils qu'elle met au monde en l'absence du père, elle tâchera, malgré toutes les douleurs, de le faire naître à marée montante, pour qu'il soit lui aussi « sacré marin » : suprême sacrifice qu'elle fait à sa rivale, qui lui a pris son homme, et lui enlèvera peut-être aussi son fils.

Attente où le temps passe à interroger tous les signes. Les mouvements de la flamme des cierges, le vol des mouettes sur la jetée, les regards de la vierge à la chapelle. Au départ du mari ou du fiancé, les femmes pendent parfois au plafond l'herbe au présage, la joubarbe qui chaque jour répond. Tant que sa feuille demeure verte, l'homme est heureux. Si elle vient à jaunir, il est malade ou mort. Et si elle refleurit, c'est qu'il reviendra, l'homme, et qu'il fera sûrement de beaux et gros enfants à celle qui l'attend.

Les voici, les femmes du vent, dans les temps creux de l'absence de l'homme. Elles s'en vont prier aux chapelles qu'il a saluées au moment du départ. Saints du bon voyage, saint Clément, sainte Marine. Sainte Anne, suprême recours de toutes grandes peines. Et toutes les vierges du retour : N.D. de Bonne-Nouvelle, N.D. de Bon-Secours, N.D. de Bon-Retour, N.D. de Grande-Puissance... N.D. des Vents... Elles sont prêtes à tout pour avoir le vent. Le bon vent, celui d'Ouest, qui ramène aux femmes les bateaux des marins. Elles s'en vont à la chapelle la plus proche, qu'elles balaient à perdre haleine, et jettent la poussière en l'air avec l'autorité de la femme qui veut son homme :

« *Tourne, vent, tourne girouette*
Suis la poussière que je te jette ! »

Il est même parfois dans certaines chapelles des saints à crosse mobile, qu'il suffit de tourner dans le sens du bon vent pour qu'il se lève enfin.

Et quand rien n'y fait, rage et colère. On brûle le balai qui a nettoyé la chapelle. On injurie les saints. On leur jette en pleine figure la poussière qu'on avait ôtée à leur sanctuaire. Ou parfois, plus secrètement, on fouette les saintes images, on les immerge dans l'eau. La colère des femmes bretonnes est redoutable et défie Dieu lui-même. Pourquoi ne leur a-t-il donné que les douleurs de l'absence ?

Sur les quais de l'attente, quand les femmes parlent de choses impossibles, elles disent que c'est comme d'avoir la corde à faire tourner le vent. A côté d'elles, les armateurs, aux rêves plus matériels. Ils spéculent déjà sur les cargaisons à venir, ou les bénéfices des bateaux corsaires où ils ont des parts. Attente des riches et des pauvres sur le même quai, suspendue à l'espoir d'une voile.

Les temps de longue absence ont commencé.

5/A la recherche des terres lointaines

Au XVIe siècle, tout s'est mis à bouger en Europe. Trouver des terres nouvelles, voilà qui est maintenant de mise pour un marin qui se respecte.

Les Bretons ne peuvent rester extérieurs à l'affaire. Bien avant les Français, ils ont compris l'intérêt de l'aventure. Longtemps les souverains les regarderont d'un œil méfiant, à peine mêlé de curiosité... On ne s'intéressera vraiment à eux qu'à partir du XVIIIe siècle, quand les puissants auront enfin saisi que parier sur l'exploration, c'est augmenter d'autant les chances de la prospérité. Et les Bretons sont prêts à cingler vers toutes les mers du monde.

Cette aventure des découvertes de terres nouvelles a pourtant comme un goût doux-amer. Les Bretons sont beaucoup moins cruels et conquérants que les Espagnols et les Portugais, beaucoup moins pragmatiques que leurs concurrents anglais et hollandais. Conséquence évidente : on n'a pas l'impression que leurs découvertes rapportent dans l'immédiat. C'est qu'il y a une manière bretonne d'explorer. Têtue, mais fantaisiste. Prête à tous les risques, mais toujours rêveuse... On dirait qu'ils ont pour devise la belle phrase de Valéry : « Rien peut-être que le rêve n'est réel... » Du XVIe au XVIIIe siècle, le même mélange déroutant d'imagination et de logique. Les regarder vivre leurs aventures, c'est se plonger dans cet univers étrange où se confondent perpétuellement réalité et imaginaire.

LES DIAMANTS DE XIPANGHU

L'exploration bretonne commence avec le XVIe siècle. Depuis quelques années, les navigateurs de la péninsule ont acquis de nouvelles certitudes. On sait maintenant que l'Océan qui bat les rivages de la Bretagne est le même qui baigne toutes les terres de l'univers et les enveloppe de partout. Le monde, dit-on, n'est qu'un immense continent. Si l'on traverse l'Océan en prenant la route de l'Ouest, on en rencontrera, fatalement, l'autre extrémité. Les terres fabuleuses, d'où les voyageurs reviennent émerveillés. Eblouis, et riches quelquefois... Ce sont des Arabes et des Vénitiens. Ils vont là-bas par l'Est, et par voie de terre. Des caravanes s'enfoncent dans les déserts d'Asie, jusqu'à des terres perdues, aux contours imprécis et dont les noms font rêver. Xipanghu, où les voyageurs auraient vu des palais aux dalles d'or pur, des toits constellés de pierres précieuses. Cathay, dont les frontières seraient faites de montagnes de diamants. On en rapporte les épices, si rares en Europe que les rois se sentent comblés d'honneur s'ils en ont reçu quelques petites onces.

Des Flandres à l'Espagne, des marins en mal d'aventure ont trouvé leur chimère. Si l'on trouvait la route des mers qui mène aux pays de Cocagne, les marchands vénitiens et arabes qui ont le monopole du commerce des épices seraient menacés. La girofle, le poivre et la cannelle seraient moins chers, mais il y aurait encore d'assez jolis bénéfices pour faire fortune. Il suffit de mettre la voile au vent.

Partir pour l'Ouest. Sur les quais de Saint-Malo un marin vieillissant se prend lui aussi à rêver. Il a déjà bien bourlingué. Que risquerait-il à partir ? Sa vie est derrière lui maintenant. Au XVIe siècle, on est un vieux quand on a quarante ans. Et pourtant Jacques Cartier se sent de taille à tenter l'aventure. Il était encore adolescent quand il a vu arriver du Brésil les premiers bois de teinture qu'on ait connus en France. C'est sans doute à ce moment-là que l'a pris la fièvre des horizons lointains. On dit qu'il s'est engagé sur des bateaux portugais. Il est d'ailleurs devenu à son retour interprète officiel de portugais à Saint-Malo. Il connaît le Brésil, d'où il a ramené une « femme sauvage » qu'on a baptisée, comme l'exigent les usages.

Avec tous les hommes de son temps, Jacques Cartier est persuadé que l'Asie et l'Amérique du Nord forment un seul continent entièrement soudé. Si l'on s'en va chercher Cathay et Xipanghu, il faut éviter les routes de l'Atlantique central : les Espagnols et les Portugais les tiennent. La seule solution consiste à chercher un passage au Nord-Ouest de l'Océan. Les distances à parcourir ne sont peut-être pas très grandes. Sur les cartes de l'époque, la Corée paraît presque proche. Pas plus de deux fois la longueur de l'Angleterre à parcourir loin de toute terre... Et si l'on passe par le Nord-Ouest, on a beaucoup moins d'étapes que si l'on cherche la route des Antilles. Il suffirait de partir dans le sillage des pêcheurs qui s'en vont aux « Terres-Neuves » pêcher la morue et la baleine. Ils n'y font que passer; le pays n'est guère tentant. Une terre froide et brumeuse où viennent s'échouer les icebergs, quelques manchots et des troupeaux de phoques, des « sauvages » à peine entrevus... Rien qui fasse rêver à Xipanghu. Et d'ailleurs ces pêcheurs ne sont pas à la recherche de nouveaux mondes. Ils ne s'en vont là-bas que pour gagner leur pain, et leur mal du pays est si fort quelquefois qu'ils donnent aux accidents de la côte de Terre-Neuve des noms de leur Bretagne : le cap du Raz a la même réputation que la pointe du même nom de l'autre côté de la mer. Les pêcheurs de morue ne se mêlent pas de chercher les Indes.

C'est l'affaire des marchands et des hommes politiques. Les Anglais se sont déjà mis à la recherche du passage Nord-Ouest. En 1496, Henry VIII a chargé un Génois, Giovanni Cabetto, de découvrir Cathay et d'en rapporter « toutes les épices du monde et toutes les pierres précieuses ». Cabetto reconnaît la côte Sud du Labrador et longe le golfe du Saint-Laurent. Il revient persuadé que Terre-Neuve est une presqu'île et que derrière elle s'étend un pays immense, où la vigne pousse à l'état sauvage et où pullulent les animaux à fourrures. C'est certainement l'extrémité Nord de l'Asie. En allant plus loin, on devrait trouver la terre de l'or et des épices. Les Français s'engagent aussi dans la poursuite. Un Dieppois, Jean Ango, tente un voyage d'exploration et ramène des « sauvages ». Puis son fils, obtient de François Ier le financement d'une nouvelle expédition et met à sa tête le Florentin Verrazano. On dresse quelques cartes très imprécises. Peu importe. La rumeur grandit. Derrière Terre-Neuve se cachent des terres dont on ne peut voir la fin. Et le bruit, qui s'enfle de port en port, dit aussi qu'on peut y faire ample provision de joyaux et de colliers d'or...

Le bruit a couru jusqu'à Saint-Malo, et voilà Jacques Cartier hanté par Xipanghu. L'Asie, là-bas, derrière le soleil couchant? L'autre moitié du monde. Les terres fabuleuses. Sans elles on se sent pauvre. Il faut les pénétrer, les conquérir. Les nouveaux bateaux permettent l'aventure. Depuis qu'on a modernisé le gouvernail, ils peuvent porter plus de toile et se risquer sur des mers inconnues. Les monstres qu'on redoutait d'y rencontrer sont restés cachés. On peut courir l'Océan sans trop de risques. Et Cartier est un bon pilote, tout le monde le reconnaît à Saint-Malo. La navigation en haute mer n'a plus de secrets pour lui. Sa renommée ne dépasse pas les remparts du port. Qu'à cela ne tienne. Cartier prend l'initiative de proposer au roi une expédition d'exploration vers les terres ignorées situées au-delà de Terre-Neuve. Et François Ier accepte. Pour la première fois, la Couronne de France patronne directement et subventionne une entreprise de ce genre. Il est vrai que la proie est tentante et les intentions du roi ne sont pas purement scientifiques : il est bien notifié au Malouin qu'il doit conduire une expédition « pour certaines îles et pays où l'on dit qu'il doit se trouver grandes quantités d'or ».

Première exploration

Cartier obtient très vite les fonds nécessaires à l'organisation du voyage. Il faut ensuite trouver les soixante hommes qui formeront les équipages des deux petits bateaux. Mais les marins de Saint-Malo sont réticents : la traversée de l'Atlantique Nord ne les attire pas. Elle n'a pas les prestiges des voyages vers les mers du Sud. Terre-Neuve, on connaît, c'est la pêche à la morue. Bizarre idée d'aller chercher du nouveau de ce côté-là. Et les Portugais infestent les mers. Ils n'aiment pas les concurrents. S'ils viennent à prendre un bateau étranger, ils massacrent les marins avec une cruauté terrifiante. Quand ils ne les pendent pas aux vergues après les avoir mutilés, ils les emprisonnent dans les entreponts de leur navire, clouent les panneaux d'écoutille et sabordent le bateau à coup de canon. Variantes : leur comprimer la gorge jusqu'à ce que les yeux sortent des orbites, ou enterrer les marins dans le sable jusqu'au cou, les laisser mourir bien lentement, et, juste avant qu'ils n'expirent, les achever très méthodiquement à l'arquebuse en prenant leur tête pour cible. Depuis que Cartier cherche des matelots pour son expédition, des hommes vêtus de noir, dit-on, apparaissent tous les soirs, sur les remparts de Saint-Malo. Ils chuchotent à tous les marins en mal d'aventure qu'il ne faut pas prendre la mer. Jacques Cartier prétend que ce sont des espions portugais, prêts à tout pour empêcher le départ, mais en est-on bien sûr ? Personne ne veut partir. L'amirauté du port vient alors au secours de l'explorateur : aucun navire ne pourra sortir tant que l'expédition n'aura pas réuni suffisamment d'hommes. En quelques semaines, l'équipage est au complet : à Saint-Malo, il est mal vu de perdre son temps et son argent.

Le 20 avril 1534, tout est prêt. On entend la messe, l'amiral reçoit le serment de fidélité des marins, et enfin, la voile au vent... Vingt jours de traversée, sans histoire. « Beau temps comme dans un lit à deux », disent les marins. Cartier atteint l'extrémité est de Terre-Neuve et rencontre bientôt une île environnée de glaces et couverte d'oiseaux étranges : « Ils sont grands comme des pies, noirs et blancs, ayant le bec de corbeau; ils sont toujours en mer et ne peuvent voler haut, d'autant que leurs ailes sont petites. » Ce sont des pingouins. L'équipage se précipite. La chasse n'est pas difficile : on les charge dans les barques « comme on aurait pu faire de cailloux ». Les marins en mangent une partie aussitôt et salent le reste pour le consommer au cours du voyage. On trouve aussi un ours blanc « grand comme une vache, blanc comme un cygne ». Un régal. Les marins trouvent sa chair aussi bonne que celle du veau. Cette île, qu'on baptise l'île des Oiseaux, laisse un excellent souvenir.

On continue vers l'ouest. Des glaces dérivantes barrent le passage. Il faut attendre. Le paysage a changé. Autour d'eux, des terres infertiles, couvertes de mousse, de petits buissons épineux et secs. L'écrivain de bord, chargé de tenir le journal de l'expédition, note ce jugement définitif : « En somme, je pense que cette terre est celle que Dieu donna à Caïn. » Rien d'enthousiasmant. Mais Cartier ne se laisse pas décourager. Il passe son temps à sonder les fonds, à faire des repérages géographiques. Il inventorie toutes les richesses exploitables. Pour l'instant, c'est surtout le poisson...

Pendant ce temps, les glaces ont fondu. On s'engage, cap au sud, dans un détroit. Les deux navires gagnent bientôt un large estuaire. L'été est arrivé, presque sans transition. Il fait chaud. Le plaisir de l'exploration est aussi de pouvoir donner des noms aux régions qu'on découvre. On y laisse un peu de sa propre vie, dans des mots que les autres hommes iront répétant. Cette baie immense, découverte sous le soleil, est baptisée Baie des Chaleurs. On croirait le paradis. Tout est en fleur, vignes, roses, fraisiers. Les herbes aromatiques embaument l'air. Et surtout, la végétation paraît avoir poussé spontanément. La fécondité de la nature sans le travail de l'homme. Dans la joie de la découverte, on repense parfois à la Bretagne. Telle échancrure du littoral devient le golfe de Saint-Lunaire, en souvenir du port breton. Et il est des marins pour imaginer avec le capitaine que ce sont là les rivages promis, d'où peut leur venir une seconde prospérité.

Enfin, le 24 juillet 1534, une dernière baie. Au fond, une sorte d'embouchure. Jacques Cartier pense que c'est un détroit. Le passage vers Cathay, peut-être ? Là-bas, derrière la passe, l'or et les épices. Xipanghu. Les palais constellés de pierreries. Le Malouin considère que sa mission est accomplie. Il prend possession de la terre au nom du roi de France. « C'est le plus beau pays qu'il est possible de voir », note l'écrivain sur le journal de bord. Çà et là, quelques indigènes; des « sauvages », comme on dit, et qu'on pourrait aisément convertir. Ils sont si gentils avec les Bretons ! Les femmes viennent caresser les bras des matelots en poussant des cris de joie. Certains s'avancent dans la mer et donnent aux marins tout ce qu'ils ont sur eux, jusqu'aux fourrures et aux peaux qui leur servent de vêtements. Jacques Cartier fait distribuer aux femmes des clochettes d'étain. Elles sont si enchantées qu'elles se mettent aussitôt à chanter et à danser. Et tous ces fruits en abondance : prunes, figues, noix, pommes. Du maïs aussi, comme au Brésil, et qui fait office de pain. Les conversations entre les marins et les indigènes portent d'abord sur la cuisine. Tandis que les Bretons leur montrent des produits de leur cargaison, les sauvages expliquent à l'aide de gestes comment ils récoltent leurs produits et la manière dont ils les accommodent. Ils ne connaissent pas le sel; et Cartier est là, qui note : il prépare un lexique. Il pose des questions, désigne du doigt la lune, le soleil, une noix. Sur son parchemin, le capitaine inscrit la réponse, dans sa transcription phonétique approximative. La communication est parfois difficile, les indigènes ne comprennent pas toujours : Cartier n'a pas réussi à savoir comment on appelle ces deux piliers de toute civilisation : Dieu... et l'arc... Mais il connaît déjà cinquante-six mots, dont celui qui désigne l'or : *Heyosco.* La mission est accomplie. Cette terre s'appellera la Nouvelle-France. Le Malouin plante une grande croix sur les falaises qui bordent ce qu'il croit encore être un détroit. Au sommet de la croix, un écusson frappé de fleurs de lys : « Vive le Roy de France. »

Le chef des indigènes s'émeut. Il fait comprendre aux Bretons que cette plantation est une atteinte à sa propriété. On l'apaise. Des colliers brillants, un uniforme un peu clinquant ont suffi. Ses fils ne veulent plus quitter le navire de Cartier. Pendant la nuit, le vaisseau appareille. On rentre à Saint-Malo. A bord, les deux meilleurs agents de publicité qu'on puisse trouver pour les terres nouvelles : les fils du roi, Domagaya et Taignoagny. Sont-ils venus de leur plein gré ? Peu importe. Le capitaine avait absolument besoin d'une preuve tangible de sa découverte. On n'est pas regardant sur les méthodes; après tout, ce sont des sauvages et ils ne sont pas baptisés ! Il faudra leur apprendre le français, et revenir avec eux. Ils seront interprètes. Car on va devoir revenir, s'engager dans le passage à peine entrevu, la route de Cathay et de Xipanghu. Et rapporter l'or.

Retour aux Terres-Neuves

Rentré à Saint-Malo, Cartier n'a pas eu de mal à organiser une seconde expédition. La description du premier voyage a convaincu. Le roi a décidé d'armer des navires pour retourner aux terres nouvelles. Cette fois-ci, les choses sont devenues très sérieuses. Le souverain s'occupe de très près de la seconde mission, et n'a pas lésiné : trois navires, équipés et ravitaillés chacun pour trois mois. Hommage à la Bretagne : le premier s'appelle *La Grande Hermine*, le second *La Petite Hermine*... Des coques radoubées à neuf, les cales pleines de cordages et de voilures de rechange. On ferme à nouveau le port de Saint-Malo jusqu'à ce que l'explorateur ait trouvé des hommes d'équipage. Cent dix matelots, que l'on sélectionne un par un, et dix-huit galériens pour les besognes les plus dures. Un aumônier, un astronome-géographe, tous deux bretons. On ramène aussi les deux sauvages, qui ont appris le français et sont maintenant dûment baptisés. Enfin, aux côtés de Jacques Cartier, deux gentilshommes envoyés par le roi. L'affaire est d'importance. Avant que les bateaux ne prennent le large, l'évêque en personne vient donner la bénédiction solennelle.

La traversée sera mauvaise. La tempête disperse la flottille. Fort heureusement Cartier avait laissé un point de ralliement : l'île aux Oiseaux. On finit par s'y retrouver et l'on repart, au milieu des îles et des baleines, vers le point qui avait été atteint l'année précédente. Et on continue. A l'horizon, un golfe profond. Une île en son centre. C'est le jour de la Saint-Laurent. Le golfe est appelé baie Saint-Laurent. Mais Cartier s'impatiente. C'est l'embouchure d'un fleuve, et il est venu chercher un détroit. Les deux sauvages qui sont à bord affirment que si les navires s'enfoncent dans la baie qui s'ouvre devant eux, ils trouveront « l'eau douce qui va si loin que jamais homme à leur connaissance n'est allé jusqu'au bout »... Où est donc le passage du Nord-Ouest ? Où est la mer qui seule mène aux épices ? Et pourtant, ce continent, qu'annoncent toutes ces îles, ce ne peut être que l'Asie ! Le capitaine ordonne à la flotte de rebrousser chemin. Le passage doit se situer au nord de la baie. Les deux sauvages, qu'on a harcelés de questions, ne comprennent rien à cette histoire de passage. On se passe de leurs renseignements. Les golfes défilent devant les trois navires. Cartier les explore un à un. Quand les bancs de sable empêchent les vaisseaux de s'en approcher, il va les examiner en barque. Le passage est peut-être là, caché, inexploré.

Sur les trois navires, on attend l'extraordinaire. On se souvient de tous les vieux récits des marins génois et espagnols. Si le prodige n'est pas là, on l'imagine quand même. Les trois bateaux rêvent. Dans la mer, des animaux étranges, d'espèces jamais vues. Des poissons gros comme des marsouins, mais qui ressemblent à des lévriers, « aussi blancs que neige, sans avoir aucune tache ». On est entré en plein bestiaire fantastique. Sur les hautes montagnes qui écrasent les rives, on croit voir des arbres gigantesques pousser à même le roc, sans avoir besoin de terre...

Et maintenant, les sauvages. Il faut se les concilier. Ce n'est pas très difficile. Ils ne sont pas agressifs. Les femmes chantent et dansent sans cesse. On échange des cadeaux, on dîne ensemble. La remontée du fleuve se poursuit entre les falaises. Le Saint-Laurent est toujours aussi large et majestueux. Cartier craint cependant qu'il ne cesse d'être assez profond pour porter les navires. Il faut un port. On continue l'exploration en barque et l'on découvre une petite rade naturelle bien protégée, où les navires pourront mouiller. Cartier continue à penser aux îles Fortunées. Il n'a pas encore trouvé le passage, mais ce pays ne peut qu'annoncer des terres merveilleuses. Constamment, l'écrivain du bord répète sur le journal : « C'est la meilleure terre qu'il soit possible de voir [...] nous ne l'avions jamais vue auparavant en toute la terre... » Les mêmes arbres qu'en France, et d'autres, inconnus. Le chanvre, qui pousse sans semence ni labour, et n'a rien à envier à celui des champs de Bretagne. Une île couverte de vigne sauvage. On la baptise île de Bacchus... Un avant-goût de paradis. Brusquement les indigènes changent de comportement. Les deux sauvages, retour de France, ont peut-être parlé. Leur roi, Donnaconna, semble perplexe, presque hostile. Il fait savoir à Jacques Cartier que les mousquets de ses soldats l'incommodent, car les indigènes n'en ont pas. Il veut peut-être suggérer au capitaine de leur en offrir. Cartier ne tient pas à se séparer de ses armes. Il tente de l'amadouer. En apparence, tout va bien; le peuple crie de joie. Mais le chef demeure plutôt morose. Le capitaine s'en inquiète à nouveau auprès de ses interprètes. La rivière est dangereuse, lui répond-t-on, et le roi, par amitié pure, voudrait voir les Bretons renoncer à leur projet. Le Malouin est persuadé d'avoir trouvé sa route. Il refuse. Il promet à l'un de ses interprètes, Taignoagny, de lui offrir des cadeaux s'il consent à le mener plus loin. Le sauvage est catégorique. Il ne leur montrera pas le chemin. L'expédition est immobilisée. Le lendemain, les Indiens font une nouvelle tentative de pression. Un véritable festival de cadeaux : anguilles, poissons de toute sorte. Puis le roi s'approche de Cartier. Le peuple se range derrière lui. Autour de l'équipage des navires, il trace un cercle magique et se met à danser. Il tient à la main un nouveau cadeau, et des plus singuliers : sa propre nièce, une petite fille de dix ans, et deux garçons plus jeunes encore. L'interprète explique que cette offrande doit détourner Cartier de son projet. Une fois de plus, le capitaine refuse. Les palabres reprennent. Les deux interprètes se disputent. Cartier ne comprend plus rien. Que veut le roi ?

En définitive, l'essentiel est de pouvoir continuer la route. On offre alors au chef des indigènes des cadeaux plus imposants : des épées, des bassins. Le roi paraît satisfait et fait chanter et danser ses sujets. Il réclame seulement un présent supplémentaire. Une salve d'artillerie, ce tonnerre qu'on peut déclencher à volonté et dont les deux sauvages lui ont conté merveille à leur retour de France. Cartier s'exécute. Les indigènes se mettent à hurler. « Il semblait que l'enfer fût vidé », note l'écrivain de bord. Ils ont cru que le ciel est tombé sur eux. Le Malouin est excédé. Ces palabres sans fin... Il veut continuer, trouver le passage. Il ira jusqu'au bout du fleuve, à cette terre que les Indiens appellent Hochelaga, et qu'importent les dangers. Cartier est inébranlable.

Les indigènes décident alors d'avoir recours aux fins extrêmes. La sorcellerie. Envoûter les marins. Magie noire contre ces Blancs qui portent le tonnerre sur leurs navires. C'est l'heure où d'ordinaire les Indiens viennent à la rencontre des Bretons. Ils se massent sur le rivage, mais aujourd'hui ils refusent d'envoyer sur les navires quelques-uns d'entre eux, comme ils le faisaient les autres jours. La barque des sorciers sort alors de sa cachette. A bord, trois hommes déguisés comme des diables, avec des cornes aussi longues que leurs bras. Ils sont vêtus de peaux de chien noires et blanches. Leur visage est peint en noir. L'un d'entre eux récite des incantations, ils entrent en transes, puis retombent épuisés. Leurs compagnons ramènent la barque et la cachent sous les arbres de la rive. Pour obtenir un surcroît d'efficacité, les deux indigènes christianisés se mettent à invoquer Jésus et la Vierge pour les faire entrer à leur tour dans le rituel de magie noire.

Cartier ne se sent pas menacé. Il a décidé de partir. Cet envoûtement lui paraît une mascarade. Il rit... Le moment d'amusement passé, il interroge ses interprètes : que signifie tout ce ballet ? On lui explique que le dieu des Indiens a fait savoir aux trois hommes cornus que les Blancs ne doivent pas s'en aller à Hochelaga. Là où ils vont, il y a « tant de neiges et de glaces qu'ils mourront tous ». Le capitaine répond qu'il continuera, car leur Dieu n'est qu'un sot; pour lui, c'est Jésus qui le protège.

Et c'est le départ. Avec un seul navire, et le quart de l'équipage. Pas d'interprètes : ils refusent toujours de venir. Les Bretons remontent lentement le fleuve. Au bout, là-bas, s'ouvre peut-être le passage. On se laisse porter par la marée montante, on s'arrête avec le jusant. On explore, et quand la marée revient, on repart. Toujours ces terres où tout pousse sans culture, les raisins surtout. Toutes sortes d'oiseaux dans les sous-bois, de l'alouette au cygne, du rossignol au faisan. Les eaux deviennent moins profondes et coupées de rapides. On continue la remontée en chaloupes. Le fleuve traverse maintenant une immense forêt. Sur les rives, de temps à autre, des indigènes. Avec eux, Cartier a des contacts amicaux : on échange des présents, les marins se font confirmer la route. Rien de comparable à la conquête brutale et sanglante des Espagnols et des Portugais en Amérique du Sud. Cartier se sent davantage explorateur que conquistador. C'est un homme d'endurance et de patience. La mer a fait de lui un homme rude mais n'a pas altéré la douceur première de son tempérament.

Sa mission est d'aller le plus avant qu'il pourrait. Il le fera sans répandre le sang. Avec les indigènes qu'il rencontre, la méthode est idéale.

La nouvelle de l'arrivée des hommes blancs a remonté le fleuve plus vite que Cartier. Quand son navire parvient à Hochelaga, plus de mille personnes l'attendent sur les berges. C'est la liesse. De la rive, on lance aux Bretons des poissons, des pains de mil. Les femmes dansent. Un chemin mène à la ville à travers un bois de chênes. Elle est construite au milieu d'une plaine et protégée d'un retranchement suivi d'une palissade. Une cité toute entière de maisons de bois, où les habitants vivent en communauté. La description que le scribe de Cartier donne des habitants évoque avec deux siècles d'avance les Bons Sauvages de J.-J. Rousseau : « Tout ce peuple ne s'adonne qu'au labourage et à la pêcherie pour vivre. Car des biens de ce monde ils n'en tiennent compte, parce qu'ils n'en ont pas connaissance. » La monnaie est une pierre étrange que les Indiens mettent à macérer dans l'eau à l'intérieur du cadavre d'un condamné à mort ou d'un ennemi. Cette monnaie aurait aussi le singulier pouvoir d'arrêter les saignements de nez... Le seul usage qui choque un peu les Bretons est la communauté sexuelle : « Ils ont une coutume fort mauvaise de leurs filles; car depuis qu'elles sont en âge d'aller à l'homme, elles sont toutes mises en une maison de bordel, abandonnées à tout le monde qui en veut, jusqu'à ce qu'elles aient trouvé leur parti. » Mais en définitive ces Indiens pourraient être susceptibles d'être convertis.

On fait fête aux Bretons. Le roi d'Hochelaga, perclus de rhumatismes, demande à Jacques Cartier de lui imposer les mains pour alléger ses souffrances. Puis on amène au capitaine des aveugles, des borgnes, des boiteux, des vieillards. Le Malouin s'exécute. On le prend pour un dieu et il ne tient pas à détromper ses hôtes. Il finit par lire aux Indiens, dans un silence religieux, le récit de la Passion du Christ.

On distribue la pacotille, ces menus objets de quincaillerie emportés pour servir de cadeau ou de monnaie d'échange avec les indigènes. Cartier fait sonner les trompettes, signal du départ. Sur une montagne voisine où les Indiens les ont conduits, les Bretons découvrent le paysage. Une plaine fertile, toujours la même abondance, le fleuve que coupe une chute infranchissable. Le site est magnifique. On le baptise Mont-Royal. C'est là que s'élèvera, plus tard, Montréal.

Il est impossible de continuer la remontée du Saint-Laurent.

Il est barré de rapides. Le bateau redescend le fleuve et Cartier retrouve ses compagnons. Les indigènes, là-bas, semblent de plus en plus hostiles, au point qu'on a dû construire un camp fortifié. Mais le capitaine est persuadé que le pays de l'or n'est pas loin. Il doit être au bout de la rivière Saguenay, où les navires se sont arrêtés, au-delà du petit village de Canada. Cartier a pressé les Indiens de questions. Quand les interprètes ont été défaillants, on a communiqué par des mimiques, des croquis sur le sable. Où est le cuivre ? Où est l'or ? là-bas, au sud-ouest, est-ce la Floride ? Souvent les indigènes, par courtoisie ou par impatience, ont répondu par l'affirmative. Ou bien ils ont répété la réponse suggérée par leurs interlocuteurs. Sur les bateaux de Cartier, tandis que vient l'hiver, l'imagination travaille. On a fait le point des observations. On a affiné le lexique. On a tenté des expériences étranges, comme celle du tabac : « Les Indiens ont une herbe dont ils font grand amas l'été durant pour l'hiver. Laquelle ils estiment fort et en usent, les hommes seulement, de la façon qui suit. Ils la font sécher au soleil, et la portent à leur cou en une petite peau de bête au lieu de sac, avec un cornet de pierre ou de bois; puis mettent un charbon de feu dessus, et sucent par l'autre bout, tant qu'ils s'emplissent le corps de fumée, tellement qu'elle leur sort par la bouche et par les narines, comme par un tuyau de cheminée; et disent que cela les tient sains et chaudement; et ne sont jamais sans avoir les dites choses. Nous avons éprouvé la dite fumée, après laquelle avoir mis dedans notre bouche, il semble y avoir mis de la poudre de poivre, tant elle est chaude ! »

Toutes ces curiosités réveillent l'imaginaire. Les yeux des explorateurs transforment le paysage pendant que les glaces gagnent lentement le Saint-Laurent. Au fond des terres qui s'étendent entre la rade où ils hivernent et Hochelaga, s'étend le pays de l'or et du cuivre rouge. Un morceau d'Asie du côté de l'Occident. Derrière ces plaines, des contrées immenses, où vivent des peuples civilisés, des « gens vêtus et habillés comme nous », des terres où il y a force villes. Cartier décide de rester. On affrontera l'hiver arctique.

Le vin se met à geler dans les futailles. La glace envahit le pont des navires. Le scorbut commence ses ravages. Les jambes enflées, les chairs noircies, les marins bretons sont décimés par la maladie. Ils meurent les uns après les autres. Seule une dizaine de marins demeure valide, dont Cartier, l'esprit toujours aux aguets.

Et l'Indien menace. Depuis l'arrivée de la maladie, la faiblesse des Bretons devient évidente. L'un des interprètes qui vit à bord, Domagaya, est lui aussi pris de scorbut. Son genou enfle. Dix jours plus tard, tout a disparu. Le capitaine s'étonne. Domagaya lui apprend alors que la guérison lui est venue d'une médecine indigène : « le jus et le marc des feuillages d'un arbre ». Cartier ne veut pas que les Indiens apprennent à quel point de délabrement est tombé son équipage. Il prie donc Domagaya de lui montrer cet arbre « pour son serviteur qui avait pris cette maladie à Canada ». Deux femmes lui en apportent des rameaux et lui indiquent la recette : on pèle l'écorce, on y ajoute les feuilles et on en fait une décoction. Il faut en boire un jour sur deux. Le marc sera utilisé en cataplasme sur les parties enflées. Le remède fait merveille. Ici, décidément, la nature est bonne. Bien meilleure que la civilisation. On s'enthousiasme : « Si tous les médecins de Louvain et de Montpellier (les médecins les plus réputés d'Europe) y eussent été avec toutes les drogues d'Alexandrie, ils n'en eussent pas tant fait en un an, que cet arbre en a fait en six jours. »

Les Bretons sont partis depuis bientôt un an. Où sont l'or et les pierreries ? Au bout de la plaine, là-bas, dit-on... Il faut penser à revenir. Que va-t-on rapporter au roi ? Un lexique, quelques sauvages peut-être, des cartes et la prise de possession d'une contrée lointaine. Quoi de tangible, de monnayable immédiatement ? Vingt-cinq marins sont morts du scorbut. Les bateaux sont fatigués. On doit rentrer. Sans or et sans épices. Et pourtant, le roi de Canada, Donnaconna, n'a cessé de parler de tous ces trésors. Il a certifié à Cartier qu'il s'est rendu à ce fameux pays de Saguenay, « où il y a infinement d'or, de rubis et d'autres richesses ». Il n'est pas jeune, et prétend avoir passé sa vie à faire l'aller et retour entre Canada et Saguenay, par les campagnes et sur les rivières. Il raconte que les hommes y sont blancs comme en France, et accoutrés de drap de laine. « Plus, il dit avoir vu un autre pays où les gens ne mangent point, et n'ont point de fondement, et font seulement eau par la verge. Plus, il dit avoir été en un autre pays, où les gens n'ont qu'une jambe, et autres merveilles longues à raconter... »

Cartier est perplexe. L'or et les pierreries, Cathay, Xipanghu. Ainsi, il aurait trouvé la route ? Il faudrait alors s'enfoncer dans les terres, et une autre expédition serait nécessaire. Les hommes sont las. Et l'Indien exagère sans doute. Comment faire la part de la vérité et de la hâblerie ? Pourtant Cartier a envie de le croire. Sur un seul point : celui de l'or et des rubis. Alors que le roi de Canada s'en vienne raconter tout cela au roi de France !

Les glaces ont fondu. Le printemps est revenu. Les Bretons ont enlevé le roi de Canada. Ils ont pris aussi deux autres notables et les interprètes. Les Indiens ont eu quelques mouvements de colère, mais Cartier a obtenu de Donnaconna qu'il leur explique, du pont du bateau, qu'il reviendra dans dix à douze lunes, après avoir parlé au roi de France « et conté ce qu'il avait vu au Saguenay et autres pays ». Des femmes sont montées à bord lui apporter des vivres et ont tenté de faire du charme au capitaine pour qu'il délivre le roi. Cartier est resté inflexible, et les navires s'en vont sur le Saint-Laurent. Vers la mer.

En route, encore une découverte : un nouveau passage vers Terre-Neuve. C'est donc une île. On ne le savait pas encore. Le Malouin est de plus en plus certain que les terres qui bordent le Saint-Laurent sont le cap oriental de l'Asie. L'île de Terre-Neuve ne fait que l'annoncer. Il faut aller bien vite en rendre compte au roi. On rapporte aussi un relevé précis des côtes; tout a été noté avec une exactitude qui étonne :la largeur de l'estuaire du Saint-Laurent, le régime des vents, des courants, la profondeur des fonds. Pourtant l'équipage ne comprenait qu'une centaine d'hommes, et les bateaux se repéraient seulement à la boussole et au loch, ce flotteur qui permet de mesurer la vitesse apparente du bateau.

Sur les navires en route vers Saint-Malo, les souvenirs se décantent. On oublie les passages difficiles. La vision paradisiaque des îles du Saint-Laurent sous la chaleur du printemps revient souvent à l'esprit, et le mirage de l'or, que Donnaconna a fait miroiter devant Cartier. L'Indien a-t-il découvert sa blessure cachée ? En ce marin se rejoignent les vieux rêves celtes d'Autre Monde et la maladie qui jette sur les mers tous les navigateurs de la Renaissance. Cela donne peut-être à sa passion un air plus évident. Cartier ne s'est pas comporté en conquistador, mais à Canada, les Indiens sont devenus de plus en plus hostiles. D'une manière sourde, comme s'il s'était installé une sorte de guerre silencieuse, patience contre patience. Les indigènes transformés en interprètes après leur séjour en France n'ont peut-être pas dit que du bien de la civilisation qu'ils y ont découverte. Et toutes ces questions dont le capitaine les a harcelés, où revenaient sans cesse les mots d'or et de cuivre... Quand Cartier a parlé de cannelle et de girofle, les Indiens, qui ne les connaissaient pas, ont répondu qu'ils savaient ce que c'était et ont donné pour le nom de ces épices des équivalents dans leur langue : cannelle, *addotathy*, girofle, *canonotha*. Cartier l'a noté à la fin de son lexique. L'a-t-il inventé pour justifier une nouvelle expédition ? Ou bien les Indiens se sont-ils trompés, et ont-ils désigné par ces mots d'autres réalités ? Ou encore l'ont-il délibérément dupé ? Quoi qu'il en soit, Cartier a envie de croire qu'il a trouvé le chemin de Cathay et de Xipanghu. Sur ses vaisseaux fatigués il s'est reconstruit un Canada de rêve. Les bons sauvages de Hochelaga. La plaine immense qui domine le Mont-Royal. Il faudra revenir une troisième fois.

Rêve éveillé

Alors, à nouveau, il faut charmer le roi de France, lui conter les monts et merveilles du Canada, et attendre de son bon plaisir qu'il ouvre enfin sa cassette. Il est déjà très difficile à Cartier de se faire rembourser certains frais de l'expédition précédente. Les finances de François Ier sont mauvaises. Depuis qu'il est en guerre avec l'Autriche, il ne songe plus à des aventures lointaines. Personne ne semble plus penser au Canada. L'un après l'autre, les indigènes que les Bretons en ont ramenés sont morts. Et pourtant Cartier s'obstine. Il veut repartir. Il attend son heure. Toujours, chez lui, l'entêtement et la patience. Après plusieurs années de démarches, il obtient en 1540 de mener en ces terres de l'Ouest une grande expédition : y conduire des « colons de bonne volonté, et de toutes qualités, art et industrie ». Charpentiers, cordonniers, un pelletier, un boucher. Dans les cales des navires, du bétail domestique : les Indiens ne le connaissent pas, mais leurs champs paraissent très propices à l'élevage. Du blé, pour ensemencer les terres nouvelles.

L'expédition se scinde en deux groupes. Cartier part le premier. Le voyage est très éprouvant. Tempêtes sur tempêtes. L'eau vient à manquer : on est obligé de donner du cidre à boire au bétail... Et l'autre moitié des Français, avec leur chef officiel, n'arrive pas. Bientôt, le capitaine devra envoyer deux de ses vaisseaux à leur recherche. La raison de ce retard est simple. Le gentilhomme que François Ier a mis à la tête du groupe, au lieu de prendre la mer, gaspille l'argent du roi dans tous les ports de Bretagne avec les hommes qu'on a mis sous ses ordres : un ramassis de repris de justice et d'aventuriers de la pire espèce. Il préfère écumer les mers bretonnes que jouer les explorateurs : il est perclus de dettes...

Pendant ce temps Cartier a atteint le pays du Canada. Les Bretons reviennent sans les indigènes qu'ils avaient enlevés, puisqu'ils sont morts en terre de Bretagne. Les Indiens ne semblent pas en tenir rigueur. Mais on se méfie. Le capitaine installe son camp à un endroit différent de celui qu'il avait choisi lors du précédent voyage. Une position défensive excellente. Deux fortins de bois, de hautes palissades; des observatoires. On craint quand même l'Indien, semble-t-il...

Et le rêve éveillé continue. Cartier est passé par là lors des autres voyages, quand il cherchait le bras de mer qui le mènerait à Xipanghu. Il ne l'a pas trouvé. Mais il ne renonce pas à sa chimère. Ce pays est celui de l'or et des pierreries. Il est là, sous ses yeux : ces pierres roussâtres et brillantes, dans la rivière, c'est l'or : « Sur le bord de l'eau nous trouvâmes certaines feuilles d'un or fin, aussi épaisses que l'ongle. » Au bout de cet immense pré, les voilà, les mines de pierreries : « Au bout du pré est une espèce d'ardoise où l'on voit des veines de l'espèce des minéraux. Et en quelques endroits nous avons trouvé des pierres comme diamants, les plus beaux, polis et merveilleusement taillés qu'il soit possible à un homme de voir; et lorsque le soleil jette sur eux ses rayons, ils luisent comme si c'étaient des étincelles de feu. »

Le Malouin décide alors de remonter le Saint-Laurent au-delà même des rapides. On ira en barque. Seulement les barques bretonnes ne sont pas les pirogues des Indiens. On a doublé l'équipage, mais il est impossible de franchir les chutes. L'hiver approche. Une fois de plus, il faut rentrer.

Au camp, tout va mal. Les Indiens ont pris le sentier de la guerre. On les comprend. Lors du second voyage, ils avaient spontanément porté sur leur dos les compagnons de Cartier exténués d'une longue marche au soleil. En ce pays où n'existe aucun animal de selle ou de bât, certains Blancs ont trouvé qu'en définitive les indigènes les remplaçaient efficacement. Ils ont exigé d'eux qu'ils les portent, et les frappent si le service n'est pas conforme à ce qu'ils en attendent. Les Indiens se sont révoltés, et deux membres de l'expédition en sont morts. Le camp est assiégé. Un hiver atroce. Pas de ravitaillement, la maladie, et le fleuve pris par les glaces.

L'autre moitié de l'expédition a fini par arriver, avec dans l'espoir le même mythe du Paradis terrestre. Son chef, Roberval, examine l'or et les diamants. Ils sont « bons », paraît-il. Cartier repart confiant pour la Bretagne, tandis que Roberval s'en va tenter de coloniser les terres qu'il a découvertes. Cela fait déjà un bon moment que les vaisseaux envoyés à la recherche de Roberval sont arrivés en Bretagne. Et les amis de Cartier ont été trop bavards. En arrivant à Saint-Malo, ils ont raconté à qui voulait l'entendre que le pays de l'or et des pierreries était enfin découvert. La nouvelle a fait le tour de la Bretagne. Les espions espagnols qui s'y étaient infiltrés l'ont appris à Charles Quint. L'empereur s'est ému : voilà un rival bien dangereux. Il faut l'arrêter. Tous les navires espagnols ont ordre de signaler aux corsaires de Charles Quint la route suivie par le Malouin. Les pêcheurs basques de Terre-Neuve affirment que Jacques Cartier revient avec un vaisseau contenant dix barriques d'or, sept d'argent, sept quintaux de perles et de pierreries... Pendant toute la traversée, le Malouin joue à cache-cache avec les vaisseaux espagnols. Il retrouve enfin son port d'attache, avec ses précieux échantillons. Maintenant, les joailliers du roi. Il sort les feuilles d'or, les diamants polis dont il vante la taille. On sourit : les diamants bruts n'ont pas de faces polies ! Ce n'est que du cristal de roche pailleté de mica... Et ces lamelles rousses où Cartier a vu l'or... du minerai de cuivre, tout simplement.

Le rêve de Cartier se dissout. Les peines sur le fleuve à chercher le passage, les longs hivers bloqués par les glaces, les palabres interminables avec les Indiens, et tout cela pour rapporter quelques pierres sans valeur, quelques morceaux de joli clinquant... A Saint-Malo, tout le monde ne dit plus que « faux comme un diamant de Canada ».

Une dernière fois le vieux marin doit reprendre la mer. Il s'agit d'aller chercher Roberval et ceux de ses compagnons qui sont restés sur les rives du Saint-Laurent. Les méthodes autoritaires et répressives du gentilhomme ont eu des résultats catastrophiques; il s'est aliéné les Indiens, puis ses hommes. Il ne connaît que le fouet comme système de commandement. Ses explorations ont été ruineuses. Cartier revoit pour la dernière fois les rives d'un fleuve devenu presque familier. Le temps des illusions est révolu.

Il s'en va finir sa vie à Saint-Malo, partageant son temps entre son manoir de la campagne et son logis à l'intérieur des remparts. Les coulisses de la mer. Jacques Cartier s'efface.

Malgré les « faux diamants de Canada », on le respecte et on l'estime. On vient encore souvent lui demander d'être le parrain d'un nouveau-né promis à la mer, comme le sont la plupart du temps les garçons de Saint-Malo. Et la légende veut qu'avant sa mort, Rabelais en personne soit venu le voir pour apprendre de lui les termes de la marine et du pilotage, alors qu'il projetait d'écrire le Quart Livre de Pantagruel... Rien n'est moins sûr, mais la rencontre serait flatteuse. Après tout les hommes « sans fondement » et les unijambistes que le roi de Canada avait décrits à Cartier ne sont pas sans évoquer certaines fantaisies de Maître Alcofribas Nasier.

Les diamants de Xipanghu n'étaient que de jolis cailloux. A Saint-Malo, on appelle désormais « or de chat » le mica qui s'allume au soleil. Le vieux marin se tait. Mais il serait étonnant qu'après toutes ces années à chercher les terres fabuleuses, le rêve se soit tu en lui pour toujours.

Le vent de l'aventure continue à battre les murs de Saint-Malo. D'autres hommes partiront, pas toujours bretons. De Champlain en route pour le Canada, on dira aussi qu'il s'en va vers des villes de merveille, dont une certaine Norombegue, dont Cartier n'a jamais parlé, et qu'il ne trouvera jamais. De lui aussi on racontera qu'il a enfin découvert au bout de la mer d'eau douce les mines de diamants et de turquoises. En réalité il fondait une colonie. Mais en Bretagne les chimères du voyage ne meurent pas avec un navigateur vieilli et déçu. Elles n'en renaissent qu'avec plus de prestige, et vers des terres plus lointaines encore.

LES TRIBULATIONS DES BRETONS AUX INDES

Depuis les faux diamants de Cartier, on n'est guère enthousiaste à la cour quand il s'agit d'exploration. Bien sûr, on s'afflige de voir des étrangers s'approprier une à une toutes les terres nouvelles, mais on dit que l'exploration n'est pas dans le tempérament français. On se résigne : « Les Français n'ont ni la persévérance ni la conduite et la prévoyance requises à de telles choses; ordinairement, ils ne portent leur esprit, vigueur et courage qu'à ce qui leur est proche, prompt et présent. » Voilà ce qu'on répond sous Henri IV aux candidats à l'aventure. De surcroît, les guerres de religion ont rétréci les horizons. Sauf en Bretagne. On est resté dans l'ensemble de bons catholiques, et ces histoires de huguenots n'ont pas passionné l'opinion. Dans ces conditions, les subventions pour les voyages de découverte ne sont pas près d'arriver... Les Portugais se sont appropriés le Brésil depuis bien longtemps. Des Bretons ont protesté. Leur commerce avec les sauvages de ces contrées remonte à des temps qu'on ne saurait dater. Malheureusement les Bretons ne sont pas hommes à marquer leurs conquêtes. On ne possède aucun écrit qui atteste cette présence, antérieure à celle des Portugais. On se plaint, mais « tout s'est mis en oubli »...

Les gros marchands bretons sont mécontents. Ils ont un pays ouvert sur la mer, et, faute de subventions, les pays d'où viennent les épices et les métaux précieux leur sont presque inconnus. Aucun débouché commercial régulier vers les Indes ni les Antilles. C'est vraiment dommage quand on possède les meilleurs pilotes d'Europe. Les Bretons ne veulent pas rester en dehors de l'immense élan qui jette les flottes européennes sur les océans nouvellement découverts. Puisque les rois s'en désintéressent, pourquoi ne pas partir seuls, en francs-tireurs ?

Le premier tour du monde d'un Breton

Cela fait maintenant un siècle que le temps s'est mis aux rêves d'Eldorado. Depuis quelques années, le fils d'un tisserand de Vitré travaille, comme tant de ses compatriotes, dans une échoppe de San Lucar, en Espagne : la vieille tradition du commerce du drap, comme à l'époque de Landais. Il vit là-bas depuis l'âge de quinze ans et connaît parfaitement l'espagnol. La mer le tente. Mais les voyages à la manière de ses parents lui paraissent passés de mode. Le cabotage vers Saint-Malo, via Bordeaux et Guérande, ce n'est plus l'aventure. Où sont les grands océans chauds, les rivages de paradis ? Les Espagnols, eux, s'en vont de l'autre côté de la mer. Les Antilles, le Mexique, le Pérou. Et tout cet or qui en revient, et qui n'est rien, paraît-il, à côté des splendeurs dont parlent les Conquistadors. En comparaison, les petits voyages de San Lucar à Saint-Malo semblent mesquins.

Pierre-Olivier Malherbe change de nom; c'est simple : il suffit de le transposer en espagnol. Il devient Pedro Lopez Malaierva, hidalgo de la vieille Castille, et, à ce qu'il prétend, spécialiste des mines. Avec une telle carte de visite, on peut pénétrer dans les territoires que les Espagnols gardent si jalousement qu'ils les ont interdits à tous les étrangers. Les pays d'Amérique du Sud, où se trouvent les mines de métaux précieux... De 1581 à 1608, il va parcourir le monde. Malherbe parle parfaitement castillan : personne ne se doute de la supercherie. Il se mêle sans difficulté à un équipage espagnol et débarque au Mexique. Première splendeur : une mine d'argent. Puis c'est Panama, où il a accès au Saint des Saints, le fantasme qui hante toutes les nuits d'insomnie des rois d'Europe et de leurs financiers : la chambre du trésor, où l'on entrepose l'or avant de l'envoyer en Espagne. Et enfin les mines du Pérou, Potosi. Un filon d'or pur s'enfonce dans le sol. Pour parvenir à la mine, Malherbe emprunte les vieilles routes incas à flanc de montagne, traverse les torrents dans un petit panier suspendu à un gros filin... Et là-haut, l'éblouissement du filon d'or. Pierre-Olivier Malherbe y travaille un moment, mais il a envie d'en connaître plus. Il n'est pas question de rentrer en Europe. Il part pour la Patagonie, à l'extrême sud du continent américain ! Mauvais accueil : les indigènes, des géants dit-on, criblent de pierres l'équipage espagnol dont fait partie le Breton. On ne s'éternise pas. On continue à travers le Pacifique : les Philippines, la Chine, Canton où l'immensité du fleuve et le grouillement de la foule le fascinent. Il traverse ensuite la Cochinchine, le Siam, et atteint enfin l'Inde. A Lahore, il rencontre le chef de l'empire moghol, Akbar. Entre cet Asiatique et le Breton, c'est aussitôt l'amitié. La richesse et la puissance de la cour éblouissent Malherbe. Il croit avoir trouvé les terres de paradis dont il rêvait dans la petite échoppe de San Lucar. Il y reste trois ans et demi; curieux de tout : il apprend le persan, l'hindoustani, le turc oriental. Le souverain lui fournit un carrosse tiré par des bœufs et c'est en cet équipage qu'il visite le Tibet. En Inde, on lui fait voir des mines de diamants...

Et pourtant, Malherbe décide de repartir. Le mal du pays, ou la fibre du commerce ? Il reprend le chemin de la France. Il traverse la Perse et s'y attarde quelque temps. Le petit aventurier de Vitré devait savoir s'attirer la sympathie, car il devient très vite l'ami du shah. On lui offre d'épouser une très jolie Persane, qui semble très experte en matière d'amour. Malherbe refuse... Le commerce avant tout. Il a trouvé enfin un marché extraordinaire, et dans un domaine qu'il connaît bien, en bon Vitréen qu'il est : les tissus. Le shah voudrait monter une affaire d'exportation de soie. Il veut faire du

Breton son ambassadeur exclusif auprès du roi de France. La grande aventure et le commerce enfin réunis. Malherbe se dit qu'il a trouvé sa voie. Il regagne la France et propose à Henri IV un projet commercial : « de grands et faciles voyages très utiles à la France ». Pour convaincre le souverain, il présente un assortiment de pierres qu'il a ramenées : turquoises de Perse, rubis du Gange, perles d'Ormuz. On le consulte sur la manière de prospecter les mines, mais Malherbe n'a que le commerce en tête. Il y a des marchés à prendre, en Inde, en Asie, en Perse... Ces territoires inexplorés peuvent être pour la France une occasion inespérée. Le roi se laisse ébranler. Ses conseillers, eux, sont pris de peur. Toujours la même politique : celle du court terme. Faire de l'argent vite, et sans courir l'aventure. Le tempérament français n'est pas fait pour de telles entreprises, disent-ils. Savent-ils même de quoi il en retourne ? Henri IV est embarrassé, mais finit par leur céder : « Ce grand prince, suivant son naturel curieux et son courage magnanime, eût volontiers prêté l'oreille (à Malherbe), sans quelques-uns qui, par ignorance du dehors, aimant mieux tirer les moyens les plus proches que de les aller chercher au loin, empêchèrent un si bon effet qui eût pu garantir cet état (la France) de tant de troubles et de malheurs qu'il a soufferts depuis. » Serait-ce que l'aventure soit le privilège du tempérament breton ? Tant de bêtise rend Malherbe furieux. Il retourne en Espagne. La France lui apparaît comme le pays des horizons bornés. On le consulte encore sur la technique de prospection des mines, pour laquelle il consent à se déplacer, mais il n'est pas question pour lui de demeurer dans son pays d'origine. Il commence à dicter ses mémoires. Un bref séjour à Vitré, et il disparaît. L'aventure l'a peut-être happé à nouveau... On ne saura jamais de lui que cette longue errance et cette impuissance à convertir les Français aux prestiges des autres mondes.

Pendant ce temps-là, les Anglais commençaient à prendre la place...

La nouvelle toison d'or

D'autres marchands ont essayé de partir à la conquête des terres nouvelles. Mais pas seuls, et de manière moins brouillonne. Ils connaissent les lois du profit... Ils sont de plus en plus excédés de voir la France laisser aux étrangers les trésors des

Indes orientales. Ils les voient passer sur les navires en route vers Bruges et Cadix. Pour eux, la France « s'alanguit dans le sommeil d'oisiveté ». Ces mécontents sont des Malouins, et, comme beaucoup d'habitants de la ville, ils travaillent avec des marchands de Vitré. Certains commerçants du Maine s'intéressent aussi à l'affaire. Un certain Pirard de Laval, qui n'a pas très bon caractère, mais qui se montre très entreprenant. Ce retard dans l'exploration du monde est une véritable honte. Les Bretons ont décidé de l'effacer ! Ils se sont donc résolus, « exposant leurs moyens et leurs vies aux hasards de mille morts dont la mer est remplie, de mettre les voiles au vent pour y faire un voyage »...

Ils ont formé une société, au capital de 80 000 écus, somme considérable, pour s'en aller négocier en des îles lointaines et presque inconnues. Ils ont vu vraiment très loin, les Moluques, un archipel à l'est de Sumatra et de Bornéo. On dit que c'est de là-bas que les Espagnols et les Portugais rapportent les épices. Toujours le même rêve obsédant de poivre, de cannelle et de girofle. C'est la nouvelle toison d'or... Les principaux notables de Saint-Malo participent à l'affaire. Le connétable en personne a fourni des capitaux. Mais il n'est pas question qu'ils restent sur le quai du port à attendre le retour des deux navires qu'ils ont armés. Ils embarquent. Les bonnes affaires se traitent sur le terrain, et on ira à Sumatra ! Et c'est ainsi que, le 18 mai 1601, on met « les voiles au vent pour y faire un voyage »...

Tout commence assez mal. Ils ne sont qu'à dix lieues en mer quand le mât de misaine d'un des deux vaisseaux, *Le Corbin,* se brise. C'est justement le bateau où se trouve le bourgeois de Laval, Pirard, qui a si mauvais caractère. Il est furibond : dans ces conditions, on n'arrivera jamais à rien. Il déteste ces marins bretons. Il ne les comprend pas. C'est un terrien, un homme des campagnes françaises. Il découvre avec horreur que les marins jurent, blasphèment, se battent et sont très portés sur l'alcool. Sur l'autre navire, un marchand de Vitré, François Martin. Lui, rien ne l'étonne dans cette vie des marins; il s'acoquine avec eux, cela fait partie du voyage ! Il a certainement un naturel plus optimiste que le bilieux Pirard; mais aussi, en bon breton, il connaît les navires.

Les deux vaisseaux font voile vers le Sud. Ils doublent le cap Vert et découvrent les poissons volants. La chaleur est insoutenable. Les vivres pourrissent, l'eau devient puante. On y trouve des vers. Le beurre fond, ainsi que le goudron recouvrant les parties du navire qui ne trempent pas dans la mer. La cale : un véritable four. Et pourtant on aborde bientôt un pays merveilleux, où tout abonde, l'île d'Anabon. Les fruits les plus étranges : ananas, bananes, riz, mil, coton, et le « sucre en roseau » (la canne à sucre). Des femmes splendides, que les Bretons remarquent : « Il ne leur manque que la couleur pour perfection de beauté. » Elles sont presque nues. Si elles étaient blanches... Pirard, lui, dont l'humeur n'a pas changé, ne voit que des « femmes aux mamelles si longues qu'elles peuvent allaiter leurs enfants sans les ôter de derrière elles ». Il est de plus en plus furieux : le lieutenant du *Corbin* s'est cassé la jambe en voulant attraper des oiseaux, le capitaine du *Croissant* s'est battu avec son premier commis, les marins se sont révoltés, prenant parti pour le commis, bref, on a frôlé la mutinerie. Impossible de réconcilier les deux hommes. Ces marins bretons sont décidément invivables. Pour mettre le comble à sa rogne, le feu, on ne sait trop comment, a pris dans un baril de poudre. Des matelots ont été brûlés, d'autres à demi asphyxiés. Et on a perdu l'ancre ! Pirard fulmine. Rien n'est organisé sur ces bateaux. Les choses devraient se passer bien tranquillement. Il ne comprend pas. Il n'est pas fait pour l'aventure.

On atteint Sainte-Hélène, « l'hostellerie de la mer », comme on l'appelle. Elle est réputée pour son heureux climat. Les marins malades du scorbut s'y refont une santé, et l'humeur acariâtre de Pirard se calme un moment. Pas pour longtemps. Les deux navires parviennent à doubler le cap des Aiguilles, à l'est de celui de Bonne-Espérance. C'est un endroit dangereux. Il faut constamment éviter les écueils de la côte, sans se laisser emporter par les courants qui feraient dériver les vaisseaux vers le large. On a réussi. La coutume veut qu'alors on organise une fête. Ce sont de grandes réjouissances. On distribue à chaque marin une pinte de vin supplémentaire. Tout le monde se met à chanter. On pille un peu les réserves de vivres. On élit un roi de la fête. Sur *Le Croissant,* c'est François Martin que le sort a désigné. Il est tout heureux. Comme il a tout pouvoir pendant toute la durée de la fête, il fait délivrer les prisonniers qui sont à la chaîne. Sur *Le Corbin,* Pirard reste dans son coin : « Je n'approuve nullement telles fêtes et banquets sur mer, qui ne vont (servent) qu'à consommer le vin et les victuailles du navire et à enivrer les mariniers, qui après n'en font pas leur devoir, outre les querelles et batteries qui en naissent. »

Le 6 janvier, nouvelle fête : c'est l'Epiphanie. Le roi boit ! Au beau milieu des réjouissances, la tempête se lève. On baisse les voiles. Un marin malouin tombe à la mer. Impossible de le sauver. Pirard exulte : c'était à prévoir ! Pris de désespoir, son meilleur ami veut le suivre. Ses camarades l'en empêchent. Une fois de plus, Pirard vitupère : « Je crois bien que c'était plutôt parce qu'il avait pris trop de vin que par affection, car les gens de mer n'ont pas beaucoup d'amitié. » Avec ses manières de trouble-fête et de pisse-vinaigre, il est probable en effet que Pinard ne devait guère susciter des débordements d'affection chez les marins bretons. La tempête dure quatre jours et quatre nuits. L'eau est partout, dans les vivres, dans les cales. L'équipage ne suffit pas à écoper l'eau. Pirard doit s'y mettre. Rien d'autre à se mettre sous la dent que du biscuit de mer, ce pain très dur qui se conserve longtemps. On le mange, arrosé d'un peu de vin. Impossible de dormir. Et ces marins qui jurent plus que jamais... Pirard se demande vraiment ce qu'il fait au milieu de tous ces Bretons.

Le plus dur l'attend. A Madagascar, quarante et un membres de l'équipage meurent du scorbut. On se nourrit de ce qu'on trouve : du pot-au-feu de singe et de perroquet, qu'on fait bouillir dans de grands chaudrons qui peuvent contenir jusqu'à trente ou quarante animaux. Dans la forêt, des caméléons, de gros lézards. On tue un crocodile. La seule chose qui déride un peu Pirard est l'odeur de ses entrailles, qu'il trouve très agréable. Il a un bref moment de joie. Cela ne dure pas : des marins ont voulu déserter pour suivre des Hollandais qui leur ont promis monts et merveilles. Le chef de l'expédition bretonne l'a appris et a ramené les marins au bercail. Que faire ? Pirard, lui, souhaite un châtiment exemplaire. Mais tant d'autres marins sont morts. Et ceux-là sont charpentiers et canonniers. On en a bien besoin. Le général pardonne, et Pirard ravale sa bile.

On va remettre les voiles. On répare les bateaux éprouvés par la tempête et on apprête l'approvisionnement. Travail très long : dès qu'on a pris du gibier, on doit couper la viande en tranches très fines et les saler immédiatement. Ensuite on la fait sécher sur des cordes. Si les tranches sont trop épaisses, la viande se remplit de vers. On ramasse du bois, on emplit d'eau les bonbonnes, on transporte les malades à bord. Le navire est gréé, on reprend la mer.

On aborde aux Comores. Les « sauvages » ont déjà vu des marchands. Le troc n'est pas commode. Tout est très cher.

D'ailleurs les Malouins se méfient. La chaloupe chargée de « quincaillerie » pour le troc a été protégée par une autre barque, où se trouvent des mousquetaires et des arquebusiers. L'île porte une multitude d'orangers et de citronniers. Les scorbutiques se rétablissent. Tout le monde fait provision d'agrumes. On aperçoit dans la mer, peu avant de partir, un monstre étrange : sa tête a la forme de celle d'un homme; il a une barbe en forme d'ailes de poisson-volant. Sa tête se termine en pointe et est couverte d'écailles. Les Bretons s'en approchent. Aussitôt le monstre replonge la tête sous l'eau. On ne voit plus que son dos écaillé, et il disparaît... Une sirène mâle ?

Le voyage se poursuit calmement, pour ce qui est de la météorologie. Mais à bord le climat empire. On se dispute sur le nom des îles qu'on voit apparaître à l'horizon. Certains prétendent que ce sont les Maldives, d'autres le nient catégoriquement. Pendant la nuit, sur *Le Corbin,* le fanal de poupe qui éclairait la boussole s'éteint. L'homme de quart s'est endormi, ainsi que le « page » qui l'accompagnait, et dont la mission était, précisément, de l'empêcher de céder au sommeil... C'est en tout cas ce que prétend Pirard. Et lui, qui n'a jamais navigué, récrimine : on a trop tôt viré de bord ! C'est la catastrophe. Le navire s'échoue sur un banc de corail, après l'avoir heurté par deux fois. Tout le monde se réveille. Cris et gémissements. On commence les prières de la mort. On se confesse les uns aux autres. La mer est très mauvaise. L'autre vaisseau ne peut venir au secours du *Corbin*. Le navire échoue. L'équipage est naufragé.

Les Bretons ne perdent pas le moral. Ils se mettent à boire et à manger. Pirard explose. Les marins lui répondent que, perdus pour perdus, ils préfèrent manger. S'il veut jeûner, personne ne l'en empêche. Pour eux, ils trouveront la mort plus douce le ventre plein. Et ils continuent à s'empiffrer, à jurer, à se battre et se voler les uns les autres, comme à l'ordinaire. Le capitaine veut mettre un peu d'ordre. Les marins refusent d'obéir. Maintenant que le voyage est « perdu et inutile », finie la discipline !

Ils mourront tous. Ils ont échoué aux Maldives, et les indigènes, qui ont sans doute été déjà abusés par des marchands, sont particulièrement cruels. Ils les privent de nourriture et d'eau. Le lieutenant du *Corbin,* « qui était de bonne maison de Saint-Malo », meurt d'épuisement sur une plage, la bouche pleine de l'herbe qu'il a cherchée pour calmer sa faim.

Pirard change alors d'attitude. Il ne peut plus désormais

échapper à l'aventure. Il décide de la vivre jusqu'au bout, et, si possible, en sauvant sa peau. A force de patience et d'astuce, il devient l'ami du roi des Maldives. Il restera là-bas cinq ans, apprenant la langue, observant les indigènes, notant leurs us et coutumes. Il sera sauvé par le roi du Bengale, venu attaquer l'île. Après un séjour à Goa, il reviendra en France, seul survivant du *Corbin.*

Le Croissant avait continué sa route. A bord, les Bretons étaient découragés : ils avaient assisté, impuissants, au naufrage du *Corbin.* Eux-mêmes, ils ont été pris dans un ouragan qui a déchiré la grand'voile. Partout, des récifs et des bancs coralliens entre lesquels il faut louvoyer. Ils croient ne jamais pouvoir en sortir. Mais le vent redevient bon. Il les emmène vers Ceylan. Ils voudraient bien aborder dans l'île, aller sentir de près la cannelle, toucher les perles et les pierreries dont se parent les habitants. Impossible : il faut profiter du vent. Il les mène droit sur Sumatra. D'après les habitants des Indes, c'est le lieu du Paradis terrestre. On dit que les pas d'Adam et Eve y sont inscrits dans les pierres pour l'éternité. Les Bretons pensent pouvoir charger une pleine cargaison d'épices. Ils découvrent une île accueillante, un roi plein d'amabilité; du moment qu'on ne lève pas les yeux sur les princesses de son harem, il est charmant. Sinon, le coupable est immédiatement considéré comme adultère. On lui crève les yeux, par lesquels il a péché. On peut aussi le châtrer, même si son regard n'a pas été chargé de la moindre concupiscence. On comprend que les Bretons se soient tenus très éloignés des jolies princesses. François Martin se console en étudiant la faune : éléphants, tigres, caméléons, et en dressant le répertoire de toutes les épices : cannelle, poivre, ambre, camphre, et une mystérieuse racine de Chine qui servirait de panacée dans la médecine indigène. Il inventorie les fruits, bananes, « fruits de vie », mangue, ananas. Il découvre « l'arbre triste ». Il ne fleurit que la nuit et ses fleurs s'évanouissent avec l'aurore. Un matin, des femmes émues sans doute par leur curiosité, parviennent à faire parvenir aux Bretons une de ces fleurs éphémères arrachée à la nuit...

Avec le temps qui passe, le paradis commence à perdre de son charme. On est venu pour rapporter des épices, après tout. Les Malouins sont partis depuis déjà deux ans. Le capitaine du *Croissant* est malade et veut rentrer en Bretagne. On charge une pleine cale d'épices et on reprend la mer. Le capitaine meurt sur la route du retour. Au large des Açores, le navire, qui a essuyé tant de tempêtes, commence à craquer de toutes parts. Des marins flamands recueillent les Bretons, mais exigent, pour prix du sauvetage, la totalité de la cargaison. Ils ont le temps de la charger avant que *Le Croissant* ne coule.

Les Bretons rentrent à Saint-Malo, sans épices, sans navire. Plus pauvres qu'avant leur départ. Beaucoup d'hommes sont morts, dont les deux capitaines. Et pourtant ceux qui reviennent ne cessent de parler des îles, de leurs femmes, de leurs fleurs... François Martin écrit la relation de son voyage. Il fait rêver tous ses lecteurs : au loin, au-delà des mers, il y a tous les trésors, mais aussi des hommes qui vivent différemment, de « bons sauvages » peut-être. L'expédition commerciale a échoué. Mais comme Jacques Cartier, les marins bretons ont rapporté des observations irremplaçables. François Martin a décrit et inventorié toutes les richesses des îles qu'il a visitées; il a tenté de mettre au point une méthode de prévention et de traitement du scorbut. Ces marchands-aventuriers ont en tête d'autres voyages. Il faudrait organiser un trafic régulier avec les îles lointaines. Les « Indes » comme on les appelle, pourvu qu'il s'agisse de terres où l'on trouve épices et pierreries. On pourrait préparer d'autres expéditions, maintenant qu'on a l'expérience de tous ces pays. Et il y a encore certainement d'autres contrées perdues à découvrir.

On ne les écoutera pas. C'est trop loin, trop risqué. Les uns après les autres, les rois se désintéressent de la mer. Certes, on peut se servir de l'océan comme champ de bataille, les yeux fixés sur le continent, dans les bonnes vieilles guerres européennes. Mais les îles, quel intérêt ? A quoi bon partir très loin chercher de l'or, quand les exportations permettent à la France de drainer les trésors de l'Espagne ?

Le premier, Richelieu, s'émeut de cette indifférence pour les horizons lointains. Il tente d'encourager les Français à s'installer dans des terres nouvellement découvertes : Antilles, Canada, Madagascar, comptoirs de l'Afrique occidentale. Il est assez peu suivi, et avec quel retard sur les autres grandes nations européennes ! D'autre part, il ne s'agit pas vraiment de partir à la découverte. Plus tard, quand Colbert décide de créer une flotte militaire, il ne se dégage pas non plus de ses préoccupations « continentales » : les flottes sont magnifiques, les marins exceptionnels; mais on n'a pas encore pris conscience que c'est en cherchant et en occupant des positions stratégiques sur des océans parfois très éloignés qu'on peut parvenir à concurrencer des rivaux dangereux sur le plan commercial. L'Angleterre, en particulier, qui grandit d'année en année.

Même au XVIIIe siècle, quand les colonies françaises se mettent à prendre de l'essor, on ne les considère que comme des fermes du bout du monde, ou de simples comptoirs où faire un peu d'argent, que l'on perd et que l'on gagne au hasard des guerres.

Dans ces conditions, on comprend mieux que les explorateurs bretons, dont la caractéristique première est l'initiative du voyage et le goût de l'entreprise, aient été découragés pour longtemps. Si la relation de l'odyssée de François Martin a eu du succès, c'est qu'on l'a ressentie comme une suite agréable et exotique d'impressions de voyage... L'explorateur vitréen a été surnommé Jason. Mais la toison qu'il a rapportée, pour prestigieuse qu'elle soit, ne constitue qu'un rêve aux yeux des Français. On ne l'écoutera pas, pas plus que Malherbe. Pendant deux siècles, la France va se contenter de faire la guerre aux pays des grands découvreurs, Espagne, Hollande, Angleterre. Elle va tenter d'abattre leur puissance, sans réaliser vraiment que leur enrichissement est né de l'esprit d'aventure de leurs marins.

A LA RECHERCHE DES ILES D'OR

Dans la seconde moitié du XVIIIe siècle, la volonté de découverte renaît pourtant. La France a subi de cuisants revers. En 1763, le Traité de Paris sanctionne durement sa politique immobiliste. C'est la perte du Canada, de la Floride et de la Louisiane. En Afrique, le roi de France ne conserve que l'îlot de Gorée, en face de Dakar, et aux Indes, les cinq fameux comptoirs... Les Français n'en sont pas émus : après tout, le Canada, « quelques arpents de neige », ne fournissait pas d'épices ! Les comptoirs de l'Inde y pourvoiront suffisamment. La colonisation est pure affaire de mercantilisme à court terme.

Choiseul, qui prend le pouvoir en 1758, a compris cette erreur. Il avait tenté d'éviter cette lourde défaite. Il décide de tirer les leçons de la catastrophe. Il faut reprendre l'exploration du monde, trouver des endroits où s'établir, et d'où on pourrait gêner le commerce anglais, et par là même affaiblir sa puissance. Il faut trouver des hommes d'initiative, au lieu des vieux officiers grincheux et complexés qui occupent encore bien des postes de commandement. Et l'on possède l'équipement suffisant pour se lancer à l'assaut des océans les plus éloignés. Le temps n'est plus, et depuis longtemps, aux antiques caravelles hautes sur l'eau, et dont les voiles larges et difficiles à manœuvrer obligeaient les marins à couper les mâts en cas de tempête. Les vaisseaux modernes, où les châteaux arrière et avant sont plus bas, ont gagné en stabilité. La coque, plus fine, prend encore mieux la mer; la voilure s'est divisée. Les manœuvres en sont facilitées et le gréement est mieux assuré. On ne se lance plus tout à fait dans l'inconnu. L'utilisation du loch, ce flotteur qui permet de mesurer la vitesse apparente du bateau, a permis d'établir des cartes de plus en plus précises. Les premières montres marines ont fait leur apparition. Fini le temps de l'aventure au hasard de la mer. On est au siècle des Lumières. Une expédition se prépare, s'organise, se pense. On cherche de solides vaisseaux, on embarque un bon équipage, mais aussi des scientifiques. Il faut rapporter des relevés précis, des cartes, des comptes rendus utilisables par les savants et les responsables de la défense. Le terrain choisi pour toutes ces découvertes est le Sud de l'océan Indien et le Pacifique. On est persuadé que la France, qui se trouve alors réduite à donner la chasse aux navires étrangers, pourrait y trouver des terres qui seraient autant de bases pour des expéditions contre ses concurrents. Peut-être, aussi, pénétrer des pays qui remplaceraient les colonies que la France a perdues. On s'en va donc les chercher sur l'immensité des océans inexplorés.

En 1756, deux ans avant l'accession au pouvoir de Choiseul, le président Charles de Brosses a publié un ouvrage qui a ému les chercheurs d'aventures : *L'histoire de la navigation aux terres australes contenant ce qu'on sait des mœurs et des productions découvertes jusqu'à ce jour, et où il est traité d'y faire de plus amples découvertes et des moyens d'y fonder un établissement.* Un second mythe est né, qui va hanter désormais tous les candidats à l'exploration : celui des terres australes.

Elles existaient dans l'esprit des marins avant même qu'on ne les découvre. C'étaient les « Terres du Sud ». En 1531, une carte d'un mathématicien français, Oronce Fine, représente un continent aux contours imprécis, « récemment découvert, mais pas encore connu ». Terre de géographie-fiction. « Les îles d'or » : les Espagnols ont entendu les Incas raconter la vieille légende d'un de leurs empereurs qui les aurait atteintes sur sa flotte de radeaux. La Bible parle aussi d'un archipel où Salomon aurait conduit sa flotte et trouvé des mines du fabuleux métal. Le Pacifique paraît illimité. Un océan vierge. C'est là qu'il faut les chercher. Sur d'autres cartes du XVIe siècle, on voit au sud de l'archipel de la Sonde, s'étendre une terre immense : « Java la Grande », par opposition à l'autre Java, déjà bien connue. Mais les cartographes sont indécis. L'un d'entre eux la note une année et l'efface l'année suivante. Il n'est pas très sûr qu'on l'ait trouvée... Ce doit être une fable de marin. Malgré tout, les Hollandais sont partis dès le XVIIe siècle. Ils ont découvert les rivages d'un pays qu'on appellera bien plus tard l'Australie. Un Portugais, Luis Vaez de Torres, a trouvé les Nouvelles-Hébrides et contourné la Nouvelle-Guinée. Puis ce furent encore les Hollandais : Van Diemen, Tasman. Ils marquent leurs conquêtes en leur donnant leurs noms et ceux de leur pays : Tasmanie, Nouvelle-Zélande, Nouvelle-Hollande – l'Australie –; on ne sait pas encore que cette dernière terre est le véritable continent austral, et que c'est une île... D'îles d'or, point. Et pourtant, elles doivent bien se trouver quelque part, ces terres fabuleuses ? Et même si l'on ne trouvait pas ce nouvel Eldorado, on se contenterait d'une vaste terre, bien fertile et aisément colonisable.

Le président de Brosses est persuadé de son existence. Il a voulu le prouver « scientifiquement ».

... La mathématique est venue au secours du rêve du continent austral. Calculs sur calculs, d'une complication aussi extrême que leur fausseté. Il compare le poids des hémisphères nord et sud : pour l'équilibre de la planète, il est indispensable qu'un continent se trouve dans l'hémisphère sud. Il doit avoir 8 à 10 millions de kilomètres carrés et se trouver entre le cap de Bonne-Espérance et le détroit de Magellan. Rien de plus vague...

Les rêveries informelles plaisent aux Bretons. Un continent à chercher... Les îles d'or ? On dit qu'en cet immense océan les hommes ont gardé l'état de nature en sa perfection la plus douce. En 1768, Bougainville a découvert Tahiti. Il en a ramené un indigène, Aotourou, et tous les salons de France n'ont plus parlé que des « bons sauvages ». Tahiti est devenu le modèle idéal de société. On y a trouvé l'illustration vivante des théories de Jean-Jacques Rousseau, selon laquelle l'homme ne peut demeurer bon que s'il vit en communion étroite avec la nature qui lui prodigue tous ses bienfaits. Aotourou a fait la joie des badauds parisiens. Sitôt la mode évanouie, il faut qu'il s'en retourne en son paradis du Pacifique.

Marion Dufresne et les bons sauvages

Comme toujours, l'initiative d'un Breton. Un officier de Saint-Malo s'offre à ramener Aotourou en son île. Décision étonnante : il le fera à ses propres frais... Partir, et avec panache, si possible. Il en profitera pour explorer les mers du Sud. Une découverte apporterait la gloire. S'il trouvait le fameux continent ? « Il voulait se distinguer dans des mers très peu connues, s'avancer assez vers le Sud pour tenter d'y découvrir les îles ou le continent qui doivent se trouver dans cette partie australe de notre globe. » Marion a soif de célébrité. Autre motif, un peu moins avouable, mais qui dénote une analyse assez juste de la situation des colonies françaises : il possède des terres à l'île de France (l'actuelle île Maurice), comme beaucoup de marins bretons de l'époque. Or l'économie de l'île traverse une mauvaise passe, et des découvertes au sud de l'océan Indien pourraient peut-être « donner une nouvelle existence à une colonie où il possédait des biens ». En effet, en établissant une colonie sur les terres supposées du Sud, archipel ou continent, l'île de France deviendrait une étape privilégiée sur la route des mers du Sud. Elle y retrouverait un second souffle. Rêve de gloire, et rêve d'argent : les chimères bretonnes ne connaissent pas de limites. Et l'on prend l'Océan.

Marion arme donc deux vaisseaux : *Le Mascarin,* en l'honneur de l'archipel des Mascareignes, dont fait partie l'île de France, et *Le Marquis de Castries,* que commande Du Clesmeur. Entre l'île de France et Madagascar, Aotourou succombe à une attaque de petite vérole. On n'ira donc pas à Tahiti, et le voyage consistera en une traversée d'exploration. Chercher le continent austral. En allant droit sur le sud, on doit pouvoir le trouver. Des oiseaux en grand nombre se mettent à voler autour des bateaux. Le continent ne doit pas être bien loin. Et maintenant une terre, une île toute embrumée dans le froid qui devient de plus en plus vif. On ne tient le coup à bord que par l'espoir de trouver les pays du sud. On baptise ces rochers du nom de terre d'Espérance : « Sa découverte nous flattait de l'espoir de trouver le continent austral que nous cherchions... »

Plus les vaisseaux vont vers le sud, et plus le froid et la tempête sévissent. Encore des îles, qu'on appelle îles Froides, et qui s'évanouissent dans la brume. Les matelots se plaignent. Ils n'ont pas assez de vêtements pour supporter les rigueurs de la température. Encore des îles : l'île Aride, l'île de la Prise de la Possession, qui appartient à la France depuis que Marion y a fait déposer la bouteille symbolique remplie du parchemin aux armes du roi. C'est la sixième île que l'on rencontre : le continent austral n'est sûrement pas loin. On poursuit encore vers le sud. Les brumes deviennent de plus en plus épaisses. On a dépassé le 46e parallèle sud. Ce n'est plus possible de continuer ainsi. Il faut changer de cap.

Cap sur la Tasmanie. Le lieu n'est guère hospitalier. Dès qu'on aborde, les indigènes proposent à Marion un brandon de feu. Ces bons sauvages ! Marion y voit un signe d'amitié. Il accepte la braise. En réalité, il s'agissait d'un défi, et, sans le savoir, Marion l'a relevé... C'est la guerre. Les indigènes se mettent à lancer des pierres et interdisent tout débarquement. Marion fait tirer quelques coups de fusil, mais il sera impossible de faire le ravitaillement en eau douce. Il décide alors de repartir. Les lieux ne sont pas engageants. Il y a très peu d'animaux, la civilisation est très primitive. On aimerait des sauvages un peu plus raffinés... Les vaisseaux appareillent pour la Nouvelle-Zélande. Le pays semble beaucoup plus accueillant, c'est la terre des Maoris. On y fera relâche. Les tempêtes ont éprouvé certains mâts. On a vite fait de découvrir un bon mouillage. Et le pays, à ce qu'il paraît, serait aussi celui des bons sauvages. Certains d'entre eux sont venus à bord, ils acceptent de partager du pain avec les marins. Marion leur a offert des caleçons, des chemises, qu'ils ont exhibés avec fierté à leurs camarades restés sur la plage. On leur a montré des outils. Des haches, des ciseaux, des herminettes, et ils ont montré, en s'en servant, qu'ils les connaissaient. Les bienfaits de la civilisation sans ses turpitudes ? Marion est ravi. Il offre des outils aux indigènes, et les autres sauvages viennent à bord, avec femmes et enfants. Tout le monde se met à manger des biscuits de mer et les marins procèdent à une distribution générale de quincaillerie. Quelques Maoris restent coucher sur le bateau.

La confiance est totale. Marion se lie d'amitié avec le chef, Tacouri. On a découvert un excellent port, où l'on a installé les malades et un corps de garde, pour plus de prudence. Mais est-ce bien utile ? La relâche sur cette côte Nord de la Nouvelle-Zélande, « Eakenomouré », s'annonce paradisiaque. On peut même parler avec les Maoris. Marion, à tout hasard, a ouvert un lexique de vocabulaire tahitien qu'il tenait de l'expédition de Bougainville et s'est aperçu, à sa grande surprise, que les indigènes le comprennent. L'entente peut donc se prolonger au-delà du simple troc. Des Maoris s'installent à demeure à bord du bateau. Ils raffolent des biscuits. Ils raclent le fond des gamelles des matelots. Ils se gavent de suif, qui leur plaît beaucoup. Avec Marion, dans la chambre du conseil, ils prennent le thé et le café. Ils refusent cependant tout ce qui est salé, ainsi que les liqueurs fortes. Entre deux repas, Marion tâche de se faire comprendre d'eux à l'aide du vocabulaire de Tahiti. L'inquiétude des premiers jours s'est dissipée; on n'en est plus au moment où il faut patiemment se concilier l'amitié des indigènes. Maintenant, Marion se sent en complète sécurité. Le troc fonctionne parfaitement, si ce n'est que les Maoris demandent chaque jour plus de verroterie et des clous plus longs contre le poisson qu'ils apportent. Pour ce qui le concerne, le capitaine est comblé : « M. Marion, parvenu à la plus grande sécurité, faisait son bonheur de vivre au milieu de ces sauvages... Il les comblait de présents. De leur côté, ils connaissaient parfaitement M. Marion pour chef des deux vaisseaux. Ils savaient qu'il aimait le turbot et tous les jours ils lui en apportaient de fort beaux. Dès qu'il témoignait désirer quelque chose, il les trouvait toujours à ses ordres. Lorsqu'il allait à terre, tous les sauvages l'accompagnaient avec un air de fête et des démonstrations de joie; les femmes, les filles, les enfants même venaient lui faire des caresses; tous l'appelaient par son nom... » Toutes les preuves de la confiance : trois esclaves noirs appartenant à Marion ont déserté. Le chef des Maoris les a fait arrêter et les a ramenés au capitaine breton.

Les Maoris semblent même vouloir faire comprendre leur civilisation aux Blancs; ils expliquent aux marins que les femmes mariées s'attachent les cheveux, tandis que les filles les laissent flotter sur le dos, en les coupant simplement à la hauteur des épaules : « C'étaient les sauvages eux-mêmes qui nous avaient fait connaître ces distinctions, en nous faisant entendre par signes qu'il ne fallait pas toucher aux femmes mariées, mais que nous pouvions en toute liberté nous adresser aux filles. Il n'était pas possible en effet d'en trouver de plus faciles. » Marion donne alors l'ordre « que chacun fût circonspect à l'égard des femmes mariées, pour conserver la bonne intelligence avec des sauvages qui paraissaient si aimables ». Et les matelots de courir la Maori. Une vraie félicité, bien que les femmes indigènes ne soient pas très jolies. Elles se graissent les cheveux à l'huile de poisson, les poudrent d'ocre rouge et se peignent les lèvres en noir. Aux dires des marins, malgré leur taille épaisse et leurs jambes courtaudes, elles sont « de tempérament fort amoureux »...

Les Bretons se délassent aussi à la chasse. Les Maoris les portent sur leur dos à travers marais et rivières « avec la même facilité qu'un homme fort porterait un enfant »... Ils leur font visiter le village, retranché derrière deux palissades et protégé par des fortins. Le long de ces murs, deux rangées de maisons faites de planches et de fougères; des cases, où brûle constamment un petit foyer, peut-être pour chasser l'humidité, et un petit appentis qui fait office de cuisine. Au centre du village, trois bâtiments publics : le magasin des armes, où l'on entrepose les javelots, les massues, et des haches redoutables, « d'une forme assez bien imaginée pour tuer des hommes ». Le magasin des vivres, et le magasin où l'on réunit tous les instruments de pêche, cordes, lignes, hameçons. Sur des pieux fichés en terre, des idoles dont le goût paraît douteux aux Bretons : « Une figure hideuse, fort mal travaillée, à tête informe, avec une grande bouche semblable à la gueule d'un crapaud, d'où sort une langue d'une longueur démesurée... »

Pendant que les charpentiers réparent les navires, les savants dessinent des cartes du rivage; d'autres entreprennent l'étude de la faune ou le relevé des habitudes alimentaires des indigènes. Ils mangent du poisson, nous dit-on, du gibier, des chiens, des rats, une sorte de chewing-gum vert, et enfin une racine de fougère qui semble avoir des vertus fortifiantes : « Comme ils sont tous fort robustes, grands, bien faits et de bonne constitution, on doit croire que leur nourriture est fort saine. »

Bref, de bons sauvages. Au retour, on racontera tout cela dans les salons, et l'on donnera raison bien fort à Jean-Jacques Rousseau contre cet infâme M. de Voltaire. L'aventure a pris une nouvelle dimension. Ce n'est plus un simple déplacement sur les océans. On a remonté le temps. Le navire celte a ramené ses marins à la simplicité des commencements. La hiérarchie sociale oubliée, abolie, l'innocence retrouvée. L'âge d'or en ces îles du bout du monde. Tous les officiers ont des amis personnels parmi les Maoris, qui ne demandent qu'à les servir et à les accompagner dans toutes leurs activités. Marion a demandé que l'on désarme les canots lorsqu'on va à terre; d'habitude, les chaloupes ne s'approchaient du rivage qu'avec un certain nombre d'hommes armés à bord et l'on interdisait aux sauvages portant flèches et javelots de s'en approcher. La confiance est telle désormais que Marion trouve cette précaution inutile. Son lieutenant tente de s'y opposer : « Je fis tout ce qui était en mon pouvoir pour faire rétracter cet ordre. Malgré les caresses des sauvages, je n'oubliai jamais que notre devancier Abel Tasman avait nommé baie des Meurtriers celle ou il avait atterré (débarqué) dans la Nouvelle-Zélande. » Le lieutenant s'étonne aussi que les sauvages n'évoquent jamais les vaisseaux qu'ils ont dû voir auparavant, et qui portaient des Blancs comme eux. Cela fait maintenant trente-trois jours qu'ils sont dans le port. Ils ont fait, sans jamais rencontrer d'hostilité, des expéditions très lointaines dans la campagne. Partout l'accueil a été chaleureux. « C'est le meilleur peuple qu'on eût pu voir... »

Une petite singularité pourtant : un sauvage un peu triste est venu rendre visite à l'un des membres de l'expédition avec lequel il s'était lié d'amitié. Il lui offre des outils et des ornements de jade. L'officier ne consent à les accepter que s'il accepte, en contrepartie, les objets habituels du troc : des outils de fer, et ces mouchoirs rouges dont il sait que le Maori les adore. L'indigène refuse. Il veut faire un vrai cadeau. Et son visage porte un air de mélancolie qu'on ne lui avait jamais connu. Il a sûrement quelque souci. On oublie l'incident.

Le 8 juin 1772, quand Marion est descendu à terre, il a été accueilli avec de grandes démonstrations d'amitié, plus enthousiastes encore qu'à l'ordinaire. Il a été déclaré grand chef du pays et a reçu solennellement les insignes de cet honneur : quatre plumes blanches sur le sommet de la tête. « Si nous étions partis dans ce temps-là, nous eussions apporté en Europe l'idée la plus avantageuse de ces sauvages, nous les eussions peints, dans nos relations, comme le peuple le plus affable, le plus humain, le plus hospitalier qui existe sur la terre. D'après nos relations, les philosophes panégyristes de l'homme naturel eussent triomphé, de voir les spéculations de leurs cabinets confirmées par le récit des voyageurs qu'ils eussent prônées comme très dignes de foi. Mais nous eussions été, les uns et les autres, dans l'erreur. »

Le 12 juin, Marion-Dufresne est pris d'une fringale d'huîtres. On en a déjà trouvé d'excellentes, et les sauvages connaissent les bons coins. Sur son canot, il emmène seize personnes. Tacouri, le chef des Maoris, consent à les accompagner dans cette partie de pêche. Le soir, Marion ne réapparaît pas. A bord, on ne s'inquiète pas : « La confiance dans l'hospitalité des sauvages était si bien installée parmi nous qu'on ne se défiait point d'eux. » L'équipage est persuadé que les marins ont couché dans les cabanes qu'ils ont construites à terre; ils veulent sûrement profiter d'être à terre pour aller surveiller le lendemain l'avancement des travaux sur la mâture de l'autre vaisseau.

Le lendemain, c'est précisément ce navire, Le *Castries,* qui se trouve chargé de la corvée d'eau et de bois que chacun des deux équipages assurait alternativement. Il envoie donc une chaloupe à terre. Il est sept heures du matin. A neuf heures, on aperçoit un homme qui nage vers Le *Castries.* Il est blessé. C'est l'un des chaloupiers. On le hisse à bord. Il est hébété. Sur ses flancs, deux larges blessures : deux coups de lance... Lorsqu'il parvient à parler, il fait à ses compagnons un récit atroce.

Quand la chaloupe a abordé au rivage, les sauvages sont arrivés, aussi chaleureux qu'à l'ordinaire. Ils ont même, « suivant leur coutume, porté sur les épaules, de la chaloupe au rivage, les matelots qui avaient craint de se mouiller ». Toujours d'excellents camarades. Et les marins se sont égayés dans les bois à la recherche de branchages : « Alors les sauvages, armés de casse-tête, de massues et de lances, s'étaient jetés avec fureur, par groupe de huit ou dix sur chaque matelot, et les avaient massacrés. Lui, n'ayant affaire qu'à deux ou trois sauvages, s'était d'abord défendu et avait reçu deux coups de lance, mais voyant venir à lui d'autres sauvages, et se trouvant plus près du bord de la mer, il s'était enfui et caché dans les broussailles. » Il assiste alors à un spectacle terrifiant : les sauvages se mettent à tuer un à un ses camarades, leur enlèvent leurs vêtements et commencent à les dépecer méthodiquement, membre par membre, après leur avoir cisaillé le ventre... Derrière les broussailles, le matelot est paralysé de peur. Finalement, l'idée de subir un sort analogue le décide à détaler. Les sauvages sont tout absorbés par leur macabre besogne. Il s'enfuit à travers le bois et rejoint Le *Castries* à la nage.

Après un tel récit, on est persuadé sur les deux bateaux que Marion a dû subir le même sort : il n'est toujours pas revenu. Mais encore faut-il en avoir la preuve. Le lieutenant du *Mascarin* décide alors de mettre une chaloupe à la mer. Tous les hommes sont armés. On va tâcher de découvrir le canot de Marion et la chaloupe du *Castries.*

A peine sont-ils parvenus à la hauteur du village qu'ils trouvent les sauvages armés de haches, de sabres et de fusils appartenant aux marins. Ils se sont groupés autour des deux petits bateaux échoués sur la plage. Les marins rebroussent aussitôt chemin pour en rendre compte à leur chef, Crozet, lieutenant du *Mascarin.* L'affaire est claire. Il fait immédiatement cesser les travaux sur Le *Castries.* Un détachement de soixante hommes armés est envoyé à terre. Les sauvages s'en approchent : « *Tacouri maté Marion.* (Tacouri a tué Marion.) » La coutume veut en effet chez les Maoris que tout soit perdu pour les hommes quand leur chef est mort. Le répéter aux ennemis, c'est pour eux la meilleure manière de les effrayer. Les Bretons sont fous de rage. Ils veulent venger Marion, tuer Tacouri, « lui casser la tête »... Crozet s'y refuse. Il ne tient pas à perdre encore des hommes. L'essentiel est de pouvoir sortir de Nouvelle-Zélande. Trop de marins sont déjà morts de maladie ou sous les coups des Maoris. Pour la vengeance, il faudra attendre le moment propice. Pour l'instant, il faut faire le ravitaillement et penser à embarquer les malades.

Tous les hommes qui étaient à terre regagnent les vaisseaux. Aussitôt les Maoris jettent le cri de guerre. Ils lancent des pierres, des javelots de bois, se précipitent sur les cabanes que les Bretons avaient construites sur le rivage et les brûlent. A bord de la chaloupe, c'est la terreur. Elle est chargée au-delà de ce qu'elle devrait normalement porter. A tout instant, elle est prête à chavirer. A la poupe, Crozet, debout, le gouvernail entre les jambes. Les Maoris sont de plus en plus surexcités. Crozet donne l'ordre de tirer : « Nous les eussions détruits jusqu'au dernier, si j'avais voulu faire continuer la fusillade. »

Le ravitaillement en eau et en bois n'est toujours pas fait. Un second détachement s'en va à terre. Et c'est la vengeance. On tue six chefs maoris. On met le feu au village. Crozet donne l'ordre d'enterrer les sauvages tués dans le combat, en leur laissant « à tous une main hors de terre, pour faire voir aux sauvages que nous n'étions pas gens à manger comme eux nos ennemis ».

Car on est sûr maintenant que les Maoris sont des anthropophages. Crozet voudrait bien prendre quelques sauvages vivants, mais dès qu'on a fait des prisonniers, ils rompent les cordes qui les attachent « comme des fils »... C'est vraiment la guerre. Un Maori se déguise en matelot, avec des hardes trouvées sur un cadavre, pour tenter de pénétrer dans le dernier poste que les marins ont laissé à terre. La sentinelle l'interpelle en français. Il ne sait que répondre. On l'abat...

Pourtant, on n'a pas de certitude sur le sort de Marion et de ses hommes. On doit encore perquisitionner dans les villages, les brûler, détruire les pirogues de guerre des Maoris, trouver le chef. Avant de partir, la répression, pour l'exemple. Dans la marine de Louis XV, le temps de l'ethnologie n'est pas encore venu...

On a trouvé le chef, Tacouri. Dès qu'il a aperçu les marins, il s'est enfui. Une silhouette folle. Le dernier souvenir de Marion, grotesque et tragique, s'évanouit entre les arbres : « On le vit de loin, et hors de la portée du fusil, portant sur les épaules l'uniforme de M. Marion, qui était d'un drap d'Angleterre de deux couleurs, écarlate et bleu. » Un uniforme occidental empesé et voyant sur le corps souple d'un Maori...

On parvient au village. La case de Tacouri. Un nouveau spectacle d'horreur, qui dissipe les derniers doutes. Dans un coin de l'appentis qui sert de cuisine, le crâne d'un homme cuit depuis peu. « Il y restait encore les parties charnues dans lesquelles on voyait les impressions des dents des anthropophages. On trouva aussi un morceau de cuisse humaine qui tenait à une broche de bois et qui était aux trois quarts mangée. » On va de maison en maison, et chaque fois l'espoir se dissout en une vision atroce. Ici c'est la chemise de Marion, au col tout ensanglanté. Là on retrouve les vêtements et les pistolets d'un officier, et là encore des lambeaux de vêtements...

Les bons sauvages de M. Marion l'ont mangé. Au relevé des habitudes culinaires des Maoris, on ajouta : « Et enfin, ils mangent leurs ennemis. » L'île fut appelée île de la Trahison.

Sans le savoir, quand il avait débarqué dans l'île, Marion avait été désigné comme ennemi par les Maoris. Quelques années plus tôt, un bateau de Surville, en route vers le Pérou, avait abordé au village. Les Maoris lui avaient volé un canot et Surville, en représailles, avait alors mis le feu à leurs habitations. Les indigènes auraient décidé de tirer vengeance du premier bateau de ces Blancs aux armes redoutables. La « trahison » restait peut-être leur seul recours. Marion était parti à la recherche de la gloire, et, éventuellement, de la fortune. Il n'a pas trouvé le continent austral. Arrivé en Nouvelle-Zélande, il s'est laissé séduire par un nouveau mythe. Celui du bon sauvage. Il est allé de rêve en rêve, et jusqu'à en mourir... C'est cela aussi, être breton.

La sirène de Kerguélen

A peu près au même moment que Marion-Dufresne, un autre

officier breton est persuadé qu'il trouvera les terres australes. Il est têtu. Il suffit qu'on lui en donne les moyens, et il le trouvera, lui, ce continent dont la conquête pourrait sauver la politique coloniale de la France. Comme tout le monde, il s'est passionné pour les voyages de Bougainville. Pourtant il ne donne pas dans la folie du bon sauvage. En bon breton, Yves Kerguélen de Trémarec est idéaliste; mais il possède aussi, curieusement, une certaine lucidité, un sens aigu des réalités. Depuis son enfance, dans la campagne de Quimper, il a eu le goût des voyages. Il s'est engagé très jeune à l'école des gardes de marine de Brest. Au XVIIIe siècle, quand on est de bonne famille et qu'on entre dans la marine, on apprend les mathématiques, la physique, l'hydrographie, la cartographie, l'astronomie... Kerguélen marie la science à l'esprit d'aventure. Il a été corsaire aux Antilles et s'est illustré dans quelques jolis combats. Cela ne l'a pas empêché de tenir son journal de bord avec l'application d'un écolier, en allant jusqu'à colorier soigneusement les dessins de la couverture.

Ses pérégrinations aux Antilles ont encore attisé sa haine contre les Anglais. Il les hait doublement. En Breton, d'abord; ces Saxons maudits ne cessent d'infester les ports de sa province. Et aussi en officier du roi. Les Anglais ont pris, une à une, toutes les colonies que les Français avaient découvertes, dont ce pauvre Canada cher à Jacques Cartier. D'après Kerguélen, il faut préparer méthodiquement la ruine des Anglais. Anéantir leur commerce. Faire leur blocus : « Pour peu qu'on connaisse le génie anglais, on sait que la perte de vingt vaisseaux marchands alarme plus cette nation que la défaite de vingt vaisseaux de guerre. « Seulement cela ne s'improvise pas. Dans la marine française il faut tout reprendre à zéro. Tout va mal : les marins ne sont pas formés, on connaît peu les côtes étrangères, il n'y a pas de cartes. Que faire des vieilles mappemondes où des monstres marins, licornes ou serpents se promènent entre îles rêvées et des terres réelles ? Kerguélen a la passion de la cartographie : « Dans tous les endroits de la terre où le service m'appelle, je sonde, j'observe et je tire la carte des côtes et ports où je me trouve. » Il offre ses services. Il adore l'inconnu. Un Breton bon teint.

On l'envoie d'abord en Islande : rien de très enthousiasmant. Mais il trouve quelques îles nouvelles, qui ne figuraient pas sur les cartes françaises. D'autres, qui ne sont pas à la place indiquée. Kerguélen mesure, note, compare, rectifie les erreurs. En définitive, il ne s'ennuie pas trop. En Islande, il a rencontré un érudit qui ne parle pas un mot de français, mais avec qui il peut s'entretenir pendant des heures dans leur seule langue commune : le latin... Il note ainsi une foule de renseignements sur l'histoire de l'île, sa faune, sa flore. Il assiste à une aurore boréale, qui le transporte d'enthousiasme. En rentrant par la Norvège, quelques escales agréables. La vie n'est pas aussi austère qu'on le prétend. Kerguélen reçoit des notables sur son bateau, organise des bals...

Il n'en oublie pas pour autant sa vieille ennemie l'Angleterre. A peine rentré de cette expédition, il s'en va espionner outre-Manche, déguisé en marchand, pour voir, à ses risques et périls, ce qui se passe dans les chantiers navals anglais. Quand il revient, la France est en pleine mode du bon sauvage. Mais Kerguélen garde la tête froide. De son voyage en Angleterre, il est revenu convaincu que la seule solution pour concurrencer l'Empire britannique est d'établir un autre empire. Le fantasme des terres australes... A mi-chemin entre l'Afrique et l'Asie, elles constitueraient une base idéale : « La découverte des terres australes est un des objets les plus importants pour la navigation, l'étendue du commerce et même la puissance de l'Etat. » Kerguélen est un passionné. C'est de tout son être qu'il croit à l'existence de ce continent, « un espace immense où l'on a pas encore pénétré ». Le vieil idéalisme celtique... Et il veut en persuader tous ceux qui l'entourent : « Il y a un continent... qui doit être un très beau pays susceptible des plus riches productions et habité par des nations instruites et policées. » Comme Cartier au XVIe siècle, il espère, là-bas des mines, des métaux précieux. On établirait des comptoirs, on ferait fortune... On coulerait le commerce des Anglais en Inde... Les îles d'or...

Kerguélen est un rêveur agissant. Il va à Versailles. Il a la rage de convaincre : il convainc. On lui confie une mission. Il est devenu explorateur. Après une escale à l'île de France, il fait cap sur le Sud, comme Marion-Dufresne l'avait fait peu auparavant. Deux bâtiments : une flûte, *La Fortune,* gros navire plat de fond et très renflé de formes, et une gabare, *Le Gros-Ventre.* Et c'est bientôt la découverte. Terre ! Sur cent quarante kilomètres, un archipel. On est le 12 février 1772. Sur les bateaux de Kerguélen, les marins commencent à rêver. Et pourtant l'abord de ces îles n'est guère prometteur. De la brume, des falaises hostiles. On cherche un mouillage, mais la tempête emporte les vaisseaux au large et empêche Kerguélen de débarquer. Il rentre avec un navire à l'île de France, où c'est l'enthousiasme. Ce sera là-bas la Nouvelle-France ! Le gouverneur de l'île s'enflamme : « Si l'on considère la latitude des terres reconnues, on ne peut s'empêcher de leur attribuer la plus douce et la plus heureuse température ainsi que la plus grande fertilité. Tout ce que les yeux ont pu reconnaître est entrecoupé de bois et de verdure, ce qui semble annoncer un pays peuplé et cultivé avec réflexion. » Kerguélen, qui n'a pu mouiller à cause du gros temps, est sans doute beaucoup plus sceptique. Il y a là-bas beaucoup trop d'oiseaux pour que des hommes vivent sur ces terres à peine entrevues. L'autre navire est resté en arrière et son capitaine est parvenu à accoster; il a pris possession du rivage au nom du roi, en y déposant une bouteille, témoignage de cette prise de possession. En plus des cartes, c'est toujours quelque chose à offrir au roi de France.

Kerguélen est rentré au pays. Et, curieusement, il masque ses doutes. Il se passe en lui le même phénomène psychologique qu'en Jacques Cartier deux siècles et demi plus tôt. Il parle, non de ce qu'il a vu, mais de ce qu'il aurait voulu voir. Les Celtes refont le monde. Explorateurs de terres réelles, mais revues et corrigées par la fièvre de l'imaginaire : « Les terres que j'ai eu le bonheur de découvrir paraissent former la masse centrale du continent antarctique... On rencontrera des hommes naturels vivant comme dans l'état primitif, sans défiance, comme sans remords, et ignorant les artifices de la civilisation. Enfin la France australe fournira de merveilleux spectacles physiques et moraux. »

La découverte a fait sensation. Kerguélen est reçu par Louis XV. Le roi est amateur d'histoire naturelle et lui pose question sur question. On lui confie la responsabilité d'une seconde expédition. Le président de Brosses fait remettre sous presse son livre sur le continent austral. On espère bien confondre Cook, qui recherche lui aussi les fameuses terres du Sud. Le Breton devient, à trente-huit ans, capitaine de vaisseau, devançant quatre-vingt-six collègues qui attendaient depuis longtemps leur promotion. Il reçoit aussi la croix de Saint-Louis... De quoi faire beaucoup d'envieux. Ils attendront patiemment son retour.

Dans le port de Brest, il n'est plus question que de ce second voyage. On a armé deux navires, *Le Roland,* gros vaisseau de cinquante-six canons, et une conserve, *L'Oiseau.* Tout le matériel scientifique est à bord. On a embarqué, pour observer les étoiles de l'hémisphère sud, deux astronomes, ainsi qu'un naturaliste, en prévision de l'étude de la faune. Un ingénieur a été recruté, l'équipage est au complet, l'approvisionnement chargé. Un fait insolite cependant : le bateau de Kerguélen transportera aussi deux passagères, Mme Bertrand et sa fille, que l'on doit déposer à l'île de France. Tout est en règle sur le vaisseau : les noms des passagers y ont été scrupuleusement inscrits sur le livre de bord. Depuis l'ordonnance de 1765, il est interdit d'en faire autrement.

Tout est en règle, en apparence. Car à peine *Le Roland* a-t-il fait quelques lieues en mer que l'équipage découvre la présence à bord d'une troisième passagère. Et des plus jolies. Elle se dit la femme de chambre des dames Bertrand. Etrange femme. En principe, elle doit dormir près de ses maîtresses, dans une partie du bateau gardée par une sentinelle. Mais Louison Seguin n'aime pas cette chambre. Elle se plaint. Tant et si bien qu'on la retrouve dans la cabine de Kerguélen. Elle, dans le lit du capitaine, et lui, à côté, dans un petit hamac. D'où vient cette fille qui a tout pouvoir sur le marin bourru ? On le dit si difficile à vivre... Et que fait-elle sur un vaisseau du roi en partance vers des îles presque inconnues ? Le goût du voyage ? « Veux-tu m'embarquer sur ton beau navire ? » dit une chanson populaire du XVIIIe siècle, et une autre ballade, bretonne celle-là, assure que certaines jeunes filles étaient elles aussi très tentées par la mer... et les beaux capitaines :

« *Batimantik, batimantik, deud'an od.*
(Petit bateau, petit bateau, accoste...) »

chantait-on autrefois au cap Sizun... Et la jeune fille ajoutait une condition : celle d'être à bord la seule maîtresse :

« *Du vartolod, me na in ked*
Med da gabiten, na laron ked.
(Comme matelot, je n'irai pas
Mais comme capitaine, je ne dis pas non...) »

Une croisière d'agrément avec un amant fou amoureux ? Louison ne semble pas, pour sa part, éperdue de passion; et pourtant, elle va braver le froid, et le froid des terres australes. Le goût de l'aventure pure et simple ? C'est peut-être une Bretonne ! Renan dira plus tard combien sont redoutables leur charme candide et leurs dons amoureux... Les rapports officiels diront ses mœurs « suspectes ». C'est assez pour lui prêter du tempérament. A Brest, il y a bien des filles comme elle; le port est aussi un lieu de fête et de plaisir. A côté du bagne s'élève l'un des plus jolis théâtres de France. Et le temps s'est mis depuis longtemps au libertinage. Il n'est pas si facile de se séparer d'une jolie maîtresse si douée en matière de galanterie. Pourquoi ne pas concilier les plaisirs de l'amour et la recherche des terres nouvelles, puisque la dame est consentante ? On prétend qu'une femme à bord porte malheur : c'est le « lest du diable » disent les matelots. En marin breton, Kerguélen le sait fort bien. Mais on lui a déjà imposé deux passagères, qui d'ailleurs ne semblent pas démentir la réputation de facilité qu'on fait aux femmes des îles...

Seulement Louison est vraiment très jolie. Un officier en a oublié son grade... Il fait si chaud sur ce bateau qui longe les côtes africaines ! Kerguélen devient de plus en plus ombrageux. A chaque instant il est près d'exploser. Ses subalternes se moquent de lui presque ouvertement. Belle distraction pour passer le temps d'un long voyage, que de se gausser des amours du capitaine. Il est difficile de se cacher sur un navire. On en a vite fait le tour. Les repas pris en commun, la promiscuité... Et tous les jours, au détour d'une écoutille, sur la galerie de poupe, le sourire de Louison et sa robe au vent des tropiques... Les officiers ont formé une cabale. On critique tout en Kerguélen. De sa maîtresse à ses méthodes de navigation : c'est un partisan de la vieille école; il se fie davantage à son instinct qu'aux nouveaux instruments, comme les chronomètres de bord. On se moque du bonnet de coton dont il s'est coiffé depuis qu'on s'est approché des mers du Sud; il ne remet sa perruque que le dimanche... Les allusions sont à peine voilées. On claironne, en latin, le début des *Catilinaires :* « Jusqu'à quand, Catilina, abuseras-tu de notre patience !... » Catilina, c'est clair pour tout le monde, c'est Kerguélen. Abuse-t-il de leur patience ou de leur convoitise ? Louison a fait des ravages sur le bateau. Mais elle est la maîtresse du capitaine. Chasse gardée; on l'aime et on la déteste à la fois. A table, les insinuations se font de plus en plus blessantes; toujours les mêmes. Un soir, un officier déclare que « les passagères sont des salopes et des coquines ». Une autre fois, il affirme que l'avancement dans la marine obéit à des raisons peu avouables : « Pour moi, je ne commanderai pas, car je n'ai pas de jolies sœurs coquines à Paris. » Qui vise-t-on ? Kerguélen est ulcéré. Il quitte la table sans mot dire.

Une femme à bord porte malheur. La dysenterie s'est mise dans l'équipage. On en cherche les raisons. Les provisions peut-être ? L'économe est pourtant irréprochable. On ouvre les soutes : tous les légumes secs sont remplis de vers... Kerguélen trouve des explications tangibles : le bateau est neuf, son bois est encore trop vert, cela donne de l'humidité. Mais sur l'autre bateau, *L'Oiseau,* personne n'est malade... Une femme à bord porte malheur... Pourtant un autre explorateur, Bougainville, avait emmené lui aussi une femme sur son bateau, et son expédition avait été une réussite complète. Il est vrai que la dame s'était déguisée en matelot, et manquait tellement de séduction féminine qu'il avait fallu l'intuition et la curiosité des Tahitiens pour mettre au jour la supercherie...

Il y a soixante malades à bord. On fait relâche à False Bay, près du Cap. Kerguélen débarque, en compagnie de ces dames et de son second, Du Cheyron. Celui-ci supporte de moins en moins les présences féminines. La cabale reprend de plus belle. Il s'est arrangé pour que la chaloupe aborde au rivage en plein ressac et que toutes ces dames se retrouvent à la mer, avec leurs robes définitivement gâchées. Et il prétend que le capitaine partage la même chambre avec les trois femmes. Cela ne serait pas grave si, chaque fois qu'il aperçoit des bâtiments étrangers, il ne leur confiait pas des lettres où il raconte, à sa manière toute de persiflage, les menus incidents de la traversée... Kerguélen, qui s'assombrit de jour en jour, finit par perdre son sang-froid. Le temps des injures est arrivé : « Jean-foutre ! » Il se sent de plus en plus isolé.

On repart, et la guigne continue : voici la tempête. Le bateau se couche, on croit le naufrage arrivé. Les mâts sont brisés, la voilure déchirée. Il faut confectionner un gréement de fortune. Et c'est en ce triste appareil que *Le Roland* parvient à l'île de France le 29 août 1773.

L'accueil est plutôt froid. Les notables de l'île ont changé et n'aiment guère Kerguélen. Ils sont opposés aux voyages d'exploration. Encore des responsables à courte vue. Ils prétendent que ces expéditions coûtent trop cher et gênent l'approvisionnement de la colonie. Kerguélen réclame des bateaux supplémentaires. On lui offre de vieilles coques pourries. Il demande du ravitaillement. On lui propose des bêtes malades... Dans sa fureur, le capitaine se laisse aller à quelques excès de langage : il dit bien haut que les maîtres de l'île ne sont pas dignes d'être des officiers du roi, mais qu'ils ne sont que de vulgaires épiciers uniquement motivés par l'appât du gain. En représailles, la cabale reprend. Ces propos sont aimablement répercutés aux intéressés, et un officier du

Roland se met à correspondre en lettres codées avec l'intendant de l'île. Kerguélen parvient à intercepter l'une d'entre elles. En sa qualité de capitaine, il fait mettre le coupable aux arrêts. Qu'est devenue la sainte fièvre de l'exploration ?

A terre, le climat de l'île a rendu Louison encore plus jolie. Elle se laisse peut-être aller à certaines indolences. La vie créole a de ces douceurs... On murmure maintenant que la jeune femme est bien volage, et que le capitaine a dû la rosser très sec pour la ramener sur le chemin des amours plus exclusives. En tout cas, il a décidé de la laisser à l'île de France. L'état-major se réjouit; les frais du voyage de retour seront à la charge de Kerguélen, et la dame devra attendre le premier bateau de passage pour rentrer au pays. Il est possible que cette dépense n'ait guère souri au capitaine. Et Louison n'était pas femme à supporter les caprices de la marine française. Elle va se plaindre au gouverneur de l'île de France d'avoir été amenée de force... Maintenant, on la laisserait là, sans ressources, à guetter les navires marchands qui voudraient bien l'embarquer ? Offensive parallèle sur Kerguélen : elle retourne au *Roland;* il la renvoie. Mais le 15 octobre, la veille du départ, elle est à nouveau à bord... Et définitivement.

Deux mois plus tard, on a retrouvé les îles de la première expédition. Dans le froid et la neige, les travaux d'exploration ont commencé. Mises au point cartographiques et hydrographiques chères à Kerguélen. A travers les noms qu'elle reçoit, la terre nouvelle devient une sorte de Bretagne australe. Ce golfe, c'est la baie d'Audierne; cette petite île, on l'appelle Bénodet. Ailleurs, le golfe du Morbihan et la baie de Quiberon. Pourtant, le visage de Kerguélen se ferme de plus en plus. Et Louison n'y peut rien. Elle s'est coiffée d'un bonnet d'hermine et aborde une culotte du plus beau rouge sous son manteau de mouton; tenue singulièrement moderne, mais assez indécente au XVIIIe siècle, même aux terres australes. Elle cherche à se rendre utile. Les matelots sont malades. Certains d'entre eux s'évanouissent. L'eau rentre dans les cales du *Roland,* gâte le riz et le biscuit. Les moutons et les volailles qu'on avait emportés sont morts de froid. Le scorbut attaque. Et toujours ces falaises, ces brumes inquiétantes, ce morceau de terre déchiqueté. On a pourtant repéré une belle baie, qui ferait un joli mouillage. Il y a de l'eau, dit-on, et on a aperçu des outardes. Mais ce n'est pas Kerguélen qui les a découverts. Il n'a fait que tirer des bords au large de l'île, sans jamais y poser le pied. Sa chimère s'est évanouie au milieu des rafales.

Ile de la Désolation, comme l'aurait volontiers appelée Cook, son rival anglais, s'il n'avait eu à son passage le fair-play de lui donner le nom du Breton qui l'avait découverte.

Le continent austral n'est pas là, ni les habitants raffinés que Kerguélen y avait imaginés. Plutôt que de confronter son rêve à la réalité rocailleuse d'une terre inhospitalière, le capitaine breton tourne le dos à son île. C'est le capitaine de l'autre navire qui débarque déposer la bouteille qui contient le parchemin attestant la prise de possession.

Contre l'avis de ses officiers, Kerguélen donne l'ordre de remettre cap au nord. Fuir. Les tempêtes répétées, le froid, les malades. Certains de ses hommes qui le haïssent. Louison ? Personne n'en parle plus. Et peut-être Kerguélen s'est-il souvenu de la vieille chanson de marin qui avait inspiré il y a bien longtemps la poétesse Marie de France; tradition des plus vivaces chez les gens de mer; l'homme qui emmène à bord une femme qui n'est pas la sienne s'expose aux pires courroux de l'Océan. La mer est jalouse et morale, et les matelots se révoltent contre le capitaine :

« Sire vous avez avec vous
Celle par qui nous périssons
Jamais à terre nous ne viendrons
Quand loyale épouse vous avez
Sur ce bord une autre emmenez
Contre Dieu et contre la loi
Contre droiture et contre foi
Laissez-nous la jeter à la mer
Ainsi alors nous pourrons arriver... »

Une femme à bord porte malheur. Kerguélen renonce à sa chimère... Retour. Tout va mal. Les officiers, déçus qu'on n'ait pas poussé l'exploration plus loin. Les scorbutiques qui agonisent dans le froid, et les rafales. Il faut jeter chaque jour plus de cadavres à la mer. Kerguélen se croit couvert au regard de ses supérieurs : il a pris soin de rédiger un procès verbal mettant au net l'état des navires et de l'équipage et de le faire signer par tous les officiers et maîtres. Mais chacun prépare sa petite vengeance. Le capitaine le sent; il est de plus en plus irritable. Maintenant, il voit le complot partout. Il punit ses hommes au moindre prétexte. On atteint enfin Madagascar. On évite l'île de France. Pour tâcher de faire oublier Louison ? Ou pour faire la traite des Noirs, comme le prétendent certains ?

Quelques moments de détente, en tout cas. Les malades se rétablissent peu à peu, et certains officiers se mettent à étudier directement sur le terrain la « galanterie des Indiennes de Madagascar ». Le 29 mars 1774, retour pour la France, par la même route qu'à l'aller. Personne ne parle plus de Louison. Le 7 septembre, *Le Roland* arrive à Brest. Le soir même, la passagère débarque sur un bateau pêcheur, aussi clandestinement qu'elle était venue à bord. Louison Seguin disparaît dans les rues de Brest.

Et pourtant Kerguélen n'est pas près de l'oublier. A peine ont-ils débarqué que ses officiers lui intentent un procès. Cet homme n'est qu'un débauché, il a introduit clandestinement à bord une jeune fille, il « a vécu scandaleusement avec ses passagères ». Il a fait du troc en usant de pacotille, ce qui lui était strictement interdit. Il n'a pas mouillé suffisamment longtemps aux terres australes comme on le lui avait demandé. Personne n'évoque l'intérêt de sa découverte et les cartes qu'il a dressées. Rien que des ragots d'officiers jaloux de l'avancement rapide de l'explorateur, de son esprit hardi, de son franc-parler. D'un bout à l'autre de l'expédition, Kerguélen n'en a fait qu'à sa tête. En dépit de toutes les mesquineries. C'était assez pour le condamner.

Six ans de forteresse, et la perte de son grade. Il se retrouve à la prison de Saumur, qui a la réputation de rendre ses hôtes fous dans les plus brefs délais. Kerguélen, lui, y conserve sa santé mentale. Il lit, il écrit, il se justifie. On le libère au bout de trois ans. Il redevient corsaire, mais la fièvre de l'exploration le reprend vite. Il arme un bateau pour faire le tour du monde. Les Anglais, ses ennemis jurés, l'arraisonnent. Ils prétendent que, sous couvert d'exploration, Kerguélen n'est qu'un corsaire masqué... Un an de prison dans les geôles anglaises. Puis une vie de déchéance. Il lui faudra attendre Thermidor pour être définitivement réhabilité.

Louison avait disparu dans les rues de Brest, tout comme la chimère du continent austral s'était évanouie devant des brumes froides et des falaises hostiles. On ne savait d'où venait la dame. Et jamais on n'a su ce qu'elle est devenue. Kerguélen a reparlé de son île, mais de Louison, pas un mot. Pudeur bretonne, sans doute. Les silences, en Bretagne, sont souvent bien plus lourds de peine que les aveux les plus déchirants.

Quelques moments de [illegible]

[illegible]

6/Flibustiers, pirates, corsaires et Cie

Il faut quelquefois détruire des légendes.

La légende des flibustiers, corsaires et autres écumeurs de mer est de celles-là. Le pire, c'est que toutes ces histoires ne sont pas bretonnes. Elles sont nées d'une abondante littérature de sous-produit qui s'est développée à la fin du XIXe siècle. Le cinéma hollywoodien les a consacrées. Le guerrier des mers y apparaît comme le personnage romanesque à l'état pur. Quintessence de héros en technicolor sur fond de mers chaudes, cocotiers et coffres croulant sous les pièces d'or et les pierreries. Accessoires de rigueur : jambes de bois et œil bandé; quelques personnages manchots à l'arrière-plan. Le héros se devra cependant d'avoir au moins une main libre, ne serait-ce que pour prouver son habileté à fourrager les canons et à caresser les seins bronzés des femmes exotiques. L'abordage, morceau de bravoure indispensable : on arrive vent arrière, on vire de bord au dernier moment, boulets fumants, corps-à-corps au sabre, l'héroïne est à bord et tremble pour son beau pirate... Pour pimenter l'affaire, on peut ajouter une histoire de trésor caché, et on tient là une excellente recette de cinéma d'évasion. Petit bonheur et fuite à quatre sous. On ne s'embarrasse pas de détails : pirates, forbans, flibustiers, corsaires, truands des mers et chevaliers de l'océan, tout le monde est rangé sous la même bannière.

Vouloir détruire une légende est toujours un peu triste. Mais c'est rendre justice à des hommes dont on ne parle pas ou dont on parle mal, dont les actions n'ont pas été comprises ou même complètement dénaturées, car cette légende a contribué à confondre trois types d'hommes absolument différents : le pirate, le flibustier et le corsaire. Ne parlons pas du boucanier et du forban : tous ces termes sont en général utilisés indifféremment. En réalité, ils désignent des hommes qui n'ont ni la même origine, ni le même destin.

LE PIRATE

Au commencement était le pirate.

Quand on est bon marin, qu'on a le ventre vide et qu'on se moque des lois de la société, il est bien tentant de s'en aller sur la mer jolie traquer le bateau du premier venu et de le rançonner. On devient brigand de mer et de ses grands chemins.

Comme chez tous les peuples côtiers, la tradition est ancienne en Bretagne. Pendant tout le Moyen-Age, des navires bretons rançonnent les étrangers, qui ne se privent pas de la réciproque : il n'y a pas encore de législation maritime. Certains se distinguent par une organisation plus rationnelle et une remarquable efficacité. Leurs familles en gardent une longue gloire; non loin de Saint-Malo, on connaît surtout les Rothéneuf, dont le quartier général est une longue pointe rocheuse. De cet éperon, jour après jour ils surveillent le large. Toute une industrie vit de leurs entreprises : constructeurs de bateaux, hommes de main, receleurs et vendeurs de marchandises. Ils ont même un saint qui protège leurs raids sanglants sur la mer... Mais ceux-là, qui opèrent jusqu'au XVIIe siècle, sont des survivants d'un monde qui se meurt. Déjà, à la fin du Moyen-Age, on commençait à établir une législation internationale des usages de mer. Dans ces conditions, la piraterie ne pouvait que devenir affaire de révolte.

La Tigresse de Clisson

Piraterie, c'est rébellion. Dissidence. Ces hommes-là refusent de supporter que la mer ne soit plus le lieu libre. Il en est même qui choisissent la mer parce qu'elle seule leur permettra de vivre leur révolte. Sur l'océan, ils bafoueront toutes les lois, y compris celles de la chevalerie. Rien d'étonnant à ce que les grands pirates ne soient pas bretons. Sur mer, les Bretons s'en vont souvent le désespoir au cœur, mais rarement le nihilisme en tête.

En la matière, on ne trouve qu'une femme. Femme bretonne il est vrai. Mais cela ne suffit pas pour faire une piratesse, et des plus célèbres. Comment une des plus belles dames de son temps, et noble de surcroît, peut-elle devenir une véritable tigresse de l'Océan ?

C'est qu'on lui a pris son homme. Et de la manière la plus traîtresse. Cela se passait au temps de la guerre de Succession. La jolie Jeanne de Belleville, timide et effacée, avait épousé Olivier de Clisson. La trêve avait été signée et la Bretagne commençait à respirer. Le jeune seigneur, laissant ses deux fils à la garde de sa femme en leur manoir breton, avait décidé de se rendre à Paris pour assister aux joutes qui devaient marquer le retour de la paix. Pendant la guerre, il avait été du parti opposé au roi de France Philippe VI de Valois. Mais les règles de la chevalerie assuraient l'immunité absolue aux participants d'un tournoi. A peine Clisson est-il arrivé qu'on l'arrête. Discrètement. On l'accuse de trahison. Point de procès. Formalité superflue en ces jours de festivités... On le décapite sans plus tarder. Le corps sans tête est envoyé en pâture aux oiseaux du gibet de Montfaucon; quant à la tête du chevalier, on l'expédie à Nantes pour y être exposée.

Jeanne de Clisson apprend qu'elle est veuve. Sans plus tarder, elle part pour Nantes, ses deux enfants à la main. Elle s'en va jusqu'à la porte où l'on a cloué la tête de son mari, « sous le soleil et la pluie, les étoiles et la lune, offerte aux corbeaux ». Elle la désigne du doigt à ses deux enfants...

Ceux-ci ne reconnaissent plus leur mère. Autrefois douce et timide, la dame de beauté est devenue sauvage. Cruelle. Folle de haine. Elle exige de ses fils épouvantés serment de perpétuelle vengeance. Tout Français sera désormais son ennemi. La voilà chef de guerre. Autour d'elle, quatre cents chevaliers. Elle prend d'assaut villes et châteaux. Les habitants sont passés au fil de l'épée. « Toutes les têtes volent au-delà des corps et deviennent des objets à ficher au mur. »

La tigresse bretonne fait trembler la France. Le Parlement de Paris la somme de comparaître pour qu'elle se justifie. On imagine son rire amer : ces gens de Paris lui tuent son homme en basse félonie, et lui commandent ensuite les raisons de sa vengeance ! Si la guerre à terre lui est désormais interdite, qu'importe ! Jeanne de Clisson la portera sur mer.

Elle vend ses bijoux et affrète un navire. Toujours avec elle, ses deux enfants. Entre lames et tempêtes, elle gagne l'Angleterre. Ce n'est pas une fuite. Jeanne va voir le roi Édouard III. Elle lui propose une expédition contre la France. Le roi est sceptique : cette jeune femme, avec deux enfants, qui ne connaît rien aux choses de la navigation... Seulement la dame lui propose aussi d'assumer les frais d'armement des navires que le roi lui confierait. Il suffit de lui donner des pilotes, elle sera le stratège. Elle bout d'une si belle et si bretonne colère que le roi d'Angleterre se laisse faire...

La voici tigresse de mer. Plus un sou. Mais elle est heureuse. La mer convient mieux que les campagnes à sa vengeance nihiliste. Ses bâtiments sillonnent la Manche. Fondent sur toute voile parue à l'horizon. Si le bateau est français, son compte est bon. On le prend en chasse, on l'encercle et on passe à l'abordage. Jeanne conduit elle-même les opérations. Ensuite, pas de quartier : l'équipage est trucidé, le navire pillé, puis coulé. Et la Manche ne suffit plus à sa rancune. Il lui faut aussi l'Atlantique, et même les rivières, qu'elle remonte certains jours de noirceur où la hante trop fort le souvenir de la tête clouée sur les remparts de Nantes. Elle force les ports. Du sang. Encore. Jamais assez.

Le roi de France, Philippe VI de Valois, est fou de rage. D'autant plus que la Bretonne fait la guerre pour la guerre. Elle n'a même pas l'excuse du lucre ou de l'ambition. Elle répond à la trahison par la trahison. Il faut la prendre. Elle est insaisissable. On croit l'avoir vue, des marchands racontent qu'ils lui ont échappé par miracle... On la traque, mais rien. De temps à autre, un bateau n'arrive pas au port. C'est la tigresse bretonne, c'est sûr. La situation est intenable pour Philippe de Valois. Il rassemble sa flotte. Jeanne est encerclée. Impossible d'échapper au meurtrier de son mari.

Il n'est pourtant pas dit qu'elle se soumettra. Elle attend la nuit. Elle descend dans une chaloupe, toujours avec ses deux fils. A force de rames, elle tente avec quelques matelots de rejoindre la terre. Derrière elle, son navire s'enfonce lentement. Elle l'a sabordé.

Et commence l'errance sur la chaloupe. Rame le jour, voile la nuit. Froid, pluies, soleil. L'un des enfants tombe malade. Fièvres et tremblements. L'espoir s'éteint vite. Le petit meurt, et son frère, qui a vu la tête de son père pourrir sur les murs de Nantes, regarde cette fois le corps de son seul compagnon s'enfoncer dans les flots.

La barque finit par atteindre la Bretagne. Par chance, chez

des gens qui aiment Jeanne et vont la secourir. Elle quitte la mer pirate. Elle ne veut plus rien. Elle revient à la terre, s'accroche à l'enfant qui lui reste. Se remarie. La voilà à nouveau calme et rangée. Le temps du sang est passé. Elle coule des jours tranquilles dans la douce campagne morbihannaise. Elle est entrée en piraterie comme un météore : fulgurante, et vite éteinte.

La république des Gueux de mer

Le comportement de Jeanne de Clisson était avant tout un acte de vengeance. Plus tard, au XVIe siècle, c'est le parfum délicieux des cargaisons du Nouveau Monde qui suscite les vocations pirates. Les Bretons sont bien sûr de la partie : on s'empare des navires portugais, on coupe le nez des prisonniers en criant : « Éternuez l'or ! » Les rois les utilisent comme hommes de main contre leurs ennemis. Les chroniqueurs ne retiennent qu'exceptionnellement leurs noms. Les forbans s'en moquent : entrer dans le monde des pirates, c'est pénétrer un autre univers. C'est oublier la société, celle qui écrit l'histoire. On entre en anarchie. Pendant les guerres de Religion, certains Bretons devenus pirates en oublient même qu'ils sont catholiques. La haine des Huguenots pour Philippe II d'Espagne rassemble à La Rochelle des aventuriers de toute origine : gens de Saintonge, de Normandie, de Gascogne, Hollandais, Anglais. Et des Bretons, en assez grand nombre, appâtés par les galions du roi très-catholique... On les appelle les « Gueux de mer », et ils n'en ont cure. Ils ont vite perdu de vue les affaires du Bon Dieu. Piller, piller, piller : un internationalisme de la destruction et de la révolte contre l'autorité. On s'en va jusqu'à La Havane déshabiller les madones des églises et poignarder les Saintes Images. Destruction sanglante et anonyme : on n'a jamais vu les pilleurs signer leurs forfaits. Les pirates bretons se fondent dans l'anonymat de cette république éphémère. Un météore, elle aussi. Nous n'en connaissons que les crimes. Nous devinons la révolte de ces gueux, mais nous ne saurons jamais leurs noms, leurs amours et leurs rêves.

CEUX QUI ENTRÈRENT EN FLIBUSTE

Avec le XVIIe siècle naît le temps de la flibuste. Depuis le Moyen-Age, les pirates offrent de plus en plus souvent leurs services aux souverains. Ils deviennent corsaires, pirates légaux opérant pour le compte de qui les subventionne, avec intéressement aux bénéfices. Il leur faut pour cela obtenir l'autorisation du souverain; elle se concrétise par la délivrance d'un document, la lettre de marque. Depuis l'établissement des Espagnols aux Amériques, leurs cargaisons d'or sont de plus en plus convoitées par les autres Européens. Les corsaires – encore proches des pirates – recherchent un théâtre d'opérations plus propice à la prise que les mers européennes. Les vaisseaux espagnols passent obligatoirement par la mer des Caraïbes et son dédale d'îles et de récifs. C'est donc là qu'il faut aller les traquer. Il s'impose aussi de trouver une base d'où lancer ces opérations, car on ne peut le faire de la trop lointaine Europe. Il faut s'établir aux Antilles.

La paix religieuse est revenue sur le vieux continent. La guerre civile, au moment où naissent et s'organisent les États, devient une fantaisie à exclure. Quant aux guerres entre nations, elles ne durent qu'un temps. Il y a donc en Europe une foule d'aventuriers et de canailles de toute espèce qui se trouvent sans emploi, et qui se sont habitués à une vie anarchique et violente. Les Antilles, les « Isles du Pérou », comme on les appelle, ont de quoi les tenter : les Espagnols, qui les avaient découvertes, s'en étaient complètement désintéressés. Ils s'étaient contentés, croix en main, de les saccager et d'exterminer méthodiquement les Indiens qui y vivaient, sans s'installer vraiment sur ces îles. Seul le continent sud américain – or, argent, perles, etc. – avait leurs faveurs. C'est pourquoi ils négligèrent les Antilles, malgré la bulle pontificale qui leur assurait la possession exclusive des terres qu'ils avaient découvertes.

Des colons non espagnols s'infiltrèrent donc progressivement aux Antilles. L'affaire était intéressante. Le droit public européen ne s'appliquait pas, dans la pratique, à l'ouest des Açores et au sud du Tropique. Autrement dit, on pouvait y faire ce qu'on voulait... Les preneurs accourent. Ils se mettent à l'affût des proies chargées d'or et des cargaisons capiteuses.

Comment les appeler ? Il s'agit au départ de corsaires, car ils ont l'appui plus ou moins explicite de leur gouvernement, en principe. Leur butin ne peut se monnayer qu'en France, s'ils sont Français. Mais parmi les aventuriers qui débarquent aux

Antilles, certains ne sont ni plus ni moins que des hors-la-loi, qui n'ont pas la lettre de marque qui autorise la mise à rançon. D'autres en ont, qu'ils ont obtenues Dieu sait comment : il arrive que, ne sachant pas lire, ils n'aient aucune idée de ce qui s'y trouve écrit et la portent à leur cou comme on le ferait d'un quelconque gri-gri... On les appelle les flibustiers, les « libre-faiseurs de butin »... Sous le soleil des Antilles, un nouveau rêve de liberté...

Le pouvoir central, à Paris, s'avise bientôt de la richesse agricole que peuvent aussi constituer les Antilles. Outre une base d'opérations maritimes, ces terres peuvent constituer une véritable colonie; on tente alors d'organiser des compagnies : Compagnie de Saint-Christophe, Compagnie des Isles d'Amérique. Leur but est de faire fructifier ces terres nouvelles. Et il faut des hommes pour cela. Les compagnies les recruteront.

Peu à peu les Français s'installent donc aux Antilles : Martinique, Dominique, Guadeloupe, Marie-Galante, Grenade et Saintes. Ils occupent aussi la partie nord-ouest de Saint-Domingue – l'emplacement de l'actuelle république d'Haïti. Ils sont bientôt en assez grand nombre pour que Louis XIV leur envoie un gouverneur, Ogeron, dont la mission sera d'organiser ces établissements en véritable colonie. Car on vit là-bas dans un état très proche de l'anarchie. Dans les bois des îles, échappés au massacre des Espagnols, des troupeaux de bœufs et de cochons retournés à l'état sauvage. Les nouveaux habitants les traquent, les tuent et en font fumer la chair sur des grils de bois. Un fumet délicieux. Ce procédé de cuisson conserve la viande très longtemps : les Indiens l'appelaient le « boucan ». Les boucaniers sont donc ces chasseurs hirsutes qui vivent dans la brousse des montagnes antillaises et ne se nourrissent que de gibier et de fruits sauvages, entre leurs meutes énormes de chiens. Basanés, barbus, leurs hardes couvertes de taches de sang fraîches ou anciennes, coutelas à la ceinture. Distractions exotiques et barbares : sucer la moelle toute chaude de leur proie, abattre une orange en lui coupant la queue d'une balle... Seul contact avec la civilisation : les premiers bateaux qui arrivent de Nantes, à qui ils vendent le cuir de leur gibier, en échange des gros fusils « boucaniers » que l'on fabrique dans le port breton.

Les flibustiers, eux, sont hommes de la côte. Dans cette histoire d'hommes qui n'ont pas écrit on ne sait guère lesquels, des flibustiers ou des boucaniers, ont été les premiers. Peu importe, ils se ressemblent; les flibustiers sont la version maritime des boucaniers. Ils vivent aussi en groupe. Ils se sont repliés sur la Tortue. Petite île étrange au nord de Saint-Domingue. Un repaire d'accès difficile. A-pics. Brisants de toute sorte. Les flibustiers possèdent des navires spécialement équipés pour la prise, qui peuvent serrer le vent de très près, mais souvent, ils utilisent de simples canots ou des barques de pêche qu'ils envoient contre les vaisseaux et les villes espagnoles. Pour un flibustier, deux ennemis seulement : le moustique et l'Espagnol. A part cela, la Tortue est un paradis terrestre. Le bananier pousse comme chiendent. Partout des oiseaux de toute espèce. Pas beaucoup de viande mais on peut en acheter aux boucaniers de Saint-Domingue. La pêche : crabes qui se laissent ramasser, langoustes délicieuses, mais dépourvues de pinces, on croit rêver. On s'endort sur des matelas moelleux de feuilles de bananiers, si doux que l'on raconte que ce sont des feuilles identiques qui servirent de berceau à l'Enfant Jésus...

Comment retrouver les Bretons dans ce monde d'anarchie où seule compte la liberté ? L'univers de la flibuste est international. Hollandais, Irlandais, Anglais, Français se retrouvent là pour des raisons diverses. En commun : la fuite loin de la société européenne et ses lois. Ce sont, au sens propre du terme, des forbans. Brigands de mer, qui ont enfin trouvé, dans les eaux tièdes des Caraïbes où glissent les galions espagnols, le lieu où vivre leur révolte et leur nihilisme. « Les aventuriers flibustiers n'ont pas de pays certain; leur patrie est le lieu où ils trouvent de quoi s'enrichir » affirme un des rares témoins de leur existence...

Les « trente-six mois »

Pas de pays certain... Et pourtant, parmi eux, il est pratiquement sûr qu'il y eut des Bretons.

Pour une raison très simple : c'est qu'on trouve trace, dans les ports atlantiques, de ces Bretons qui s'en allèrent au XVIIe siècle tenter leur chance aux isles d'Amérique. D'autre part, leurs conditions de vie aux Antilles les ont amenés, dans certain nombre de cas, à chercher fortune autrement que sur les plantations.

Les colons qui commençaient à défricher les « isles » avaient besoin de bras. Brousse, chaleur, moustiques, fièvres, on ne viendrait jamais à bout de cette terre. En cette moitié du XVIIe siècle, le temps des grandes déportations d'esclaves africains n'est pas encore venu. C'est dans les ports atlantiques qu'on va chercher les hommes. Des volontaires, des « engagés », comme on dit, qui signeront un contrat de travail de trois ans pour un patron qu'ils ne connaissent pas. Trois ans, trente-six mois... Des rabatteurs, associés aux colons, se mettent à prospecter dans les ports de Saintonge, Vendée et Bretagne. On fait des publicités par voie d'affiche. On le crie haut et fort : les « isles » sont pays de Cocagne, tous les travaux y sont bien payés, et toutes sortes de tâches s'offrent à qui désire faire travailler ses mains. Cela vaut bien, pensent tous les pauvres qui déambulent sur les quais, d'y risquer trois années de service obligatoire au service d'un patron inconnu. Et d'ailleurs, ajoutent les rabatteurs, si vous ne savez pas faire grand-chose de vos mains, qu'à cela ne tienne, l'apprentissage est gratuit. Et les beaux salaires en perspective ! Peut-être même au bout du compte, une terre bien à soi, une « place à petun et à coton »... Les yeux brillent.

En majorité, ceux qui vont partir sont des « laboureurs » : paysans sans terre que la pauvreté grandissante a ramenés sur les chemins de l'errance. Lors de la rédaction du contrat, ils se disent cloutiers, charpentiers. C'est faux la plupart du temps. Mais ils ne veulent pas avouer leur condition. Et ils ont tellement envie de partir. D'autres Bretons sont maçons. On trouve aussi des paludiers de Guérande, qu'on a sollicités de toutes les façons les plus alléchantes : on manque de salines, aux Isles, et comment s'en passer ? Comment bâtir une colonie dans un pays sans sel... En Bretagne, ce sont surtout les tisserands qui s'en vont. Le travail commence à manquer depuis quelque temps et ils ont appris depuis longtemps, derrière leur métier à tisser, le chemin des îles. On ne tisse pas pour rien de la toile à voile ! Ils partent, souvent très jeunes. Avant 1670, les rabatteurs ne sont guère regardants sur l'âge de leurs recrues : on engage même des enfants... On racole, on racole. On a besoin de chirurgiens; il vous suffit de prétendre vous connaître en médecine et l'affaire est faite. On croit au talent sur parole, et on se garde bien de préciser qu'aux fameuses isles règnent la dysenterie, la variole et que les accidents sont nombreux. On accepte l'engagement, et l'on s'en va signer le papier devant le notaire. C'est précisément dans leurs « minutes » que nous trouvons la trace des Bretons. Ils ne partent pas massivement, mais se présentent dans les ports un à un, au gré de leur vagabondage solitaire. Isolés, gens des terres comme des mers pris au piège d'une publicité prometteuse. Gens des villes : Vitré, Brest, Vannes, Guérande, Saint-Malo. Gens de villages ou de petits ports : Pontivy, Le Faouët, Port-Louis, Saint-Nazaire...

Les contrats des notaires, malgré leur austérité, sont le reflet de ce monde qui prend le vent. Le motif du départ est parfois précisé : « Au dessein de voir le pays... » On note le salaire dû par le maître pendant le service : « 150 livres de bon tabac par an ». On promet de nourrir l'engagé jusqu'à l'embarquement. On fait miroiter le don de quelques vêtements. Et après, là-bas ? Le contrat est des plus vagues : l'engagé servira « à la coutume des isles ». Mais il ne les connaît pas ! Or là-bas chacun en fait à sa tête. Il n'y a pas de loi, c'est cela la « coutume des isles » ! L'engagé, illettré dans la majorité des cas, appose sa croix au bas du contrat. Il accepte ainsi les clauses les plus vagues; pas de détails sur le travail à accomplir, aucune promesse de retour en Europe. Tant pis, on signe, le rêve en tête. Et pour peu qu'on devienne plus réaliste, le recruteur, qui est un marchand, a pris ses précautions. Il a demandé des garanties auprès des parents et des connaissances de l'engagé. Quant aux vêtements, il ne les fera distribuer qu'à l'instant du départ...

Pour ces marchands d'hommes, l'engagé n'est que bétail. Les racoleurs sont liés aux colons par des intérêts commerciaux : culture et commerce du sucre et du tabac. Ils perçoivent leur pourcentage sur la fourniture d'hommes aux premiers planteurs. Racoler de l'engagé, c'est souvent pour eux le début de la fortune. Ils font commerce d'une main-d'œuvre anonyme. Future machine à défricher, déboiser, planter. Elle doit rapporter vite et aux moindres frais.

Les Bretons qui s'en vont prendre la mer à Nantes ou La Rochelle ne le savent pas encore. Le mirage des îles, ils n'en attendent pas la douceur d'un éternel farniente. Mais au moins, une vie plus belle, plus chaude, une conscience neuve. Et ils se rêvent tout habillés de frais sur des navires en partance. Première déception, le matin du départ : le rabatteur a tout fait à l'économie; un habit grossier de serge ou de toile, deux ou trois chemises dans un baluchon; des souliers, quand même, neufs ou rapiécés. Quand on n'a jamais eu que des sabots, c'est un luxe.

L'horizon du port disparu, les « trente-six mois » sont parqués sous le pont. On n'aura jamais assez d'eau douce pour tenir jusqu'aux isles. L'épidémie va bientôt menacer et le capitaine le sait. Avant le départ, les vieux marins des quais lui ont prédit toutes les calamités de la mer, mais rien n'y a fait. On a passé outre. Ce qui compte : demain. L'immédiat. Le plus court terme. L'économie. Le profit rapide aux moindres frais. Ces gens-là sont déjà des négriers. Négriers de Bretons, entre autres.

Dès les premiers repas, les pauvres « trente-six mois » commencent à déchanter : du bœuf « bien avancé ». Du biscuit déjà piqué aux vers. La dysenterie ou la typhoïde ? A la grâce de Dieu, on verra bien ! Certains colons des Antilles finiront quand même par s'émouvoir, ils aimeraient bien qu'on ménage davantage la cargaison humaine. Le gouverneur, d'Ogeron, qui fait venir tant d'engagés, adresse à un capitaine toute une série de recommandations. Il faut leur donner des matelas, des rations d'eau-de-vie, permettre le lavage des vêtements, faire des potages d'oignons et d'herbes fortes « parce qu'il n'y a rien qui rafraîchisse davantage », donner de la nourriture fraîche, soigner les malades. En un mot, « traiter les passagers avec toute la douceur possible. » On en est loin... La mortalité est impressionnante; le rabatteur le savait au départ : ceux qui lui ont passé commande d'hommes obtiendront un rabais si leurs engagés viennent à mourir en voyage. Ils ne lui paieront que les jours de présence sur le bateau...

Et voici nos Bretons en route vers des îles-mirages. Le navire est parfois si petit qu'on ne peut se coucher en long sans empiéter des bras ou des jambes sur les voisins. Vomissements et autres maux de mer. La vermine, aussi tenace que la soif. Poux, punaises de bateaux, « en si prodigieuses quantités que les cordages mêmes en sont remplis et on les y voit monter à milliers comme des matelots »... Les hommes valides côtoient les malades. On se bat pour un peu d'eau croupie. Les Bretons catholiques se retrouvent avec des protestants de Saintonge. On s'injurie. Et toujours, les odeurs, l'infection. Pas de vêtements de rechange... La nuit, on patauge dans toutes sortes d'excréments. Le jour, quelquefois, le navire s'immobilise dans les grands calmes et l'on se dit que jamais ne viendra le temps des îles et de l'espoir.

Ils ont cru, ces gueux ramassés au hasard des ports, pouvoir effacer leur passé de misère. Ils ont cru pouvoir gommer jusqu'à leurs noms. « Ils affectaient de mettre tout en oubli, jusqu'aux noms de leurs familles, auxquels ils substituaient d'autres plus ridicules, comme Brise-Galet, Vent-en-Panne, Chasse-Marée, Passe-Partout, et mille autres de cette nature qu'ils affectaient de porter jusqu'à la fin de leurs jours », dit un témoin qui a bien connu le monde des engagés pour en avoir fait partie. Le surnom naît souvent sur le bateau. Nous perdons la trace des Bretons. L'anonymat les prend au fur et à mesure qu'ils s'approchent de la mer caraïbe. Un nouveau baptême les enlève, au sein d'une communauté neuve, faite pour un nouveau monde. Baptême inattendu, entre des gens qui ne se connaissent pas, et qui apprennent à se découvrir, à se haïr, à s'aimer dans la promiscuité malodorante et putride d'un navire en route vers un mirage. Car la saison en enfer ne fait que commencer.

A peine débarqués, les « trente-six mois » qui ont échappé aux infections et aux épidémies sont envoyés aux maîtres qui les ont engagés. Ils sont là tout hébétés, sous un climat inconnu, en route vers la plantation d'un colon qui n'attend d'eux que la force de leurs bras. Au bout de ces trois mois de voyage, leurs vêtements ne sont plus que des hardes fripées et salies. Arrivés à la plantation, nouvelle déception : à moins d'être ouvrier spécialisé, maçon, charpentier, charron, le trente-six-mois doit se construire lui-même sa case. De ses mains malhabiles, il tente d'imiter les huttes des Indiens Caraïbes. Roseaux tressés et feuilles de palmistes. Branchages dispersés à la première pluie... Ce n'est pas le pire. Le sommeil vient vite après les longues journées de défrichage dans la chaleur moite des Tropiques. Le plus dur, c'est le maître. Il se sent tous les droits depuis qu'il s'est approprié un morceau de terre antillaise après on ne sait quel passé d'aventures douteuses. L'engagé est tombé dans son piège. Nourriture : viande invariablement salée, qu'elle soit saine ou « tournée ». La moindre inondation, la moindre sécheresse en justifie la mauvaise qualité. Ni pain ni légumes verts. Si les « trente-six mois » en veulent, qu'ils fassent donc pousser du manioc et des herbes. Le vin ? Grand fortifiant, disent les planteurs, mais boisson trop chère.

Quelle évasion trouver ? Très vite les fièvres ont alangui les engagés. Et pourtant il faut continuer à travailler. La maladie est le « tribut qu'il faut payer aux îles »... Les coups du maître pleuvent à la moindre faute. C'est ce que les contrats appelaient « se comporter en bon père de famille » ! La voilà, la « coutume des isles ». Le « trente-six mois » est machine à faire de l'argent. Il est la chose de son maître. Sans son consentement, il n'a pas le droit de se marier; de toute façon, les femmes sont rares. S'il est vraiment trop malade, on le renvoie.

Et il redevient gueux. Plus gueux qu'il n'était avant, mendiant, volant au hasard de son nouveau vagabondage. Malgré la dureté des mœurs de l'époque, les témoins de ces horreurs sont unanimes pour condamner le comportement des planteurs : « Il est injuste que parce qu'on trouve un homme dénué de bien et sur un port de mer, qui, pour se garantir de la misère va chercher sa vie en Amérique,... cet homme soit obligé de servir un maître aux mêmes lois qu'un esclave... » « La manière de traiter les engagés est à faire trembler. Il faut le voir pour le croire. De six cents il ne s'en sauvera pas cinquante... Je serais bien fâché de battre mon chien ni mon cheval de même. J'en vois tous les jours dont le corps est tout en apostume (abcès) et la plupart (de leurs maîtres) ne leur donnent rien à manger, ils cherchent la nuit des crabes et le jour quelques fruits dans les bois. »

Les « trente-six mois » meurent comme mouches. On les ensevelit quand même : mais ni linceul, ni cercueil.

Certains survivent. Revenir en France ? Impossible. Comment payer le voyage ? Fuir alors ?

Là-bas, au bout des bois, les petites îles, le repaire de la Tortue. Le grouillement anonyme de la boucane et de la flibuste. Racines perdues pour racines perdues, pourquoi ne pas rejoindre le monde de tous les damnés ? Les « trente-six mois » ont déjà eu vent des histoires de galions chargés d'or et des orgies sataniques qui suivent leur prise. On dit aussi que les gens de flibuste ont un code bien à eux, qui n'est pas celui de l'honneur. Mais après tout, cela vaut mieux que de dépendre du seul bon plaisir d'un maître cruel. Chez les flibustiers la seule liberté est reine et fait la loi. On les appelle les « frères de la Côte ». Fraternité internationale dans une mer chaude, folle et infernale. Pas d'autre contrainte que les caprices du passage des cargaisons espagnoles. Entre-temps, leurs villes à piller, leurs femmes à violer. Cette liberté-là a de quoi séduire les hommes désespérés. De rêve de liberté en rêve de liberté, c'est ainsi qu'on entre en flibuste.

Les éboueurs de l'histoire

A partir de ce moment, toutes les amarres avec le monde civilisé sont irrémédiablement rompues. On entre en Barbarie. Une barbarie qui a des lois, mais en tout cas ignore l'histoire.

Les flibustiers nient tout. Même le temps. Mise à sac d'une cité espagnole, un vaisseau traqué entre les récifs, tout un équipage trucidé, voilà leurs seules incursions dans l'Histoire. Ils rentrent à l'île de la Tortue où ils brûlent leur or en orgies démentielles. Ils apparaissent brutalement, et disparaissent presque aussi vite. C'est pourquoi leurs aventures ont quelque chose d'irréel. On n'a retenu que quelques noms. Des hommes plus cruels ou plus déterminés que les autres : « Dans la république des pirates, celui qui commet le plus de crimes était regardé parmi eux comme un individu extraordinaire. Si avec cela il était distingué par quelque emploi et qu'il eût du courage, certainement c'était un grand homme. »

Parias d'entre les parias, les engagés bretons avaient déjà perdu leur nom lors de leur traversée vers les Antilles. En entrant en flibuste, ils le perdent une seconde fois. Ils se fondent dans la foule cosmopolite des aventuriers sans terre d'origine. Dans la mer chaude du tropique et la transparence de ses atolls ils retrouvent peut-être une sorte de recommencement. L'eau limpide, la loi de la jungle, avec pour proie à dévorer de gros bateaux ventrus, et pour seul but dans l'existence quelques journées où brûler son sang dans l'alcool, le soleil et les filles. Poésie infernale d'une communauté où la violence est loi. Poésie du libre lieu de mer et de ses bateaux damnés. Un espace et un temps différents des nôtres. Des Bretons aussi s'y égarèrent. Mais sans doute ne furent-ils pas aussi nombreux qu'on voudrait l'imaginer. Tout ce qu'on peut dire, c'est qu'ils ne figurent pas parmi les grands noms, à la différence des Hollandais ou des Anglais. L'ignorance du maniement de l'épée, essentiel dans les opérations pirates, a pu contraindre les anciens paysans ou matelots qu'ils étaient à demeurer des sous-fifres de la flibuste. Ou le tempérament celte, qui ne pousse qu'exceptionnellement au nihilisme absolu ? Après la saison en enfer d'un engagé sur les plantations, on ne peut jurer de rien...

Que dire alors de leurs noms, de leurs rêves, de leurs aventures, puisqu'ils se sont perdus dans un monde dont la seule gloire était celle du néant. Les acteurs y sont muets, comme le sont d'ordinaire les gueux. Seuls parlent le coutelas et le fusil boucanier, le blasphème du pirate pendu par l'Espagnol, les chapelets d'injures à faire rougir des marins en bordée. Ils sont les éboueurs de l'histoire, même pas ses oubliés : on ne peut pas reconstituer leur univers. Ils nous échappent, comme une inscription crétoise sur une tablette qui s'effrite déjà. Dans ces conditions, comment faire la part du Celte...

Un seul nom breton, avec une belle parole, est resté dans les annales pourtant maigres de la flibuste. Et c'était au temps où elle commençait à mourir. Nicolas Dulaien avait deux bateaux, dont le nom seul inspirait la terreur : *Le Sans-Pitié* et *Le Sans-Quartier*. Joli programme. Pavillon noir, conservé de nos jours, parsemé de « marques blanches comme figures de têtes, coupées au coutelas, et de restes d'ossements ». Dans un coin du pavillon, un homme nu tient un sabre d'une main, et de l'autre un sablier; le symbole est clair. Le pirate se veut maître du temps, et ce temps est celui de la mort. Dulaien avait établi à son bord un règlement très précis, stipulant toutes les règles de la mort et du pillage. Chacun des articles était invariablement précédé d'un « Laus Deo ! » : « Gloire à Dieu ! » Qu'un membre de l'équipage trangresse un seul de ces articles, et il avait la tête cassée...

Alors qu'il est peu d'exemples, dans toute l'histoire de la piraterie, qu'un forban vienne à se repentir, le Breton Dulaien est pris, certain jour de 1728, d'un étrange désir. Tandis que ses compagnons de pillage s'attardent dans les tripots, le voici qui appareille avec une poignée d'hommes. Les retardataires accourent au rivage. Et de son navire, Dulaien leur lance à pleine gueule :

« Adieu, canailles, je vais en France, je ne suis plus forban ! »

La phrase est belle. C'est la seule phrase bretonne de toute la flibuste...

La Bretagne est pétrie d'orgueil et de panache. La flibuste, elle, était une chevalerie dégénérée. On ne peut se faire chevalier du Rien. L'Autre Monde des quêtes bretonnes ne peut pas devenir celui du néant. Dans un très beau livre sur les pirates, Gilles Lapouge a expliqué pourquoi la mer des Caraïbes était un lieu de prédilection pour les forbans. C'est là, disait-il, que se confondent le mieux l'espace géographique et les lieux qui peuplent nos rêves.

Les Bretons ont peut-être reçu la grâce qu'il en soit ainsi partout. Et Dulaien peut alors claironner sans rougir qu'il se défroque de la flibuste. Il rentre à Nantes où on l'amnistie.

Chevalerie errante que celle des Bretons. Révolte, bien souvent. Mais ces chevaliers-là n'ont pas nécessairement besoin des mers folles. Toute folie est partout possible, à tout instant, et tous les rêves aussi. Et la chevalerie a des lois qui ne sont pas celles du nihilisme. Au fond de chaque Breton, en fin de compte, il y a quelque chose qui croit.

LE MONDE CORSAIRE

La flibuste portait en elle quelque chose d'irréversible. Les forbans des Antilles avaient tout quitté, de leur pays jusqu'à leur nom. Ils brûlent leur butin en orgies et meurent sans postérité. Au milieu d'eux, Dulaien le Breton, se signale parce qu'il parvient à sortir de la flibuste. A rentrer au pays, aux racines. A la légalité.

Or dans la France du XVIIe siècle la légalité de la guerre sur mer, c'est encore la course. La flotte royale demeure trop faible. Ici encore, il va falloir s'attaquer à une légende. Le mythe du corsaire breton, prêt à toutes les audaces pour couler les navires ennemis et ramenant à Saint-Malo des trésors fabuleux, a été inventé par les fonctionnaires de Versailles. Il fallait bien cacher la faiblesse de la marine française en face de ses ennemis, et masquer aussi l'appauvrissement dramatique de l'ensemble de la Bretagne : on met en vedette un port bien prospère, et l'affaire est faite. Mais de quoi se plaignent-ils donc, ces braves Bretons ! Les littérateurs du XIXe siècle ont repris la légende; ils ont tenté de faire revivre les corsaires et leur ont prêté des traits qui conviendraient mieux aux pirates et aux flibustiers. Ainsi, Eugène Sue se figurait le corsaire-type comme une vraie brute : « le blasphème et la pipe à la bouche, l'œil sanglant et le corps-couvert de cicatrices profondes à y mettre le poing ». Ayant rencontré un vrai corsaire, et des plus fameux, il est contraint de constater que l'homme ne correspond pas du tout à l'image qu'il s'en est faite. Plus d'un siècle après cette entrevue, à regarder l'abondante production littéraire et cinématographique sur le sujet, on s'aperçoit que le portrait-robot du corsaire n'a guère évolué...

On ne peut devenir corsaire si on n'est pas un bon marin, c'est certain. Il faut aussi être prêt à se battre et à payer de sa personne. Il se trouve même des corsaires, comme Cassard le Nantais, qui ont reçu au début de leur carrière d'excellents conseils des flibustiers. Seulement on ne peut pas organiser une course, si minime soit-elle, sans autorisation royale : c'est la « lettre de marque », qui permet au capitaine d'un navire corsaire de s'attaquer à tout vaisseau appartenant à une nation avec laquelle la France est entrée en guerre.

Le navire de course appartient donc souvent à un particulier, et il est aisé d'imaginer que cet armateur possède quelque intérêt à lancer ainsi ses bateaux contre les ennemis du roi de France. Ce sont aussi ses ennemis à lui... Pas exactement pour les mêmes raisons. Il a découvert en eux des concurrents dans le commerce avec les îles lointaines; ils lui ont raflé un marché dans un quelconque comptoir des Indes, ont empêché ses bateaux d'aller tranquillement « à la Chine », ou ils ont perturbé une campagne de pêche à Terre-Neuve. On pourrait donc considérer que le corsaire, capitaine ou matelot, n'est en fait qu'un exécutant au sein d'une vaste entreprise commerciale aux multiples ramifications. Mais entre la vision du corsaire qui en fait un héros technicolor, et l'autre, où défilent bilans, comptes et inventaires, il faut bien retrouver des hommes de chair et de sang : ces hommes furent des guerriers de la mer et ils ont bien souvent payé cette guerre de leur vie. Pas seulement les héros trop connus des habituels romans historiques. Les petits eurent aussi leur panache.

La tradition corsaire

Que les Bretons se soient particulièrement illustrés dans la course n'a rien d'étonnant. Elle était depuis longtemps dans la tradition de certains ports. Saint-Malo l'aventureuse, bien sûr. La ville a été fondée par un disciple du grand navigateur saint Brendan : Malo s'était retiré après ce long voyage non loin du rocher stérile qui lui sera bientôt consacré. Mais comment oublier la longue errance avec Brendan à la recherche de l'île Ima, la dernière sur la mer, les fontaines de perles où ils avaient bu, les terres mystérieuses aux oiseaux de toutes couleurs... Malo répand les miracles sur le rocher qui deviendra la cité corsaire. Il la protège et lui donne la tradition du voyage. La ville s'appellera Saint-Malo-de-l'Isle. La marée haute la coupe en effet de la grande terre. Isolement, qui prépare aux grandes partances...

Les réalités des temps qui suivent sont impitoyables. Tout navire marchand qui revient des terres de richesse est à la merci du premier pirate venu. Contre ces dangers, les marchands s'armèrent de bonne heure. Ils apprirent la guerre en même temps que le commerce. Bientôt on entasse les armes à bord des bateaux comme on le fait des médecines d'apothicaires : à titre préventif. La guerre attend les marins de commerce aussi sûrement que la maladie. Et les querelles privées entre ports de pays différents deviennent vite des conflits internationaux. Pendant la guerre de Cent Ans, une multitude de petites barques corsaires sortent des criques bretonnes. Elles surveillent le trafic autour des îles Anglo-Normandes. Le roi d'Angleterre s'en émeut et envoie contre eux ses légistes, plus redoutables encore que ses marins : « Nous n'attaquerons pas votre flotte marchande, n'attaquez pas la nôtre... » Il est vrai qu'on en est toujours à une stratégie du type « œil pour œil, dent pour dent ».

Ainsi, au cours des siècles, la législation se précise. Du temps de l'indépendance, certains Bretons vendent leurs talents de défenseurs à qui veut bien de leurs services; on a vu le cas des Coetanlem au XVe siècle. Certains sont si efficaces qu'on les demande de partout : un quarteron de frères, les Plusquellec, émigre à La Rochelle où ils fondent un consortium corsaire. La société Plusquellec s'arrange pour délivrer elle-même les lettres de marque, construit les bateaux, aménage ses petits repaires, loue les navires à une cité contre une autre. Elle est prospère : on est en pleine féodalité... Il faudra nommer un enquêteur breton pour pouvoir enfin mettre le nez dans leurs affaires un peu « douteuses ». Ils seront acquittés. Ils sont hommes de commerce, et la guerre et la marchandise ne peuvent décidément pas se séparer.

Il faut cependant distinguer les organisateurs des courses et leurs exécutants. En cette guerre, on peut aussi se montrer chevalier. La course étant de plus en plus inscrite dans la loi, elle implique un certain code qui, au moins dans les apparences, n'est pas le comportement d'un rapace. Il y a chez les hommes qui se battent sur ces navires une tradition de panache. Les corsaires n'oublieront jamais l'exemple de Portzmoguer, qui combattit sur mer du temps de la reine Anne. La dame avait eu vent du savoir et de la vaillance d'un petit corsaire du pays de Léon qui passait son temps, à ce qu'on disait, à traquer l'Anglais qui croisait devant ses côtes. La reine le fait mander et s'entretient avec lui. L'homme lui plaît tant, par sa simplicité et sa droiture, qu'elle lui confie *La Marie-Cordelière,* l'un des plus beaux bateaux du temps, et qui avait été réalisé sous son impulsion. Un jour que Portzmoguer se trouve dans le golfe de Gascogne en mission sur ce vaisseau les Anglais en profitent pour débarquer en Bretagne. Tous les rivages dévastés, du

Conquet à Crozon. L'amiral anglais déteste tant Portzmoguer qu'il va jusqu'à lui incendier son manoir.

La reine Anne donne l'ordre au Breton de rallier Brest. L'amiral anglais, qui se trouvait toujours dans les parages, décide d'attaquer au moment même où l'on donne une réception à bord de *La Marie-Cordelière*. Panique générale. Portzmoguer parvient quand même à faire évacuer dames et messieurs enrubannés. Il reste fidèle au poste, quitte à demeurer seul face à l'ennemi. La bataille, très vite, se joue entre deux vaisseaux : *La Marie-Cordelière* et *Le Régent*. Les deux navires sont accolés. Quatre cents Anglais se précipitent sur *La Marie-Cordelière*. Portzmoguer lance un ordre bref. Une explosion d'apocalypse. Les deux vaisseaux sont pulvérisés. L'ancien corsaire a fait sauter les deux bateaux et entraîne son ennemi dans la mort. Et c'est pavillon haut que la belle nef de la reine Anne s'abîme dans les flots.

La tradition corsaire en Bretagne a donc deux aspects : piraterie progressivement légalisée, phénomène politique et économique, mais héritière aussi de la grande tradition de la chevalerie et des quêtes anciennes. Réalisme, recherche de l'or et des butins fabuleux, qui n'exclut jamais la défense de l'honneur contre l'ennemi, dans des actes souvent étonnants...

Où des Bretons sauvent la France de la faillite

Avant Louis XIV et Colbert, la course était restée une entreprise semi-privée, encore artisanale dans son organisation. Mais avec le début des guerres de Hollande, la faiblesse de la marine française devient évidente. C'est alors que Colbert et son fils commencent à s'intéresser aux corsaires. L'événement déterminant sera la bataille de La Hougue. On est en juin 1692. Une terrible nouvelle se répand de port en port. Les Anglais et les Hollandais ont battu Tourville au large de Barfleur. Malgré la faiblesse de ses effectifs, Tourville a tenu douze heures, mais il n'a pu éviter la défaite. Navires échoués, incendiés... L'effet moral de ce revers est pire encore que les pertes réelles des Français. On comprend mieux désormais les efforts multipliés par Colbert et son fils Seignelay pour légitimer la course : « Les particuliers désireux d'armer en course ne pourront rien faire de plus agréable au roi », proclamaient leurs édits.

Désormais la course est considérée comme l'élément essentiel de la guerre maritime contre les Anglais et les Hollandais, dont les flottes sont, au demeurant, très vulnérables. Au lieu d'entretenir de grandes escadres qui ne viendraient jamais à bout de l'ennemi, il serait plus économique de développer de petites escadrilles maniables et protégées par des navires corsaires, lesquels pourraient aussi mener en permanence une guérilla contre les navires marchands des pays rivaux. Car la course est une guérilla. C'est la seule arme qui reste aux faibles. Comme l'a écrit Michelet : « Souvent lorsque la patrie était aux abois, qu'elle désespérait presque, il s'est trouvé des poitrines et des têtes bretonnes plus dures que le fer de l'étranger... »

A Versailles, après le désastre de La Hougue, on commence à réfléchir. Vauban, tout particulièrement. Il possède toute une théorie de la stratégie maritime. Il la présente au roi sous la forme d'un *Mémoire concernant la caprerie.* Vauban a beaucoup observé les « capres », les corsaires flamands. Et voici la conclusion de ses observations : « C'est la seule guerre de mer qui nous puisse être de quelque utilité. » Il demande qu'on réhabilite dans l'opinion les armateurs des navires corsaires : « Il n'y a guère eu de moyens de les vexer qui n'aient été employés contre eux; cela est même allé jusqu'à les considérer comme une espèce de voleurs, qui ne méritaient autre protection que la tolérance. »

Où trouver les hommes ? Dans les ports de Flandres, où la tradition corsaire est elle aussi ancienne. Dans les ports de la Manche : Morlaix. Roscoff, dont le blason dit à lui seul la vocation à la guerre de mer : « De gueules au navire d'argent, toutes voiles déployées, voguant sur une mer de même »... Mais surtout à Saint-Malo. Le secrétaire d'État à la Marine, Pontchartrain, écrit dans un rapport : « C'est une pépinière de marins de classe sans lesquels on ne peut faire aucun armement. » Seulement ni Vauban ni Pontchartain ne sont tout à fait innocents... Les caisses de l'État sont vides. Quand Vauban déclare à la cour qu'il « a conçu de l'estime pour les habitants (de Saint-Malo) parce qu'il les a trouvés entreprenants et fort zélés pour la gloire du roi dans la course par mer », cela signifie qu'il y a dans ce port, le plus riche de France, suffisamment d'argent à investir dans des entreprises autant commerciales que guerrières. Saint-Malo est alors un petit Pérou. Les Malouins, dont le commerce a commencé par des ballots de toile et des barils de morue, vont maintenant chercher leurs marchandises de plus en plus loin : Chili, Moka, Inde et bientôt la Chine. Pour protéger leurs bénéfices, ils sont prêts à porter la course jusque-là s'il le faut. Des fortunes extravagantes se sont édifiées au bord des quais du vieux rocher. On comprend pourquoi les Malouins ont baptisé « Mer Bonne » la plus sûre de leurs anses... Et ces gens-là ont le goût du risque. Pour la France, ils sont les hommes qui sont allés partout avant tout le monde. Depuis bien longtemps la Manche est devenue trop étroite pour leurs activités. Ce sont des parieurs. Des chasseurs de mer. Ils ne veulent être exclus d'aucune aventure, pourvu qu'elle se passe sur l'océan. Alors que la Compagnie des Indes a, en principe, le monopole du commerce avec l'Extrême-Orient, les Malouins finissent par obtenir des participations très importantes dans cette société. Le ministre concerné se laisse faire, « ayant jeté les yeux sur Messieurs de Saint-Malo comme étant les plus considérables négociants du royaume »... Le siège de la compagnie est à Lorient. L'argent est en fait à Saint-Malo... Les corsaires vont protéger la société de commerce et contribuer à l'enrichir... En se remplissant les poches par la même occasion. Ils font construire leurs bateaux à Lorient, et c'est de là que partent aussi nombre d'expéditions. On veille au grain, et de la façon la plus efficace possible. Ils sont des hommes réalistes. Mais pas timorés : les plus riches d'entre eux ont appris le métier sur le tas, et très jeunes. Danycan de l'Épine, la plus grosse fortune de Saint-Malo, a commencé à naviguer à quinze ans. « A dix sept ans, s'étant acquis une grande expérience au fait de la navigation, on ne craignait pas de lui donner un vaisseau à commandement en qualité de capitaine et marchand, et il a continué pendant l'espace de quatorze ans sans interruption, y a acquis une si grande réputation dans le commerce qu'il a porté dans les quatre parties du monde, qu'on peut dire qu'il est le seul des Français qui a fait de riches découvertes pour la gloire du roi et l'utilité des sujets, par les trésors immenses qui sont entrés dans le royaume... » C'est Danycan lui-même qui se raconte : il a peut-être un peu exagéré. Mais il a quelque raison d'être fier : il ne s'est pas arrêté là. Il est devenu corsaire, prenant et brûlant des campagnes anglaises et ramenant de fort jolies prises en sa bonne ville de Saint-Malo.

Les « grondeurs bretons à la gueule fumante »

On comprend donc pourquoi le roi et ses ministres ont tenu à flatter ces bourgeois-marins prêts à se lancer dans toute aventure maritime. Les Malouins y trouvaient leur compte : et l'argent, et le goût du risque. C'est à eux qu'on pense à Versailles quand la banqueroute du royaume devient inévitable. Mais attention ! Ces gens-là ne sont pas commodes ! L'entrée et la sortie du port ne sont pas faciles, et le rocher redevient une île à chaque marée. Les Malouins ont gardé quelque chose d'insulaire. Ils se sont même érigés un temps en république autonome : « Ni Française, ni Bretonne, Malouine suis ! » Seule la reine Anne était parvenue à leur imposer sa volonté, « qui qu'en grogne ! ». Saint-Malo, c'est une sorte de Bretagne en concentré... malgré sa devise. Et d'ailleurs l'hermine est dans son blason, sans tache, et toujours fidèle. Un vaisseau de granit, peuplé d'individualistes ombrageux que seul rassemble le goût du risque sur mer. Réalistes : comment ne le serait-on pas quand on ne vit que de l'Océan ? Traficoteurs, probablement. Après tout le roi n'y regarde pas de si près quand il demande aux Malouins le secours de leurs bateaux corsaires. Qu'on ne s'avise pas dans ces conditions de fouiner dans leurs comptes. Un Malouin trafique-t-il un peu trop ? Il est indispensable de le faire comparaître en justice. Ses compatriotes crient au scandale. Les traîner devant un juge, eux, qui font fortune au péril de leur vie, à la différence de la noblesse et de la bourgeoisie terrienne « dont toute l'application consiste à picorer leurs concitoyens » ! A écouter les négociants et armateurs malouins, on a l'impression qu'ils ne prennent tous ces risques que par pure philanthropie : eux, ils œuvrent pour le bien d'autrui, aux dépens de leur vie et de leur fortune !

Les ministres apprennent vite que ces hommes constituent une mafia intouchable. Un armateur corsaire est inquiété pour avoir fraudé. Le ministre intervient aussitôt : « Arrêter un homme de sa conséquence est chose d'un terrible exemple. S'il se retirait du commerce, et qu'à son imitation vingt autres particuliers du royaume en fissent autant, certainement, le royaume s'en ressentirait. » Les femmes mêmes sont de la partie. Elles enfantent des ribambelles de petits moutards, autant de mousses et d'actionnaires pour les aventures à venir, dirigent d'une main ferme marmaille et maisonnée, et, s'il le faut, se plongent dans les livres de comptes. Veuves, elles arment des vaisseaux « afin d'endormir leur douleur ». Et pourtant leurs fils y mourront peut-être à leur tour : à la grâce de Dieu, elles arment, et que le Père Éternel fasse le reste. En tout cas, qu'on ne s'avise pas de leur rappeler leur roture ou de leur dire que leur noblesse récente « sent un peu la cannelle ». Elles ont la réplique et la gifle prompte... La course et le commerce, c'est tout un, c'est une affaire de famille et on y a son honneur.

Car le réalisme n'empêche pas qu'on possède aussi du panache. Il est certain que le métier de corsaire ne consiste pas à livrer des combats chevaleresques pour l'honneur du pavillon. Le capitaine a son pourcentage sur la prise ; il est de son intérêt d'éviter tout combat qui n'aurait pas pour résultat une riche capture. Ainsi, lors d'une grande bataille – celle du *Devonshire* –, Duguay-Trouin ménage le meilleur voilier de son escadre. Il s'en justifie : « Il ne fallait pas tout à fait négliger l'intérêt des armateurs... » Le « tout à fait » est savoureux... Mais panache cependant, et même quand il s'agit d'argent : Louis XIV décide de financer l'expédition de Duguay-Trouin contre Rio de Janeiro. Les négociants malouins engagent en son nom des sommes considérables. Quand le Roi-Soleil leur fait demander à quel taux ils lui consentent ce prêt, les gens de Saint-Malo répondent à son envoyé : « Les Malouins ne prêtent pas à intérêt au roi de France. » Le monarque en profita pour ne jamais leur rendre leur argent.

Quant aux beaux remparts que leur avait dessinés Vauban, les bourgeois malouins les payèrent de leurs deniers. Mais on ne murmura pas. Il y a dans l'esprit corsaire une volonté farouche et ombrageuse d'indépendance. Tout négociant anobli a commencé par payer de sa personne sur les navires de son père, de son oncle ou de son frère. Il estime avoir droit à l'orgueil autant que la noblesse française. D'autant que le roi fait appel aux Malouins quand il a bien vidé ses caisses.

Une véritable fièvre d'armement s'est emparée du port breton. L'évêque lui-même a couru dépenser les trésors de l'Église pour pouvoir armer en course. A Paris, il est du dernier chic d'investir dans les frégates corsaires... Le ministre Pontchartrain a décidé de prêter des vaisseaux de l'État aux particuliers de Saint-Malo. Il les leur fournit tout armés et paie les officiers. En compensation il n'exige que le quart des prises. Les corsaires pourront même commander aux officiers de la marine Royale s'ils sont d'un grade plus élevé.

C'est là, précisément, que le bât va commencer à blesser... Les officiers de la Royale pensent que leur naissance les autorise à regarder de très haut les corsaires. Morgue, arrogance, vexations. Ils jalousent en secret leur habileté à manier les vaisseaux. Effectivement, les corsaires sont les seuls hommes de mer véritables de l'époque. Or l'inexpérience des nobles qui commandent la marine Royale donne aux Anglais et aux Hollandais la supériorité dans les batailles navales. L'amiral Hawke, un des plus brillants officiers de la marine anglaise, le fera plus tard remarquer à un prisonnier français : « Jamais en France vous n'aurez de marine, tant que vous croirez qu'il y a du déshonneur à servir sur les bateaux marchands. Je n'étais pas né pour être matelot, et cependant je me suis fait matelot pour apprendre la manœuvre. » Mais il n'est pas question que les nobles français embarqués sur la Royale le reconnaissent un instant. Ces corsaires ? De vulgaires pirates enrichis... Les aristocrates parviendront à en convaincre les philosophes du XVIIIe siècle, tant et si bien que les corsaires ne voudront plus porter leur nom de corsaire et préféreront celui d'armateur... Leur indépendance ne plaît pas. Cette jalousie obéit aussi à des motifs moins avouables. Les officiers du roi voient dans les corsaires de redoutables rivaux dans la chasse aux riches cargaisons... Eux, des officiers de carrière, avec blason et arbre généalogique, être concurrencés par de vulgaires auxiliaires sortis on ne sait d'où ! Et qui se permettent par-dessus le marché de débaucher les marins des vaisseaux de guerre en leur représentant que les parts de prise sont plus belles sur les bateaux corsaires... Pure vérité, d'ailleurs ! De leur côté, les corsaires sont des chasseurs. Ils n'aiment guère la discipline de la guerre du roi, de la guerre d'escadre. Ce qui leur plaît, c'est de traquer en solitaire ou avec quelques bons copains la belle prise, de rôder comme félin entre écueils et brisants, d'attaquer quand ils sentent le moment venu, de réduire leur proie à merci et de la ramener triomphalement.

Les officiers du roi ne cessent pas d'enrager. Ils saisissent tous les prétextes pour humilier les corsaires. Le grand Duguay-Trouin lui-même faillit en pâtir. Il venait de réussir un coup de maître contre les Anglais avec la prise de deux navires hollandais. Apercevant la flotte britannique, il se paie le culot de hisser pavillon anglais et de naviguer au milieu de ses ennemis, en maintenant à sa merci ses deux prises hollandaises. Au moment opportun, il déverse tous ses canons sur l'Anglais. Beaux dégâts. Et il se faufile entre les vaisseaux désemparés, rentre à Lorient, toujours avec les Hollandais capturés, qui n'en revenaient pas. On imagine sa joie féroce... En rade de Lorient, alors que Duguay-Trouin ne songe qu'au bel effet de son arrivée aux quais, voici qu'arrive un bâtiment de la Royale. Duguay-Trouin n'a que faire de ces gens-là ! Tout à la joie de son exploit, il néglige de les saluer. Le capitaine du vaisseau royal, enflé de morgue, étouffe de colère. Il rappelle le corsaire à l'ordre de deux coups de canon à balles. Duguay-Trouin est sommé de monter à son bord. C'est alors l'humiliation publique : il n'a pas salué la Royale, il ira à la cale, comme un matelot désobéissant; et puis, on peut aussi le jeter à la mer du haut d'une vergue, sur une planche lestée d'un boulet, le hisser, le replonger, jusqu'à la limite de la suffocation, comme on le fait des mutins ! De Feuquières, le capitaine du vaisseau, s'arrêtera aux outrages verbaux. Néanmoins Duguay-Trouin est fou de rage. Il se plaint au ministre Pontchartrain, et malgré sa soumission aux ordres du roi, menace de cesser la course. Pontchartrain est inquiet, il blâme donc De Feuquières : « Ce n'est pas à vous de vous faire justice, et je vous prie que cela ne vous arrive pas une autre fois. » Le corsaire n'échappe pas pour autant aux reproches du ministre : « Il a tort, et je lui en ai écrit, mais vous en avez en premier..., et ne devez pas ignorer les égards que les vaisseaux des particuliers doivent avoir pour ceux de Sa Majesté. »

Les vaisseaux des particuliers... Et leur argent, et leur sang bien souvent... Les nuits passées à faire des comptes pour ne pas faire faillite, des journées entières à racoler des équipages... Tout cela donc ne mérite qu'insultes ? Duguay-Trouin écume de fureur. L'honneur de ses navires, qu'on appelle navires « aventuriers », pour peu qu'ils fassent ensemble la course et le commerce, l'honneur de ses hommes, on les a bafoués. C'est la gloire de l'aventure qu'on a humiliée. On a oublié que ces Bretons avaient de l'orgueil, et tellement qu'un chroniqueur de la Renaissance avait appelé leurs navires « les grondeurs bretons à la gueule fumante ». Et cet orgueil de l'aventure n'existe pas seulement à Saint-Malo. Il est présent sur toutes les côtes de Bretagne. Chez le Quimpérois Kerguélen, qui fut aussi corsaire. Chez Du Couëdic, de Douarnenez. Chez les petits marins du Croisic qui se battent depuis des siècles contre les ennemis de la France qui perturbent leurs pêches. Chez les Nantais aussi, hommes traditionnellement très prudents. Au XVIIIe siècle, le goût des grandes courses aventurières les prend à leur tour. Voici ce qu'on lit dans un mémoire nantais rédigé en 1720 : « Le commerce de Nantes a bien changé de face. Les prises faites sur les ennemis de l'État ont fourni des lumières aux négociants, parmi lesquels il s'en est trouvé qui ont eu de l'émulation et ont poussé les entreprises plus loin qu'on n'avait coutume de faire... » L'appât du gain, bien sûr. Mais le risque en même temps : la mer n'aime pas les prétentieux. Elle ne fabrique pas des Monsieur Jourdain, mais des hommes qui ont de la trempe. Aux officiers de la Royale, les corsaires rendront donc mépris pour mépris.

La chevalerie de la course

En des temps où la course était morte depuis longtemps, une vieille dame bretonne s'étonna un jour : « Un Français a-t-il besoin d'apprendre l'histoire romaine quand il peut apprendre l'histoire de Saint-Malo ! » La vieille dame n'avait pas tort. Les corsaires ont en commun avec les Romains le goût de la guerre et de la conquête. Une certaine austérité aussi, du moins sur leurs bateaux. Hommes âpres au gain, féroces, mais grandioses dans leur soif de conquête. En la matière, ils font plus que les Romains : ils mènent la guerre de mer.

Guerre de mer, mer de guerre. Le seul luxe à bord, c'est le panache. La chevalerie, toujours. Invariablement fidèles au roi pour lequel ils travaillent, ce qui n'entame pas leur esprit d'indépendance. Ils partagent avec lui la haine de l'Anglais... Prêts à mourir au nom de cette haine. On n'a retenu sur ce point que les paroles des grands corsaires : c'est Duguay-Trouin et sa devise : « Ne compte pour rien la vie quand l'honneur parle ! » Quand il est reçu à Versailles, une jolie dame laisse échapper ce mot : « Que je suis heureuse de voir un héros en vie ! » Car en général les héros de la mer sont des héros de la mort. Et ces gens-là savent mourir, des plus petits aux plus grands. C'est Du Couëdic, corsaire de Douarnenez, s'exclamant devant son bateau : « Cette frégate sera mon char de triomphe ou mon tombeau ! » C'est le Nantais Douant, autre corsaire oublié, coupé en deux par un boulet alors qu'il hurlait des ordres de son poste de capitaine, sur sa frégate criblée de cent cinquante boulets dans la coque. Il agonise : « Rangez-moi, mes amis... » Formule toute simple pour signifier à ses compagnons qu'il y a mieux à faire sur le bateau que de s'occuper d'un mourant.

Et tous les autres, tous les petits chevaliers, vrais gentilshommes de l'aventure, et que l'Histoire a oubliés : ainsi

Hervé Riel, corsaire du Croisic. On avait décidé de jeter à la côte ou de détruire vingt ou vingt-deux vaisseaux français plutôt que de les laisser tomber aux mains de l'ennemi. Et lui, le petit marin du Croisic, tente un véritable coup de poker : prendre la tête du convoi et le faire rentrer à Saint-Malo par une passe connue de lui seul. Et il réussit. Liesse à Saint-Malo; on lui demande ce qu'il désire en récompense. Stupéfaction : il sollicite simplement la permission de retourner auprès de son épouse, qu'il appelle « Belle-Aurore »... Et il sort à jamais de l'Histoire. Pour lui, cet oublié, la même devise que celle du plus grand : « Mars et Vénus », comme Duguay-Trouin... La guerre et l'amour. Une certaine idée de soi-même, un état d'esprit qui prolonge la vieille chevalerie bretonne. Car du chevalier les corsaires gardent aussi les rêves. Pendant toute sa carrière, Duguay-Trouin est obsédé par l'idée de vaindre la flotte du Brésil et de prendre ses cargaisons. C'est la plus belle proie qui sillonne les mers. Une véritable toison d'or. Il est tellement hypnotisé par cette flotte qu'il appelle un de ses navires *Le Jason.* Le corsaire finit d'ailleurs par réussir le plus bel exploit du siècle : il prend Rio et ses trésors en 1710. Aussitôt, le Nantais Cassard se dit qu'il lui faut s'illustrer de la même façon. A lui aussi, les mers du Sud. Et il part pour les Antilles. Il ne les quittera pas tant qu'il y restera une île à écumer. Joueur de poker, également. Il perdra ses bénéfices d'avoir voulu que la seule île restée inviolée, où les Hollandais entreposaient tout leur or, devienne la proie d'un corsaire breton. Il l'aura, mais cet exploit lui apportera un tel déficit financier que par la suite elle causera sa perte...

Breton, homme de quête et de recherche. Rêve et réalité : le corsaire louvoie entre les deux. Seule condition de son indépendance. Ce n'est sûrement pas un hasard si le grand corsaire de la guerre d'Indépendance américaine, Paul Jones, viendra en Bretagne chercher ses hommes et armer ses vaisseaux...

Les lois de la course

D'autres que les corsaires auraient abandonné plus tôt. Les réalités de la vie corsaire n'ont rien de romanesque. La course obéit depuis Louis XIV à une juridiction très précise. Le temps n'est plus au trafic des documents officiels pour s'en aller écumer la mer où bon vous semble. Pas question d'appareiller sans la lettre de marque.

Au départ, cette permission extraordinaire de piller l'ennemi s'appliquait aussi à la terre : ainsi en 1654 le parlement de Bretagne avait autorisé les habitants de Saint-Malo à se saisir des biens des Anglais présents dans la ville. En effet, à l'origine, la « lettre de marque » ou « lettre de marche » donnait l'autorisation de franchir la « marche », c'est-à-dire la frontière, pour effectuer un raid sur le territoire de l'ennemi. Colbert avait mis de l'ordre dans tout cela. Les lettres de marque n'étaient plus délivrées que pour une durée limitée, et toute entreprise de course sur mer devait cesser en même temps que l'on signait la paix avec l'ennemi. La paix dans une cité corsaire comme Saint-Malo, et c'est presque la ruine. La guerre au contraire ravive toutes les énergies. Il suffit de regarder les courbes démographiques; la pointe des naissances à Saint-Malo coïncide avec la fièvre de la course, les années 1695 à 1698 !

Certains s'étaient quand même demandés si cette industrie était bien catholique. Il s'agissait ni plus ni moins d'une atteinte au « jus gentium », », le droit international. Était-ce vraiment un péché ? De ville à ville, commerçants et armateurs s'émurent; ils se concertaient par toute la Bretagne. Car tout le monde savait que certaines prises étaient un peu douteuses... Les abbés répétaient qu'il suffisait de verser aumône aux églises pour réparer le péché. Surtout si la faute avait été commise le dimanche, jour de repos obligatoire, pour les corsaires comme pour les autres... En définitive l'Église y trouvait son compte. Il dut y avoir cependant quelques grands insomniaques dans les maisons des quais de Saint-Malo, car un abbé, issu de grande famille corsaire, décide d'en avoir le cœur net. Dans les dernières années du règne de Louis XIV, il sollicite une consultation auprès des maîtres en théologie de la Sorbonne. Les sorbonicoles se mettent alors à écumer leurs poussiéreuses bibliothèques et relisent de part en part les Pères de l'Église et les docteurs en théologie du Moyen-Age. Résultat nul. Les vieux patriarches ne s'étaient jamais intéressés à la course. On exhume alors, en désespoir de cause, un vieux paragraphe de saint Thomas extrait d'un traité portant sur le vol. Il en va des textes de religion comme des textes de loi : ils sont faits pour être interprétés. D'autre part, leur nature les porte à s'accommoder des intérêts des corsaires comme des armateurs. Il y eut sans doute aussi quelques pressions officieuses auxquelles un homme de livres, soit-il sorbonnard, n'est pas toujours indifférent. On proclame donc que la course est licite, pourvu qu'elle se fasse pour le service de l'État. Certains Malouins en retrouvent le sommeil. De surcroît, les philosophes libertins qui désapprouvent la guerre de course sont déclarés « mauvais citoyens ». Ce sont de mauvais Français, des gens de mauvaise foi, indifférents à la prospérité de leur pays. Les corsaires, eux, doivent être couverts d'éloges...

L'ennemi public n° 1

Dûment pourvu de sa lettre de marque, le corsaire peut armer un navire. Il a désormais le pouvoir de faire la guerre « à tous pirates, forbans, gens sans aveu et autres qui voudraient empêcher la liberté de commerce aux sujets du roi et aux ennemis de l'État ». On notera que sont rangés sous la même bannière les ennemis (Anglais et Hollandais le plus souvent) et toutes les variétés de pirates. Il ne faut pas s'étonner qu'on appelle encore dans certains ports de Bretagne les Anglais du nom « Ar forbanted » !

Car l'Anglais est l'ennemi d'entre les ennemis. C'est à se demander si ce n'est pas surtout pour la haine qu'ils nourrissent envers eux que les Bretons se sont mis au service du roi de France ! La plus petite voile britannique à l'horizon et les injures pleuvent. « Foutus chiens d'Anglais. » Et c'est la moindre... A tout prendre, on préfère encore les Hollandais : « Si ce sont des Anglais, nous les battrons, si ce sont des Hollandais nous nous battrons ! » De Nantes à Lorient, de Morlaix à Saint-Malo, on retrouve la même haine farouche.

Dans la cité malouine le ressentiment est plus dur et plus ancien que partout ailleurs. Il vient de loin : 1204. Les Malouins avaient aidé Philippe-Auguste à chasser Jean sans Terre de Normandie, puis donné un coup de main à saint Louis pour déloger Henri III de Saintonge; ils y avaient quelque intérêt pour la sécurité de leur navigation... Pendant la guerre de Cent Ans, ils coulèrent la flotte anglaise pour sauver le Mont-Saint-Michel. De l'autre côté de la Manche, on leur rend bien leur hostilité : « Les gens de Saint-Malo sont les plus grands voleurs et les plus grands filous qui aient existé sur la mer depuis de nombreuses années... »

Dans la cité corsaire, on se moque bien de ces injures.

Tous les lundis de Pâques, on court au jeu de la quintaine où le mannequin figure un Anglais armé d'un sabre de bois. Les joueurs doivent l'abattre d'un coup de lance... Le reste du temps, la guerre n'est pas un jeu. A plusieurs reprises les Anglais ont tenté de détruire la cité qu'ils appellent un « nid de guêpes ». Lorsqu'on redoute une attaque ennemie, l'évêque de Saint-Malo bénit la mer, les fortins, les soldats. Autour de lui, toutes les confréries, enseignes et bannières déployées. Et la foule de psalmodier : *A furore Anglorum. Libera nos, Domine.* « Seigneur, délivre nous de la folie anglaise ! » Car les Anglais ne nourrissent pas de rêve plus cher que de détruire, piller, mettre à genoux Saint-Malo. Canonnades, bombardements. Rien n'y fait. Le vieux rocher est imprenable. Il faut trouver autre chose.

Novembre 1693. Une escadre anglaise a attaqué Saint-Malo. Pas trop de dégâts. Elle est repartie, mais on se doute bien qu'elle rôde encore. Tout est calme en cette soirée du 29 novembre. Il est sept heures et demie et c'est déjà la nuit close. Une frégate à voiles noires s'approche de la cité-corsaire. Elle contient une bombe terrifiante. Mijotée en secret au fond de la Tour de Londres. Bichonnée amoureusement. Toute pétrie de haines cuites et recuites contre les Bretons de Saint-Malo. Un mélange satanique : six cents bombes, de la terre bourrée de camphre, d'huile de pétrole, d'ammoniaque, de soufre, de nitre et d'esprit de vin. Sur des lits de barils de poudre et de grenades, le constructeur dément a aussi disposé des baïonnettes, des sabres, des coutelas, des grappins de fer et des pointes à crochets : une véritable mitraille. Toute une tuyauterie compliquée, des enchevêtrements savants de mèches pour communiquer le feu le long de résines et de copeaux soufrés. L'Apocalypse à bord d'une frégate noire...

C'est la nouvelle lune. Temps de grande marée. De l'eau jusqu'au rempart. Il fait beau et calme. La frégate s'approche en silence. Le vent du Nord la pousse. Subitement, panique à bord. La frégate a talonné un rocher. C'est qu'il faut s'y connaître, pour entrer dans Saint-Malo ! Pour les soldats du guet, le crissement du bois sur le roc a été le signal de l'alarme. Vite aux canons. On tire.

L'affolement décuple sur le vaisseau anglais. A la machine ! La coque de la frégate est en train de s'ouvrir, la poudre risque de mouiller... On parvient enfin à mettre le feu aux mèches. La flamme parcourt ses enchevêtrements compliqués. C'est alors que la machine se renverse. Du côté de la mer. Un bruit de damnation. Un volcan gigantesque. Mais ses flammes se dirigent vers le large...

Pour Saint-Malo, la machine infernale n'a guère été qu'un pétard mouillé. Des vitres cassées, des toits soufflés. Un habitant qui passait dans une rue en a perdu sa perruque.

Il n'en a pas été de même pour les passagers de la frégate. Le lendemain, le reflux laisse sur les grèves de la cité-corsaire des cadavres déchiquetés, dont celui d'un homme « fort bien vêtu de bon drap et de boutons d'orfèvrerie ». Cela se remarque, à Saint-Malo...

C'était l'inventeur de la machine.

Les Malouins écrivent alors à l'amiral anglais qui commandait l'escadre dont faisait partie la frégate. Ils auraient pu reprendre Shakespeare : « *Much ado about nothing,* Beaucoup de bruit pour rien. » Les Malouins ont un humour bien à eux : « Monsieur l'amiral, vous avez tué un chat sur une gouttière. »

Navires et équipages

De telles anecdotes pourraient laisser entendre que l'esprit corsaire est purement défensif. Or c'est exactement le contraire, et voilà pourquoi les Anglais en veulent tellement aux corsaires bretons. La course mourra d'ailleurs le jour où l'esprit offensif aura disparu.

Quand on monte une expédition corsaire, il faut d'abord choisir son navire avec amour. Un amour qui n'a d'égal que la haine qu'on voue à l'Anglais. C'est dire s'il est grand ! Il faut aux corsaires des frégates, ces navires bâtis pour la vitesse. Les frégates sont fines, légères, maniables, capables de franchir des bas-fonds sans encombre, de prendre en chasse de lourds navires marchands, et de s'enfuir comme elles sont venues, au plus près du vent. Des bateaux félins... Ils ont la coque bien lisse, et leurs capitaines les bichonnent avec tendresse. Ils les font caréner très souvent pour que rien ne vienne entraver leur vitesse. Ils appellent cette opération « débarrasser les frégates des excréments de la mer »... Elles jaugent en général de 25 à 80 tonneaux. Les plus grands navires sont construits à Lorient. Ils peuvent aller jusqu'à 200 tonneaux et portent en moyenne une trentaine de canons. Ces bateaux-là sont plus particulièrement destinés aux mers du Sud, aux expéditions lointaines. Il est plus facile de les réaliser à Lorient, car la rade est plus grande. Il n'y a guère d'ailleurs qu'une journée de voyage entre les deux villes; un armateur de Saint-Malo peut donc s'y rendre fréquemment, discuter les devis, recruter les ouvriers, surveiller le chantier. Et les ouvriers de Lorient, à qualité égale, sont une main-d'œuvre moins chère... Souvent aussi on met en chantier de petits bâtiments, qui serviront d'escorte à leur grand jumeau : ce sont les « vivandiers ». En principe, ils sont destinés à les approvisionner. Mais les corsaires « oublient » parfois de les déclarer aux fonctionnaires du roi lors du départ. Après une course, les prises les plus intéressantes sont curieusement à bord de ce petit navire que nul ne songera à contrôler...

Pour les courses très rapprochées du port, on fait construire des navires beaucoup moins importants. A peine huit ou dix canons de faible calibre. Tout corsaire sait de toute manière que « ce ne sont pas les canons qui prennent (l'ennemi), mais la résolution des gens pour l'aborder ».

L'armateur se doit donc de recruter ces hommes résolus. Quelquefois, l'armateur est lui-même le capitaine de l'expédition. Ou bien il donne le commandement à son fils ou à son neveu. A Saint-Malo et ailleurs, la course est affaire de famille. L'armateur est souvent un homme qui ne peut plus naviguer, par suite d'une maladie prise à la mer du Sud ou d'une infirmité consécutive à un combat. Les marchands eux-mêmes font de la course puisque nombre de navires sont armés « en guerre et en marchandises » : ils servent au commerce, et éventuellement à la guerre, lettre de marque à l'appui.

Les capitaines sont la plupart du temps des hommes jeunes : ils ont trente ans en moyenne. S'ils ne connaissent pas toutes les finasseries de la stratégie maritime officielle, ce sont de vrais loups de mer. Ils ont commencé comme mousses : Duguay-Trouin a appris les manœuvres d'un Terre-Neuva. Il est essentiel qu'ils sachent tout de la mer et des bateaux. Et c'est le cas.

Les marins doivent être solides et sûrs. Avec les déclarations de guerre s'ouvrent à Saint-Malo les registres d'engagement corsaire, où les matelots s'inscrivent en précisant leur spécialité et en déclarant qu'ils sont quittes de toute obligation envers la marine royale. Quelquefois, comme à Nantes, on passe les engagements devant notaire. On s'engage solennellement « à attaquer, combattre et prendre, si faire se peut, les navires et biens des ennemis de cet état, et les conduire dans les ports et havres qu'il appartiendra, pour les faire adjuger en bonne prise ». La bureaucratie commence.

On recrute aussi des mousses. Ce n'est pas le plus difficile.

A Saint-Malo, c'est le destin qui attend tout enfant trouvé ou abandonné, à moins qu'il ne soit atteint de quelque tare qui lui interdise la mer. Il arrive pourtant qu'on n'arrive pas à trouver un équipage complet. Il faut alors faire de la publicité. Affiches, tracts, journaux, tout y passe : engagez-vous donc sur ce navire ! C'est une excellente frégate, le capitaine est un saint homme, la solde est payée régulièrement, la nourriture est des meilleures... Les capitaines corsaires souhaitent surtout embaucher des « classés » : des hommes qui sont inscrits sur les registres de l'État; mais ils sont réservés à la Marine royale, et les corsaires ne peuvent en embarquer qu'un très petit nombre.

Alors les capitaines racolent. Une bonne taverne, un pichet de cidre ou d'eau-de-vie, excellents arguments pour entamer une discussion. Dans l'ensemble, ils tentent plutôt de convaincre que de prendre en traître : à bord, il faudra pouvoir se faire respecter. Quand les matelots de la Royale ne se laissent pas débaucher, on se rabat sur les « non-classés » : prisonniers, étrangers, quelquefois même prisonniers ennemis. De toute façon, le salaire d'un corsaire est toujours plus élevé que celui d'un marin du roi, et on a toujours en tête l'espoir d'une prise intéressante... Le recrutement ne pose jamais de problèmes insolubles...

Et puis, de temps à autre, au milieu de ces marins chevronnés, un fils de famille embarqué de force par ses parents pour lui faire passer au grand large le goût des filles et des duels. Ou en guise de punition après une fugue : ainsi commence la carrière de Duguay-Trouin. Il n'est pas besoin de trop pousser ces nouvelles recrues...

Si le navire dépasse 80 tonneaux, il convient d'embarquer un chirurgien et un aumônier. Le « chirurgien » est une sorte de médecin-pharmacien-boucher. Le métier est très mal payé : on recrute souvent un incapable, ou un jeune qui vient d'obtenir ses titres en médecine et veut se faire la main à bord d'un bateau avant de s'installer. Quant aux aumôniers, s'ils sont courageux parfois – l'apostolat des corsaires est des plus difficiles... –, ce sont plus fréquemment de petites crapules rejetées du clergé séculier et qu'a pris le désir de l'aventure et du faste. L'un d'eux prend la mer avec les corsaires pour avoir été « charmé de la compagnie des officiers malouins, gens de grande dépense », et n'avoir pu « résister au plaisir de s'embarquer avec eux... » Motivations qui laissent rêveur...

A la chasse sur mer

Le jour du départ, les marins sont en général tous présents. Certains ont bu leur avance et ont disparu dans la nature, coup classique auquel s'attend tout capitaine. Ils ne sont guère nombreux. Le métier corsaire fascine. Les matelots sont là à attendre le bon vent, digérant vaille que vaille les ripailles et beuveries qui accompagnent rituellement les veilles de départ. Au sifflet du capitaine, les voiles tombent et prennent le vent. Ils partent. Ils sont désormais dans un monde autre. Ils l'ont choisi... Ils chantent, comme ils le feront souvent au cours de la course...

« *Hale bas, fort et ferme, hale bas ferme et fort*
Viens au vent, viens au vent
Dieu nous aide, Dieu nous aide,
Beau temps, beau temps,
Beaucoup de prises, beaucoup de prises... »

La frégate a souvent joli nom : *La Gloire*, *L'Amazone*, *La Nymphe... La Sans-Pareille*, prise à l'Anglais qui l'appelait *Non-Such* en sa langue barbare. Ces noms-là font rêver. Mais la vie est dure. Parlons un peu du capitaine de *La Nymphe*, par exemple. Il est bientôt connu dans tout Saint-Malo pour sa brutalité. L'armateur finit par protester par lettre : « Chaque jour nous recevons des plaintes effroyables contre vous en raison du mauvais traitement que subissent les marins à bord; faites-leur peur, mais point de mal. » « Ne vous étonnez pas, écrit-on d'un autre capitaine, s'il est dur avec les hommes... il avoue avoir fait une trentaine de voyages en Guinée, il s'est accoutumé à voir apprécier des hommes au poids d'un métal. »

Dans la jolie frégate les hommes sont serrés comme sardines en leur baril. Les voici entassés dans l'entrepont, sans autre lumière que celle d'un falot qui répand une odeur rance. Les mousses, encore étourdis de leur première partance, deviennent les souffre-douleur de l'équipage. Le capitaine les soulève par les deux oreilles et les tient en l'air jusqu'à ce que les bras lui en tombent. On les attache aussi au grand mât plusieurs heures, après quoi on les fouette au cordage, neuf, de préférence, chemise levée et culotte baissée. L'aumônier parfois proteste : la chose est des plus indécentes ! Les petits mousses supportent tout. Ils sortent de l'hôpital des enfants trouvés, et on n'a laissé à terre que les infirmes ou les « dégoûtés de la mer », particularité singulière à Saint-Malo...

Nourriture infecte, comme pour tous les marins de l'époque. Salaisons, viande, poisson, suif de baleine, le tout mélangé dans des écuelles. La frégate est trop exiguë pour qu'on ait pu embarquer des animaux vivants... On concocte donc cette « soupe à pourrir le foie ». Mais les corsaires se précipitent sur les marmites comme chiens affamés. Ils se battent pour leur ration :

> « *Des gourganes, du lard rance !*
> *Du vinaigre au lieu de vin*
> *Du biscuit pourri d'avance*
> *Et du camphre le matin...* »

Car ils continuent à chanter, les pauvres, devant leur écuelle où l'on mélange n'importe quoi, jusqu'à l'apothicairerie de bord. Ils chantent à faire frémir les poutres de la frégate. Et gare au capitaine qui ne saura pas respecter la loi de la nourriture. C'est pourtant difficile en ces temps de guerre et de disette, quand on est parti traquer un ennemi qui ne vient pas, qu'on est à court de vivres, que les ports sont bloqués et qu'on ne trouve à manger nulle part ailleurs. Surtout si le capitaine, comme Cassard, a supprimé l'eau-de-vie. La mutinerie menace.

Quelquefois, les marins passent aux actes. Et c'est la guerre à bord. Les capitaines sont très durs. Le navire ne peut être efficace que s'il existe une excellente collaboration entre tous les hommes, quelles que soient leur origine et leur formation. Il faut faire du travail d'équipe. La coordination doit être parfaite. Mais il est des cas où les capitaines n'ont pas su gagner la confiance de leurs hommes. La mutinerie s'installe. Les corsaires sont des chasseurs, ils ont vite les nerfs à vif. Ainsi, sur un navire nantais, les marins choisissent d'attaquer leurs supérieurs par surprise. Le capitaine est en train de discuter dans la chambre du conseil avec les officiers quand il entend donner un ordre sur le pont — « Vire, vire ! » Il sort pour voir ce qui se passe. Un matelot armé d'un couteau se précipite sur lui. Les autres marins accourent. Pugilat : officiers contre matelots. Le capitaine reçoit un coup de couteau dans le dos, mais il ne lui déchire que le manteau et la veste. Il court à son sabre. On se met à ferrailler dur. Les matelots, qui n'ont pas d'épée, se servent de tout ce qui leur tombe sous la main. Le capitaine prend dans l'affaire un bon coup de levier sur la tête. Finalement les officiers l'emportent : ils sont moins nombreux, mais ils ont les sabres. Répression : les meneurs aux fers et à fond de cale. Les hommes continuent à gronder. Le capitaine prend l'avis des officiers. On décide de tirer de cale le plus enragé des meneurs. On l'« amarre » sur un canon. Il est ficelé et ne peut faire un mouvement; un matelot est sommé de le fouetter au cordage. Au premier port venu, les mutins sont jetés en prison.

Pas de quartier chez les chasseurs de mer. Pas plus de clémence qu'avec les voiles ennemies. Il n'est pas besoin en général de les chercher très loin. A moins qu'ont ait décidé de partir pour les Antilles ou l'Océan indien, la chasse n'est pas très longue. Elle se joue entre les côtes françaises et anglaises, où l'on guette les navires qui « s'emmanchent ». C'est l'affût, au fond d'une crique. On rôde au long des côtes. Parfois c'est la guigne. Comme un pêcheur, on ne prend rien. Duguay-Trouin le grand n'y échappe pas : « Je croisai trois mois sans faire aucune prise. » Les hommes se découragent. Encore heureux si la maladie ne vient pas les décimer.

Alors il faut appâter l'ennemi. A la manière du pêcheur avec le poisson. L'aborder là où il se méfie le moins. Pas un corsaire n'embarque sans une collection de pavillons étrangers. On y puise selon l'occasion, selon l'ennemi qu'on a choisi d'attaquer. On s'approche ainsi de lui sans être inquiété et on peut l'observer tranquillement ou même s'informer au porte-voix de la nature de la cargaison. C'est la technique du « corsaire masqué ». Le procédé était courant et même admis : n'est pirate que celui qui navigue sous pavillon d'emprunt. Il suffit donc de hisser le drapeau national avant le premier coup de canon et on est en règle. De justesse, mais en règle ! Le seul problème, ce sont les navires « neutres ». Les vaisseaux des puissances avec lesquelles on n'est pas en guerre. Comment savoir si ce ne sont pas des ennemis déguisés en neutres ? Ils peuvent tout aussi bien être des corsaires masqués... Sur mer, pas question de s'attarder à du marivaudage. Les corsaires bretons n'accordent que très rarement à ces bateaux le bénéfice du doute. Il faut dire que certains pays, comme la Prusse, avaient comme spécialité de délivrer aux belligérants faux papiers et pavillons de complaisance... Les corsaires avaient donc de quoi devenir très soupçonneux. Se méfier de tout, et de tout le monde. Surtout en Méditerranée, avec le Barbaresque. La moindre hésitation, trop de confiance, et c'est la perte du navire. Et ne jamais oublier que l'ennemi ruse lui aussi. Certains corsaires anglais, sur de gros bâtiments, avancent très lentement. On croit alors à un navire marchand lourdement chargé, et l'on s'approche. Au dernier moment, l'Anglais lâche ses canons : que peut alors une petite frégate ?

La prise

Hollywood nous a habitués à des combats de corsaires qui se soldent nécessairement par l'explosion de l'un ou de l'autre des protagonistes. Cela n'arrive qu'exceptionnellement. L'élément essentiel de l'attaque corsaire est la rapidité. On doit surprendre l'ennemi. Les corsaires bretons sont devenus célèbres parce qu'ils sont d'excellents marins : ils se jouent de tout, du vent, des écueils, de la marée. Pour ces techniciens précis, le but de l'expédition est la prise des navires adverses. Le beau combat est même à éviter. On risque de devoir couler les vaisseaux de l'ennemi, et on n'aura rien à ramener au port... L'examen des dossiers de prises le montre bien : sur deux mille dossiers, on ne trouve qu'à peine cinquante récits véridiques de ces jolies batailles. Les rapports des capitaines sont précis comme eux. Brefs jusqu'au laconisme. Pas de « cinéma ». Souvent l'adversaire baisse pavillon à la première bordée, parfois même à la première semonce. Si l'ennemi résiste, et que la canonnade ne suffit pas, c'est alors l'abordage. Manœuvre rapide et précise qu'il a fallu bien expliquer auparavant aux matelots. Crier : « À l'abordage ! » ne suffit pas pour le réussir. Il faut une coordination parfaite. Faute de quoi on rate un virement de bord quelques secondes trop tard et l'opération échoue... Si l'on parvient à passer de l'autre côté du navire, les combats deviennent meurtriers. On ne voit pas obligatoirement les têtes qui volent et les cervelles éclatées que nous ressert périodiquement Hollywood, sur fond sonore de jurons à réveiller les morts et d'absolutions distribuées à tous les azimuths par un aumônier qui n'en peut mais, tandis que les hommes encore valides se ruent sur des cales invariablement débordantes d'or et de pierreries. Un cinéaste, découvrant dans les archives la prise du *Terrible*, de Londres, par *La Vengeance* de Saint-Malo, croirait tenir un magnifique scénario. Cela commence bien en effet : l'Anglais a capturé une petite frégate française. Mais *La Vengeance* s'approche... On va livrer bataille. On s'attend à de beaux combats de sabre, des pirouettes d'un bateau à l'autre, des descriptions de grands faits de bravoure. On sera déçu : la réalité est sèche, nette et sans fioritures. Elle ignore tout romanesque : « On fut trouver ledit corsaire anglais et se mettant dans le vent à lui et vergue à vergue, on lui tira une bordée et on reçut la sienne et, sans branler, on lui envoya une seconde bordée de toute l'artillerie et de toute la mousqueterie... « L'Anglais baisse alors pavillon. Le capitaine termine son rapport en faisant le bilan de la bataille, avec mention particulière pour les officiers : « Trente et un hommes tant tués que blessés, le sieur Etienne Bourdas et le sieur de Congraye, deuxième second, sont du nombre des morts. » Bilan de la course ? De la morue séchée.

Et pourtant, même pour cela, les corsaires sont prêts à payer de leur personne. Du plus grand au plus petit. Toutes ces attaques présentent un aspect si technique que les marins gardent leur calme au plus fort du combat. Par exemple, ce petit matelot d'Hennebont. Lors d'un combat contre l'Anglais, il remarque que la drisse maintenant le drapeau français en haut du mât a été coupée. Il monte jusqu'en haut du mât, les jambes enlacées aux enfléchissures. Il se cramponne de la main gauche au mât de flèche. Il balance un nouveau pavillon, et se met, tout tranquillement, à réparer l'avarie. Les balles anglaises sifflent à ses oreilles. Par chance, aucune ne l'atteint. Il termine son travail, saisit une manœuvre et s'affale sur la dunette. Les Anglais étouffent de rage : le pavillon français battu, cela signifiait le début de la déconfiture... La guerre corsaire est parfois aussi une guerre psychologique. On se harcèle à l'orgueil : « Vous êtes perdus ! » crient les Anglais. Et le capitaine, Du Couëdic, du haut de sa dunette, bien que sa frégate commence à craquer, leur répond dans leur langue : « *Not yet, not yet !* » (Pas encore, pas encore.) Et il gagnera... mais dans quel état... Le chirurgien entre alors en scène. Jusqu'alors, il a surtout soigné des fièvres et des coliques. En fait, il a surtout distribué des « médecines ». Maintenant il va s'agir de panser. Mettre des onguents sur les blessures. Bien souvent amputer. On atteint les limites de l'horreur. Un grand capitaine vient d'être amputé d'un bras. Absence totale d'anesthésie, évidemment. Il faut malheureusement lui enlever aussi un morceau de hanche, effroyablement déchiqueté. Le chirurgien n'a jamais pratiqué l'opération. Le capitaine le somme alors de lui donner son livre de médecine. Ouvrage en main, le corsaire lui indique où et comment inciser les chairs au fur et à mesure qu'il taille...

Et il faut vite rentrer au port d'attache avec les prises. Les vraies difficultés commencent. Avec les cargaisons prises à l'ennemi, on tient aussi des prisonniers. Ils sont considérés comme des prisonniers de guerre. On doit les ramener. Autant de bouches nouvelles à nourrir. On court le risque qu'ils fomentent une révolte. S'ils acceptent de servir loyalement dans l'équipage, on les embauche. Sinon, ils sont déposés sur le premier navire neutre venu.

Retour à la bureaucratie

Éphémères, les gloires de l'arrivée au port. Sitôt arrivé, le capitaine corsaire doit rendre compte à l'armateur et à l'État. Toute prise doit être « jugée »... La plupart du temps les matelots n'y comprennent goutte; ils se révoltent si, pour respecter le règlement, on prétend leur interdire de descendre à terre et d'abandonner le navire avant de l'avoir désarmé. Les injures pleuvent sur l'officier chargé de faire valoir la loi. Celui-ci les consigne scrupuleusement sur son rapport : on l'a traité de « bougre, jean-foutre... » et on a commis à son égard « plusieurs insolences que la bienséance ne permet pas de coucher par écrit... »

Il ne s'agit pas de plaisanter avec le règlement. De gros capitaux ont été investis pour la « mise-hors » du navire. Beaucoup de gens, alléchés à force de publicité, sont plus ou moins intéressés aux bénéfices. Ils sont tous sur les quais de Saint-Malo, Nantes ou Lorient, à spéculer sur le résultat de leurs affaires. Petits actionnaires ou gros négociants qui n'ont plus, en ces temps de guerre, que la course pour vivre. Les officiers du roi, de leur côté, attendent l'inventaire pour prélever le pourcentage de l'État. Bureaucratie, bureaucratie... Des hommes sont morts à bord, petits inconnus pour la plupart. Quelle importance ? L'heure est aux bilans financiers.

S'il n'avait pas pris place sur le navire au moment du départ, l'« écrivain », c'est-à-dire le greffier, monte à bord. Il place sous scellés tous les papiers, appose le sceau du roi sur toutes les issues par lesquelles on pourrait faire sortir la cargaison. Puis on procède à l'interrogatoire des témoins et des prisonniers. Les prises sont transportées au « magasin de prises » et on procède à l'inventaire. On trouve de tout, de la porcelaine de Chine aux défenses d'éléphant, des ardoises à la morue sèche, du tabac aux volières de perroquets. Quelquefois même, des petits « négrillons » catalogués eux aussi dans l'inventaire. Des livres : mauvaise prise car ils sont très peu cotés... Et les bateaux que l'on rapporte, évidemment. Si c'étaient de mauvais rafiots, on les a vendus dans le premier port neutre venu. De celà aussi il va falloir rendre compte... Surveillance, réglementation, contrôle. On ne va pas partager au petit bonheur la chance. Les marchandises périssables sont négociées immédiatement. Pour les autres, cela peut durer des mois...

Partager est un mot qui ne plaît guère aux corsaires. Et pourtant il faut en passer par là. Depuis le moment où l'État a décidé d'encourager la course, il a consenti à abandonner la totalité des prises aux armateurs et équipages : deux tiers aux premiers, un tiers aux seconds; il prélève quand même quelques droits au passage, lesquels absorbent parfois une bonne partie des gains... Et les liquidations traînent en longueur : on en a vu s'étaler sur neuf ans...

Commence alors une nouvelle guerre. Guerre des lettres, rapports, rappels et autres littératures paperassières. Les petits marins se mettent à gronder. Ils ne peuvent attendre, la femme et les enfants ont faim. Les officiers réclament aussi. Les armateurs et les usuriers leur achètent leur part à vil prix. Eux, ils ont les moyens de laisser venir le moment opportun pour spéculer. Quelques-uns d'entre eux finissent par faire faillite, mais, dans l'ensemble, les grosses familles des quais s'enrichissent.

Quant aux capitaines, ils n'en sont pas toujours capables. Ils connaissent, comme les paysans, les bonnes et les mauvaises années. La poisse. Qu'elle les suive plusieurs années de suite et c'est la déconfiture. La ruine. Les grands, comme Duguay-Trouin, en sont parfois réduits à mendier leur solde. En 1709 par exemple, où il a joué perpétuellement de malchance. Il était en mer d'Irlande, où il guettait cinq vaisseaux revenus des Indes. Beau butin en perspective. Et puis, brusquement, le brouillard. Les bateaux s'évanouissent. Pour comble, la dysenterie s'abat sur l'équipage. Il devient lui aussi malade. On le débarque mourant à Brest. Et il lui faut se justifier : « Tout m'est contraire... ». Il n'a plus un sou vaillant. Il doit écrire au ministre : « J'ai honte de vous représenter que, depuis quatre ans que je suis capitaine de vaisseau, je n'ai pas reçu deux mois d'appointements, que la pension dont le roi m'a honoré, non seulement ne m'a pas été payée, mais qu'il ne m'a pas été possible de me faire mettre sur la liste que l'on présente tous les ans au roi... » En effet, si les liquidations de prise traînent, ou qu'on n'a pas fait de butin, les marins doivent au moins percevoir leur solde. Mais comme le trésor royal est vide... On calme Duguay-Trouin, dont on connaît la valeur, en lui octroyant des lettres de noblesse. Le grand corsaire est flatté. Il se dit cependant qu'il gagnerait mieux sa vie à se consacrer exclusivement au commerce aux Indes et en Chine. Pas question ! Le ministre lui en refuse l'autorisation. Il reprend alors son vieux rêve : voler l'or des Amériques. Il est las de toutes ces histoires de rapports et de bureaucratie... Pour peu que deux corsaires de renom aient été sur la même affaire, ce n'est pas le plus valeureux qui gagne aux yeux du roi, mais le premier à envoyer son rapport; le Breton s'en est bien aperçu quand il a travaillé avec le Provençal Forbin : celui-ci s'est dépêché d'écrire à Versailles pour s'attribuer tout le mérite de l'expédition et dresser un portrait de Duguay-Trouin sous les plus noires couleurs... Forbin était d'ailleurs spécialiste de ce genre de tours. Alors le Breton veut mener une action d'éclat. Tant pis s'il perd. Il risque le tout pour le tout.

Et c'est la prise de Rio. Duguay-Trouin rapporte une rançon gigantesque. Il a enlevé, de surcroît, toute une escadre portugaise. 92 pour 100 de bénéfices. Il renfloue les finances de la France. La cour l'apprend, mais ne se préoccupe que de la mort du Dauphin et de ses sœurs. Les félicitations ? Celles-là seulement qu'impose à l'amiral de France et au gouverneur de Bretagne le devoir de leur charge. Il faut les poissonnières de Saint-Malo pour mettre sa gloire en chansons :

« Duguay z-a-t'envoyé
Un tambour de l'Achille
Pour demander à ces braves guerriers
S'ils voulaient capituler
Les dames du château
Se mirent à la fenêtre
Monsieur Duguay, apaisez vos canons
Avec vous, j'composerions ! »

A la cour on finit quand même par le louer. Très poliment. Les fonctionnaires de Versailles sont en train de mettre au point le mythe du corsaire. Dès qu'un bateau ennemi est pris, coulé ou rançonné, on crie à la victoire : encore un de moins ! Ces corsaires bretons sont des braves qui ne travaillent qu'à la gloire sur mer. Et voyez-vous comme ils se battent et meurent crânement ! Il convient d'en anoblir quelques uns, parmi les plus riches, évidemment. Et les ministres de Versailles se gardent bien de faire les bilans financiers... Ils pressentent qu'ils ne seraient guère positifs. Duguay-Trouin vieillit sur les quais de Saint-Malo. Il est malade. Qui s'en soucie à Versailles ? Il doit encore solliciter : « Je m'endette tous les jours, écrit-il au ministre, et si vous n'avez pas la bonté de me faire payer tout ce qui m'est dû de l'an passé, je serai à plaindre... »

Il meurt dans la pauvreté. Il a eu le temps de rédiger ses *Mémoires*, où l'on découvre encore pourtant cette phrase de chevalier : « Je ne recherche, en servant bien, que le plaisir de bien servir... »

Corsaire oublié

Duguay-Trouin a reçu au moins le privilège de ne pas être méconnu de l'Histoire. Bien d'autres, dont le courage et la valeur ont été aussi grands, sont morts dans l'oubli. Pire encore : l'injustice. C'est le cas de Jacques Cassard.

Cassard est Nantais. Il a commencé sa carrière à courir la Loire sur des barques volées. Force raclées à chaque retour. La peau des fesses a mémoire courte. Il veut naviguer. A treize ans il s'embarque sur un vieux caboteur pourri. Il y travaille plus à la pompe qu'à la voile... Enfin en 1696 – il a dix-sept ans –, il part pour les Antilles où il peut faire ses premières armes aux côtés des flibustiers. Il est très fort en artillerie. C'est lui qui pointe les mortiers sur Carthagena de las Indias, où les Espagnols entreposent leur or. Une magnifique mise à sac de la ville. Dans les eaux antillaises ou atlantiques, Cassard ferait vite fortune.

Mais le Midi l'attire. La Méditerranée. Le Nantais a du talent, et le ministre veut lui offrir une proie à sa taille : les Anglais, bien sûr, qui infestent la Méditerranée comme toutes les mers. Il s'y joint des ennemis plus redoutables encore : les Barbaresques et les pirates de Salé, au pavillon noir frappé d'un squelette.

On lui confie deux vaisseaux, *L'Éclatant* et *Le Sérieux*, pour convoyer une flotte vers le Levant. La Provence est affamée. Cassard doit la ravitailler en blé.

Il est à Tabarka, en Tunisie, à faire charger ses navires,

quand les Anglais l'encerclent. Première manœuvre nécessaire : séparer leurs navires les uns des autres. Cassard y parvient. Puis il canonne méthodiquement l'ennemi. Ses hommes sont entraînés. Ils servent comme au chronomètre. Les Anglais sont désemparés. Le convoi peut repartir. Comme son navire est abîmé, Cassard laisse son convoi prendre de l'avance. Il arrivera à Marseille deux jours après lui. Il réclame alors son droit d'escorte. Marseille est repue de blé, Marseille n'a plus besoin de lui : les vaisseaux sont rentrés seuls, on ne lui doit rien... Cassard ne l'entend pas ainsi et assigne les magistrats marseillais devant le parlement d'Aix. Lentement, la procédure se met en marche. Il n'en verra jamais la fin. En attendant, pour récompense, il rêve de la croix de Saint-Louis. Pas question ! On lui ouvre l'accès à la Marine royale en lui offrant le grade de capitaine de brûlot. Mais de croix, point !

L'année suivante, la Provence est à nouveau dans la disette. Cassard vient une seconde fois à son secours. Pas question de chipoter quand des gens crèvent de faim. Il dégage au canon quatre-vingts vaisseaux de blé que les Anglais bloquaient au Golfe-Juan. Cent mille charges de froment, sept mille quintaux de blé pour le Midi. On le nomme capitaine de frégate. Mais de croix, toujours point : « Vous avez lieu de l'espérer avec le temps... » lui répond le ministre. Cassard est un Breton, il ne réclame que son honneur, il se bat davantage contre le mépris que contre l'Anglais... Il fait donc sourire à Versailles...

Et maintenant, il lui faut se battre contre les Marseillais. Là-bas, de bureau en bureau on lui jure qu'on ne lui doit rien. Il s'obstine. Rien n'y fait. Là-dessus, on l'appelle en Espagne pour ravitailler le duc de Vendôme en vivres et en munitions. Celui-ci guerroie en Catalogne pour le compte de Philippe V, mais les Anglais ont établi un blocus très serré. Nul n'a pu encore le forcer. Cassard accourt. Il a avancé 200 000 livres pour financer l'expédition. C'est qu'il faut faire vite. Il force le blocus. Voici pour Vendôme des bateaux pleins à craquer de vivres et de munitions. Cassard force l'admiration du maréchal de camp : « On ne pouvait nous rendre un service plus éclatant dans la conjoncture présente... Nous sommes dans un temps où de pareilles actions ne sont guère à la mode en France, au moins sur terre. » Philippe V en profite pour ne pas lui payer ses quinze jours d'escorte : l'action était belle, donc gratuite, sans doute.

Encore du blé à rapporter à Constantinople : Cassard est là. Mission accomplie. A peine est-il arrivé qu'il est harcelé par la douane. Elle veut lui faire payer le matériel qu'il a emprunté à l'arsenal de Toulon pour armer ses vaisseaux... sur l'ordre du ministre... Les bureaux. Encore les bureaux. Rapports, placets, mémoires justificatifs. Colère. Le Breton devient de plus en plus sombre. Les gens du Midi s'en aperçoivent et désormais l'évitent promptement...

Cassard devient misanthrope. Seul un rêve de gloire et de fortune pourrait chasser son humeur noire. Duguay-Trouin vient de prendre Rio. A lui aussi, les mers du Sud. L'or de l'Espagne ou du Portugal. De nouvelles îles. Le bonheur. Et la reconnaissance.

Avec qui traiter ? Il a besoin de beaucoup d'argent pour armer l'expédition. Les Malouins ? Non. Curieusement, Cassard s'en va voir les Marseillais. Ces gens l'ont déjà dupé, mais ils savent si bien parler... Leur charme... On l'encense : « Vous joignez à votre valeur une expérience consommée et une probité intacte. Nous n'avons rien à vous prescrire. Nous avons en vous toute la confiance imaginable. Les intérêts du roi, ceux de monseigneur l'amiral, les nôtres et tous les vôtres se trouvent confondus ensemble... » On monte une expédition en guerre et marchandises. On embarque de la pacotille, on traficotera du nègre. En rade de Toulon, alors qu'il a pris la mer, Cassard reçoit les ordres du ministre : « faire aux Antilles tous les dégâts praticables ». Dure tâche. Rendre compatibles les intérêts du commerce et ceux de la guerre !

En route, plusieurs aventures. D'abord l'Afrique. Il prend l'île Santiago. Les habitants lui refusent les 60 000 piastres de rançon; représailles : l'île est pillée. Il s'en va, laissant derrière lui l'île brûlée. Il traverse l'Atlantique, parvient en Guyane hollandaise. Au dernier moment, il rate son attaque. Il est furieux. On reviendra. Maintenant, cap sur les Antilles. Mais toutes ces îles ! Laquelle choisir ? On vote pour Antigua. On s'associe avec les flibustiers : contrat devant notaire, il ne s'agit pas de plaisanter avec eux; tout est spécifié par écrit, des modalités de partage aux indemnités pour blessures, tant pour la perte d'un œil, tant pour la perte d'un petit doigt...

Impossible d'atteindre Antigua. Le vent pousse sur Montserrat. Rhum et sucre. Cassard la prend. Dix jours de pillage et de ripaille. Toutes les cales sont pleines. Le corsaire revient à Antigua, l'enlève sur la lancée, et rentre à la Martinique. Enthousiasme général devant le butin débarqué...

Cassard pourrait s'en tenir là. Mais il veut sa Guyane

hollandaise. Surinam. Surinam où il a échoué. Cassard n'aime pas la défaite. Il retourne là-bas.

Surinam, Paramaribo, les acajous, les bois de fer, les manguiers, le sucre. Seulement depuis la première apparition de Cassard, le gouverneur a fait tout fortifier. Palissades. Chausse-trappes. Une vraie cuirasse. Le Breton veut remonter la rivière. Au premier coude il est arrêté : la forteresse. Cent trente canons qui tonnent. C'est la nuit, mais les Hollandais ont allumé partout des bûchers. On y voit comme en plein jour. L'entêtement breton. Cassard aura Surinam, il l'a juré. Il parvient à installer des camps solides dans la jungle, sur des marais... Et il passera le fort. Tiré par des chaloupes, son vaisseau, *La Méduse*, essuie le feu de la forteresse. Mais passe. Tout truffé de boulets, le navire remonte la rivière. Cassard tient désormais l'aval et l'amont. Le gouverneur de Surinam est à sa merci. Il fait hisser le pavillon blanc. Il se rend. Rançon : cent cinquante mille barriques de sucre, et le revenu de la colonie pendant un an.

Pendant ce temps, un lieutenant de Cassard a enlevé une autre place; bilan : 100 000 écus de Hollande « en nègres, sucre, et le reste en lettre de change ». Enfin, la fortune des Antilles. Et donc la gloire.

Pourtant il reste encore une Antille que le corsaire n'a pas eue. Une seule. Petite, comme un rocher. Mais île de prestige. Elle a nom Curaçao. Sucre, indigo, comme ailleurs, et surtout l'entrepôt hollandais de l'or des mers du Sud... D'autres s'y sont brisé les dents. Elle est inviolée depuis vingt-cinq ans. On la dit imprenable. Cassard ne partira pas avant d'avoir eu Curaçao.

Malheureusement, l'un de ses vaisseaux, complètement vermoulu, finit par sombrer. Dix-sept canons en moins et mille bombes perdues. Le conseil prie Cassard de renoncer à l'aventure. Non. Il aura son île. Il prendra l'imprenable. A peine a-t-il abordé Curaçao qu'un des navires est emporté par le courant, avec à bord tout l'état-major et le tiers des troupes, ses gros mortiers, bombes et fusées. Des deux bateaux envoyés à sa recherche pas un ne revient. La mer des Antilles les prend. Ils sont trop fatigués.

Et Cassard veut toujours Curaçao. Neuf cents hommes à ses côtés. Il mène l'attaque. Une balle l'abat : mais ce n'est qu'un talon brisé. Les officiers veulent partir. Les vaisseaux commencent à craquer de partout : « Jamais, il y va de l'honneur des armes du roi et du mien. » De sa couchette Cassard dirige l'assaut. Les dernières bombes. Après elles, plus rien. Stupeur : Curaçao se rend !

L'audace bretonne a payé. Maintenant, à la rançon, les Hollandais : 15 000 piastres. On aurait pu discuter et en obtenir plus, mais les marins sont fourbus, malades, pressés de rentrer.

Cassard a eu son île. Il rentre en Europe. Et c'est là que commence pour lui la vraie guerre. Le combat que vont mener contre lui les gens qui se prétendent hommes de justice. La France, elle, est en paix et n'a plus besoin des services du Breton... Alors on ressort toutes les vieilles querelles. Les Provençaux, qu'il a sauvés de la disette, se liguent tous contre lui. Le parlement d'Aix refuse de lui payer ses frais d'escorte, qui datent du temps de la première famine. L'ordonnateur de Toulon lui réclame toujours les frais d'armement de l'expédition qui a permis de sauver Philippe V. Les armateurs marseillais s'aperçoivent que le fabuleux butin rapporté des Antilles ne couvre pas les frais de la campagne. Plus question d'encenser Cassard. Il est désormais un forban.

Forban ! Cassard le misanthrope devient fou. Il plaide, mais maladroitement. Il sollicite, mais le front si ombrageux qu'on le met à la porte des bureaux. Il fait toutes les antichambres. Il est la proie des escrocs qui le dépouillent sous prétexte de le défendre. Partout il voit des ennemis. Il va voir Fleury, le ministre, qui l'éconduit malgré ses supplications. Cassard l'insulte. On l'enferme à l'asile. Il continue à hurler sa révolte. Haut et fort. Trop haut sans doute : on le conduit au fort du Ham. Murailles épaisses d'où ne peut sourdre la plus petite plainte. Il y meurt en 1740.

Il avait triomphé de toutes les embuscades de la mer, de la poudre et des tempêtes. Il s'est englué dans le marais d'une justice chicanière. Il en est mort, bâillonné derrière des murs réservés aux grands criminels.

Un seul homme l'avait défendu. Duguay-Trouin. Il savait bien que les retours de course et la bureaucratie versaillaise étaient plus redoutables que les périls de l'océan et la poudre à canon. Entre gens de mer, on a en général de l'honneur. Les hommes qui en vivent et restent sur les quais, à moins d'avoir servi eux-mêmes, en possèdent la plupart du temps beaucoup moins. Ce sont des parasites de la course. D'autre part Duguay-Trouin a bien compris que si le roi et les gros négociants encouragent la course, c'est qu'ils craignent de voir péricliter le commerce vers les terres lointaines. Il n'y voit pas cependant une raison suffisante pour briser un homme. Duguay-Trouin prévoyait déjà l'issue de la tragédie que vivait Cassard. C'était en 1733. La guerre avec l'Angleterre semblait vouloir reprendre, et chacun se pressait sous les dorures de Versailles pour solliciter un commandement. Dans un coin, un homme seul, triste et mal vêtu. Duguay-Trouin, lui, est très entouré. Brusquement, il quitte tous les courtisans qui se pressent à ses côtés et va vers l'homme solitaire. Il lui prend les mains et l'embrasse. Stupéfaction générale. « Vous ne connaissez pas cet homme, messieurs ? Tant pis pour vous ! C'est le plus grand homme que la France ait à présent : c'est Cassard ! Je donnerais toutes les actions de ma vie pour une des siennes. Il n'est pas connu ici, mais il est craint et redouté chez les Portugais, chez les Anglais, chez les Hollandais dont il a ravagé les possessions en Afrique et en Amérique. Avec un seul vaisseau il faisait plus qu'une escadre entière. »

Les paroles courageuses de Duguay-Trouin ne suffirent pas à réhabiliter Cassard. Mais rarement les dorures de Versailles avaient vu si bel orgueil.

7/La Bretagne des Indes

LES INDES, OU LE TERRITOIRE DES RÊVES

Les grandes explorations sont passées de mode. Est venue l'ère du grand commerce... Les objets font désormais rêver autant que les cartes de géographie.

Tout ce qui vient d'ailleurs, de cet ailleurs lointain, est devenu indien. Indienne, l'Amérique révélée par les voyages de Colomb. Indes occidentales, les Antilles. Indes orientales, tout ce qui va de Bombay à la Chine. Est indien tout ce qu'on ne connaît qu'à peine, tout ce qui sent les archipels des mers du Sud ou les terres à richesses; les Nantais appellent indiennes les toiles qu'ils rapportent de Saint-Domingue et les Malouins se servent du même adjectif pour nommer tous les hommes vivants à l'est de l'Afrique...

Les Indes occidentales sont pour l'essentiel la possession des Espagnols et des Portugais. Au milieu du XVIIe siècle, quand Colbert s'avise qu'il faut doter la France d'un empire colonial, une évidence s'impose à son esprit : les Indes françaises ne peuvent qu'être orientales. L'Est, le rêve de tous les marins depuis le Moyen-Age, il le sait. Dans un océan aux contours confus, et dont on ne soupçonne pas l'étendue, des terres multiples qui sentent les épices. Donc la prospérité pour qui les rapportera. Autant d'« Indes »... Commercer de l'une à l'autre, trafiquer « d'Inde en Inde ». Magie des mots, sortilège des adjectifs. La géographie est confuse, mais le but précis. S'enrichir. Le lieu de la fortune : l'immense territoire qui s'étend de l'Arabie au Japon : « Indes orientales, isles arabiques et indiques, royaume de la Chine et isles adjacentes. » C'est aussi le lieu d'un mythe.

Comme tout ce que l'on connaît mal. Colbert a lu les relations de voyage, de même que tous les esprits cultivés de son siècle. Ces récits enthousiasment. Intellectuels, financiers et gens de salon partagent dans leurs lectures la passion et l'intrépidité qui ont poussé les marins vers les mers orientales et leurs cieux neufs. L'Est, le bout du monde et sa partie la plus irremplaçable. L'Orient a désormais en France un parfum de bonheur. Le titre des récits de voyage est à lui seul un programme pour l'imaginaire : « *Voyage à l'Arabie heureuse... à l'Asie mystérieuse...* »

Parfum de bonheur, qui est aussi celui que répandent les épices, jalousement serrées dans les cales des navires qui ont fendu l'Océan Indien et forcé l'accès des « isles arabicques et indicques ». Cannelle, piment, gingembre, poivre et muscade, l'odeur déjà transporte en ces mondes inconnus. Les plaisirs de la table s'en trouvent décuplés. A côté des épices, et confondues sous cette appellation prise en un sens large, les « drogues » : toutes sortes de substances végétales employées en médecine. Gomme, cachou, séné, aloès... nombre inépuisable de remèdes puisés au nombre peut-être infini de toutes les îles de l'archipel asiatique, de ses méditerranées multipliées par l'imagination. Atolls, femmes superbes et végétations folles, ce monde produit aussi en abondance tout ce qui est précieux... Perles fines, or, rubis, diamants et soies de toute espèce. Des terres douces et chaudes qui mûrissent les joyaux aussi bien que les nouvelles nourritures, riz, café. Et surtout le thé : au fond des premières porcelaines européennes, voici un breuvage neuf, source de plaisir et peut-être de connaissance...

Les grandes découvertes se sont faites chair. Le commerce et le mythe s'emparent simultanément de ces Indes aux contours imprécis. Une marchandise « indienne » entre dans un port, et avec elle un nouvel art de vivre. Le parfum des épices, la consistance des porcelaines et leurs décors imprévus invitent à un nouveau voyage. On se met à se vêtir d'étoffes étrangères, à assaisonner les mets de poivre, girofle et muscade, à boire thé et café. C'est déjà participer à une autre civilisation, partager ses valeurs, s'abandonner à son mystère. Alchimie étrange des nourritures... Les découvertes sont devenues tangibles. Mais trop rares, ces denrées exquises.

Ce monde-là, qui nourrit, soigne et fait penser, est un monde précieux, plus précieux que l'Amérique même car il fournit à la fois ce qui donne saveur à la vie, et les moyens de la maintenir. Et de surcroît modèle idéal de société. A la différence des « sauvages » d'Amérique, ces gens-là, dit-on, sont civilisés.

Le bonheur matériel et les prestiges de la civilisation réunis. Pays des merveilles, terre sacrée, pour une France qui se sent de plus en plus malade et pécheresse. Mais l'accès à ces empires de sagesse est difficile : l'Inde vit sous l'autorité d'un personnage mystérieux, le Grand Moghol, dont le palais est pratiquement interdit à tout étranger. Les voyageurs « à la Chine » et au Japon doivent se cantonner à une mince frange littorale aux limites infranchissables... Pays seulement entrevus, lointains inaccessibles. On s'y complaît, et l'on s'y heurte, comme sur la barrière d'un visage trop aimé. L'imagination embellit ce que cache la frontière.

Le rêve des Indes ressemble à une histoire d'amour. Aux architectures nouvelles, on superpose des architectures imaginaires. On reconstruit en rêve les beaux jardins où nul n'est entré, mais dont on distingue l'apparence au fond de la tasse de thé. On idéalise une richesse dont on n'aperçoit peut-être qu'un reflet trompeur. Désir. Cristallisation. Ce monde-là est encore trop rare. La France a faim des Indes. Les marchands vont s'employer à rendre plus commune cette délicieuse rareté.

LA COMPAGNIE DES INDES

Les commerçants malouins et vitréens du XVIe siècle avaient déjà compris l'importance de l'enjeu. Pour eux, découverte et commerce allaient de pair. Les gens de Vitré et Saint-Malo avaient essayé de jeter les bases d'un trafic régulier avec l'Extrême-Orient. Au cours de l'une de leurs expéditions du XVIe siècle, ils avaient même laissé l'un des leurs aux Moluques. Sa mission : y fonder un comptoir. Sous l'impulsion des Bretons, Henri IV avait été tenté de fonder une Compagnie des Indes, dont le siège aurait été à Brest, mais Sully torpilla le projet qu'il trouvait « disproportionné au naturel et à la cervelle des Français... »

Pas à ceux des Bretons, en tout cas ! L'assassinat d'Henri IV compromit définitivement toute entreprise de cet ordre, au moins pour un temps. L'idée allait pourtant être reprise. Éternelles partances bretonnes. Les Malouins n'attendent que l'occasion d'un nouveau départ. Ils réunissent des capitaux, font appel à l'argent des Flamands. Et l'on cingle vers les Indes.

Les Malouins ont un don de contact extraordinaire. Partout les indigènes leur réservent bon accueil, tout particulièrement à Pondichéry. Le chef de la cité leur permet de construire une forteresse et leur octroie l'autorisation d'établir un comptoir ceint de remparts. On est en 1617. Un des navires, *Le Saint-Louis,* parvient à rentrer à Saint-Malo. On décharge la cargaison : poivre, indigo, diamants, soies et satins... On possède surtout un relevé précis et rationnel des possibilités de toutes les îles et terres visitées.

Grands projets de commerce : une partie des vaisseaux de la Compagnie irait vers l'Inde, l'autre vers les îles de la Sonde. Et pourquoi pas la Chine, le Japon. Cathay, Xipanghu, le vieux rêve de Jacques Cartier. Et par l'est, rien moins que cela ! Concurrencer les Hollandais sur les routes nouvelles des océans...

Les expéditions suivantes seront désastreuses. Les marins de Saint-Malo gardent leur don du contact. A Madagascar, à Sumatra, ils obtiennent des roitelets locaux des traités d'alliance avec la France contre miroirs et flacons d'eau-de-rose... Seulement les Hollandais sont là, qui n'entendent pas qu'on les concurrence sur des routes dont ils se prétendent les maîtres. Les navires malouins sont capturés, incendiés. La route des Philippines et du Japon leur est barrée. Les Malouins n'abandonnent pas pour autant. Il reste à conquérir l'immense domaine vierge qui s'étend du golfe Persique à l'Inde proprement dite. Les jalons que les Bretons ont posés à Madagascar, en mer Rouge, aux Maldives, pourraient servir à établir un circuit commercial intéressant. On pourrait même établir des colonies. Ce serait la « France orientale »...

Richelieu ne demeure pas insensible à ces ambitions quand il fonde l'éphémère « Compagnie du Morbihan ». Le cardinal demande que l'on recherche en Bretagne de solides marins de commerce : « Je désire plus de gros mariniers vaillants, nourris dans l'eau de mer et la bouteille, que des officiers chevaliers frisés. » Il sait que l'on trouvera dans la péninsule de ces hommes prêts aux longues et dures navigations vers le soleil levant.

Une fois de plus, les conseillers du roi détournent la France de la mer. Razilly, familier du cardinal, le persuade qu'il s'agit là d'une chimère. Certes, la faiblesse de notre commerce avec les pays lointains et notre manque de colonies nous handicapent. Mais, la France demeure encore relativement riche dans une Europe pauvre. Et cette richesse, pense-t-on, vient de la terre, du bon et gras terroir continental. Ces rêves de commerce aux Indes ? Ce projet de France orientale ? Encore une chimère inventée par les Bretons. L'importance stratégique de l'océan Indien ? Oui, bien sûr, mais « il ne faut s'imaginer y planter des colonies. Les voyages sont trop longs, les Espagnols et les Hollandais trop forts. »

Il est vrai que ces derniers sont les rois du négoce. Ils construisent déjà leurs bateaux en série à partir d'éléments standard et ont obtenu des Japonais l'unique concession commerciale qu'ils aient faite à des Européens.

On repense tout de même à Madagascar. L'île est grande, un continent en miniature, et les routes maritimes ne sont pas trop gardées dans ces parages. Un an avant la mort de Louis XIII, une compagnie est fondée qui se propose d'y établir une colonie de peuplement. Entre 1643 et 1648, on « colonise », effectivement : trois cents Français arrivent à Madagascar... Ce sont, ni plus ni moins, des déportés. Population indisciplinée, violente. Brutalités envers les Malgaches. Les fièvres font le reste. C'est un échec. On abandonne. Il aurait fallu sans doute plus de douceur et de patience... Pour conquérir les royaumes de mer, il faut savoir prendre son temps. Ne pas se décourager.

Un Français l'a compris. C'est le gouverneur de Nantes, La Meilleraye. Il est cousin de Richelieu. Comme le cardinal, il a ressenti quel pouvoir donnent les océans. Il veut faire de Nantes le premier port de France. D'autre part, il possède de gros intérêts en Bretagne. Il a payé de ses deniers les nouvelles fortifications de Port-Louis (l'ancien « Blavet »). Il se sent donc des droits sur ce port. La rade est belle, et bien protégée. Si on en faisait une base commerciale ? On y armerait des navires, qui partiraient pour les Indes, d'où ils reviendraient chargés de trésors. Port-Louis grossirait, la rade deviendrait un immense débarcadère pour les richesses des îles lointaines.

Seulement, pour l'instant, la France orientale se réduit à Madagascar, et on a vu dans quelles conditions... Peu importe. Sous l'impulsion de La Meilleraye, on renouvelle la colonisation. On recrute à nouveau des hommes, des Bretons, surtout à Nantes. On n'est guère regardant sur l'origine des émigrants. Petits truands, miséreux des quais, et même un cadet de famille que son père envoie à Madagascar pour qu'il y expie son inconduite. Le recruteur n'est pas non plus l'honnêteté en personne, puisque le jeune homme parvient à le soudoyer et à faire embarquer à sa place son trop naïf frère aîné, qui ne s'aperçoit que trop tard qu'il est en route pour la Grande Ile...

La colonisation va commencer péniblement. Le climat est très insalubre. On essaie d'organiser un réseau commercial. Les premières expéditions ne rapportent guère, jusqu'au voyage de Kercadiou. Cet homme, descendant des Coëtanlem, est un vrai chef de mer. Célibataire endurci, marin aguerri aux plus rudes épreuves. Il bénéficie de surcroît d'une belle chance. Pour une fois, le voyage sera heureux, à l'aller comme au retour. En mai 1664, Kercadiou débarque sur les quais de Nantes une magnifique cargaison. Enthousiasme : c'est donc tout cela, la France orientale : cires, cuirs, bois d'ébène et pierreries ! Colbert, bien sûr, a eu vent de l'affaire... Un grand projet commence à mûrir dans son esprit. Il procédera par étapes. Pour commencer, appâter l'opinion qui a soif de merveilles. Le voyage de Kercadiou doit être raconté. En 1665, Colbert en fait imprimer la relation. Ensuite, quand les imaginations auront bien travaillé, on viendra solliciter des écus.

Car le grand rêve du ministre de Louis XIV est une histoire d'argent. Toujours sa théorie du « mercantilisme ». En cette époque où l'on confond capital et monnaie, l'achat aux étrangers des épices, drogues et autres denrées coloniales crée en France un appauvrissement monétaire. Or la richesse de la nation dépend de la plus grande possession d'espèces monnayées. Il faut donc s'en aller chercher ces denrées qui coûtent si cher. « Supprimer tous les intermédiaires entre la France et l'Inde. » Fonder une compagnie de commerce à gros capital, qui aurait le monopole de ces transactions, et que la marine royale protégerait contre ses concurrents.

Malgré les efforts de Colbert, les Français demeurent très réticents devant les choses de la mer. Madagascar, dont le ministre fait si grand cas, c'est encore la périphérie du monde connu. On veut bien rêver, mais quand il s'agit de donner ses écus... Et les gens des grands ports commencent à craindre que la création d'une compagnie à monopole ne vienne entraver la liberté du commerce.

Le ministre fait alors appel à la publicité. Un académicien de renom, Charpentier, rédige un magnifique prospectus. L'Asie ? Mystérieuse, mais si belle... Les éditions de relations de voyage se multiplient. Boileau lui-même participe au délire publicitaire :

> *« Nous allons chercher l'or malgré l'onde et le vent*
> *Aux lieux où le soleil le forme en se levant... »*

On écrit n'importe quoi, en particulier sur Madagascar : « On y trouve tant d'or que quand il pleut, les veines s'en découvrent d'elles-mêmes le long des montagnes... »

Il faut bien faire venir l'argent. On a prévu pour la future Compagnie 15 millions de livres de capital. On sollicite la cour, les corps constitués, les officiers et les fonctionnaires de la couronne. Les négociants des grosses villes françaises également, mais ils renâclent. A Bordeaux, où la souscription risque d'être insuffisante, il faut que le gouvernement menace ces messieurs du négoce de leur retirer leurs privilèges... Ils finissent par sortir leurs écus. La souscription prend parfois l'allure d'un emprunt forcé... On leur fait quand même miroiter quelques avantages à venir. Des bénéfices. Les villes bretonnes sont évidemment partie prenante. Saint-Malo, Rennes, Nantes ont souscrit. Le siège de la Compagnie est fixé à Paris. Douze directeurs sont choisis, dont cinq résideront en province. Aux futures colonies, on établira un autre siège.

On s'est choisi une devise : « *Florebo quocumque ferar,* (Où que je m'en aille, je serai florissante...) » Jolie devise... Mais pour l'instant, pas de navires. Pas même de port d'attache.

La Bretagne attend le choix de Paris.

Colbert fait prospecter toutes les côtes océanes. Bayonne ? Les habitants ne veulent pas entendre parler de cette Compagnie des Indes. Alors Rochefort peut-être ? Impossible, elle est réservée à la flotte royale. Prenez donc Paimbeuf, à l'embouchure de la Loire, disent les hommes de la Compagnie – ils ont quelques intérêts à Nantes... La cour va trancher. Elle choisit Port-Louis. Son gouverneur, Armand de La Meilleraye, vient d'y succéder à son père, lequel avait cédé tous les droits qu'il avait dans la précédente compagnie à l'entreprise de Colbert. Et La Meilleraye possède à la cour de très solides appuis.

Mars 1666. La décision est prise. Le port de la Compagnie des Indes sera établi non loin de Port-Louis. Derrière le vieux bastion, une profonde rade. Abri parfait contre le mauvais temps. Ses abords sont protégés des grandes houles océanes par une île toute en longueur, la belle Groix, puis par un long goulet. Là, le choix entre plusieurs mouillages, tous parfaitement abrités : les estuaires du Blavet et du Scorff. Dans les campagnes proches, de grosses forêts où tailler des navires, de grands gisements de granit gris, d'où sortir une ville à la hauteur des ambitions de la Compagnie.

Juin 1666. La Compagnie des Indes orientales est autorisée à s'établir au Port-Louis, et on lui concède les « terrains vagues et inutiles appartenant au domaine royal situés à l'embouchure du Scorff ». « Terrains vagues, inutiles »... Un quelconque lieu-dit. Une ville va y naître. Puis grandir comme champignon. Un port. Plus encore : une porte. Au loin, au large, elle ouvre sur le sud, puis, en contournant l'Afrique, sur les Indes et leur chatoiement de légende. Pour aller là-bas, en ces terres de merveilles, il faut d'abord se rendre en ce port. Il n'a pas de nom. On le lui trouvera vite. L'Orient, bien sûr...

La vie mouvementée des Compagnies des Indes

La Compagnie des Indes de Colbert, qui avait pour but de commencer dans les mers orientales, était déjà la troisième du nom... Et rien de ce qui avait été annoncé dans les prospectus publicitaires ne semblait se réaliser. Dix navires sont partis pour Madagascar. Certains s'en vont sur mer comme à l'aveuglette. Ils se retrouvent au Brésil, et parviennent à la Grande Ile avec un an de retard... Les tentatives de colonisation y sont toujours aussi catastrophiques. Le paludisme continue à décimer les engagés bretons. On en vient vite à se disputer pour des broutilles, et les administrateurs sont incapables de faire régner l'ordre. Il y a parmi eux un vieil alchimiste un peu fou parti chercher à Madagascar on ne sait trop quelle pierre philosophale... Certains Bretons, découragés, s'en vont tenter fortune chez les indigènes et adoptent leurs mœurs...

Le gouvernement de Paris est assez déçu, mais consent quelques efforts. On arrêterait peut-être les désertions bretonnes en envoyant quelques femmes aux colons ? On rafle dans les bas-fonds de Paris une charretée de femmes dites de « petite vertu »... Les directeurs de la Compagnie sont persuadés qu'à la vue des jolies Parisiennes, les Bretons retourneront dans le droit chemin et ne seront plus tentés par les charmes des « Indiennes de Madagascar »... Ces dames de Paris parviennent à la Grande Ile. Et les Bretons, qui sans doute n'en avaient pas encore rencontrées d'aussi expertes, ne quittent plus leurs jupons. L'administration se réjouit. Trop vite... Les femmes malgaches avaient pris goût à leurs gaillards de Bretagne. Elles sont folles de jalousie. Elles s'en vont trouver les guerriers indigènes, frères, pères, amants occasionnels. C'est la révolte. Hommes et femmes malgaches descendent des collines vers Fort-Dauphin, là où les Français avaient établi leur première cité. Les Bretons et leurs amies parisiennes doivent prendre la fuite. Comment dans ces conditions réussir une colonisation ?

Aux Indes proprement dites, pas plus de succès pour commencer. Un comptoir prospère est fondé à Surate en 1667. Trois ans plus tard, les Anglais et les Hollandais le ruinent. Même destin pour un établissement créé à Bantam, à l'ouest de Java. On en faisait venir les épices. Les Hollandais furieux en délogent la Compagnie en 1684.

Il reste cependant ce qu'il est convenu d'appeler les « comptoirs de l'Inde ». Chandernagor, et surtout Pondichéry : dès 1674, François Martin réussit à consolider l'entreprise commerciale que les Bretons y avaient amorcée une cinquantaine d'années plus tôt. Mais Ceylan et les îles aux épices, les Moluques, demeurent fermées à la Compagnie. Celle-ci périclite d'année en année.

On pense alors à fonder une colonie à l'île Bourbon, l'actuelle Réunion, avec ce qui reste des habitants français de Madagascar, les « débris de Madagascar », comme on les appelle. On essaie : l'île est inhabitée, elle est possession française depuis 1649, et l'on a déjà tenté quelques vagues entreprises désordonnées de peuplement. Mais, comme toujours, c'est l'anarchie la plus complète. Comment pourrait-il en être autrement quand la gabegie règne au sein de l'administration de la Compagnie elle-même ?

La France orientale ? On en est encore loin... Pour tout arranger, un édit royal de 1684 interdit d'introduire et de vendre en France les étoffes des Indes et de la Chine : singulière incohérence politique... Et pourtant le pouvoir royal suit d'assez près l'évolution de la Compagnie qui devient de plus en plus une sorte de société nationalisée. A partir de 1675, le roi lui-même en nomme les directeurs, au nombre de vingt, qui sont tenus d'apporter à la Compagnie 60 000 livres en actions.

La colère des actionnaires commence à gronder. En 1702, la faillite de l'entreprise de Colbert est presque totale. C'est alors qu'interviennent les Malouins. Au milieu de la détresse générale du royaume, ils ont été à peu près les seuls à s'enrichir. La course, mais aussi le commerce « interlope ». Ils s'aventurent dans des régions où le privilège de trafiquer est en principe réservé à telle ou telle nation. Eux, rien ne les arrête. Ils passent hardiment entre les navires ennemis et maintiennent nos relations avec les Indes.

Les actionnaires de la Compagnie proposent en 1708 de se défaire de leur monopole commercial et de remettre leurs privilèges « à ces messieurs de Saint-Malo, les plus capables du royaume de soutenir une si importante entreprise que celle du commerce de l'Inde » Les Malouins sont donc parvenus à grignoter progressivement le monopole de la Compagnie de Colbert. La Compagnie leur octroie des « permissions », pour le commerce en Extrême-Orient, soit sur des navires qu'elle leur prête, soit sur les leurs propres. Moyennant prélèvement sur les bénéfices, évidemment... Qu'ils risquent ! Peu à peu, des Malouins réussissent à établir des relations avec Canton et se spécialisent dans la Chine... Bientôt, ils seront à l'origine de la Compagnie de Chine. Malgré les guerres, de 1698 à 1713, elle fera de jolis bénéfices...

A travers toutes ces péripéties, la Compagnie des Indes de Colbert se solde par une faillite. Les directeurs de la Compagnie voient un jour des officiers du roi venir saisir le mobilier de leurs bureaux... Déchéance ? Non, car une impulsion a été donnée. Les objets des Indes et de la Chine ont pénétré la France, en plus grande quantité qu'autrefois. Et par mer. Mme de Sévigné elle-même est venue à L'Orient, où elle a séjourné en août 1689. Voici ce qu'elle écrit à sa fille : « Nous avons fait depuis trois jours le plus joli voyage du monde, au Port-Louis qui est une très belle place dont la situation vous est connue. Toujours cette belle mer devant les yeux... » Remarque étonnante en un siècle où jusqu'alors les gens de salon ne se sont guère intéressés aux choses océanes... Le lendemain, elle est allée « dans un lieu qu'on appelle L'Orient à une lieue de la mer. C'est là qu'on reçoit les marchands et les marchandises qui viennent de l'Orient. » Et elle dîne, suprême délice, en compagnie d'un négociant arrivant du Siam ! Avant de partir, elle a pu palper des soies, faire tinter des porcelaines... La marquise snob ne se trompe qu'exceptionnellement en matière de mode. Et la vogue de l'Inde et de la Chine est désormais lancée, pour longtemps...

Law ne s'y trompera pas non plus, qui reprendra, en 1719, l'ancienne Compagnie pour la refondre dans un nouvel organisme commercial. La nouvelle Compagnie fait partie intégrante du « système » de Law, mais elle survivra à sa faillite. Elle sera en effet gérée de manière beaucoup plus rigoureuse. Un véritable organisme d'Etat, surveillé par le contrôleur général des finances du royaume. Elle se donne pour but, non seulement les Indes au sens strict, mais aussi la Chine. Elle ne se limitera pas au commerce et tentera, plus ou moins adroitement, de créer un véritable domaine colonial. C'est impossible en Chine, puisque le pays est rigoureusement fermé aux étrangers. Mais on doit développer les comptoirs de l'Inde, s'y battre au besoin, empêcher la pénétration anglaise. Ne pas laisser passer l'occasion, car l'Asie entre en pleine désagrégation intérieure, l'Inde n'est plus qu'un empire en décomposition... Le commerce entre tous ces pays, le commerce « d'Inde en Inde » est en passe de tomber aux seules mains des Européens. Il faut être de la partie.

Dans ce jeu, la France a ses atouts. Elle peut, en y mettant le prix et l'énergie nécessaires, s'assurer la maîtrise de l'Océan Indien, région stratégique s'il en est. Y créer de véritables colonies, et non pas de vagues comptoirs. Un grand réseau commercial, avec des îles qui seraient autant de postes de ravitaillements pour les bateaux, des ports où les refaire, où les construire peut-être. Des bases militaires d'où mener la guerre contre les Hollandais, et surtout les Anglais dont la puissance s'accroît chaque année. Les visées de Law n'allaient peut-être pas aussi loin. Mais en faisant de la Compagnie un organisme d'Etat, il la liait pour toutes les années à venir à la politique extérieure de la France. Fonder une véritable France orientale, de la guerre et du commerce. Avec des hommes neufs. Ces hommes-là, en grande partie, seront des Bretons...

La route des îles

La colonisation de Madagascar a échoué. Les hommes qui ont réchappé de la catastrophe – fièvres, guérillas, complots – sont toujours en quête de leur île. Bien avant la reprise en main de la Compagnie par Law, les Bretons qui font partie de ces « débris de Madagascar » ont cherché à s'établir en des lieux qu'ils rêvent plus hospitaliers. A l'est de la Grande Ile, deux petites terres perdues dans l'océan Indien. Eden ou Enfer ? On ne sait pas encore. Mais leur position est des plus belles.

Un monde unique. Deux îles sœurs, mais point jumelles. Bourbon : gros volcan, tronc de cône aplati qui tombe brusquement dans la mer. Mauritius : des pitons échelonnés autour d'un plateau central, et une couronne de coraux qui dédoublent en bleu et vert la couleur de l'océan. Une immense forêt sur les deux îles, végétation tropicale. Palmistes, ébène, colophanes... Sur les hauteurs, la verdure qui se perd dans les brumes humides pourrait rappeler la Bretagne. L'hiver et l'été se confondent presque. Humidité, chaleur, torpeur plus grande et cyclones en été; hiver tiède encore où l'on s'endort dans les moiteurs douces. Comme en un juillet breton, si les couleurs n'étaient pas si crues, à s'en croire les yeux déchirés, quand le soleil vient brûler le lagon. Pays de langueurs lourdes, où l'indolence vient, nouvelle sirène, s'offrir à chaque pas.

La terre est riche, et l'endroit stratégique. Pourtant les Arabes qui avaient découvert les deux îles, les Portugais, qui les notèrent sur les cartes, ne firent que passer. Les Hollandais tentèrent de s'établir à partir de 1598. Cirné, l'actuelle Maurice, les intéressait plus que Bourbon : des baies accueillantes, une terre plus plate. Une île vierge. Il n'y vivait qu'un seul homme, un Français rescapé d'un naufrage et devenu à demi fou. Des oiseaux de toute espèce, dont le fameux dodo, sorte de pélican inconnu ailleurs. Des forêts d'ébène. Les Hollandais prennent possession de l'île, qu'ils appellent Mauritius en l'honneur de leur prince Maurice de Nassau.

Venus pour faire fortune, ils sont trop peu nombreux. Ils s'aperçoivent très vite que Maurice n'est pas une île à épices... Ils introduisent la canne à sucre. C'est peu pour des hommes qui rêvaient des merveilles des îles de la Sonde. Leur gouvernement est loin. Tout va mal. Ils découvrent que les forêts de Maurice grouillent de singes, de rats. Les chiens ne peuvent rien contre ces bêtes. L'été, sécheresses, puis cyclones, les langueurs interminables de l'océan Indien, les « visites » des pirates... Le manque de femmes. En 1710, après avoir exterminé les derniers dodos, les Hollandais s'en vont, découragés. Dans leur rage de n'avoir rien pu faire de Maurice, ils brûlent leurs habitations.

Pour les Français, qui possèdent déjà Bourbon, ce départ est une occasion inespérée. Le 20 septembre 1715, Guillaume Dufresne d'Arsel plante sur Maurice le drapeau fleurdelysé. Il prend possession de l'île au nom du roi de France. Elle deviendra l'« île de France »...

Deux îles sœurs. Également saines : pas de fièvres. A Bourbon, un début de colonisation; aux « débris de Madagascar » se sont joints des engagés bretons, gens de terre comme de mer. Et des femmes ! Pour les travaux trop pénibles, des esclaves déportés de Madagascar. Le désordre le plus complet règne dans l'île, mais un peuplement s'amorce.

Avec ces deux terres perdues dans l'océan Indien, la France tient la route des Indes et de la Chine. Le gouvernement français n'a peut-être pas encore saisi l'importance de cette position. Les gens de Saint-Malo, eux, y tissent déjà leur toile. En France, ils s'introduisent peu à peu dans la Compagnie des Indes, en liant progressivement leurs intérêts aux siens. Parallèlement, pendant que se réalise à Paris la fusion de la Compagnie des Indes et de leur Compagnie de Chine, les Malouins jettent dans les nouvelles possessions françaises les bases de l'empire colonial et commercial dont ils rêvent depuis si longtemps.

Moka, l'épopée du café

Les navires malouins qui pratiquent le commerce d'Inde en Inde, officiellement ou non, ont pris depuis le début du XVIIIe siècle l'habitude de faire relâche à Bourbon. C'est là qu'ils se ravitaillent et font escale. Ils « s'y rafraîchissent », comme on dit.

Ils sont les spécialistes français du commerce interlope. Commerce illégal, en des eaux interdites. Cependant le gouvernement les tolère de plus en plus. De temps à autre, un emprisonnement à la Bastille pour un armateur interlope, mais l'essentiel est de ne pas trop se faire voir. Dès 1701, les Malouins ont été l'objet des sollicitations et des flatteries du ministre Pontchartrain, alors chargé des affaires maritimes. Les Indes, les Indes... Seulement, en hommes d'affaires avisés, les gens de Saint-Malo ne veulent pas centrer leurs activités sur un seul type de commerce. Ils en recherchent une diversification. Trafic de la morue de Terre-Neuve, de l'alun en Méditerranée avec les Etats du pape. On leur rebat les oreilles des Indes. L'affaire est entendue, à condition de trouver des marchés nouveaux et rentables.

Il leur vient l'idée du café. « Racine passera comme le café », a dit Mme de Sévigné. Pour une fois la marquise s'est trompée, et sur les deux tableaux. Le café, comme Racine, est toujours à la mode. Les armateurs de Saint-Malo se mettent à rêver de Moka. Deux vaisseaux partent pour la mer Rouge. Leurs noms disent assez bien le programme des armateurs : ce sont *Le Curieux* et *Le Diligent*...

Ils partent de Brest le 6 janvier 1708. Le voyage va durer deux ans. A bord, un bourgeois de Saint-Malo chargé de représenter les intérêts des actionnaires. Il s'appelle La Merveille... Un homme curieux de tout, qui écrira ensuite le récit de l'expédition : « *Voyage de l'Arabie heureuse par l'océan Oriental...* » – on ne parle pas encore d'océan Indien. Un sens inouï du contact chez les Malouins. Ils nouent des relations très solides avec le souverain de Moka. On leur reprochera seulement d'avoir regardé trop attentivement les femmes arabes. Sur la route du retour, ils prennent au passage des navires hollandais chargés d'or. Quelques vols et mutineries à bord, mais on rentre sans trop d'encombre en Bretagne. Grands projets : il faut absolument repartir, et, cette fois, nouer des relations durables. Le premier voyage était une prospection. Le second doit aboutir à des résultats commerciaux tangibles. En plus de l'équipe habituelle on embarque un maître d'hôtel, deux cuisiniers, trois

« violonniers », « afin de donner plus d'éclat au débarquement et au séjour de l'état-major français. »

Belle arrivée à Moka. Mais l'iman du Yémen a un abcès à l'oreille. Par chance, le chirurgien de l'équipage malouin le guérit. L'iman n'en peut plus de reconnaissance. Il confirme sans difficulté les privilèges commerciaux et douaniers primitivement accordés aux navires français. Plus : il offre cinq cents ballots de café « pour le roi de France ». Plus encore, et une surprise pour les Malouins : eux, qui connaissaient la jalousie farouche avec laquelle les Hollandais gardaient les spécimens végétaux des épices, se voient offrir des plants de caféier, et l'iman leur conseille vivement d'en essayer la culture à l'île Bourbon.

L'idée était lancée. Les navires malouins appareillent. Pour consolider les relations diplomatiques, on a promis aux Arabes les portraits du roi de France et des dames de sa cour, des miroirs, des robes de velours. Les navigateurs bretons ont désormais d'autres soucis en tête. Le café, en culture à Bourbon ! Ils y font relâche en février 1713. L'espoir de la culture du caféier fait rêver de prospérité la petite colonie qui commençait à végéter.

Retour des marins à Saint-Malo. Dès le printemps 1714, on repart. Trois navires, maintenant, en route pour Moka. Voyage heureux. L'un des navires, *L'Auguste,* sort de Moka en emportant deux mille cent balles de café. Et, précieusement gardés dans des demi-barriques de terre, six plants de caféier...

A Bourbon, la population attend les plants avec anxiété. On a déjà connu tant de déboires quand on a voulu acclimater des épices... En 1681, le giroflier a échoué. En 1702, mort du dernier poivrier... Au presbytère de la capitale de l'île, conciliabules secrets et nocturnes entre gens de bonne compagnie pour décider la part que la Compagnie des Indes pourrait exiger sur le café : pas plus qu'un dixième. Sinon, les colons bretons, déjà indisciplinés et prompts à la révolte vont refuser de cultiver la précieuse plante...

L'Auguste arrive à Bourbon avec ses six caféiers. Un seul a survécu au voyage. On le soigne, on le bichonne. Il donne bientôt des graines, que l'on décompte comme pierres précieuses. Les Bretons de l'île se mettent à cultiver le café l'un après l'autre. A soigner amoureusement leurs petits plants, ils s'aperçoivent qu'ils ressemblent curieusement à des arbrisseaux assez communs dans l'île. Sans le savoir, les gens de Bourbon possédaient déjà des caféiers. Sauvages, certes. Mais caféiers tout de même. C'est l'enthousiasme. On est sûr que l'acclimatation va réussir. La joie est telle que le gouverneur de l'île prend la mer pour aller en informer personnellement le roi et ses ministres.

A Versailles, on suivait les choses avec attention. Sans plus. L'île Bourbon ? Un pays lointain aux confins du monde connu. A dire vrai, le gouvernement s'en désintéresse, et le Malouin Le Gentil a pu constater l'état d'abandon où se trouve l'île : « Elle a un extrême besoin de secours, et si la Compagnie des Indes continue à négliger cette colonie, il est à craindre qu'elle ne se perde, et que les habitants n'abandonnent le pays. »

A Bourbon, le café fera peut-être enfin de cette île un Eden prospère... En croisant les caféiers sauvages aux plants venus de Moka on espère améliorer la qualité du produit. « On pourra alors faire un grand commerce de café, à cause de la grande quantité de ces plantes dans l'île. »

Effectivement, les plantations sont encourageantes. En 1734, elles fourniront tout le café consommé en France et on en vendra même à l'étranger, jusqu'à la Hollande. Le café de Bourbon a excellente réputation : « C'est le meilleur au monde après celui de Moka. » On essaie de le cultiver sur l'île voisine, délaissée jusque là. Une portion entière de l'Ile de France est destinée à cet usage. On l'appelle, tout naturellement, « quartier de Moka ». Il porte toujours ce nom.

De l'autre côté des océans, les armateurs malouins s'enrichissent du café. Ils ont décidé de dessécher les marais du fond de leur port d'échouage pour y construire un quartier neuf. Sur les terrains gagnés sur la mer on bâtit des maisons solides et luxueuses. Quel nom lui donner ? Moka, pour lui aussi, en souvenir des « voyages de l'Arabie heureuse »... Et les navires repartent vers ces îles qui portent des noms français, mais que peuplent surtout des hommes de Bretagne.

Les deux îles sont devenues la plaque tournante du commerce d'Orient et d'Extrême-Orient. On s'est vite aperçu que les possibilités portuaires sont meilleures à l'île de France : Bourbon n'a pas de rade naturelle. Ici, au contraire, une très belle baie, sans récifs, bien protégée des vents et dominée d'une splendide chaîne de montagnes. Ici, on fondera un port. Une fois de plus, les noms parlent : ce sera Port-Louis. Port-Louis de l'île de France, comme en Bretagne l'autre Port-Louis d'où s'en vont les navires de la Compagnie des Indes.

D'invisibles liens de vent et de mer réunissent la terre bretonne à ses îles peut-être enfin trouvées... De là-bas, comme de

Bretagne, toutes partances possibles. Confluent de l'Afrique, de l'Arabie, de l'Inde. Escale vers la Chine lointaine et d'autres terres à découvrir. Sur la terre elle-même de l'île de France, une autre Bretagne à construire, peut-être. Il est déjà à Bourbon un cap que l'on nomme pointe de Bretagne...

Pour les marins bretons, de nouveaux chemins de mer. La route des îles...

Ces messieurs de la Compagnie

Les hommes qui dirigent la Compagnie ne sont pas pour leur part des gens de rêve. Surtout depuis que Law a repris l'affaire en main. La banque du financier anglais est perpétuellement en quête de capitaux ; la Compagnie a pour but de les faire rentrer en France en monopolisant son commerce extérieur. Cette idée, et l'organisation qui en découle, survivront à la faillite de Law, avec toutefois quelques variantes. Il n'en demeure pas moins que la Compagnie est une affaire de financiers parisiens et même de capitalistes internationaux.

Elle est dirigée par un conseil d'administration, le « Conseil des Indes ». A sa tête, un président. La plupart du temps, un haut dignitaire de la couronne. Six directeurs à vie nommés par le roi : quatre à Paris, un à Lorient et le dernier à Nantes. En principe, ce sont de gros actionnaires de la Compagnie. Pour défendre l'ensemble des actionnaires, deux, puis huit syndics. Ils doivent posséder au moins cinquante actions et sont choisis par le roi, sur une liste qu'on lui propose. En bref, la Compagnie des Indes intéresse surtout la haute finance. Fait significatif : des banquiers genevois tentent de s'y infiltrer, tout particulièrement au moment où le commerce aux Indes et à la Chine redevient libre, en 1770. On voit ainsi des Suisses du nom de Burckhard s'établir à Nantes, où ils francisent leur patronyme en Boucard...

Les actionnaires les plus actifs sont les Malouins. Le commerce lointain les relie à Lorient autant que la course. Ils se dépensent sans compter pour trouver de nouveaux actionnaires, à grand renfort de publicité. Ils en découvrent jusque dans des bourgades perdues de Bretagne. Ils s'en vont dans le Midi de la France recruter des participants. La Compagnie a des antennes dans toutes les villes d'Europe, jusqu'en Sibérie... En plus des marins, elle emploie un personnel considérable : une petite armée d'« écrivains », c'est-à-dire de secrétaires, et tout un personnel destiné à former ceux qu'elle recrute : maître d'hydrographie, maîtres sculpteurs (pour les bateaux), maîtres appareilleurs de pierre, maîtres peintres et même maîtres à danser. Une compagnie d'infanterie de trois cents hommes, école des futures enseignes embarqués sur les navires...

A L'Orient, qui devient Lorient au fur et à mesure que la ville grossit, se fixent de nombreux étrangers. Courtiers de toutes provinces françaises, nobles bretons tentés par l'aventure du commerce, fonctionnaires de la Compagnie. Quand celle-ci sera dissoute, ils se transformeront en armateur. On fonde des dynasties de l'argent, on se marie entre gens de commerce, on essaie de se fabriquer une noblesse, si on n'en a pas, à force de longues intrigues.

Association de chercheurs de fortune, et qui ont souvent plus d'appétit que de scrupules. Gérants des intérêts de la Compagnie, prêts à s'enrichir les uns aux dépens des autres. Hommes durs en affaires, formés parfois dès la prime adolescence. Dans ces familles de « gros bonnets », il n'est pas rare qu'on envoie un tout jeune homme en voyage à la Chine, pour qu'il y apprenne « sur le tas » les dures lois du commerce. Si l'on fait fortune dans les mers du Sud, c'est l'ascension sociale assurée. On commence, comme M. du Timeur, petit hobereau sur les bords d'une rivière lorientaise, on part pour la Chine, et au retour, on peut épouser une dame d'excellente famille et richement dotée... On pourra alors s'installer dans un splendide château au sud de la Loire... Les exemples analogues sont légion. Ils créent des vocations. Lorient est devenu l'endroit d'où naît la fortune... Il suffit d'écouter Bernardin de Saint-Pierre. Après de nombreux déboires – c'est un ingénieur raté –, il vient à Lorient en 1768 pour s'embarquer pour l'île de France où il espère se refaire. Il est pris lui aussi dans l'ivresse des départs qui anime la cité toute neuve : « Lorient est une petite ville de Bretagne, que le commerce des Indes rend de plus en plus florissante... Le Port-Louis est une ville ancienne et déserte : c'est un gentilhomme dans le voisinage d'un financier. La noblesse demeure au Port-Louis, mais les marchands, les mousselines, les jolies femmes se trouvent à Lorient... Le bruit des charpentiers, le tintamarre des calfats, l'affluence des étrangers, le mouvement perpétuel des chaloupes en rade, inspirent je ne sais quelle ivresse maritime. L'idée de fortune qui semble accompagner l'idée des Indes ajoute encore à cette illusion. Vous croiriez être à mille lieues de Paris. Le peuple de la campagne ne parle pas français, celui de la ville ne connaît d'autre maître que la Compagnie. Les honnêtes gens s'entretiennent de l'Ile de France et de Pondichéry comme s'ils étaient dans le voisinage... Les tracasseries des comptoirs arrivent ici avec les pacotilles de l'Inde... »

Bernardin de Saint-Pierre s'étonne à chaque pas. C'est qu'il n'a pas encore fait le voyage aux Indes... Il ne sait pas encore que le sillage des bateaux de la Compagnie relie comme un fil invisible la Bretagne à son nouvel Autre Monde.

Sur les quais de Lorient, ses pierres de granit gris et les premiers lichens roux qui les parsèment, voici la grande ivresse de la Bretagne des Indes.

MARINS BRÉTONS DES VOYAGES AU LONG COURS

Dans cette ville où circulent des capitaux souvent étrangers à la province, les matelots des Indes sont pour la plupart des Bretons. Malouins, à 75 pour 100 : le goût du risque. Ils viennent à pied de la cité-corsaire. Douze longs jours de marche à travers les campagnes bretonnes. Les autres : divers marins racolés sur les côtes de la péninsule, autour de Lorient et Quimper. Après quelques années la Compagnie des Indes a perdu son prestige auprès des populations littorales. On commence à redouter les engagements pour les Indes. La mortalité est effroyable à bord des navires de la Compagnie. Sur le bord du quai, les Indes font rêver. On s'extasie, en 1685, lorsqu'une ambassade du roi de Siam débarque à Brest et traverse les campagnes bretonnes : petits hommes jaunes, coiffures en pagodes, habits d'or, parasols de pourpre... Mais l'Orient terrifie quand les navires reviennent et que l'on débarque, à côté des mousselines et des caisses de porcelaines, des dizaines de scorbutiques agonisants.

Comment trouver l'armée de deux mille à quatre mille matelots que réclame la Compagnie ? Le nombre d'engagements spontanés est insuffisant. A tel point que la Compagnie de Colbert dut employer à Lorient des marins provençaux... Le gouvernement royal autorisa alors la Compagnie à utiliser dans certaines limites le service des classes : autrement dit, l'embarquement obligatoire des marins inscrits, non pour la guerre, mais sur les navires de commerce... D'après une ordonnance de 1723, les directeurs devaient faire connaître au ministre de la Marine, dès le début de chaque année, le nombre d'hommes dont ils avaient besoin; la Compagnie s'engageait de son côté à verser aux équipages recrutés par ce moyen une solde supérieure d'un quart à celle qu'ils auraient touchée dans la marine royale... Tant on avait besoin du commerce des Indes...

Il y avait aussi, évidemment, ce qu'on pourrait appeler les engagements « librement contraints » : obtenus après force libations. On signe. Le contrat est tout prêt, une croix suffit ! Le nombre de ces engagements douteux a dû être relativement important, car il fournit un thème fréquent des contes des marins de commerce. L'histoire raconte presque toujours un voyage « dans l'Inde » ou « à la Chine ». Le conteur commence par préciser les tentations du matelot : il s'ennuie, ou il est pauvre. Et le recruteur apparaît. On s'aperçoit trop tard que c'est le diable en personne. Il promet de grosses payes, on s'en va à bord malgré toutes les malédictions de la mer. Mais il est des contes ou le diable ne prend même pas la peine de se cacher : « Il était une fois un homme et une femme qui avaient huit garçons, et ils avaient bien du mal à gagner du pain. Un jour que le père était sorti de grand matin, il entendit un roulement de tambour, et tout-à-coup il vit devant lui un monsieur qui lui dit : « Va-t-en chez toi chercher l'aîné de tes enfants, et dis-lui que s'il veut donner son âme à compère le Diable, je le ferai recevoir capitaine et je lui donnerai à commander un navire. » Le père retourna chez lui, et il ne tarda pas à revenir avec son fils aîné qui avait dix-huit ans. Quand le monsieur, qui était le diable, le vit, il lui dit : « Veux-tu me vendre ton âme, jeune homme ? »

La tradition populaire bretonne n'a pas tardé à transformer les recruteurs de marins pour le commerce des Indes en envoyés de Satan... Certains de ces hommes déserteront avant le départ. Et pourtant, ils s'en vont nombreux, les petits Bretons, sur les navires de la Compagnie. Libres ou contraints, ils prennent les grandes mers qui s'offrent aux vaisseaux. Après la visite médicale, qui n'est que pure formalité, ils passent le temps qui les sépare du jour de l'appareillage dans les tavernes ou les « maisons » du port. Il faut bien s'amuser avant ces longs voyages, et pour une fois qu'on a de l'argent : dix jours d'avance sur la solde à venir... On verra bien après. Les contes ne disent-ils pas aussi l'histoire de marins qui parvinrent à rouler le diable en personne ?

Les équipages du grand commerce

Au sommet de la hiérarchie, le capitaine et les officiers. Pour eux, les conditions de recrutement sont tout à fait différentes : ils viennent de la moyenne bourgeoisie et de la petite noblesse. Devenir officier de la Compagnie n'est pas déchoir pour un noble breton. Malouins eux aussi pour la plupart, mais on trouve de plus en plus de Lorientais. Ils se sont initiés à la technique militaire dès l'âge de quatorze ans dans les casernes lorientaises, puis ils ont été embarqués comme aspirants et instruits à bord par un capitaine. On ne sépare pas la guerre du commerce. Entre deux voyages, deux examens à passer devant des « maîtres de science et d'art »...

Les personnages les plus importants des navires de la Compagnie sont les capitaines. On les respecte et on les admire. Ils sont les aristocrates de la mer. Leurs navires sont armés en guerre et en marchandises et peuvent, éventuellement, pratiquer la course. Les capitaines appartiennent par conséquent au corps des officiers de la Marine royale.

Les officiers de la Royale les regardent avec condescendance, comme ils le font des corsaires. Mais ils les admirent en secret, les envient, tâchent de passer sur leurs navires... C'est qu'un capitaine fin marin et homme d'affaires avisé gagne très bien sa vie. Il possède aussi en général le don fort prisé de réaliser des gains qui échappent à tout contrôle fiscal. On s'aperçoit de son enrichissement au train de vie luxueux qu'il mène au retour. Petites enquêtes confidentielles : les soldes des capitaines sont assez faibles, comment fait-il pour mener ainsi grand train ? Le secret, c'est le « port-permis ». Avant de partir, tout officier peut embarquer une certaine quantité de marchandises, en fonction de son grade et de sa fonction. Le capitaine est évidemment le plus favorisé. Les marchandises sont transportées gratuitement et destinées à son trafic personnel. S'il manque de disponibilités pour en acheter suffisamment, il n'aura pas de mal à trouver un prêteur. Ces gens-là ne manquent pas entre Port-Louis et Lorient. La veuve d'un capitaine de la Compagnie s'est spécialisée dans ce type d'opérations. Les expéditions vers les Indes ont toujours du prestige auprès des financiers et épargnants. Elles promettent de si beaux bénéfices...

Outre l'enrichissement, un capitaine conserve l'espoir d'être anobli, s'il n'est que bourgeois. Ou d'être intégré à la Royale, à partir de 1770, date de la liquidation de la Compagnie. Les nobles de la Royale ne voudront jamais reconnaître leurs talents, contrairement aux Anglais, qui considéraient l'« Indiaman » comme le type d'homme le plus noble de l'époque. Et pourtant les capitaines bretons ne le cédaient en rien aux Anglais. Ce sont de très grands marins de la voile, qui possèdent aussi leur génie. Savoir connaître ses hommes pour les utiliser à bon escient, ne se faire voir que dans les occasions importantes, le faire avec un don du théâtre, le sens de la solennité, en imposer en toutes circonstances. Hommes d'affaires, hommes d'autorité, fins manœuvriers dans les tempêtes des océans comme celles du commerce : c'est beaucoup. Sous les ordres d'un capitaine, entre soixante-cinq et trois cents hommes selon le tonnage du bateau. Il doit gouverner seul, et n'a pas le droit d'être faible. Une catastrophe, et il portera toutes les responsabilités. Au milieu des périls de la mer, il va régenter tout un peuple en miniature. Des hommes très différents les uns des autres. Les officiers, lieutenants, enseignes, le capitaine en second : en tout huit à seize hommes. Douze à trente-six « officiers mariniers », dont les pilotes, le maître charpentier, le maître voilier, le maître canonnier et le maître calfat, qui doit s'occuper des pompes, prévenir et réparer les voies d'eau. Ensuite, quatre à huit officiers « non-mariniers », dont la spécialité ne s'attache pas au bateau proprement dit : l'armurier, le tonnelier, le maître-valet... Tous les corps de métier représentés à bord... Les « écrivains », agents comptables, trésoriers et notaires à la fois, sorte de commis d'administration, d'intendants et d'économes. On les considère souvent comme des gêneurs, des gratte-papier insupportables qui ne comprennent rien à la voile. Le « coq » (cuisinier), très mal vu des autres membres de l'équipage. On dit qu'il ne cesse de s'empiffrer avec ses compères les distributeurs de ration et le boulanger. Des « planqués », des « bouffis de graisse »... A bord, on sera très strict sur la religion. On embarque donc assez souvent des aumôniers. Si jamais on n'en prend pas, on cherche au moins un perroquet dressé à réciter le rosaire aux matelots. Quelquefois aussi, un tailleur, un maître à danser, un joueur de violon ou de biniou. Toute la Bretagne est là sur les vaisseaux des Indes. Dans le désespoir des grands calmes équatoriaux, ou lorsque l'épidémie va attaquer l'équipage, ces hommes-là, avec la cadence et la stridence de leurs musiques, redonneront l'espoir autant que le chirurgien et ses remèdes. Enfin les petits mousses, surnommés dès le jour de l'appareillage : « Nez-Troussé », « Soupe-aux-choux », « Grain-de-sel ». Souffre-douleurs. C'est la manière dont on fait les bons matelots, disent les autres, qui sont aussi passés par là.

De temps à autre, des passagers. Ils s'en vont rejoindre leurs parents aux colonies, ou y tenter fortune, comme Bernardin de Saint-Pierre. Le prix du voyage est très élevé. Mais on mangera à la table des officiers. Quelquefois même des passagères, dont certaines font rêver tout l'équipage. Dames de qualité rejoignant époux ou fiancés, ou filles de « vertu douteuse » allant chercher aux terres lointaines de meilleures aventures ou un mari point trop regardant sur le passé.

Le diable à bord, peut-être ? Il faudra se méfier. En attendant l'appareillage, certains marins tuent le temps sur les quais à raconter toutes les vieilles histoires de diable embarqué. Frissons. Les yeux des auditeurs détaillent les contours des navires amarrés aux quais de Lorient. Ils sont pourtant si jolis, ces navires...

Les bateaux des mers du Sud

Ils ont été construits de façon à être avant tout très maniables. Il en est de toute sorte, comme les équipages qui les composent. Gros vaisseaux, mais aussi flûtes, brigantins, senaus. Noms archaïques qui ne nous disent plus rien que la consonance poétique de leurs syllabes... Or ils étaient presque des personnalités vivantes, ces bateaux faits pour « courir », comme on disait. Pour les rendre faciles à manœuvrer, le château avant a été supprimé dès le début du XVIIe siècle. Il a été remplacé par le « gaillard d'avant » : c'est la place publique du navire où l'on ira discuter, bourrer une pipe, écouter les conteurs. Amélioration de la maniabilité, amélioration de la vie sociale ! Mais les navires demeurent trop « ardents ». Ils viennent trop facilement dans le vent, et abattent difficilement, la civadière et la contre-civadière étant des voiles impropres à cet effet. Enfin et surtout, l'action du gouvernail par sa rallonge de bois, la manuelle, était peu efficace.

Et ces navires partent pourtant pour les lointaines mers du Sud, organisés comme de véritables villes flottantes. Ils embarquent du bétail vivant, des caisses de toutes sortes. Tintamarre des préparatifs. Un morceau de Bretagne, construit de ses forêts, habité par ses hommes, va s'engager au péril de la mer. Deux ancres énormes le retiennent encore au continent : deux mille cinq cents et deux mille kilos respectivement : il faudra dix hommes pour manœuvrer le cabestan, dont le câble fait le double du poids de l'ancre... On les comprend alors, les gloires marines d'autrefois, et la fascination pour ces bateaux somptueux, aux galeries ornées de fenêtres à petits carreaux, toutes ouvragées en bas de volutes dorées qui s'enroulent d'arrière en avant, et en haut, encore assez souvent, d'un jardin aux sculptures exubérantes. Magnificence des ors. Fierté sensuelle de la figure de proue. Tout cela est français, bien sûr, mais il y a de quoi peupler l'imagination des matelots bretons fraîchement arrivés de leurs solitudes. Le commerce sur mer est une gloire, et ces messieurs de la Compagnie tiennent à ce que leurs navires impressionnent, malgré toutes les remontrances des ministres qui trouvent ces décorations un peu trop somptuaires.

Gloire éphémère en effet : les navires de la Compagnie ne durent en moyenne que quatorze ans. Et elle cache bien des misères. Pour obtenir l'horizontalité du pont du navire, on a diminué le château arrière, dès le début du XVIIIe siècle. Solution raisonnable, car elle permet de voir parfaitement de l'arrière ce qui se passe à l'avant. Mais en contrepartie, le navire ne comprend plus qu'un rez-de-chaussée donnant de plain-pied sur le pont, et un premier étage. Il n'y a que deux ponts. Dans l'entrepont, on peut difficilement se tenir debout : un mètre soixante à peine.

Vus de l'extérieur, les navires de la Compagnie sont autant d'invitations au voyage; leurs noms font rêver : *La Perle d'Orient, L'Aurore, L'Étoile d'Orient, Le Marchand des Indes*... Navires qui sentent parfois le commerçant réaliste : *Le Robuste, Le Solide, L'Actionnaire.* On fait honneur à un grand du régime (a-t-il des actions dans la compagnie ?) : *Le Duc de Berry, Le Duc d'Orléans.* Ou bien on évoque une femme et le bateau redevient nef : *La Badine, La Vestale, La Favorite.* La femme, sous toutes ses apparences. Sa mythologie, et tous les mystères enchantés que lui rattachent les marins. *La Sylphide, La Calypso*... et *La Sirène,* bien sûr !

Ils sont là, les bateaux, dans le port de Lorient, à attendre fortune, toute voilure ferlée. Trente-cinq, quarante voiles quelquefois, à guetter le vent des Indes et de ses mers si tièdes. Les matelots boivent chez une quelconque hôtesse les derniers sous de leurs avances. Les voyageurs en partance, tel Bernardin de Saint-Pierre, errent sur les quais et se laissent prendre aux charmes de l'architecture maritime. Choses de beauté... Bernardin monte à bord.

Il découvre la géographie intérieure du bateau. Cruelle déception : « Je viens de voir le lieu qui m'est destiné. C'est un petit réduit en toile dans la grande chambre. Il y a quinze passagers : la plupart sont logés dans la sainte-barbe : c'est le lieu où l'on met les cartouches et une partie des instruments de l'artillerie... L'équipage loge sous les gaillards et dans l'entrepont, prison ténébreuse où l'on ne voit goutte. » Bernardin est terrifié par le désordre qui règne sur le vaisseau : On ne sait où passer. Ce sont des caisses de vin de Champagne, des coffres, des tonneaux, des malles, des matelots qui jurent, des bestiaux qui mugissent, des oies et des volailles qui piaulent sur les dunettes; et, comme il fait gros temps, on entend siffler les cordes et gémir les manœuvres...

Les animaux vivants serviront à la nourriture. Mais pourquoi ce capharnaüm de marchandises ? C'est ce qu'on appelle la pacotille, choisie selon les pays où l'on va commencer. Le champagne est très apprécié des nababs hindous, ailleurs ce sera de la verroterie ou de la quincaillerie. Les Chinois demandent surtout de l'or, des piastres espagnoles. On trouve aussi tous les produits de la métropole que réclament les colons des îles et des comptoirs de l'Inde.

LE VENT DES INDES

Le bateau dûment armé, il faut attendre le vent. Les contes des marins de commerce disent souvent l'histoire de ce capitaine avide qui ne savait pas l'attendre et qui vendit son âme au diable pour l'obtenir plus vite.

Bernardin de Saint-Pierre, bien que simple passager, n'a pas été loin de le faire. Il est arrivé à Lorient le 18 janvier 1768. Le 20 février, il n'est toujours pas parti. Il commence à s'impatienter : « Nous n'attendons, pour partir, que les vents favorables... » Il trépigne, c'est la tempête : « J'ai vu... l'horizon bien noir, l'île de Groix couverte de brume, la pleine mer fort agitée... Nous sommes revenus bien boutonnés, bien mouillés, et la main sur nos chapeaux. Nous sommes rentrés à notre auberge les oreilles toutes étourdies du bruit et du vent de la mer. » Elles sont encore loin, les îles de l'océan Indien. Découragés, deux passagers s'en retournent à Paris en filant à l'anglaise. La visite du bateau et la tempête ont eu raison de leur patience. Ils ne préfèrent pas trop s'en vanter, cependant...

Patience, longue patience pour les navires en quête des trésors des Indes. Ces messieurs de la Compagnie ne recherchent pas la vitesse des voyages mais leur sécurité. On n'est pas à un mois près, quand les expéditions lointaines durent deux à trois ans. Maintenant on a appris à mater les vents des nouvelles mers. Les relations de voyage ont détaillé les dangers de la route des Indes et de la Chine, on y a même envoyé des spécialistes d'hydrographie. Les vents de l'océan Indien et de la mer de Chine se prévoient dès Lorient. Pour que les navigations soient heureuses, les départs doivent avoir lieu dans les premiers mois de l'année. Les navires seront ainsi assurés d'avoir traversé l'océan Indien avant l'époque dangereuse du changement de mousson. De toute façon, il faut éviter de se trouver dans les parages du cap de Bonne-Espérance à la mai-juin, le moment des tempêtes, et qui ne pardonnent pas. Si l'on va à la Chine, il faudra tâcher de prendre la mousson d'été qui pousse les navires vers Canton. Mais de toute façon, pas question d'appareiller si Lorient est dans le mauvais temps... Il y a sur un bateau trop d'intérêts matériels engagés pour que le capitaine se mette à jouer les risque-tout. Enfin le bon vent.

Ces départs portent en eux quelque chose d'étrange, qui sent toujours un peu l'irréversible. Un grand cycle de temps commence, qui ne suivra d'autre loi que celle des vents, et non le décompte des révolutions solaires. Une très longue absence. Cinq ou six mois de navigation à l'aller, autant pour le retour, et dix à vingt mois de séjour dans les comptoirs établis par la Compagnie. Sur sept cent soixante et un départs, il y aura cinq cent quatre-vingt-cinq retours. Un navire se perd tous les ans, sur une flotte qui compte en moyenne trente à quarante bâtiments. Sera considéré comme perdu tout navire dont on n'aura eu aucune nouvelle après ce cycle de deux à trois ans... Souvent on découvre au moment du départ quelques passagers clandestins. Des femmes parfois. La paperasse administrative des négociants ne détaille pas les raisons de leur tentative d'embarquement. Seraient-ce des amoureuses ? La passion ne s'accommode pas des incertitudes des longues absences. Ou elle meurt, ou elle s'attache. Mais les archives de la Compagnie des Indes ne nous disent rien de ces folles amours où le désespoir prit parfois la forme d'un beau navire.

Tout est prêt. On inspecte une dernière fois le vaisseau. On débusque les derniers clandestins. Le bon vent est venu et la rumeur du départ a couru toute la ville. Les matelots ont monté à bord leur coffre de bois où ils serrent leurs vêtements et quelques objets personnels. Leur vêtement : culotte jusqu'au genou, chemise sans couture serrée en haut par un lacet. Dans le coffre, tricot, écharpe et capote de laine pour le mauvais temps, bottes de cuir et de ciré, sabots fourrés de paille. Un bonnet pointu en laine lui aussi, et qui enserre leurs cheveux.

Bernardin de Saint-Pierre se faisait à l'attente. Il est presque surpris de la brusquerie du départ : « 20 mars. Je n'ai que le temps de vous faire mes adieux; nous appareillons... J'entends le bruit des sifflets, les hissements du cabestan, les matelots qui virent l'ancre. Voici le dernier coup de canon. Nous sommes sous voiles. Je vois fuir le rivage, les remparts et les toits du Port-Louis... »

Griserie du vent de mer sur un navire qui cingle vers les lointains. Un univers de sons neufs : crissement des poulies, ordres brefs, cris des matelots, et le bruit étrange du vent dans la voilure. Dans toutes les têtes, les Indes imaginées.

Journal de bord

Deux jours plus tard, une lame a déjà enlevé trois hommes. Le mauvais temps... Un seul s'en est sorti : il est resté accroché dans les haubans du grand mât. La main et l'épaule fracassées. Les autres ? « On ne les revit plus. » Et déjà des réparations à effectuer...

Bernardin s'ennuie. Il s'amuse à regarder les moineaux et serins en cage que l'on emporte aux Indes pour aiguiser la curiosité des populations. Ce sont les seules bêtes à bord qui soient insensibles au mal de mer. Les volailles, elles, en sont déjà mortes.

Au bout de dix jours de navigation, les problèmes de nourriture commencent à se poser. Phénomène prévisible, mais à chaque embarquement, on recommence le ravitaillement de la même façon. En sachant que l'eau va croupir, que les pigeons, canards et bœufs seront morts très vite, et qu'il faudra bientôt se contenter de viande salée et de haricots secs. Routine, ou plutôt fatalisme, en des temps où le risque et la mort sont acceptés et même recherchés... La mort est aussi du voyage. On fait donc « quelques règlements de police ». L'eau est rationnée. Le repas du matin est fixé à dix heures : viande salée, légumes secs. Et encore Bernardin a-t-il droit à un régime de faveur en tant que passager... On comprend le dicton des marins qui désespèrent d'atteindre Le Cap, où l'on peut enfin manger frais : « Quand doublerons-nous le cap Fayot ? »

Bernardin est obsédé par le risque du scorbut et tient fort à sa petite santé. Il a donc embarqué des graines de laitue et de cresson qu'il fait pousser dans du coton. Fureur : au large du Sénégal, la chaleur est si forte qu'elle fait éclater les bouteilles de champagne que les officiers avaient emportées comme pacotille. La protection de sel qui les entourait n'a servi à rien. Le champagne mêlé de sel se répand sur les plantations de Bernardin... et sur ses papiers. Ses œuvres en gestation, ses réflexions sur toutes choses, et qu'il juge irremplaçables. Il en devient très déprimé.

S'y ajoute l'angoisse créée par le problème de l'eau. C'est le cauchemar des navigations aux Indes. Après quinze jours de navigation, l'eau puisée aux sources de Lorient commence à se putréfier. Elle devient rousse ou indigo, surtout dans les tonneaux neufs. Une odeur à se boucher le nez. Puis elle se clarifie, mais grouille de petits vers, tout en restant aussi fétide : « Autant à boire qu'à manger », « A ne pas toucher les jours de jeûne » ... Et d'ailleurs la grosse tonne où se trouve l'eau s'appelle le charnier. Un fonctionnaire surveille les rations. Les matelots viennent y puiser à l'aide d'un gobelet attaché à un manche en bois ou avec une corne de bœuf. Comme le charnier se trouve sur le gaillard d'avant, la fréquence des allées et venues n'échappe à personne. Bernardin se demande pourquoi on n'installe pas à bord de machine à distiller l'eau de mer. Celle-ci a été inventée au début du siècle. Les marins ne l'aiment guère. Il faut pour la faire fonctionner embarquer aussi beaucoup de charbon et entretenir un fourneau nuit et jour : risque d'incendie ! On s'en tient donc au vieux système. Mais les matelots ont soif. Une nuit, au large des îles du Cap-Vert, ils s'emparent des jarres réservées aux passagers et les percent. Tout le monde est désormais réduit à une demi-pinte d'eau par jour.

Bernardin est furieux car aussitôt après cet incident, il se met à rédiger un mémoire sur les « mœurs des gens de mer »... Il les dit ivrognes : faute d'eau, ils se rabattent effectivement sur l'alcool, cidre et eau-de-vie. Ils se jettent sur le lard salé et veillent jalousement à ce qu'on réserve la plus grande partie des cochons et bœufs embarqués vivants à la nourriture des malades : cela se comprend. Ils ne pêchent guère, surtout dans les mers chaudes. La peur des poissons venimeux, sans doute. Sous la ligne, ils recherchent les tortues, dont on prétend qu'elles guérissent du scorbut. Et surtout ils sont querelleurs : les discussions commencent à propos des rations et dégénèrent en pugilat. Pour les éviter, on enfonce dans chaque ration de viande une broche qui permet de la reconnaître après cuisson... Et la soupe, prise à la gamelle commune. On comprend que la tentation soit forte de piller les passagers...

A partir de la zone équatoriale commence l'enfer. Les vêtements des matelots sont devenus loques. Ondées brutales : ils sont trempés. Le tissu ne peut sécher et se met à pourrir. Le corps des marins se couvre de pustules. On se bat pour une place à l'ombre. L'odeur pestilentielle de l'entrepont gagne tout le navire. Au moment des tempêtes, on ferme toutes les ouvertures.

Le voyage aux Indes devient alors dantesque. Même si les navigations sont plus heureuses, dans tous les cas les horaires de travail et de détente ainsi que la discipline doivent être respectés. Il y a un rituel du travail.

Réveil à cinq heures. Les plus raffinés se lavent : à l'eau de mer. Nettoyage du pont vers six heures. Eau de mer encore; les ponts inférieurs ne sèchent pas. Le lavage terminé, la cloche appelle à la prière. On l'écoute à genoux sur la dunette. Le chapelain entonne le *Veni Creator* et les litanies de la Vierge et des saints. « *Domine salvum fac regem !* (Dieu, préserve le roi !) » Un coup de sifflet, et tous les matelots s'écrient : « Vive le roi ! »

Huit heures. Petit déjeuner : biscuits de mer, invariablement secs et pleins de vers. On les arrose de cidre et d'eau-de-vie... Déjeuner à dix heures, dîner à dix-sept heures. Le dimanche, service religieux obligatoire. Extinction des feux à la nuit tombante. En tout cas, jamais après neuf heures. Une seule moitié de l'équipage peut dormir, mais les matelots doivent rester habillés en cas d'alerte. L'autre moitié de l'équipage demeure sur le pont. Interdiction absolue de parler, de fumer ou d'allumer la moindre lumière sauf les lumignons indispensables pour les manœuvres : la terreur de l'incendie. De temps à autre, le vaisseau croise des rivages où se sont échoués les restes consumés d'un navire. Cela fait réfléchir.

Le capitaine ne plaisante pas avec la discipline. Tout manquement au règlement est durement sanctionné. Les punitions ont des motifs très variables. Le vol, bien sûr, surtout le vol de nourriture. Les rixes, le sommeil pendant le quart, le retournement du sablier avant que la demi-heure ne soit écoulée, l'irrespect envers les choses de religion quand on dit les prières... Sanctions très diverses. Exposition au soleil, le corps attaché au grand mât. Flagellation avec des cordes goudronnées ou non goudronnées. On varie les supplices. Carcan, mise aux fers. Le plus terrible : la cale, le matelot est suspendu par les poignets et hissé à l'extrémité de la vergue de la grand'voile. On le plonge dans la mer à plusieurs reprises. Petite variante : arrêter la chute à une courte distance de l'eau; c'est la « cale sèche ». Belles fractures de la colonne vertébrale en perspective... La pendaison, évidemment, en cas de mutineries. Elles sont rares.

A observer les matelots et leurs souffrances, Bernardin de Saint-Pierre finit par changer d'avis. Il se repent des lignes qu'il a écrites au début de son voyage, et qui étaient fort désobligeantes pour les gens de mer. Il s'aperçoit qu'il est très facile de les regarder de haut quand on ne fait rien sur le bateau et qu'on passe son temps à deviser entre passagers cultivés, qui ont apporté dans leurs bagages leurs classiques, Molière, Horace, Racine, et qui peuvent éventuellement partager avec les officiers leurs vins d'Arbois, de Muscat et de Champagne. La mort des matelots fait réfléchir le bon Bernardin : « A la vérité, ils n'étaient que matelots, mais ils étaient hommes, compagnons et, qui plus est, coopérateurs de mon voyage, sur un vaisseau où je n'étais moi-même qu'un spéculateur oisif, et fort inutile à la manœuvre... »

Pensée révolutionnaire pour l'époque. Au fur et à mesure que le navire voyage, les équipages sont décimés. Indifférence. L'écrivain de bord, s'il est lui-même encore valide, note consciencieusement le nombre de morts de la journée, nom, âge et qualité. On met sous clé leurs vêtements et objets personnels après les avoir répertoriés : « Inventaire des hardes des morts ». On les vendra à la première occasion. Bernardin s'indigne : « Aucun vaisseau ne devrait tenir la mer plus de trois mois sans relâcher. Ces longues traversées coûtent beaucoup d'hommes. » Les gros messieurs de la Compagnie s'en moquent. Au prochain départ, on trouvera encore suffisamment de gueux pour s'embarquer, et s'il le faut, on les y contraindra.

La mortalité est terrifiante. Mais en ces temps où l'hygiène n'existe pas, la mort et la maladie sont réalités familières. On ne les cache pas. On les subit. L'état physique des recrues était déjà lamentable au départ, dans cette pauvre Bretagne du XVIIIe siècle. Sur les prisons flottantes que sont les navires, surpeuplés, mal aérés dans l'entrepont, privés de lumière, les matelots dépérissent vite... Quand on descend dans les cales, il faut allumer une bougie pour dépister le gaz carbonique. Le régime alimentaire et les « fièvres » font le reste. Typhus, variole, « mal de Siam » (la fièvre jaune), la syphilis... La dysenterie, dont les marins sont persuadés qu'elle vient d'un poison que les femmes de Java font absorber aux marins quand elles s'aperçoivent qu'ils vont partir pour la Chine après leur escale... Poison lent, dont les effets ne se feraient sentir qu'en mer. Un seul remède : le retour du trop volage amant... Le tétanos, qui tue la plupart des blessés. Les noyades. Bien des marins ne savent pas nager, et d'ailleurs qu'en feraient-ils au milieu des rouleaux des grands océans ? La brutalité des capitaines...

Le chirurgien a fort à faire. S'il est parfois un raté de la médecine, on rencontre plus fréquemment des élèves médecins, très jeunes encore : quatorze, seize, dix-huit ans... C'est leur stage. Il dure dix ans, jusqu'à obtention de leur brevet de médecine. Ils font aussi office de barbiers, et même de botanistes, car ils ont pour mission de rapporter des îles les plantes inconnues en Europe. Quand ils n'ont pas de connaissances, ils deviennent vite compétents. Mais leur pouvoir est limité. Même s'ils sont habiles, ils opèrent dans les « fosses », les locaux inférieurs du navire, sombres et mal aérés. Leur présence joue surtout un rôle symbolique et constitue un encouragement inappréciable pour les malades. Pour le reste, ils sont désarmés. La maladie la plus courante est le scorbut. On sait depuis longtemps que trois saladiers de cresson et une demi-douzaine de citrons rétablissent immédiatement ceux qui en sont atteints. Alors que les mourants guettent le moindre signe de terre plantée d'agrumes, on ne fait pratiquement aucune des escales qui s'imposeraient pour les guérir. On ne leur administre que les élixirs et autres opiats censés enrayer le mal. Des liqueurs sucrées vaguement aromatisées au citron. Les chirurgiens de la Compagnie des Indes demeurent impuissants devant ce mal, comme devant les autres.

Sur le navire qui emporte Bernardin de Saint-Pierre, vient à naître un enfant, d'une passagère qui espérait sans doute le mettre au monde à l'île de France. Huit jours après, il est mort, dit Bernardin. De la mère, pas un mot. Morte peut-être elle aussi. Comment une accouchée et un nouveau-né auraient-ils pu survivre dans de telles conditions ?

On est atterré devant la liste de la pharmacie de bord. On se croirait dans l'antre d'une sorcière du Moyen-Age. On voit l'utilité de certains remèdes, comme le soufre, ou le baume du Pérou, excellent cicatrisant. Mais que dire de la poudre de vipères, des yeux d'écrevisses pilés, de la râpure de corne de cerf... Et la liste est longue : « Pierre infernale, mouches cantharides, sang-dragon en larmes, cloportes pilés, sang de bouquetin, infusions de roses rouges, eau-de-la-reine, feuilles de chardon bénit, colcorhar, élixir de Propriété, onguent de la mère, conserve de cynorhodon, baume du Commandeur, baume Tranquille... « Capharnaüm de médications empiriques dont certaines étaient efficaces, et d'alchimies anciennes où la magie du verbe opère davantage que la vertu du produit. Poésie angélique ou satanique de toutes ces médecines... Et les malades gardent les yeux rivés sur les pots de terre ou de faïence que le chirurgien extrait du « coffre à mettre les remèdes ».

Fractures, fièvres, plaies, et toujours le scorbut, l'inévitable scorbut. Bernardin a raté ses cultures de cresson. Il observe avec terreur les progrès de la maladie chez ses compagnons. Il l'attribue à l'air de la mer. Il finit lui aussi par l'attraper. L'escale du Cap a permis une accalmie, mais la remontée vers l'île de France est longue. La maladie attaque à nouveau : « Le scorbut commence par une lassitude universelle : on désire le repos; l'esprit est chagrin. On est dégoûté de tout; on souffre le jour; on ne sent de soulagement que la nuit; il se manifeste ensuite par des taches rouges aux jambes et à la poitrine, et par des ulcères sanglants aux gencives. Souvent il n'y a point de symptômes extérieurs, mais s'il survient la plus légère blessure, elle devient incurable tant qu'on est sur mer, et elle fait des progrès très rapides. J'avais eu une légère blessure au bout du doigt; en trois semaines la plaie l'avait dépouillé tout entier, et s'étendait déjà sur la main, malgré tous les remèdes qu'on put y faire... »

Le bateau est devenu un cimetière ambulant : « Nos écoutilles ouvertes, d'où s'exhale une vapeur infecte; les entreponts pleins de mourants, les gaillards couverts de malades qu'on exposait au soleil, et qui mouraient en nous parlant. Je n'oublierai jamais un jeune homme à qui j'avais promis la veille un peu de limonade. Je le cherchais sur le pont parmi les autres; on me le montra sur la planche; il était mort pendant la nuit. »

Légendes et musiques voyageuses

Pourtant ce cimetière ambulant, cette prison flottante en quête des trésors de Chine et des Indes continue d'être humaine. Un village de mer. Une vraie vie sociale, dont le gaillard d'avant du navire constitue la place publique. C'est là qu'on va chercher sa ration d'eau. C'est là qu'on noue des amitiés ou qu'éclatent les querelles. Sur n'importe quel sujet, Bernardin en fut témoin : « Dans une longue traversée, il est prudent de ne se livrer peu et de ne disputer jamais. La mer aigrit naturellement l'humeur. La plus légère contestation y dégénère en querelle. » Combien d'hommes partis amis de Lorient se retrouvent brouillés à mort à Chandernagor, ou même, déjà, à l'île de France... Bernardin fut du lot. Le temps est si long... Il faut le tuer. Certains jours, surtout avant Le Cap, on se dit qu'on n'arrivera jamais. Désespoir, ennui, cafard. La vue des malades n'arrange rien. On essaie de pêcher, on observe les astres, les oiseaux... Les officiers jouent aux cartes, aux dames, aux échecs. Les matelots font des tours de voltige dans les voilures. C'est à qui montera le plus vite au perroquet. Ils jouent les équilibristes sur les cordages. D'autres sculptent le bois ou l'ivoire pris à une escale.

Et avant la nuit, on chante. On danse. Alors intervient le joueur de violon ou le sonneur de biniou. Les chansons du pays. La vieille complainte sans fin de la Bretagne errante... Le corps se ressouvient des pas cadencés qui frappaient le sol dur de la terre bretonne. Et la danse, c'est la vie même. Pulsation rythmée du corps qui réapprend l'espoir. Les gestes traditionnels recréent sur le navire l'illusion du pays. Bernardin de Saint-Pierre est frappé de l'aisance des Bretons sur ces bateaux pourtant infernaux : « Le paysan bas-breton... retrouve, sur le vaisseau où il se réfugie, le bois des chênes de son enclos, les toiles que sa famille a tissées, le blé de ses guérets... Quelquefois, dans l'officier de son vaisseau, il reconnaît le seigneur de son village. » Portrait idéalisé, mais il est vrai que le pays demeure sur le vaisseau.

Car il y a toujours un homme qui se met à raconter des histoires. Le conteur. L'univers breton est au complet. Sous les ciels nouveaux de l'hémisphère sud et ses étoiles inconnues, au milieu des atolls de l'océan Indien, dans les dédales du détroit de la Sonde, voici la Bretagne des rêves en route vers les terres à commerce. Bretagne des hommes de mer, avec leur savoir-faire, leur courage et leur ténacité de gueux. Avec leurs légendes aussi. Quand les stridences du violon ou du biniou se sont tues, la mémoire ininterrompue du conte prend le relais. Les voici, les matelots, sur le banc de quart, à écouter l'inépuisable dit des merveilles.

La plupart des passagers s'en désintéressent. Ils ont leurs livres et leurs discussions philosophiques, Racine et Corneille, Voltaire et Rousseau. On ne fait pas plus attention au matelot que « si c'était un chat ou un chien ». Bernardin, lui, a observé les marins et il les a vraisemblablement écoutés. Et même compris. Aux premiers jours du voyage, comme tout le monde, il blâmait leur superstition, leur ignorance, leur ivrognerie. Il découvre maintenant qu'il vit avec des chevaliers. C'est la grâce de la mer : « Souvent, sous (les vices) les plus grossiers, les marins cachent d'excellentes qualités. Il s'en trouve d'intrépides, de généreux, qui, sans balancer (hésiter), se jettent à la mer pour porter du secours au malheureux prêt à périr; d'autres sont remarquables par quelque industrie particulière. Il y en a qui ont beaucoup d'imagination, et qui, pendant la durée d'un quart de six heures, racontent à leurs camarades rassemblés autour d'eux des histoires merveilleuses, dont ils entrelacent les événements avec autant d'art et d'intérêt que ceux des Mille et une Nuits; d'autres, fort taciturnes, écoutent toujours, ne s'expriment que par signes, et sont des jours entiers sans proférer un mot. »

Bernardin de Saint-Pierre n'a pas le même intérêt que nous pour les contes et il ne les a pas notés. Mais ils ont été collectés un peu plus tard. Le thème le plus fréquent est bien breton : le diable... Satan s'est fait marin. Le voilà qui est pris d'envie de naviguer et s'en va voir un capitaine : « Je suis un bon marin, voulez-vous m'embarquer ? » Le capitaine, comme ces messieurs de la Compagnie, ne trouvait pas de monde. Il l'embauche. Et il est bien content, car il paye davantage ses matelots que le diable, qui ne réclame qu'une très faible solde. Dès que le diable est à bord, tout se fait avec facilité. A son coup de sifflet, les matelots montent en un clin d'œil aux huniers et perroquets, et en descendent aussi vite... Le navire marche comme on ne l'a jamais vu aller. Le diable prend bientôt la place du capitaine. Il introduit à bord une femme-princesse, seulement il la rend invisible et passe son temps « à lui faire la cour, sans la vouloir partager »... Il rapporte des poissons, mais les marins les vomissent : ce sont des couleuvres et des lézards. Finalement, les marins se mutinent et menacent le diable de mort : « Tu vas rester ici et nous allons te tuer, à moins que tu ne signes de ton sang que jamais aucun matelot n'entrera en enfer ». Le diable signe, puis il quitte le navire, et le vrai capitaine « épouse la princesse ».

Ce diable ressemble fort à un capitaine brutal. On retrouve aussi dans le conte le thème de la présence féminine à bord, maléfique et pourtant tentatrice. Les problèmes de nourriture, également, et la terreur des poissons venimeux.

Le diable peut aussi s'embarquer comme passager clandestin. Ou bien il s'introduit à bord et raconte aux marins qu'ils s'enrichiraient bien plus qu'avec les cargaisons de thé et de café qu'ils rapportent des Indes. L'équipage était heureux pourtant, le capitaine parfait : « Les matelots mangeaient à l'arrière comme les officiers, et avaient du vin et du café autant qu'ils désiraient : aussi ils aimaient leur capitaine et pour lui auraient traversé l'eau et le feu... » Le diable, c'est en Inde que le capitaine va le rencontrer, la terre des tentations : « Dans l'Inde, il avait entendu parler d'une île de la mer qui était couverte d'or comme les autres sont couvertes de terre ordinaire. "Ma foi, dit le capitaine Jean, il faut que je tente l'aventure; je chargerai mon navire d'or, et je donnerai ensuite à mes matelots de quoi vivre comme des seigneurs jusqu'à la fin de leurs jours. " » On parvient à l'île d'or. Mais elle est entourée de vaisseaux prêts à couler bas tout navire qui aurait tenté d'aborder. Arrive alors un vaisseau étrange : « Il avait six mâts, et ils étaient si haut qu'ils touchaient presque la voûte du ciel; sur la hune, il y avait des villes, il y avait des cafés dans les poulies... » C'est le vaisseau noir. A son bord, un vieil homme qui paraît avoir plus de cent ans. Le diable... Il demande au capitaine de lui vendre son âme pour pouvoir aborder à l'île. Le capitaine obtient de différer la signature et charge son navire d'or. Le diable le suit, sur son vaisseau noir qui met sept ans à virer de bord. Fort heureusement, une tempête oblige les navires à relâcher dans un port chinois, où le Breton parviendra à faire passer à bord un missionnaire. Il lance de l'eau bénite dans les yeux du diable, qui crie comme chat échaudé et s'enfuit en hurlant à faire trembler les Chinois eux-mêmes.

Souvenirs des anciennes quêtes, mises au goût des temps neufs. Le diable a remplacé les dragons qui gardaient les princesses médiévales. Les capitaines brutaux sont les nouveaux maudits. La Chine et l'Inde se substituent à l'Irlande et à la Cornouaille des vieux contes. De nouvelles terres de merveilles pour nourrir le rêve; faciles à imaginer, ces îles d'or, à l'horizon torride de certains océans. Images qui hantent peut-être encore l'esprit des scorbutiques agonisants, tandis que le navire cherche entre courants et mousson la route des îles coralliennes de l'océan Indien. Celle de la première grande halte : l'île de France.

Le naufrage du Saint-Géran

Certains bateaux, comme dans les contes où le diable veut la perdition des équipages, ne parviennent jamais à cette halte tant souhaitée : la « Calypso des mers du Sud »... En ces temps les erreurs de route sont nombreuses. L'un des endroits les plus redoutés : le passage du Cap, puis la traversée de l'océan Indien. Alourdis par leur artillerie, les navires de la Compagnie pourtant taillés pour être maniables, naviguent assez mal. Retards, accidents. Le piège des récifs. Plus traîtres encore que les ouragans.

Le danger des récifs, c'est l'histoire du naufrage du *Saint-Géran*. Bernardin de Saint-Pierre l'a immortalisé dans ce best-seller de l'édition du XVIIIe siècle : *Paul et Virginie*. Cette histoire est d'ailleurs la plus belle page d'un roman souvent assez fastidieux. On a cru très longtemps qu'elle était imaginaire. *Le Saint-Géran* a bel et bien existé !

Un beau navire de la Compagnie, qui avait déjà fait plusieurs voyages dans l'Inde. Cette fois-ci, il part pour l'île de France. A bord, au milieu du capharnaüm habituel, des chaudières destinées à la première sucrerie de la colonie et surtout des piastres : seule monnaie utilisable dans l'île. Un équipage en grande partie composé de Bretons. Plusieurs femmes et leurs domestiques noirs. L'une d'elles revient d'un voyage en France où elle était venue parfaire son éducation. Sa mère vient de mourir en son absence, et son père la réclame. Également une Lorientaise pure souche, comme le montre son nom : Nézet. Des esclaves noirs embarqués au Sénégal. Depuis l'Afrique, cent personnes sont malades. Mais en ce 17 août 1744, l'île de France est en vue. L'espoir.

La nuit va bientôt venir. Le vent a porté le navire jusqu'au nord de l'île. On s'arrête en vue d'un gros rocher, l'île Ronde. Le capitaine consulte ses officiers. C'est un homme débonnaire. Il n'a guère envie de prendre de risques. Il est quatre heures de l'après-midi, mais comme c'est l'hiver en ces parages, la nuit tombe très vite. On a serré à peu près toutes les voiles. Il fait calme, un très beau temps. Le crépuscule vert et rose des tropiques, puis la nuit. Un magnifique clair de lune. On pourrait donc en profiter pour aller mouiller près d'une baie toute proche et d'accès facile. Le premier lieutenant et la deuxième enseigne en dissuadent le capitaine. Il faut s'arrêter en vue de l'île Ronde, et demain on ira au Port-Louis. « C'est bien, messieurs, répond le capitaine. Il y a plus de vingt ans que je suis venu ici; vous êtes donc plus pratiques que moi de la côte; je m'en remets à vous pour la conduite du vaisseau. »

Un sous-officier fait cependant observer au lieutenant que les parages sont très dangereux. Le lieutenant l'écoute avec impatience; il est même si furieux d'être contredit qu'il décoche deux soufflets à celui qui a osé contester son avis. On continue donc d'aller à petites voiles. Cap sur l'île Ronde. On met à la cape sous la grand'voile : c'est une position qui permet de prévoir un mauvais coup de vent. Amures à bâbord.

Peu après minuit, la deuxième enseigne vient de prendre le quart. Deux matelots lui font alors remarquer qu'on s'approche trop de la terre. « Je connais bien la côte, ne vous inquiétez pas. » Vers deux heures et demie, le lieutenant monte sur le pont. Le temps est toujours très beau. Il réveille le capitaine. Concertation des pilotes et des officiers. Un pilote déclare que la route est bonne et que l'on peut continuer longtemps à « courir comme cela ». Le vieux capitaine s'inquiète pourtant. « Nous avons longtemps couru sur ce bord. Il convient de mettre sur l'autre. »

On vire vent arrière. Trop tard. Au moment où on allait passer la grand'voile à tribord, le navire talonne. Les récifs... Les lames traîtresses de l'océan Indien... Une grosse vague jette *Le Saint-Géran* sur les coraux.

On sonne la cloche. Tout le monde sur le pont ! Les malades restent sur l'entrepont. Ils ne peuvent plus bouger... Le navire est défoncé par le milieu. Il fait eau. Il donne de la bande sur tribord. « Coupez le grand mât ! » Il se brise en entraînant une partie du mât d'artimon...

Aux chaloupes, alors. Mais il y a trop de malades. Pas assez de monde pour exécuter les manœuvres. Les chaloupes se brisent sur le pont. Le navire donne tant de gîte que les charpentiers ne parviennent même pas à tailler des radeaux.

Plus rien à faire, qu'attendre le jour. L'aumônier octroie une absolution générale. Chœur : *Salve Regina, Ave Maris Stella...*

Le boulanger se jette à la mer le premier. Il a attaché ses hardes sur son dos. Il ne parvient pas à nager. Rien de plus terrible que les récifs coralliens : peu d'eau, mais les lames de l'Océan s'y brisent avec une force épouvantable. Il se noie.

Un deuxième se jette à la mer. Il échappe aux rouleaux, parvient à se sortir des brisants. Sauvé ! Encouragées, cinquante personnes se jettent après lui. Elles se noient toutes. Un marin propose alors au capitaine de s'embarquer avec lui sur une planche. Il accepte, mais refuse de quitter sa veste et sa culotte pour favoriser le sauvetage, disant « qu'il ne conviendrait pas à la décence de son état d'arriver à terre tout nu, et qu'il avait des papiers dans sa poche, qu'il ne devait pas quitter ». Ils se mettent à l'eau, le capitaine sur la planche; le matelot le remorque en nageant. Ils ont enfin pied. Passe un radeau : la deuxième enseigne, et un Noir, Hector, domestique du capitaine. Il supplie son maître de venir sur l'embarcation. Le capitaine y consent. Mal lui en prend. Peu après, un violent courant. Le radeau et ses occupants sont ramenés vers le large...

Le brave matelot, lui, s'accroche à sa planche. Mais le flux est trop violent. Il plonge et s'agrippe aux rochers du fond. Il parvient enfin à sortir de la zone dangereuse. Par chance, il rencontre une poutre qui dérive. Il s'en sert pour longer les récifs, réussit à s'en dégager et gagne une petite île toute proche, l'île d'Ambre. Là, il retrouve des compagnons qui eux aussi ont pu se sauver.

Naufrage vraiment trop stupide, par beau temps, et si près de la côte et des lagons verts de l'île de France. Ils restent plusieurs jours dans l'îlot : les autres vont sûrement arriver. Passent quelques journées. Il faut se rendre à l'évidence : ils sont, à huit, les seuls survivants. Sur une poutre, certains regagnent l'île de France. Ils trouvent un poste de soldats. On les réconforte. On va secourir les naufragés restés à l'île d'Ambre.

Dès qu'ils sont reposés, en route pour Port-Louis où le Conseil supérieur de la colonie les attend : enquête, déclarations. Où se trouve l'argent que contient le navire ? Huit caisses à l'arrière du vaisseau, répond un marin, qui le sait pour les avoir travaillées à l'arrimage du bateau à Lorient. Des chaudières à sucre, aussi, mais à l'avant. L'île de France est privée pour un moment de pièces d'or. On émet du papier-monnaie.

D'année en année, l'histoire du *Saint-Géran* se fait légende. Vingt-quatre ans plus tard, quand Bernardin débarque à l'île de France, on n'en connaît plus très bien les détails exacts. L'imagination de Bernardin de Saint-Pierre fera le reste. Il fait sombrer le navire dans les rouleaux effroyables d'un ouragan. Une des passagères, Virginie, meurt engloutie par les flots, sous les yeux de son ami Paul qui était venu observer la tempête du rivage, et qu'il a fallu retenir pour qu'il n'aille pas secourir sa chère infortunée, dressée à la proue du *Saint-Géran* sous les bourrasques du cyclone ... « Victime de la pudeur » ... Elle refuse de se déshabiller comme le lui conseille le matelot qui voulait la sauver. Et son corps parfait est bientôt ramené au rivage. Sans une blessure, malgré les récifs, on le remarquera. La France entière pleurera sur les dernières pages de *Paul et Virginie.*

Virginie, l'antisirène... Et dire que son modèle était un vieux capitaine qui ne trouvait pas conforme à son rang de se présenter à terre demi-nu... Pour la pureté de sa pastorale, Bernardin n'évoque pas non plus les piastres du *Saint-Géran.* Il n'était pas indifférent pourtant aux choses de ce monde. Mais love-story oblige. On crut donc par la suite que tout ce qui avait trait au *Saint-Géran* n'était que pure fiction, comme *Paul et Virginie.*

Jusqu'au jour où, dans les années 1960, un Mauritien plongea dans les eaux du naufrage. On retrouva la cloche du *Saint-Géran,* les chaudières à sucre, des ancres, les canons. Et son trésor ? Quelques piastres seulement. Le reste a disparu dans les courants, les récifs, les concrétions coralliennes, le sable des îles. Mais *Le Saint-Géran* vit toujours. Celui de Bernardin. Bateau littéraire. L'un des plus grands.

Lors de son voyage à l'île de France, sur un navire malodorant où mouraient chaque jour de pauvres gens, l'auteur de *Paul et Virginie* avait écouté les conteurs bretons. Il n'est pas interdit de penser qu'il avait pris à leurs côtés une belle leçon d'imagination.

Le repos des Mascareignes

Les Mascareignes sont trois îles perdues dans l'océan Indien : Bourbon, l'île de France, et, plus à l'est, Rodrigue, beaucoup moins importante. Si la Compagnie des Indes a tellement tenu à s'en assurer la possession, c'est afin que ses navires y relâchent et s'y ravitaillent. L'île de France s'y prête tout particulièrement. Elle possède désormais un grand port. Les malades s'y refont vite une santé. Les habitants de Port-Louis, souvent descendants de Bretons, mènent une vie mondaine, futile et délicieuse, sur fond de végétation tropicale. C'est l'escale idéale avant les Indes. Des passagers y débarquent et s'y installent, comme Bernardin. Des explorateurs aussi, comme Kerguélen, qui y attendra ses vaisseaux.

Si le vent a fait rater l'île de France et Bourbon, on tente alors de relâcher à Rodrigue. On la reconnaît à de grands vols d'oiseaux variés, matin et soir. Eau et tortues de mer. Et l'on tâche d'attraper la mousson du Sud-Est pour remonter vers l'Inde... A éviter absolument : l'archipel des Maldives et ses coraux, véritable cimetière de bateaux. La remontée devient pénible. Entre le 15 octobre et le 15 décembre, la route est même impraticable.

Dès que les côtes de l'Inde sont en vue, la joie éclate. Embrassades, chants d'action de grâces de ceux qui tiennent encore sur leurs jambes. Goa, la « Rome de l'Orient », ses palmiers vert sombre, ses cocotiers, clochers et tours. Puis on redescend le long de la côte de Malabar, pour se rendre ensuite sur la côte est, sur les rivages du Bengale et la côte de Coromandel.

Les comptoirs de l'Inde... A l'ouest, Mahé, acquis en 1721, puis, une fois passé le cap Comorin, Karikal, Yanaon, Pondichéry. Plus loin encore, au bord du delta du Gange, les syllabes magiques de Chandernagor...

VIVRE ET MOURIR A PONDICHÉRY

L'Inde et ses richesses légendaires. Depuis la Renaissance, Portugais et Hollandais ont tenté de s'y implanter. Ils n'ont pu y parvenir car ils ont été victimes de la décadence de leurs propres gouvernements. Les Hollandais sont très affaiblis depuis les guerres qu'ils ont dû mener en Europe contre Louis XIV.

L'empire du Grand Moghol est entré pour sa part en complète décomposition. L'Inde est divisée en sorte de provinces, les « soubabies », elles-mêmes comprenant plusieurs « nababies ». Au centre, le Dekkan, dont le chef a pris le titre de « roi de Golconde » : les fameux diamants... Chaque roitelet tire le pouvoir de son côté. Les Européens ? Une occasion comme les autres d'intriguer.

De l'Inde, les gens d'Europe ne connaissent guère que la partie péninsulaire. Ils n'y voient qu'un territoire immense et riche où l'autorité du Grand Moghol ne s'exerce plus. Elle est pulvérisée entre les mains de ces nababs innombrables.

Au XVIIIe siècle deux grandes rivales vont s'affronter pour les richesses des Indes : les Compagnies française et anglaise. Les Anglais s'infiltrent. Progrès lents mais sûrs. A eux Bombay, Calcutta, Madras, que le Malouin La Bourdonnais leur reprendra pour un temps. Dans les comptoirs français, surtout situés à l'est, les hommes sont au début du siècle assez peu nombreux. Ils tentent en premier lieu de protéger leurs cités en se servant des indigènes pour les fortifier et, éventuellement, pour se battre contre les Anglais et les Indiens à leur solde. Dès les années 1740-1750, les Compagnies, qui voulaient primitivement rester neutres, sont entraînées dans le conflit qui oppose la France et l'Angleterre. Plus question de faire uniquement du commerce. Les deux nations rivales ont en effet compris que l'affaiblissement de l'Empire moghol permet une conquête territoriale. Dupleix et Lally-Tollendal vont se succéder et tenter de mener à bien cette conquête dont les comptoirs de l'Inde sont les bases militaires. Ils font de leur mieux, mais ils sont mal compris du gouvernement de Versailles. Là-bas, on ne saisit rien des réalités indiennes. D'un trait de plume, les fonctionnaires peuvent ruiner des années d'efforts. Les chefs français reçoivent même parfois des ordres contradictoires. Ils se brouillent à mort, comme Dupleix et La Bourdonnais. Politique peu efficace... Aux Indes, le commerce et la guerre se rencontrent constamment. La politique française est simple : pas question d'abandonner les comptoirs de l'Inde... Les soldats français y débarquent pour faire la guerre à l'Anglais. Au traité de Paris, quand les revers de la France l'obligeront à négocier avec l'Angleterre, elle cédera le Canada contre ces quelques cités. Tout pour les comptoirs de l'Inde ! L'Angleterre remet aux Français un Pondichéry en ruine, mais c'est Pondichéry tout de même... Quand ils ont attaqué la cité indienne, en 1745, les Anglais tentaient simultanément d'enlever le port de Lorient, de s'emparer de la Bretagne. Leur but est clair : couper les routes maritimes établies entre la Bretagne et l'Inde. Mais les Français y tiennent, à leurs Indes, autant qu'à Lorient...

Pondichéry constitue le centre de cet univers. Réplique indienne de Lorient sur la côte de Coromandel, à quatre mille lieues du port breton. Comme là-bas, maisons neuves, allées plantées d'arbres, hôtels pour les directeurs de la Compagnie. Une oasis verdoyante remplie de Bretons avides de prendre pied sur la terre promise. Autour d'eux, les intrigues des fonctionnaires de la Compagnie et les rumeurs de guerre. Dans les entrepôts de cette ville, créée par les Français en 1674, défendue contre les Hollandais puis contre les Anglais, viennent se déverser toutes les productions de l'Asie. Poivre de Malabar, toile et soie de Surate, cannelle de Ceylan, et tous les produits précieux de l'archipel de la Sonde : drogues, épices, bois rares, laques... Cauris des Maldives, ces coquillages indispensables pour le trafic au Sénégal et en Guinée, où ils servent de monnaie d'échange. Et surtout la soie, celle du Bengale. Toutes variétés d'étoffes. Leurs noms seuls damnent une femme coquette : taffetas, satins, velours. Soies unies, à fleurs, à rayures, mêlées d'or ou d'argent. Et d'autres tissus dont nous ne connaissons plus aujourd'hui que les syllabes enchanteresses. Rêves de mystère et d'élégance : baccas, salampouris, gingiras, allégas, sottamouras... Une toile, qui ressemble aux tissus de la ville bretonne de Guingamp, reçoit le même nom; mais comme elle vient des Indes, on dit

« guingamps de Madras », « guingamps de Masulipatam »... Les Bretons qui débarquent des escadres du roi ou des navires de la Compagnie découvrent sous les cocotiers leur province en plus bleu, en plus coloré. La Bretagne des Indes. Souvent ils arrivent malades et n'ont qu'à peine le temps d'apercevoir les temples et les palmes. Ils meurent sur le vaisseau à peine accosté, sur le quai de Pondichéry, avant même d'avoir pu être transportés à l'hôpital. Leur décès est aussitôt consigné sur les registres d'état civil, que nous possédons encore. On y suit du doigt des listes entières de noms bretons. Morts du scorbut, des fièvres et, pour certains, de la guerre meurtrière contre les Anglais. On s'aperçoit que ces noms sont en général Cornouaillais. Gens de Quimper et du pays bigouden : Quéffelec, Hélias, Keraval, Madec. Ou des hommes des environs de Lorient : Morvan, Mahé, Quémener, Le Digabel. Et autres Le Bris, Le Meur, Le Bihan, Le Goff. Certains aussi viennent du fond des terres bretonnes : Gourin, Josselin. Et tous les inconnus que les péripéties de la traversée ont dépouillés de leur patronyme pour le remplacer par un surnom : tous les La jeunesse, Laviron, Lafleur, Jolinon, Lagoupille...

Quelques-uns survivent et se fixent, pris au mirage de la ville indienne. Maîtres charpentiers ou maîtres tonneliers de la Compagnie à qui la mer ne dit plus rien et qui vont maintenir aux Indes la tradition du vieux pays. Ils se marient et enfantent d'autres Madec, Le Goff et Le Bihan. On parle breton sur les quais de Pondichéry, et il se trouve de temps à autre un joueur de biniou pour rappeler à ces hommes les cieux plus gris d'où ils viennent, l'autre côté de la mer...

Intrigues, rixes, et la fortune pour certains. Ce pays est un paradis pour aventuriers. En trafiquant bien, on peut se sortir de sa gueuserie. Envoûtement de ces comptoirs où l'on est le maître, à l'abri de la ceinture des remparts. Autour de la ville, les temples hindous et leur mystère. Mais cette étrangeté pénètre le comptoir. Pour faire le commerce, il faut passer par les intrigues compliquées des indigènes. Un commerçant se doit d'être ici un ambassadeur et un homme de guerre. A ceux qui réussissent, l'argent, le luxe et la fête. Des joailliers s'installent. Un horloger. Quelques notaires : un Lorientais qui épouse une Vannetaise et installe son étude à Pondichéry... Les décors de la vie suivent la mode de France. Les vaisseaux de la Compagnie font venir meubles et peintures. Les filles à marier offrent à leurs prétendants de splendides trousseaux : l'abondance des gazes et toiles fines permettent les belles lingeries. Avec les soieries, elles font coudre des robes magnifiques. Comme le faste est nécessaire dans les pays orientaux, on recouvre les robes à la mode de France d'ornements indiens. Plumes, aigrettes de pierreries sur la tête. Quelquefois même on ne voit plus le tissu : il a disparu sous l'ornement... La nièce de Dupleix, qui descend d'une illustre famille bretonne implantée depuis longtemps à Pondichéry, possède tant de biens qu'à sa mort l'inventaire en demandera quarante-deux pages... Ses bijoux surtout : brillants, diamants noirs, rubis, topazes. La recherche des pierres précieuses ne concerne pas seulement les grands. Les soldats et les marins tâchent à leur tour de s'en procurer. On réclame aussi les porcelaines de Chine. Dans les maisons aisées, réceptions, avec un faste qu'on n'aurait pu étaler en France. On s'invite souvent, on s'admire mutuellement, on rivalise de parures. Fêtes, bals, pétards... Les gens de Pondichéry pratiquent la bonne cuisine de France, car ils considèrent le riz épicé du « cari » indien comme « une nourriture d'animal ». S'ils veulent changer d'air, quand les menaces de guerre sont écartées, ils sortent de la ville et s'installent dans une « tope ». C'est un endroit planté de plusieurs arbres assez rapprochés les uns des autres pour que les branches de leurs têtes, en s'entrelaçant, empêchent le soleil de les percer. On vit là, comme les Hindous, sous une tente. Ou bien on s'installe dans une « chauderie » : sorte de retraite établie pour les voyageurs, généralement près d'un étang, et entourés de topes pour la fraîcheur. La maison elle-même est divisée en petits appartements aux voûtes gothiques. Murs très épais qui gardent le frais. On vous y transporte en palanquin, porté à dos d'hommes. Les domestiques suivent. Les chauderies sont si nombreuses que l'on peut choisir l'endroit de sa guise... Le palanquin fera office de lit, et les domestiques vous serviront. Conclusion d'un Malouin après cette expérience : « L'Inde est peut-être l'unique pays de la terre où il soit possible de mieux se procurer ses aises; où il y ait plus d'attraits et de charmes, et où le peuple soit en même temps plus doux. »

Vision idéalisée d'un voyageur de passage. Tout le monde n'a pas droit à ce bonheur-là. La majorité des petits Bretons de Pondichéry vit en permanence à l'intérieur de la ville où elle s'installe parmi la foule bigarrée. Cabaretiers, hôteliers, petits aventuriers et aventurières. Ils ont décidé de tenter fortune et ont laissé les bateaux de la Compagnie, dont ils vivent pourtant, chaque fois qu'entre un navire qui débarque son équipage. Ce monde-là, nous le retrouvons dans les minutes des procès criminels de Pondichéry. A les lire, on sent tout de suite que ce bonheur des Indes n'aura qu'un temps. Les difficultés avec les Indiens sont fréquentes. On vous sourit : vous êtes l'occupant. Par derrière, tout est possible. Les soldats bretons en campagne sont à la merci du revirement d'un nabab qui passe brusquement au service des Anglais plus offrants. Prison, torture... Les habitants des comptoirs vivent dans la terreur de leurs domestiques indigènes. La haine rôde, on le sait. Vols manifestes, mais aussi crimes supposés : une mort un peu suspecte ? C'est certainement un indigène qui a empoisonné la nourriture, avec le fameux « cari ». Crimes étranges parfois : une femme indienne attire à elle une petite fille de six ans qui porte quelques bijoux. Elle promet à l'enfant des cannes à sucre qui se trouvent dans le jardin voisin. La petite la suit. Elle lui enlève ses bijoux et la jette dans le puits. La police retrouve la criminelle : elle reconnaît le meurtre sans difficulté et avoue l'avoir commis parce qu'elle avait faim. Elle a eu la variole quatre mois avant, elle perd parfois la raison, dit-elle. On l'enferme...

Entre les indigènes et les grosses fortunes, tout un demimonde grouille et s'agite. Univers un peu trouble de marins en bordées, de soldats trop heureux d'avoir échappé aux fièvres et aux attaques ennemies. A la lisière de la ville indienne – « la ville noire », comme on l'appelle – et des hôtels de la Compagnie, les bas-fonds de la ville européenne. Monde cosmopolite. Aventurières qui s'échappent des bras d'un cabaretier pour se laisser séduire par un soldat déserteur que les fièvres de Chandernagor ont dégoûté du service aux Indes. S'il est pris, il sera condamné à avoir « la tête cassée sur le front des troupes ». Intrigues compliquées et coup de couteau facile. De véritables romans policiers parfois, dans l'air lourd et chaud des Indes.

Folies aventurières

A lire tous ces procès, on a vraiment l'impression que l'air des Indes porte en lui quelque chose qui pousse à la folie. Certains s'enlisent dans sa chaleur moite. Les Indes sont le territoire de l'aventure. Il est facile de s'y perdre.

Aventurière bretonne : Jeanne Pinnevidic. On ne sait trop comment, elle est devenue très riche. Elle prête à des gens de la Compagnie, elle a un superbe mobilier. Tout le monde la connaît. C'est « Jeanneton ». Les amants défilent chez elle : un officier, puis un grenadier. Il a nom La Fleur... Les Anglais prennent Pondichéry. Cependant elle parvient à gagner avec son ami un comptoir portugais, en emportant aussi toute sa fortune. Un nouvel amant, portugais cette fois. Querelles, jalousies : La Fleur n'entend pas être ainsi traité et les deux rivaux se battent. Le gouverneur décide d'arrêter les deux amants. Le Portugais est prévenu à temps; la Bretonne, elle, est arrêtée. Ses compatriotes parviennent à la faire libérer, mais elle ne se relève pas de son aventure. Ses amis cessent de la fréquenter. Elle commence à boire. Et c'est la folie. Voici qu'un jour elle se met à lancer dans la rue ses assiettes, ses miroirs, met le feu à son bureau de bois de rose, lacère ses papiers de valeur, où étaient consignées les dettes de tous ses emprunteurs; elle descend dans la rue en chemise de nuit. Elle hurle : elle ne veut plus de ces Indes maudites, elle veut rentrer en France... Mais elle n'a plus d'argent. Elle vient justement de brûler toute la fortune que les Indes lui avaient donnée. La voilà bloquée dans les bas-fonds du comptoir. Le délire la reprend. Elle en mourra.

Surcouf lui-même, au début de sa carrière, sembla devenir fou dans le vent des Indes. Il venait d'arriver à Pondichéry. Il avait obtenu un engagement sur un vaisseau en se vieillissant de cinq ans, alors qu'il n'était âgé que de quinze ans et demi : il fallait alors être majeur pour pouvoir partir. Après un voyage mouvementé – il avait fait naufrage aux Maldives –, le voici en 1790 à Pondichéry. Il a dix-sept ans. On traîne devant le tribunal « Charles-Robert Surcouf de Boisgris » : « Votre âge, sous la foi du serment ? – Vingt-deux ans... » Surcouf continue à mentir devant les jurés. Il prétend ne rien comprendre à ce qui vient de lui arriver : des soldats l'ont promené dans Pondichéry, il avait bu, c'est tout ce dont il se souvient. Il s'est querellé avec quelqu'un, lui semble-t-il, un certain Saint-Valéry, qui l'avait menacé de lui jeter un verre de vin à la figure et avait refusé de vider l'offense à l'épée. Au fur et à mesure que le tribunal l'interroge, la mémoire revient à Surcouf... Oui, il est alors parti chercher son épée et deux pistolets, et c'est sans doute à ce moment-là que les soldats l'ont arrêté. Version de Surcouf. On entend alors les témoins. La rumeur publique suit le procès avec attention. Surcouf n'est encore qu'un inconnu, mais ses égarements ont fait grand bruit dans Pondichéry. On découvre alors dans les dépositions des témoins le véritable aspect de l'affaire.

Depuis qu'il est aux Indes, Surcouf se comporte comme un psychopathe. Il se réveille certaines nuits en criant qu'il est menacé, prétend qu'on cherche à escalader les murs de sa chambre, somme son hôte de faire le tour de la maison : « On veut m'assassiner ! » Aspect méconnu du futur corsaire. La chaleur moite de Pondichéry ? La fièvre d'une adolescence bouillonnante ? Le souvenir d'une mauvaise querelle de bateau ? En tout cas les avis des témoins sont unanimes : cet homme est un « extravagant ». Autrement dit, un fou. Et l'on remonte au début de l'affaire : l'hôte de Surcouf avait reçu un jour la visite d'un de ses amis, Saint-Valéry. Celui-ci commence à tenir quelques propres malveillants. Ils ne concernent pas Surcouf, mais le futur corsaire, qui est présent, se croit visé. « Ce n'est point de cette manière qu'on traite un gentilhomme, venez donc prendre le café avec moi demain, vous verrez ! – Je prendrai mon café avec ma canne ! » Insultes. L'hôte intervient et fait cesser la querelle.

Surcouf s'est enfin trouvé un ennemi. Un samedi d'octobre 1790, il est encore plus énervé que d'ordinaire. Il ruisselle de sueur. Il se rend chez un horloger qui accueille ses amis. Surcouf réclame un mouchoir, boit plusieurs verres de vin. On joue au billard. Il veut être de la partie. On essaie de l'en détourner : il est déjà bien gris... Non, il le veut et il jouera, foi de Malouin ! On accepte. L'enjeu : café et liqueurs. Surcouf gagne. Il boit son alcool et s'en va. On respire... Trop vite : Surcouf revient bientôt encore plus ivre. Il demande un verre d'eau. Il tient à peine debout. Il renverse le verre sur le meilleur ami de son hôte, insulte la compagnie et s'en va. Cette fois-ci, on est débarrassé de lui, comme on a bien fait de ne pas répondre à ses insultes... Non. Car l'ennemi que s'est trouvé Surcouf, le fameux Saint-Valéry, arrive devant la maison de l'horloger... Celui-ci commence à deviser tranquillement dans la cour avec son invité, mais Surcouf le guette. Il entre dans la cour, interrompt toutes les conversations : « Où est Saint-Valéry ? – Me voilà ! – Mon cher ami, pourquoi n'avez-vous pas voulu souper avec nous ? – Je soupe ici. – Pourquoi n'avez-vous pas voulu prendre de la liqueur avec moi ? – C'est que je ne bois pas avec toutes sortes de personnes. – Eh bien, vous vous battrez avec moi ! – Si je me bats avec vous, ce sera avec ma canne ! » On sépare les deux hommes, Surcouf sort, l'horloger le suit pour le tancer. Il découvre alors le futur corsaire, pistolet à la main, braqué en l'air. Et il tire. L'horloger jette sur lui un bâton... cet homme est dangereux, il faut le désarmer !

Et voici Surcouf, le grand Surcouf, pris de peur, et qui déguerpit du côté de la « ville noire »... Des officiers le remarquent et l'arrêtent. « Je n'ai rien fait, laissez-moi, ou je vous brûle la cervelle ! » Il met en joue les deux officiers... Et il détale encore, pour se faire prendre sur la plus grande place de Pondichéry, sans opposer la moindre résistance... Lors de son procès, chevalerie oblige, il tiendra bien haut à affirmer qu'il n'a tiré que pour effrayer les gens qui l'avaient insulté : « Si mon intention avait été de faire du mal à quelqu'un, j'eusse réussi infailliblement. »

Clémence de la cour. On le déclare « perturbateur du repos public ». Il est banni pour dix ans de Pondichéry.

Pendant ces dix années et celles qui vont suivre, Surcouf va devenir le plus grand corsaire de l'océan Indien. Il trouvera contre qui dépenser son agressivité et défendre son honneur : les Anglais. Breton bouillonnant d'orgueil, il sera le dernier roi des corsaires, en ces rivages des Indes qui réveillent toutes les folies.

RENÉ MADEC, QUIMPÉROIS, NABAB DES INDES, HÉROS DU GRAND MOGHOL ET SOLEIL DE SA COUR...

Dans le courant de l'année 1772, une armée de quatre mille hommes est en marche vers Delhi. La ville du Grand Moghol, l'empereur des Indes. On attend pour cette armée une entrée en triomphe. Le généralissime de l'empereur indien s'avance vers elle. Il voit des hommes fatigués. Ce sont des Indiens, les combattants « cipayes ». A leur tête, des Français.

Parmi eux, deux hommes blessés. Deux Bretons : Kerscao et René Madec. Ils viennent de remporter une splendide victoire contre les ennemis du Grand Moghol. A quatre mille, ils ont défait dix-mille hommes. Cette victoire est l'œuvre d'un Quimpérois, René Madec. Un destin exemplaire. En ce jour de gloire, la vieille errance bretonne trouve en lui sa récompense. Quand d'autres ont cherché aux Indes le prestige des expéditions maritimes, il vient, lui, par la guerre terrestre, d'assurer à tous les chercheurs de fortune la possibilité d'établir autre chose que de vagues comptoirs...

En ce moment, tout ce faste qui s'étale, c'est la manière dont l'empereur des Indes veut l'assurer de sa reconnaissance et de son amitié. Le potentat inaccessible fait fête à un Breton inconnu. Un cortège superbe. Madec prend place aux côtés du généralissime indien sur un éléphant caparaçonné de drap d'or.

Puis Kerscao, lui aussi sur un éléphant. Au-dessus des bêtes, le drapeau français flotte dans le vent des Indes.

Là-bas, pas de gloire sans musique, danse, foule et pierreries. Un triomphe extraordinaire. Le lendemain, les solennités continuent. Madec est présenté au Grand Moghol. On l'emmène dans le palais. Il gagne la salle du trône où se tient le successeur de Tamerlan, le « seigneur du monde sous l'ombre de qui tous les hommes doivent se reposer comme sous un parasol ». C'est l'empereur Chah-Allam. Madec s'incline.

Avec de grandes félicitations, le Grand Moghol lui remet le titre de « nabab de première classe » et lui fait passer une robe de tissu d'or, un turban et une aigrette ornée d'un énorme diamant. L'empereur détache de son côté son propre cimeterre et se penche vers le Breton. Stupeur : il le lui donne, et l'attache de ses propres mains à la ceinture de Madec...

Le voici sacré « nabab, Soleil de la Cour et héros du Grand Moghol ». Il possède désormais le plus haut titre qui ait jamais été attribué à un Européen aux Indes. Bientôt il recevra un fief de l'empereur. Madec deviendra l'égal des radjahs, avec droit de vie et de mort sur ses sujets. Il en recevra le symbole, la main de justice, comme un roi européen. Il administrera des terres immenses, riches et grasses; parsemées de grands temples. Toutes les splendeurs d'un royaume indien, pour un homme de trente-six ans, né à Quimper d'un demi-gueux. Il a réussi là où les autres Français et même les Anglais avaient échoué...

Lui, René Madec, né dans une famille de cinq enfants que parvient à peine à nourrir leur père instituteur. Il a passé son enfance à écouter comme ses camarades les vieilles histoires d'océans lointains que racontent les vieux marins des quais. De temps à autre arrivaient sur la rivière de la ville quelques bateaux corsaires ou des navires de commerce. Deux fois le jour la rivière de Quimper s'enfle de la marée.

René Madec a à peine douze ans qu'il décide d'être marin. Son père lui a fait donner quelques notions sur l'art de la navigation. Il l'a même envoyé faire un stage sur un petit caboteur entre Quimper et Bordeaux. René est revenu enthousiasmé. Un jour arrive où se présente un racoleur de la Compagnie des Indes en costume brillant. Il parle beau, d'un monde de merveilles. Les Indes. Le petit Madec veut partir. Ses parents refusent : il est trop jeune, il se fait des illusions, la vie est très dure sur les bateaux. Il a douze ans, en effet. Cela ne l'empêche pas de faire un paquet de ses hardes et de s'en aller à Lorient sans demander l'autorisation à qui que ce soit. Jolie fugue. A

Lorient, où on ne décourage pas les vocations, puisqu'elles commencent à se faire bien rares, le petit Madec est tout de suite engagé.

Le navire est armé en vue du commerce triangulaire. On s'en va au Sénégal faire « provision de bois d'ébène », puis on part le débarquer aux Antilles, d'où on rapportera sucre, indigo, coton... Le petit mousse est à peine mieux traité que les esclaves. Il fait aussi sa première rencontre avec l'ennemi anglais : grosse cannonnade avant de pouvoir aborder Saint-Domingue. Premier contact avec le charme de la vie tropicale. Retour en Bretagne, puis un autre voyage. Il n'est pas encore allé aux Indes. Il finit par obtenir un engagement pour Pondichéry, puis pour le Brésil. Pourtant il revient dégoûté de la vie de marin. Une condition trop dure, malgré les charmes des escales. Il rentre à Quimper. Pendant un an, il ne sait que faire.

De ses voyages, il n'a retenu qu'une seule vision. Elle le hante littéralement. Pondichéry. Au milieu de la foule, il a assisté au triomphe de Dupleix. Le Français venait de conquérir le Dekkan. Palanquins, éléphants, draps d'or, princes indiens constellés de pierres précieuses. Le nabab Dupleix, qui préparait pour la France un empire en Asie... Et cependant Madec, pendant un an, renonce à l'aventure. Ce n'est qu'un temps.

A Locronan, la fièvre du départ le reprend. C'est là que les tisseurs bretons continuent à préparer, comme aux beaux temps de l'indépendance, les toiles des navires. Leur premier client est la Compagnie des Indes. Ses fonctionnaires viennent y commander leurs voiles, en discuter le prix et contrôler leur qualité. Depuis longtemps souffle à Locronan le vent de toutes les aventures. Maintenant, on vient y prendre la diligence pour Lorient. Madec a seize ans et est venu l'attendre. Il part pour trente ans.

Il a pris la diligence des Indes... Arrivé à Pondichéry, il décide d'abandonner le métier de marin. Il veut construire quelque chose, et non se contenter de transporter les objets d'employeurs qui le traitent mal et s'engraissent de ses souffrances.

Il veut se battre pour les Indes. Il devient donc soldat. Vie très rude elle aussi. Madec se lasse vite de l'exotisme. Et il en a assez d'obéir à des chefs médiocres, qui donnent ordres et contre-ordres, qui ne savent pas coordonner leurs actions et sont même incapables de mettre sur pied une véritable stratégie. Ces gens ne sont pas venus pour construire, mais pour la fortune et le plaisir. Le harem qui suit l'armée dans tous ses déplacements n'est pas étranger à ce manque d'efficacité. La révocation de Dupleix comble le désespoir du Breton. C'était le seul homme à bien connaître l'Inde, et à mener une stratégie cohérente. De surcroît, Madec ne reçoit pas sa solde. Il se demande ce qu'il fait encore à Pondichéry. Il y a cependant quelque chose de profond qui le rattache à cette terre. Une attirance étrange, qui a survécu à ses désillusions.

1758 : le temps de l'expédition de Lally-Tollendal. Madec tente sa chance dans la marine de guerre. Ici encore, l'enfer. Les chefs français se disputent, Lally contre d'Aché. Vie atroce à bord. L'escadre doit apareiller pour l'île de France. La veille du départ, Madec, l'éternel fugueur, fait un paquet de ses hardes. Il le place sur sa tête, l'attache et se jette à l'eau. Il nage pendant quatre heures dans l'océan Indien, en essayant de ne pas trop penser aux requins. Il parvient à gagner le rivage. Des amis le cachent. Il est déserteur...

Seule idée en tête : se faire une place aux Indes. Définir une stratégie française. Reprendre l'œuvre de Dupleix. Former ce qu'on appelle un « parti » : une petite armée commandée par des Français, utilisant des indigènes et offrant ses services à tel ou tel nabab contre l'occupant anglais. Car c'est de cela qu'il s'agit : déloger les Anglais des Indes. Madec espère en Lally. Il redevient soldat. Il prend la tête de quatre cents cipayes.

Lally échoue. Le Breton est fait prisonnier. Les Anglais lui donnent le choix : mourir de faim dans leurs geôles, ou s'engager dans leurs troupes. Madec, qui aime la vie, choisit la deuxième solution, en se jurant de déserter à la première occasion.

Et son ascension commence. Ses troupes vont se mutiner contre l'Anglais. Il en prend la tête. De combat en combat, elles sont décimées. Il les reconstitue inlassablement et parcourt l'Inde, offrant ses services à un nabab, puis à un autre. Il rencontre d'autres aventuriers, qui mènent la même vie que lui. Il découvre Bénarès, la ville sacrée, ses deux mille temples, ses bûchers mortuaires qui s'allument au matin sur les bords du Gange. Il conquiert enfin la confiance d'un nabab très influent. Guérilla contre l'Anglais. Revers, solitude : qui se soucie en France du combat de ce petit Breton inconnu ? Il est seul, avec sa poignée de fidèles, au milieu d'un empire qui s'effondre. Mais sa réputation militaire est grande. Voici qu'on fait appel à lui pour récupérer des impôts non payés. C'est le grand rôle des armées aux Indes. Comme toujours, Madec remplit scrupuleusement sa tâche. Il en tire de gros bénéfices et place ses trésors chez les banquiers locaux. Lui vient alors l'idée de se marier. Il a trente ans. Une indigène ? Un harem ? Madec ne se sent pas fait pour l'exotisme dans le mariage. Il découvre enfin un beau parti. Un ancêtre du Grand Moghol a jadis attiré auprès de lui de nombreux Français. C'était il y a cent cinquante ans. Il en reste encore une trentaine de familles, tout à fait indiennes de mœurs, si ce n'est qu'elles sont catholiques et gardent le souvenir de leur origine française. Parmi eux, l'homme le plus honoré est un seigneur du nom de Barbette. Il a une fille, Marie-Anne. Prénom bien breton. Une jeune Indienne catholique... Une princesse...

Un mariage constitue aux Indes une occasion de frapper les foules. Pour un puissant, c'est un instrument politique. En homme avisé, Madec met trois mois à préparer ses noces. Il réunit force vivres. Son mariage sera entièrement ordonné à la manière des indigènes. Il n'a jamais vu sa fiancée. Selon l'usage, il a envoyé des femmes la « visiter ». Elles lui ont assuré que la princesse fera une épouse merveilleuse et, sans nul doute, une mère féconde. Le jour des noces, deux cent mille personnes accoururent au palais de Madec. Autour de lui, une véritable ville de tentes. Il est sept heures du matin. Voici la petite mariée de treize ans, le visage caché dans des voiles brodés d'or. Les mains des deux époux s'unissent au-dessus d'une cloison. Ils ne savent encore rien l'un de l'autre. Festins, cortèges, danses sacrées de bayadères fardées de kohl. Eléphants, draps d'or et brocards de soie. Dix jours de fête. Le dernier jour Madec convie tous les pauvres de la province. La note à payer sera l'équivalent d'un million de francs actuels. Mais l'affaire était bonne : la petite bégum se révèle femme exquise, et surtout, le Breton a acquis ainsi un rang très élevé.

Il attend encore plus. Et il ne peut l'obtenir qu'en reprenant la vie de guerre. L'existence d'un capitaine d'aventures, qui offre ses services à quiconque déteste l'Anglais. Il recrée un « parti ». S'allie à un autre aventurier nommé Sombre. A eux deux, ils détruisent une armée de dix mille guerriers radjpouts. L'argent s'accumule dans les caisses de Madec. Il décide alors d'organiser la guerre de manière méthodique : un état-major d'élite, composé en majorité de Bretons. Il installe ses propres fonderies de canons et de boulets, rassemble des troupeaux de bœufs pour traîner les pièces d'artillerie sur les routes difficiles de l'Inde. Une police civile maintient l'ordre dans ses rangs. Un commissaire tient à jour les états de service des officiers et soldats. Les soldes sont régulièrement payées. Il établit même une sorte d'état civil.

Madec a bientôt un fils. La bégum vit tranquillement dans le palais que le Breton lui a donné, à l'écart des intrigues princières. Lui, Madec, y est constamment plongé. Cela fait partie de son métier. Il intrigue auprès du radjah des Jattes. Celui-ci le fait « pancharazy » : collecteur d'impôts et défenseur contre les attaques ennemies. Complots, tragédies. Le radjah est en train de contempler un combat d'éléphants, quand un homme se faufile derrière lui et lui tranche la tête d'un coup de sabre. Son successeur est fasciné par les magiciens. Un alchimiste lui promet de lui faire de l'or. Le radjah le somme de tenir sa parole, sous peine d'être empalé. L'alchimiste demande à rester seul avec le radjah. Tout le monde se retire. Un cri : le radjah agonise sur des coussins ensanglantés, un couteau dans le ventre. Nouvelle succession. Madec sort de l'ombre. Les prétendants au trône se battent entre eux. Le Breton prend le parti du successeur légitime. Contre lui, les Sikas. Des guerriers d'élite, très durs au combat. Madec résiste mais doit plier : il est vaincu.

Il se sent las des Indes. Il veut rentrer au pays. Et d'ailleurs la France se désintéresse de plus en plus de ses comptoirs. Leur situation est catastrophique. Le commerce français est ruiné, les Anglais sont devenus les maîtres absolus au Bengale. Le drapeau fleurdelysé flotte encore sur Chandernagor, mais la ville est déserte et presque abandonnée.

René Madec va partir.

Il reste encore un homme dans Chandernagor pour continuer à croire à la France des Indes. C'est le directeur du comptoir, un certain Chevalier, petit fonctionnaire de la Compagnie complètement isolé. Il connaît admirablement bien le pays. Il sait qu'il suffirait d'un petit effort de Versailles, et l'empire passerait à la France. Il ne cesse d'envoyer aux ministres mémoires, notes et rapports. Il ne reçoit de réponse qu'à une lettre sur dix. Il ne se décourage pas. Il continue à entretenir des rapports avec les princes indiens, il se renseigne sur les « partis » français. Il connaît l'aventurier Sombre. Mais celui-ci n'est plus jeune. Il vit beaucoup dans son harem et n'a aucune envie de risquer sa fortune pour la gloire de la France.

Il reste donc Madec. Chevalier lui écrit. Madec lui répond qu'il a désormais gagné assez d'argent et veut rentrer en Bretagne. Chevalier iniste. Il finit même par dévoiler ses plans au Breton : regrouper autour du Grand Moghol la résistance aux Anglais.

Chevalier a découvert la faille de Madec : le besoin de gloire. Pourtant il hésite encore. On lui envoie des émissaires, dont un Breton. Madec est ébranlé. Il est quasiment roi chez les Jattes.

Il possède une immense fortune. C'est pour lui très risqué de passer au service du Grand Moghol, car les Jattes sont ses pires ennemis. Risquer des trésors pour les projets d'un petit fonctionnaire de la Compagnie, et que la France ne soutient même pas, folie...

La vieille folie celte des chevaliers errants. Elle a repris Madec. Car le petit fonctionnaire de Chandernagor, dans sa dernière lettre, a su trouver les mots qu'il fallait : « Il est question de relever la Nation de ses malheurs passés, pour lui rendre sa gloire et sa splendeur. »

Tâche écrasante. Mais Madec est Breton, que diable ! Il accepte. Il part discrètement du royaume des Jattes, parvient à déjouer tous les pièges du voyage. Les Jattes le rejoignent bientôt et réclament vengeance. Bataille de cavalerie, Madec et son adjoint Kersacao en tête, sabre au clair... Quatre mille hommes contre cent mille combattants indiens ? Et c'est la victoire du Breton, son apogée, son arrivée à Delhi auprès du Grand Moghol. Madec nabab et soleil de la Cour...

Sa renommée parvient à Versailles, à Londres. Les Anglais le sollicitent. Il reste au service de l'empereur des Indes. Il est devenu son lieutenant-général. Batailles encore. Héroïsme. Un soir de combat, le Grand Moghol est si ému de la vaillance de Madec qu'il lui donne l'accolade et se dépouille de son manteau d'apparat pour le mettre sur les épaules du Breton... Seulement ses ennemis l'ont vaincu. Ils laissent son trône à l'empereur mais exigent le départ de Madec. Il doit s'exécuter. Les soldats ne sont pas payés. Il perd les trois quarts de sa fortune à régler les soldes. L'héroïsme pour la France coûte cher... Et surtout, Versailles n'éprouve pas le moindre intérêt pour ce qui se passe en Inde. Si la France envoyait des renforts en matériel et en argent aux Indiens, ils pourraient expulser les Anglais sans même que la France et l'Angleterre se soient déclaré la guerre. La haine que les Indiens éprouvent pour les Anglais pourrait abolir toutes leurs divisions.

Il faut que Versailles le sache. Madec confie une mission à Kerscao : aller porter en France son grand projet militaire et politique sur les Indes. Madec a obtenu de beaux succès diplomatiques : l'ancien nabab du Bengale, qui a été chassé de son trône par les Anglais, propose une fortune au roi de France s'il lui permet de récupérer son royaume...

Madec ne veut pas partir des Indes avant d'avoir réalisé ce plan. Maintenant qu'il a fait le tour de leurs trésors et mystères, il veut construire quelque chose avant de s'en aller. Il écrit à un noble breton, M. de Tinténiac : « Je veux aller mourir à Quimper aussitôt que je ne serai plus nécessaire ici pour le service du roi. »

A Paris : l'indifférence la plus complète.

Aux Indes continuent les hasards des aventures. Madec retrouve le Grand Moghol. Accueil chaleureux : les deux hommes sont désormais des amis. Et toujours le faste oriental. On s'en fait l'écho à Paris. Chevalier y fait savoir que le Breton a reçu de l'empereur « un accueil capable de rendre jaloux tous les princes ».

En France, dédain et silence. Pour les intrigants de la cour et les gens de salon, Madec n'est qu'un vulgaire aventurier bas-breton qui n'a même pas l'excuse d'être né dans la noblesse. Et pourtant Madec s'obstine. Il reconstitue un « parti ». Il attend avec obstination le brevet d'officier qui consacrerait sa bravoure. Ce titre français est pour lui supérieur à toutes les gloires dont l'a comblé l'Empereur des Indes. Mais de France, rien ne vient.

Et la vie de guerre et de faste reprend, au milieu du déchaînement des fanatismes politiques et religieux. L'Inde est de plus en plus déchirée. Pour Madec, victoires et revers. Et il repart au combat. Intermèdes de repos en son palais.

Il apprend un jour la mort de Louis XV. Temps d'espoir. Le Grand Moghol, qui s'inquiète de plus en plus de la montée des Anglais, appelle Madec à ses côtés. Le Breton lui fait comprendre que l'entrée de la France aux Indes pourrait lui restituer sa puissance. Il concéderait aux Français un territoire situé à cent vingt lieues du comptoir anglais de Surate et à deux cents lieues de Delhi. Ainsi l'empereur serait protégé. Ce pays est riche et l'Indus qui le traverse est en partie navigable : il constitue donc une excellente voie de pénétration vers l'intérieur. Madec est habile; il possède très bien tous les dialectes indiens. Il n'a donc aucune peine à convaincre l'empereur.

Il pense alors que son heure est enfin venue. Il écrit à tous les personnalités influentes à la Cour de France : Law de Lauriston, M. de Castries, le comte de la Marque, Sartines, le secrétaire d'Etat à la Marine. Il multiplie les rapports détaillés sur l'état de l'empire. Il peaufine son projet d'établissement français aux Indes; il y étudie toutes les alliances possibles, y met au clair toutes les intrigues, fait un relevé des possibilités commerciales offertes par le traité, ourdit un plan d'attaque du Bengale et de Calcutta, le fief des Anglais. Il écrit aussi au gouverneur de l'île de France et obtient son soutien : « Madec est un excellent homme de guerre et très capable d'influer, par ses connaissances et par la confiance que le prince a en lui, sur le succès de cette entreprise. »

Le Grand Moghol attend impatiemment la réponse de la France : ce sera le silence. L'empereur est déçu. Il ne croit plus en Madec. Les jalousies indiennes se réveillent. Le Breton n'a plus qu'une idée : rentrer à Quimper. Son grand projet est mort. On a eu raison de sa bonne volonté. L'ancien nabab se prépare à partir.

Le 20 avril 1777, il reçoit une lettre de Chevalier. On lui demande de reprendre son projet. C'est trop tard. Le Grand Moghol ne veut plus en entendre parler. Maintenant que les fonctionnaires de Versailles ont lu les rapports de Madec, il est très sérieusement question de mener aux Indes une guerre contre l'Angleterre... Un autre Breton, Montigny, a été envoyé pour prendre contact avec le « nabab Madec »... Il arrive aussi trop tard, et se retrouve seul, sans conseils. Montigny va quand même voir l'empereur. Celui-ci vient de s'apercevoir que le départ de Madec lui cause une perte irréparable. Il veut le rappeler. Montigny écrit donc à son compatriote.

Fatalité : le messager est arrêté en route. On lui tranche la tête. De toute façon, Madec est bloqué dans Pondichéry par le siège des Anglais. C'est la saison des orages. Les Anglais ont entrepris de prendre Pondichéry. La ville n'a plus ni fortifications, ni munitions, ni troupes. Et Madec, qui pourtant voulait partir, se met à défendre le comptoir français. A un contre douze. Guerres de tranchées. Le Breton est aux premières lignes; en face de lui, l'Anglais. Le vieil ennemi saxon. L'ancien cri de guerre breton contre le « saxon rouge » : « Torrebenn ! (Casse-lui la tête) »... Luttes folles, car Pondichéry n'a plus de quoi tenir.

La ville doit se rendre. Quatre cent quatre-vingt-trois hommes sortent des remparts. Les Anglais, fous furieux, croient qu'il s'agit d'une avant-garde, envahissent la ville et cherchent désespérément le reste des soldats. Ils sont sûrement cachés, dans quelque trou... Personne : Stupeur. Les Anglais n'ont gagné que par la supériorité du nombre. Grâce à Madec, la France des Indes – la Bretagne des Indes... – mourait en beauté.

Lorsqu'on signe la capitulation, une clause spéciale permet au Breton de rentrer en France. Il a obtenu, grâce à sa bravoure, la liberté et la garantie de ses biens. Il compte bien revenir prendre sa revanche. Et avec un grade d'officier.

Le vaisseau qui l'emporte vers la France, avec la bégum Madec, est pris par un corsaire anglais. Séjour forcé de deux mois en

Irlande. Puis enfin, la Bretagne. On l'appelle à Versailles : la cour veut le connaître... Il est fait colonel, chevalier de l'ordre de Saint-Louis, mais s'ennuie dans Versailles et Paris, dont il a pourtant défendu l'honneur sans les connaître.

Il rentre à Quimper. Fête... Poèmes flatteurs sur l'homme des Indes, en des vers de mirliton :

> « *Dans ses tristes remparts tout un peuple assiégé*
> *De tes exploits instruit implore ton courage;*
> *Tu lui réponds : Je vole et vous serez vengés.*
> *Le Jatte menaçant s'oppose à ton passage.*
> *Il te combat, ses traits ont déchiré ton flanc,*
> *Tes soldats consternés ont vu couler ton sang,*
> *Mais il t'en reste encore...* »

Titres de noblesse. Le nabab devient René de Madec. Armoiries. Devise : « *Nullis perterrita monstris* : Aucun monstre ne l'a effrayé »... Ni les dragons de la mer ni les horreurs de la guerre aux Indes... Mais depuis qu'il est rentré le grand rêve de Madec se dissout lentement. Pourtant à Quimper il est aussi une sorte de nabab. Il possède la plus grande partie de la ville et des villages environnants. Il a le droit d'entrer dans la cathédrale en sonnant du cor, et toutes les maisons de la ville close doivent certains jours lui donner des œufs : en cas de refus, il peut se payer en enlevant les serrures des récalcitrants... Il a le droit de haute, moyenne et basse juridiction sur ses domaines. Il n'a que quarante-quatre ans. Il se sent usé. Cependant, les Indes continuent à revenir dans ses rêveries. Par Brest et Lorient, il se fait tenir au courant des événements. Il reçoit un jour une lettre d'un de ses amis bretons resté là-bas. Une phrase très claire : « Le parti est foutu. » Le rêve est mort. Finie, la Bretagne des Indes. Pondichéry redeviendra français et se relèvera de ses ruines. Mais lui, Madec, l'homme qui voulait construire, prolonger dans la terre indienne les routes de la mer, n'a plus rien à y faire.

La bégum Madec se fait peu à peu au français et au breton. Une fille est née. Promenades avec les enfants, vie mondaine, réceptions, randonnées à cheval. L'ancien nabab rédige ses mémoires. Il fait authentifier ses exploits : autour de lui, certains ont peine à y croire.

C'est la fin de l'hiver 1784. Le temps où naissent en Bretagne les camélias. Où éclosent les mimosas. Saison de pluies douces et de lunes voyageuses. Nuages pressés et averses nocturnes.

Madec se traîne de son fauteuil à son lit. Les anciennes blessures de son corps se rouvrent les unes après les autres.

Un long printemps d'agonie. La lande est en fleur, d'un jaune qui fait mal aux yeux, sur les grands cieux lavés du printemps breton. Puis vient la douceur de mai. Les pétales s'envolent au vent et s'y abandonnent. Madec, lui, s'abandonne à la mort. Il est au plus mal. Toutes les plaies qu'il a reçues en Inde se sont rouvertes, et les chirurgiens qui l'ont examiné se sont aperçus que pas une seule partie de son corps n'avait échappé aux coups : cicatrices de balles, de sabre, de lance et même de boulets.

« Je n'étais pas fait pour mourir dans un lit », dit l'ancien nabab. C'est aux Indes qu'il pense encore, l'homme que les chansons populaires bretonnes appelleront désormais l'« homme de loin »...

Les dernières fleurs du printemps 1784 sont parties pour toujours dans les grands vents. Madec est mort à la veille de l'été, le 17 juin.

Une tombe toute simple, une brève épitaphe : « Ici repose René de Madec, né et mort à Quimper, colonel et chevalier de Saint-Louis en France et nabab en Asie. » Avec lui venait de mourir l'un des derniers grands rêves bretons. La Bretagne des Indes.

8/*La cité interdite de la porcelaine*

LE MYSTÈRE CHINOIS

La « navigation à la Chine » est voyage vers l'interdit. Nulle folie permise quand on aborde ses rivages. Et d'ailleurs les bateaux choisissent dès Lorient leur destination. On fait l'Inde ou la Chine. On choisit dès l'abord la folie ou la sagesse. Car cette Chine, on sait bien que jamais elle ne sera conquise. Et pourtant, entre Lorient et Canton, le port de la porcelaine et du thé, est tissé dans le vent et la mer le même fil invisible qu'avec Pondichéry... Les Malouins s'étaient fait les pionniers de ce commerce « à la Chine ». Commerce interlope, on l'a vu, qu'absorba bientôt la Compagnie des Indes de Law.

En France, l'intérêt pour la Chine ne cesse de croître pendant tout le XVIIIe siècle. Le récit de voyage du Malouin Le Gentil de la Barbinais a connu un très gros succès. La Chine, la grande présence, l'Empire du Milieu, partie la plus irremplaçable d'un monde rond... L'ancienne Cathay des chercheurs de merveilles. Depuis le Moyen Age, le point de mire de tous les étonnements.

Au Port-Louis de Bretagne, le retour du premier navire français à la Chine avait eu un retentissement énorme. Une pleine cargaison de thé et de porcelaine...

Le thé est le dernier venu dans la liste des épices. Affirmation d'un luxe suprême : sa saveur transforme le paysage de l'âme. Comme les paravents laqués transforment l'espace d'un salon... Nouvel espace-temps. Et le thé ne se savoure bien que dans la porcelaine. Raffinement et perfection de sa matière : dure et fragile à la fois. Subtilité de la couverte, qui laisse transparaître monstres fous et longues dames aux yeux fendus. Image d'une éternité en fuite sous nos doigts, tandis que se vide la théière et que s'échappe la chaleur de ses flancs rebondis. Les gens de Saint-Malo ont vite compris le parti à tirer de cette jolie mode. Paris et ses snobs en ont soif. La Chine et ses objets parlent à leurs beaux esprits. Or ces beaux esprits sont aussi gens fort argentés... L'occasion est magnifique. Les Malouins prennent contact avec la banque parisienne, et même avec les banquiers protestants de Genève. C'est donc par la Bretagne qu'entreront les objets à faire rêver, penser et même philosopher les nantis français du XVIIIe siècle. Mais en arrivant sur les quais bretons, ils représenteront davantage encore pour les gens humbles des ports. Les formes les plus parfaites de l'Autre Monde. Les yeux des artistes bretons n'oublieront pas ces leçons de la Chine.

Car les hommes de la péninsule qui se lancent avec intrépidité dans le commerce vers Canton sont eux-mêmes fascinés. Le mystère les attire. La Chine est pour eux Autre Monde parmi les Autres Mondes. Plus Autre que tous les autres. Plus complémentaire de la façon d'être des Bretons. La moitié de l'orange enfin retrouvée, qui rend le monde enfin bien lisse et bien rond, et les Bretons sur leurs bateaux pour les relier sur les routes de la mer.

« Aller à la Chine », c'est bien sûr le nouveau moyen d'ascension sociale, surtout après la levée du privilège de la Compagnie des Indes en 1770. La Chine est le nouveau Pérou. Les marins n'en finissent pas d'être ébahis devant ces rivages verdoyants qu'on n'atteint qu'après une si longue traversée d'archipels édéniques. L'opulence des villes qui s'égrènent le long du territoire chinois. Ces ports, qu'on ne peut qu'entrevoir. Et Canton, la seule ville ouverte à l'Europe, mais dont les Bretons ne peuvent arpenter que cinq cents mètres de quai... Au loin, l'interdit d'une civilisation qui se refuse. Et ces hommes étranges : sages ou diables ?

Le visage de la Chine prend pour les Bretons celui d'une passion. Interrogation devant une présence qui semble se donner, mais se refuse toujours, en définitive. Comme les longues dames des porcelaines. On ne fait qu'effleurer le visage de la Chine. Et toujours, lancinante, l'interrogation : qu'y a-t-il derrière ces traits, cette façade, ces architectures nouvelles, des maisons et des corps eux-mêmes ? Ces gestes et ces rites inconnus, jusqu'au long des transactions commerciales. Les marchands eux aussi, tout hommes d'affaires qu'ils soient, n'échappent pas aux mythes... Sinophilie, puis sinophobie, quand deviennent plus grands les appétits de fortune chez les Français et que la passion s'épuise à trop revenir en des lieux trop aimés... Les Chinois discutent les marchés de plus en plus âprement. La haine succède à l'amour. Même chez les marchands... Mais jamais l'indifférence...

« VOYAGE A LA CHINE »

Un navire « à la Chine » ne charge pas les mêmes marchandises que s'il s'en allait aux Indes. A Canton, les Chinois demanderont avant tout de l'or. On emporte donc essentiellement des piastres espagnoles, dont le change est là-bas particulièrement avantageux. On embarque aussi beaucoup de glaces des Gobelins, des miroirs, toujours par paires, de la verrerie, des draps. Des vins, de l'eau-de-vie, car les fonctionnaires chinois ont pris goût aux alcools bretons... Réveils à sonnerie, montres en boîtiers, boîtes à musique, télescopes, flûtes, violons : le raffinement du XVIIIe siècle français dans toute sa splendeur. Et même sur un navire, un jour, deux épagneuls, mâle et femelle...

Les conditions du voyage sont les mêmes que pour l'Inde. On tâche de prendre la mousson d'été. On utilise plutôt une route directe, qui évite l'Inde, pour passer par le détroit de la Sonde. Il faut veiller à bien prendre le détroit, sinon il faudra remonter par la côte Sud-Est de Sumatra. Il convient aussi de se méfier des attaques meurtrières des indigènes qui vivent dans l'archipel.

Puis on traverse la mer de Chine. Nouveau danger : les typhons. On en éprouve une crainte qui relève de la superstition : des monstres, paraît-il, qui aspirent le bateau du fond de la mer. Si tout va bien, on atteint Canton après huit à neuf mois de navigation. On a remonté les côtes de la Cochinchine, et on a atteint, en passant au Sud de l'île de Hainan, l'embouchure de la rivière de la Perle...

La rivière de la Perle

A l'estuaire du fleuve, récifs et îles. Se méfier surtout de l'île des Larrons. Y vit une énorme population pirate sous la conduite d'un mandarin félon. Il se prétend seigneur des mers. La prudence est de mise... Voici l'entrée de la rivière. La « Bouche du Tigre ». Terres fertiles, rizières, beaux villages, plantations d'arbres fruitiers et « divers aspects qui réjouissent et annoncent un pays délicieux »... La verdure surtout frappe les marins, comme le montrent les relations de voyage : « prairies d'un vert exquis... bocages... rochers couverts de mousse... » A l'ouest, une pointe rocheuse. En face de ce qui sera Hong Kong, Macao la portugaise. Port trop peu profond. On n'y aborde pas. On envoie de petits bateaux faire le ravitaillement en légumes et animaux frais. On s'y renseigne sur l'état des affaires à Canton. La ville s'étend au bout de l'estuaire. Il faut attendre le pilote chinois qui va guider jusqu'à elle le vaisseau français. Il vient, et s'assure au préalable qu'il n'y a pas de femme à bord. S'il en découvre, il faudra la débarquer à Macao. Et le pilote conduit le navire à travers un dédale invraisemblable d'îles, jusqu'à la douane chinoise. La « Bogue », à cinquante milles au nord de Macao. Des forts. La rivière se rétrécit. De grandes falaises rouges. La rivière est bien gardée.

Rencontre avec les grands prêtres du commerce. Grande cérémonie. On mesure le navire. Coups de canon pour marquer le rituel. Le fonctionnaire chinois chargé de la douane monte à bord. On se doit de lui offrir une splendide collation. Il se fait alors montrer les curiosités françaises apportées par le navire, et il est d'usage de lui offrir un cadeau : argent, plus réveil à sonnerie ou boîte à musique. En remerciement, le fonctionnaire chinois donne au capitaine une paire de bœufs, deux sacs de farine et quatre bouteilles de liqueur de riz, que les Chinois appellent le « vin mandarin ».

Ensuite, il faut payer la longue série des droits multiples pour commercer en Chine. Droit pour avoir la possibilité d'ouvrir l'écoutille à l'arrière. Droit pour la permission d'avoir un acheteur ou un interprète. Droit pour l'ouverture de l'écoutille de chargement. Droit à verser au mandarin de la Bouche du Tigre... Tout se paie. Paperasserie infinie, longue et minutieuse, à présenter constamment, à l'entrée comme au retour. Le document le plus important : la « chappe », texte qui autorise à commercer à Canton et qui sera affiché à l'entrée de la factorerie, le minuscule comptoir établi dans la ville chinoise. Le navire peut alors remonter la rivière, accompagné des deux sampans de la douane qui ne le quitteront pas de toute la durée du séjour. Apparaît la Tour du Lion et sa citerne, où l'on ravitaille en eau. Et enfin, une île et sa pagode : le mouillage de Whampoa...

Forêt de mâts. Encombrement de bateaux. Abordages fréquents. Un délire nautique. Pendant un temps, la factorerie française s'installa sur un îlot proche. Le navire est mouillé. On prend une jonque pour remonter la rivière de Whampoa. Toujours le même exotisme enchanteur : villages innombrables, rizières, bananiers, manguiers, arbres à litchis... Fortins, pagodes, tombes par dizaines de milliers, et toutes éparpillées. Les paysages que stylisent les porcelaines.

La rivière devient moins profonde. Sampans d'habitation, ville flottante. Grouillement sur l'eau de la foule asiatique. Des milliers d'embarcations montent et descendent la rivière sur des kilomètres. Jonques de toute sorte et de tout tonnage. Certaines sont gigantesques. D'autres, minuscules : débits de boisson, restaurants, théâtres, échoppes de barbier, bruit, couleur. Sampans des courtisanes interdits aux Européens sous peine d'amende. La nuit, lanternes scintillantes, cris, l'eau bouge doucement, reflets... Feux d'artifice.

Enfin, Canton. Les factoreries se devinent de loin à leurs grands étendards aux couleurs de chaque nation représentée sur les quais de briques. Embarcadères réservés à chaque factorerie. On débarque les marchandises. Le quai donne sur une grande esplanade de cent mètres de profondeur. Au fond les immeubles des factoreries. Sur cette place se côtoient des gens du monde entier : Européens, Arabes, Indiens, Persans, Malais. Vendeurs chinois qui proposent leurs mets étranges : poisson cru, chat, chien. Dignitaires vêtus de soie qui se protègent sous leurs parasols, leurs oiseaux préférés tenus au bout d'un bambou. On travaille jusqu'à dix heures du soir...

CANTON, COMMERCE DE LONGUE PATIENCE

La Compagnie française des Indes n'eut de comptoir fixe à Canton que quelques années et par intermittence, entre 1725 et 1745. Elle se fixa plus tard près de Whampoa d'où elle pouvait facilement envoyer ses subrécargues traiter sur place.

Le dépaysement des premiers jours fait place aux soucis du commerce. On est entré en Chine, et on pénètre un réseau commercial d'une infinie complexité. De l'Empire du Milieu, les Bretons ne vont connaître qu'une étroite bande de terre.

Cinq cents mètres sur cent... La ville tartare leur est interdite. Ils n'aperçoivent de Canton que le sommet de ses plus hautes pagodes...

La Chine, pour eux, ce seront surtout les intermédiaires commerciaux. D'abord l'opéou, directeur des douanes et gouverneur chargé de la justice sur le territoire des factoreries. Il est envoyé par Pékin. Il a été choisi parmi les mandarins du grade le plus élevé. C'est en général un Tartare criblé de dettes qui a accepté l'exil à Canton pour tenter de se refaire une fortune.

Sur d'autres Chinois pour commencer. Les hanistes, en particulier, intermédiaires directs entre les Européens et le vice-roi de la province de Canton. Ils ont acheté très cher leur charge. Ils fixent le prix des marchandises embarquées et déterminent les droits à payer. De surcroît, ils sont responsables de la conduite des étrangers en Chine... S'il y a violation de la justice chinoise, l'opéou les met à l'amende. Des sommes énormes... Ou il exige, pour se taire, des pots-de-vin. L'opéou est bien renseigné : autour du haniste, grouillent mandarins secondaires et employés qui l'espionnent et le traquent. Le monde de l'intrigue politique rejoint l'univers du commerce... Autre intermédiaire obligé : l'interprète. Il est strictement interdit d'apprendre le chinois aux Européens.

Le représentant de la Compagnie française est le subrécargue, recruté dans la bourgeoisie commerçante ou la noblesse. Il est souvent breton car il n'est pas rare qu'une grosse famille de Nantes ou de Saint-Malo envoie très tôt ses fils à la Chine pour les faire à ce commerce tout en patience et subtilité. Un bon subrécargue doit se montrer parfait négociateur. Il doit savoir aussi dépister les fraudes et débrouiller les intrigues des Chinois. Ce n'est pas simple. On débarque un jour à Lorient des caisses de thé. On trouve de la sciure en fait de feuilles. Le haniste, pour une fois, remboursera. Mais que dire de ces animaux vendus au poids, et qui meurent après quelques heures de voyage : les Chinois leur ont fait avaler des pierres ou du sable. Un « coup classique », comme celui d'avoir des balances truquées, une pour l'achat, une pour la vente ! Il faut apprendre à connaître très vite la philosophie commerciale des Chinois de Canton. Un acheteur nantais s'aperçoit qu'on lui a vendu des ballots de soie pourrie. Il va se plaindre auprès du vendeur, qui lui répond : « Prenez-vous-en à votre fripon d'interprète qui m'avait protesté (assuré) que vous ne feriez pas la visite des ballots ! »

On a souvent résumé cette philosophie dans la formule : « Ce n'est pas le vendeur qui trompe, c'est l'acheteur qui se trompe lui-même. » La phrase n'admet pas de réplique... Elle comprend peut-être une part d'exagération. Mais il est vrai que l'on travaille sans contrat écrit et que les négociations sont longues et tortueuses. Malgré tout, les rapports des hanistes avec les Bretons sont excellents. Il suffit qu'on accepte les règles du jeu. Les Chinois ont intérêt à ce que l'ensemble des transactions soient honnêtes : les Européens apportent beaucoup d'argent...

Illusions perdues de la rivière de la Perle

Au fur et à mesure que passent les mois, l'ennui s'installe chez les marchands bretons. Avec toutes les tentations qu'il implique. Le désir d'une fortune rapide conduit beaucoup d'employés de la Compagnie à spéculer pour leur compte avec les fonds qui leur ont été confiés. Trucages d'écritures. La Compagnie a d'ailleurs encouragé les nobles bretons à investir leur fortune personnelle dans les opérations cantonaises. On joue comme on peut, avec ce que l'on a sous la main : l'argent. Sur l'Océan, on a risqué sa vie. Dans l'ennui de Canton on risque son argent, ou celui des autres, en prêtant aux hanistes, en montant des intrigues financières. Après tout, pour les gros investisseurs restés en France, le commerce en Chine ne représentait rien d'autre qu'une opération bancaire.

Quand on est subrécargue, on éprouve souvent l'envie féroce de s'enrichir à toutes fins. Le plus vite possible, pour raccourcir d'autant l'exil à Canton. Vite est venue la fin des illusions de la rivière de la Perle. On est parti sans emporter assez d'argent pour plaire aux hanistes. Les navires de la Compagnie vont et viennent, mais les subrécargues restent là, en tant que représentants de la Compagnie, à se morfondre sur un morceau de quai. Combien de cadets de la noblesse bretonne parmi eux ! Le Malouin Sébire, le Nantais Robien, les Lorientais Le Déan et Montigny du Timeur... Ils forment des clans, intriguent les uns contre les autres. Mensonges sur mensonges. Ils battent les Chinois sur ce terrain. En 1770, la concurrence devient effrénée après la libération du commerce. Ces petits clans exigent un jour d'un Français nouveau venu en Chine de leur payer un droit pour y commercer ! Chacun tire la couverture à soi, ce qui pèse sur l'ensemble des opérations. On s'entend aussi mal qu'il est possible. Cela promet de beaux procès au retour.

Mais les disputes tuent le temps, si long sur le bord de la rivière de Canton. Les bateaux repartent avec le courrier. On attend la réponse des familles bretonnes auxquelles, invariablement, on réclame des fonds pour pouvoir continuer à jouer le jeu de l'argent avec les Chinois. La famille fait ce qu'elle peut, bat le rappel des relations. Les Malouins tâchent de joindre Choiseul et de convaincre la haute finance parisienne. Ils vont chercher des fonds à Marseille, dans l'Aude... Sur les quais de Canton traînent des jours d'espoir et d'ennui. Les navires ne ramènent souvent, des mois et des mois après, que de petites sommes. Nouvelle lettre. Et la réponse, dans combien de temps ? On croit lancer des bouteilles à la mer...

Tout est incertitude dans le commerce à la Chine. Comme sur la mer. C'est bien pourquoi les Bretons s'accrochent. Patience, combinaisons, intrigues sans fin, tant du côté français que du côté chinois. Ecoutons Robien, qui pourtant réussit remarquablement dans ce commerce : « Vous me demandez, cher frère, comment on court ici après la fortune; ce n'est pas en poste, mais à la rame et fort lentement... Il ne faut pas que je perde, ni le courage ni la patience.... » En 1769, il écrit encore à son frère : « Je n'ai fait jusqu'ici que ramer contre vent et marée, je sens que la fortune veut enfin se décider en ma faveur; mais il faut le temps à toute chose. » Il va tenter de réunir encore de l'argent : il faut se résigner à un long séjour loin de Bretagne : « Dieu aidant, cher frère, en 1776 nous nous reverrons, mais guère plus tôt. »

Sept ans d'exil en perspective, dans l'ennui poisseux des factoreries de Canton. On comprend que certains Bretons en oublient leur éducation et leurs scrupules. Exil tropical, où l'éloignement et le climat incitent au laisser-aller... Mais il y a aussi la tonalité propre de Canton. Absence totale de vie de société. Pas de femmes, quand en France tout se définit autour de leur présence, et tout spécialement en Bretagne. Les Chinois interdisent toute présence d'une femme blanche, et il est très risqué d'introduire en secret une « fille de l'Inde ». Vie de moine, qui n'en a même pas la spiritualité. On est loin des mondanités nonchalantes des comptoirs de l'Inde... On demeure à terre, et on éprouve encore l'impression de vivre amarré au quai des factoreries. Comme sur un vaisseau qui jamais ne prendrait la route du retour...

Désœuvrement. Spleen qui suinte et imprègne tout l'être. Et

cette Asie, là, tout près. Ses pagodes, ses lettrés... Un monde interdit. On en vient à haïr les Chinois. Leur formalisme finit par agacer. On se rencontre, on se heurte. Négociations infinies pour la moindre porcelaine. Discuter avec ces êtres que l'on juge « laids, difformes champignons », « figures de grenouilles », « faces de poupée inexpressives », yeux « en boule de loto »... Etres qu'on dit stupides, malhonnêtes et sans parole... Les marins se mettent à raconter des histoires où un matelot transformé en rat parvient à berner les Chinois « qui sont pourtant les plus voleurs du monde... ».

Les Chinois rendent bien ce racisme aux Bretons. Ils sont pour eux comme tous les Européens « barbares à cheveux rouges », « têtes chauves », « longs nez poilus ». Ils n'ont aucune culture, sont dépravés, ignorent la politesse, et, suprême scandale, eux qui viennent d'états minuscules, ne connaissent même pas les lois de l'empire du Milieu ! Bagarres stupides sur les quais : on s'amuse à couper la natte d'un Chinois... Comment les Bretons auraient-ils pu porter un jugement intéressant, puisqu'ils ne connaissent de cette Chine que l'infime fraction de l'un de ses ports ?

LES VASES DE LA MER

Le seul reflet véritable de la Chine, celui qu'on peut palper, la porcelaine le leur donne. Ces vaisselles que les Chinois fabriquent pour l'exportation, ils les appellent les « vases de la mer ». Ils sont faits pour les barbares étrangers : l'exportation de la porcelaine purement chinoise est rigoureusement interdite.

Dans une cité située au nord de Canton, les Chinois préparent la porcelaine blanche. C'est Chin-To-Chen. Ville close et inaccessible. Multitude de fours, d'où sortent des milliers de pièces. Quatre qualités. Les moins bonnes sont expédiées à Canton... Pour les Européens... Certaines porcelaines resteront blanches et seront décorées en Europe. Mais la plupart du temps, les subrécargues ont reçu de leurs clients des consignes très strictes pour la décoration des pièces. Souvent on va décorer des services entiers, selon les maquettes qu'ont dessinées les artistes français.

Les décorateurs de Canton sont méprisés des Chinois, mais leur travail est encore assez bon pour les « démons étrangers »... Les subrécargues leur remettent les maquettes. Cette assiette doit représenter les « Trois Marie ». Le décorateur, plus accoutumé sans doute à des choses nautiques, dessine effectivement les saintes dames, mais dans la banderole portant la légende, il peint : « Les trois marins »... Et les bateaux repartent, chargés des porcelaines commandées deux ou trois ans plus tôt... A côté, les ballots de thé, de soie, les paravents. Tout ce monde fragile au péril des grands océans. Avec lui, une autre représentation du monde, qui va surgir à Lorient ou à Nantes aux yeux des Bretons émerveillés. On ouvre les caisses, et voici l'Autre Monde, encore offert et dérobé à la fois, sous la couverte de la porcelaine.

Pourtant, par rapport à la grande porcelaine chinoise, objets médiocres pour la plupart que ceux des services de la Compagnie des Indes. La couverte gris-bleu est souvent soufflée, ou d'aspect granuleux. Le dessin est lâche, comme mécanique. Les émaux sont plus opaques. Emaux plus boueux, qui remplacent dès l'époque Kien-Long la délicatesse exquise des périodes précédentes.

Ainsi arrive, dans les ports bretons, le reflet de l'Autre Monde. Un art mi-européen, mi-chinois. On dirait que les deux parties complémentaires du monde s'y sont enfin rejointes. La commande de l'acheteur breton ou français a été interprétée à la chinoise. Un regard celte ne peut rester insensible à cette conjonction. Rencontre en effet, car la formation des artistes d'Extrême-Orient était à l'opposé de l'européenne. Les Chinois ne comprenaient pas la perspective géométrique et sa façon de traiter les près et les loin. Leur optique est différente de la nôtre, et leurs peintures, comme les kakemono et makemono japonais, sont faites pour être déroulées. Elles donnent l'impression d'un voyage dans l'espace, mais aussi dans le temps, quelque chose d'assez cinématographique, en somme. La couleur était influencée par la calligraphie, où l'art est celui du « simple coup de pinceau », plus ou moins appuyé pour créer les dégradés. Nos ombres sur les tableaux étaient considérées par les Chinois comme des salissures... Dans cette peinture, le dégradé et l'éclairage n'ont aucun rapport. Cet art réclame donc l'attention, non à la simple réalité visuelle, mais à la révélation de la nature profonde des choses, le « chen », principe divin qui les habite.

Sous la platitude de la porcelaine, la transparence gelée de la couverte, un monde d'apparences, plus vraies que la réalité, continue à vivre. Un poisson, sur lequel glisse une eau invisible, plus printanière que toutes les eaux printanières. Une longue dame de suprême élégance, gardeuse de moutons comme en une bergerie de Versailles mais des dragons dorés, argentés et rouges gambadent au milieu de nuages bleus stylisés. L'apparence des choses enfin fixée, plus vraie que toute réalité. Il faut le répéter : des yeux bretons, et des plus pauvres, ont erré sur les caisses ouvertes, à Canton comme à Lorient. Des Celtes, dont la vieille quête est celle de l'Autre Monde, et dont les contes les plus anciens disent tous aussi que ce monde des apparences est plus vrai que la réalité. Pour les plus humbles d'entre eux, toute apparence est réalité, toute réalité est pétrie d'apparence. Comme pour les maîtres de la peinture chinoise...

On verra bientôt les modestes faïenciers de Locmaria en Quimper, où revenaient aussi des vaisseaux de la Compagnie, se mettre à traiter le paysage breton à la manière chinoise. Certes, on y reconnaît la mode du XVIIIe siècle. Et la faïence quimpéroise est plus fruste que la porcelaine. Mais qu'on les regarde de près : le même principe a guidé l'artiste de Locmaria dans la représentation de son paysage familier. En drainant vers la France les porcelaines de la Compagnie, la Bretagne a fixé des images qui lui étaient, déjà, secrètement familières... Il y a là une séduction plus profonde que l'engouement passager d'une France un peu futile, qui donnera bientôt dans le pompéien et l'égyptien...

Regardez aussi les tabliers des femmes dans le port breton de la Compagnie : sur le fond noir de la soie, de grandes fleurs éparses. Couleurs nettes, pas une ombre. Tissu d'Extrême-Orient ? Qui dira les détours de la coquetterie ? Quand elle est bretonne, elle a pris bien souvent, elle aussi, les routes de la mer...

Il ne faut pas non plus croire au hasard, si un siècle après la fin des « voyages à la Chine », le Breton Victor Segalen a approché, le seul et le mieux, le secret des choses chinoises :

> « *Car j'habite une chambre avec porcelaines*
> *Un palais dur et brillant*
> *Où l'imaginaire se plaît.* »

9/Le mirage des îles

Dès leurs premières errances, les Bretons ont cherché des terres où s'établir. Des îles de préférence. Des terres de solitude, des lieux analogues aux Edens tranquilles et sacrés dont parle la vieille mythologie celtique.

Les îles. Il n'est pas un navigateur qui ne les ait eues en tête au moment de l'appareillage. Et la découverte des terres perdues des mers du Sud, avec leur climat tropical, allait répandre en Bretagne la certitude de l'existence de ces paradis.

A l'Ouest, on a trouvé les Antilles, et principalement Saint-Domingue. C'est le circuit du commerce triangulaire qui y amène les Bretons, dans le sillage des gros capitalistes nantais. A l'Est, la plaque tournante du commerce français dans l'océan Indien : les Mascareignes, Bourbon et l'île de France. Le charme de l'escale y retient bien des marins. Iles-paradis, en apparence. Mondes clos. Lieux neufs, dont les noms mêmes semblent attester la fraîcheur : Rivière-Noire, Butte-à-l'herbe, Cap-Malheureux, Basse-Pointe, Fort-de-France, Morne-Vert, Port-de-Paix, Port-au-Prince. Là-bas, le temps ne coule pas comme ailleurs. On vit dans l'instant. Tout est simple, même la mort. Fruits, fleurs. L'éternité retrouvée.

« C'est la mer allée
Avec le soleil... »

Pour qui vient de lutter des semaines sur un bateau, les îles apportent une forme de paix. La terre grasse et chaude, ses promesses d'épices. On en oublie les hauteurs désolées des « mornes », qui constituent aussi la géographie des îles... L'air, comme une drogue, efface les conflits et les tabous de la trop vieille Europe. Le corps, pris de langueurs et de sensualités toutes neuves. Iles-mystères.

Iles-mirages, si souvent...

ILLUSIONS ANTILLAISES

Dans la Bretagne du XVIIIe siècle qui s'appauvrit jour après jour, les Antilles offrent le mirage de l'argent. Les Bretons ne sont jamais partis en masse pour les coloniser et les récits désabusés des premiers engagés revenus au pays ont vite découragé d'éventuelles tentations. La vie est dure, là-bas. Mais dès le début du XVIIIe siècle, les esclaves noirs ont remplacé les engagés. Une main-d'œuvre presque gratuite, qui fait tous les gros travaux. Avec le sucre, l'indigo, le coton, on peut faire fortune sans trop se fatiguer, et les esclaves fournissent autant de domestiques qu'on le désire... Tel est en Bretagne, à partir des années 1720, le rêve des Antilles.

On fera fortune et on reviendra. Pourquoi ne pas tenter l'expérience ? Dans le sillage des marins sont partis des représentants de tous les corps de métier. Certains se sont remarquablement enrichis. C'est donc qu'il y a à faire aux îles. Certains planteurs sont devenus si aisés qu'ils réclament des maîtres pour leurs enfants.

Dans les faubourgs de Vannes, une jeune fille de modeste bourgeoisie, Elizabeth de Luzunan. On vient de lui proposer une place de préceptrice à Saint-Domingue. Elle accepte. Le mirage...

A son arrivée, rien ne va démentir l'idée qu'elle s'était faite des îles. Un paradis. Une merveilleuse oisiveté dorée. Dans sa correspondance, elle détaille tous les charmes de son existence : « Je me lève à huit ou neuf heures du matin; Monsieur et Madame m'attendent pour déjeuner. Je prends une bonne assiette de lait caillé et ensuite une bonne tasse de café à la crème ou du chocolat. Ensuite, je fais la leçon aux deux petits garçons et à une petite fille. Je les corrige quand bon me semble; quand je ne veux pas m'en donner la peine, je le fais faire par le père ou la mère. Après, je vais me baigner, sinon, je travaille ou fais ce qui me plaît. Nous dînons; je fais mon choix sur douze ou quinze plats et j'ai deux nègres derrière moi à me servir. Toujours, comme bien vous pensez, le café après dîner... » Bains, exercices, promenades, pêches... Elizabeth est ravie. Vient l'heure de se coucher : « Me viennent chercher deux négresses pour me conduire à ma chambre, l'une porte la lumière, l'autre un pot d'eau. Rendue à mon appartement, ces deux filles me déshabillent jusqu'à me déchausser et me tendre leurs bras pour m'aider à entrer dans mon lit. Si le chaud (la chaleur) est un peu fort, elles me font du vent, jusqu'à ce que je m'endorme. Jugez, ma chère amie, quelle vie molle on mène dans ce pays. » Elle oublie la religion stricte de sa Bretagne natale. On ne va guère à la messe. Tous les prétextes : l'église est trop éloignée, l'office se dit de trop grand matin, et le curé ne vaut rien.

Ce pays, un paradis. Elizabeth pense donc y faire venir sa sœur. L'air est sain, on supporte bien la chaleur. Dernier argument : « Elle ferait mieux de venir dans ce pays, être servie, plutôt que de servir... »

On conçoit qu'une telle correspondance pouvait apporter de prestige aux îles lointaines. Elizabeth a eu de la chance. Elle ne connaît des Antilles que ce milieu aisé où tous les plaisirs semblent évidents. Elle est victime, comme bien d'autres, du mirage antillais. En réalité, la colonie est constituée d'une mosaïque de mondes divers. Un univers cosmopolite. Mélange de races, descendants de flibustiers, d'engagés, de nobles de toutes provinces françaises. Chacun tire la couverture à soi. Ces univers juxtaposés sont fermés les uns aux autres. Elizabeth, qui vit sur une riche plantation, ignore la vie solitaire de certains couples qui s'escriment sur un morne désolé à faire venir quelques récoltes. Elle ne sait pas non plus que d'autres Bretons venus aux « Isles » un siècle plus tôt se sont installés dans l'archipel voisin des Saintes, où ils mènent une vie dure, ne vivant pas de la culture du sucre, mais des produits de la pêche. Comment Elizabeth l'apprendrait-elle, puisque les Bretons des Saintes se sont farouchement fermés au monde extérieur, vivant au milieu de leurs écueils qui rappellent un peu leur province, en refusant tout mélange de population, en particulier avec les Noirs ?

Aux Antilles, chacun s'occupe de ses intérêts. On se fait des procès pour les motifs les plus futiles. On se méprise les uns les autres. Ceux qui ont réussi, les « grands blancs », comme les maîtres d'Elizabeth, dédaignent les colons plus modestes, les « petits blancs ». Ceux-ci regardent de haut les engagés, qui tiennent eux-mêmes à se démarquer des mulâtres ou des esclaves affranchis... Sur un point cependant les Blancs des

Grandes Antilles se rejoignent : la nécessité de l'esclavage. Ce qu'Elizabeth appelle « être servie, plutôt que de servir ».

Les colons de Saint-Domingue affichent sur bien des sujets un esprit d'indépendance vis-à-vis de la métropole. En ce qui concerne l'esclavage ils sont entièrement dépendants de la France. Et de Nantes en particulier.

LES HOMMES DE L'ATLANTIQUE

Traditionnellement, les Nantais sont gens prudents. A la fin du XVIIe siècle, quand Louis XIV décide l'achat des Antilles, Nantes est un port plutôt somnolent. Une ville peuplée, dont la Loire fait la porte de l'Ouest, mais qui n'a guère d'ouverture sur les marchés lointains. Elle n'est pas la cité des aventures maritimes. La raison n'en est pas la difficulté d'entrer dans l'estuaire de la Loire, les courants de Saint-Nazaire, les vases de Paimbœuf. C'est plus. Une mentalité. A Nantes on n'aime pas les « gros coups ». L'aventure de Saint-Malo paraît belle mais coûte cher. Au XVIIe siècle, les Nantais se contentent de relations suivies en cabotage avec l'Espagne, le Portugal, quelques villes du Nord, Flandres et Hollande. Vers les Antilles, on envoie de temps à autre des cargaisons de fusils boucaniers, de la morue et du bœuf salés pour la nourriture des colons. On racole des engagés. Evidemment, cela semble un peu maigre à côté de Saint-Malo. Mais à Nantes, la hardiesse des mers est rationalisée. On évite tout engagement qui demandera plusieurs années avant de permettre la récupération du capital. Le commerce dans l'océan Indien, par exemple, n'intéresse pas les Nantais. Ils recherchent une certaine tranquillité. C'est pourquoi ils sont réticents quand se créent à leurs portes les grandes compagnies de commerce. Leurs privilèges, leurs échanges traditionnels seraient menacés ?

Au début du XVIIIe siècle, Nantes perd un de ses grands marchés : Bilbao. Le cabotage vers l'Espagne est compromis. Il faut trouver d'autres débouchés. Il reste l'Ouest. Les « isles », comme on dit. Louis XIV a tout fait pour les garder. Les Hollandais et les Anglais se sont bien battus, mais la France a vaillamment défendu les anciennes « isles du Pérou ». Les îles à sucre. Vaincu par les Anglais, le roi a préféré leur céder l'Acadie et Terre-Neuve plutôt que de les abandonner. Toujours la vieille doctrine mercantiliste : le commerce le plus heureux est celui qui fait sortir le moins d'argent du royaume. Il ne faut pas dépendre de l'étranger pour l'approvisionnement en denrées coloniales. Car les Antilles sont une colonie. Elles « sont établies pour la métropole pour consommer ses fruits, occuper ses hommes », dit même un commerçant nantais. Il convient donc qu'elles produisent beaucoup de sucre, de café ou d'indigo, qu'elles ne transformeront pas, mais enverront telles quelles en France. En contrepartie, la « mère-patrie » fournira des produits manufacturés. Première idée de débouchés pour les Nantais déjà tournés vers le commerce des « isles ».

Mais pour obtenir cette masse importante de matière première, il faut beaucoup de main-d'œuvre. Or les Européens sont peu nombreux aux Antilles, et peu disposés à faire effort, à ce qu'il paraît. On doit trouver des hommes ailleurs. Des hommes qui ne se sentiraient pas dépaysés sous un climat tropical... Les Espagnols ont donné l'exemple. Depuis quelques années déjà ils s'en vont chercher en Afrique des hommes pour mettre en valeur leurs colonies. Il faudrait donc, pensent les Nantais, établir un circuit commercial d'un genre nouveau. Une route triangulaire. Partir chercher des esclaves en Afrique, les débarquer aux Antilles contre matières premières, revenir à Nantes, et repartir...

Ce commerce basé sur le troc est bien fait pour leur plaire. Pas besoin de mises de fonds énormes, risques relativement limités. De toute façon, si ce commerce n'est pas mis sur pied en France, les Anglais se l'approprieront. Depuis 1713, l'Espagne a signé avec eux le traité de l'Asiento et le monopole de la traite négrière que la France possédait jusque-là est passé à l'Angleterre. De plus, les Hollandais se font forts de fournir aux Français des Antilles les produits manufacturés qu'ils réclament. Ils le feront à moindres frais, car leur puissance bancaire est énorme et leurs qualités de contrebandiers éprouvées.

A Nantes, qui s'était déjà tournée vers les « isles », s'offre désormais le marché de la traite. Un commerce bien tranquille, loin des aléas du commerce aux Indes. La fortune assurée. Peu à peu, les marchands de Nantes arrachent au pouvoir des privilèges proportionnels à la quantité de Noirs qu'ils transportent aux « isles »... Les premières compagnies de traite négrière – Compagnie du Sénégal, Compagnie de Guinée, Compagnie de l'Asiento – sont absorbées finalement par la Compagnie des Indes de Law. Or c'est à Nantes qu'ont lieu les ventes des objets des Indes qui arrivent à Lorient.

Certains de ces objets, les étoffes et les coquillages en particulier, sont très recherchés par les Africains.

La ville prudente commence à bouger. Ses perspectives commerciales étriquées se sont brusquement élargies. Nantes a trouvé ses îles. Elle va grossir méthodiquement. Les fortunes nantaises n'aiment pas l'aventure. Elles sont souvent aux mains d'étrangers à la province, de négociants d'origine terrienne qui ne comprennent rien à la fortune de mer telle que l'entendent les Malouins. Il y a aussi des Genevois, des Hollandais, des Espagnols, des Irlandais. Tout ce monde de l'argent semble fasciné par la puissance prudente, laborieuse et tranquille des Flandres d'autrefois. Vingt-quatre d'entre eux se sont unis, ont formé une société. Leur but : se construire une résidence sur l'eau. Dans une île de la Loire, simple prairie parallèle à la ville. Ils ont appelé des entrepreneurs vénitiens et hollandais pour la consolider et la relier à la cité par un pont. D'autres ont construit leurs demeures sur la « Fosse », l'endroit où travaillent marins et ouvriers. Des maisons on surveille tout ce qui se passe sur la Loire, l'animation de cette eau étrange, mi-rivière, mi-mer.

Aux « isles », de l'autre côté de l'Océan, on dit aussi que toute maison de planteur se doit d'avoir au moins une fenêtre ouverte sur la mer. Toujours les invisibles liens des routes océanes.

Entre Nantes et les « isles » viennent de se lever les hommes de l'Atlantique.

Le commerce honorable de la chair humaine

Les gros messieurs de Nantes sont hommes d'affaires avant tout. Leurs fonds, qui viennent de la France entière et même de l'étranger, leur assurent dans la ville le rang le plus honorable. Dès 1730, Nantes est devenue la ville des négriers. La moitié des armements pour l'Afrique se fait dans la rivière de Loire... Ils sont très astucieux. Ils forment des sociétés d'armement, intéressent des capitalistes non-armateurs en pratiquant la politique des « parts de navires » négriers. Voltaire, dit-on, fut du lot... Il acheta ce que l'on appelle pudiquement des « parts d'Inde ». La traite est un commerce comme les autres, et il n'existe pas d'ailleurs de négriers « purs » : le trafic des esclaves ne concerne qu'un cinquième à un huitième du commerce total du port. Mais ce trafic conditionne tous les autres, celui des objets des Indes, des objets manufacturés, des épices, puisqu'il s'agit d'un circuit triangulaire fondé sur le troc. Il n'y a pas un négociant à Nantes qui n'arme un ou plusieurs de ces navires pour l'Afrique.

On travaille en toute tranquillité. C'est une opinion relativement récente que de considérer le commerce des esclaves comme infamant pour celui qui s'y livre. Personne n'a songé à reprocher à Chateaubriand d'avoir eu un père enrichi de l'esclavage... Au XVIIIe siècle, l'on ne condamnera la traite que tardivement, et plutôt en raison de l'exploitation des esclaves que pour l'achat et la déportation des Noirs. La religion ne condamne pas ce type d'activités, et bien des négriers sont anoblis sans difficultés grâce à l'argent qu'ils ont gagné en armant pour l'Afrique.

Comment pourrait-il en être autrement ? Le gouvernement français a tout fait pour garder les îles à sucre. Les Nantais les ravitaillent en objets de première nécessité et leur fournissent la main-d'œuvre servile destinée à les mettre en valeur... Grâce à eux, l'équilibre de la balance commerciale de la France est assuré. Du coup, les gros négociants nantais se sentent indispensables et rappellent leur importance aux Etats de Bretagne, aux chambres de commerce, au roi lui-même. Ils veulent, et obtiennent, de nouveaux privilèges : monopole de la traite, priorité dans le raffinage du sucre. Ils raisonnent beau : « Les richesses de nos colonies sont aujourd'hui le principal objet de notre commerce... et le commerce de Guinée en est la base. » Conséquence : « L'abandon du commerce de Guinée entraînerait infailliblement la perte du commerce des colonies... et donc, la perte de tout le commerce.» Ils sollicitent protection sur protection et vont jusqu'à clamer que ce trafic est déficitaire. A les lire, on croit qu'ils crient misère ! La traite ne rapporterait rien, et ce serait par pure philantrophie envers leurs concitoyens qu'ils consentent à armer pour l'Afrique...

Vues étroites d'une aristocratie têtue, qui s'oppose aux projets plus grandioses des autres aventuriers bretons. Mais elle convainc. Nantes la prudente s'est laissée prendre au mirage des îles à sucre, pour lesquelles le roi fait bon marché des Indes et du Canada. Gagner vite, gros, et aux moindres frais. La traite négrière ne sent guère l'aventure. Il est vrai que les capitaux engagés n'y furent guère bretons...

Bretons des navires négriers

Le port de Nantes manque de marins. Pour faire ce grand commerce atlantique, il faut de solides gaillards. Des hommes capables de supporter un séjour en Afrique, de garder ensuite la cargaison humaine et de manipuler toutes sortes de marchandises. Les gros négociants nantais font appel à des marins de toute la Bretagne. La Compagnie des Indes et ses racoleurs trouvent toujours suffisamment de pauvres. Le métier de matelot commence à être déconsidéré, mais il ne manque pas d'hommes qui espèrent trouver aux îles autre chose que le destin d'un simple marin. Les désertions se multiplient à l'arrivée aux Antilles, à tel point qu'il a été décidé de ne payer les hommes qu'à leur retour à Nantes, et même de les menacer de la prison.

Les Bretons se mêlent à de nombreux étrangers recrutés ici ou là pour compléter l'équipage. A bord du négrier, les conditions de vie sont les mêmes qu'à bord des navires de la Compagnie des Indes, si ce n'est qu'il faut, en plus, garder une cargaison humaine, et qu'on espère toujours un peu cette fortune rapide que promettent les Iles à sucre. Si on n'a pas le courage de déserter à l'arrivée aux Antilles, on peut au moins offrir ses services au capitaine d'un autre bateau dont l'équipage a été décimé par la maladie ou s'est évanoui dans la nature antillaise : on peut alors exiger un gros salaire. Souvent, à l'arrivée à Nantes, le bateau négrier portera un équipage entièrement renouvelé...

Les capitaines des négriers sont fréquemment bretons. On leur demande beaucoup. Ils doivent être bon négociants, bon soldats, bons marins. Tromper les navires anglais qui rôdent un peu partout à l'affût. Savoir choisir le lieu de traite, se ménager les sympathies des rois africains, garder les esclaves en état de « fraîcheur » pendant la traversée, empêcher une trop grande mortalité dans cette cargaison tout en se faisant respecter par l'équipage. Il faut des gens tenaces et qui possèdent le sens de la négociation. Ils viennent de toute la province, des ports comme de l'intérieur, de Pontivy comme de Saint-Malo. De toute façon, ils ont intérêt à ce que l'affaire marche bien. Ils ont droit, comme sur les vaisseaux de la Compagnie, à leur « port-permis » : de la pacotille à négocier pour leur usage personnel. S'ils en tirent de gros bénéfices, ils pourront acquérir au bout de quelques voyages une « habitation » aux « isles ». Autrement dit, une plantation.

Avant le départ, on forme la cargaison de troc pour l'Afrique. Il en est de toute sorte. D'abord des cotonnades, en particulier des tissus d'indienne, qui ne viennent pas des Indes, mais qu'on fabrique à Nantes tout spécialement pour ce commerce. Les Africains en raffolent. Des coquillages, les cauris, que les navires de la Compagnie des Indes ont rapportés des Maldives ou du Bengale : c'est la monnaie africaine. Des fusils, mais attention, il convient qu'ils soient d'excellente qualité; les Noirs en reçoivent aussi des Anglais et se montrent très sévères sur ce type de produits depuis qu'ils ont pu apprécier les qualités des marchandises d'outre-Manche. Enfin tout un capharnaüm de ceinturons, chapeaux, bouteilles d'eau-de-vie. Les marchandises sont réparties à l'avance en ballots, dont on fixe la valeur selon leur importance. Cette valeur est fixe. On met de côté certains ballots, destinés à être remis en cadeaux aux rois africains.

Dès que le navire a été visité par les autorités maritimes et que le capitaine a signé son « congé », où il s'engage notamment à ne pas faire de contrebande, le négrier peut partir. Il suffit d'avoir bon vent. On peut appareiller en toute saison. L'armateur se préoccupe surtout de la vitesse du voyage qui augmente d'autant les bénéfices : « Prompte expédition surtout »... « Que le navire ne reste pas un quart d'heure inutile... » Le voyage, y compris le séjour dans les lieux de traite et de vente, dure de dix-huit mois à deux ans. Voilà ce qu'on appelle une « prompte expédition » : le temps de la mer est un temps long...

Les navires négriers sont d'assez bons voiliers de moyen tonnage, mais ils sont d'un déplacement assez léger et deviennent vite le jouet des vents. De nos jours, ils paraîtraient à peine suffisants pour le cabotage. Leur service se limite d'ailleurs à quelques années : les mers chaudes usent facilement la coque. Il faudrait les radouber et les caréner plus souvent, comme le réclament les équipages. C'est trop cher, répondent les négriers; mais il est des équipages qui n'hésitent pas à citer le capitaine en justice s'il refuse un radoub avant le départ des Antilles, car c'est au retour que les accidents sont les plus fréquents. Les marins n'ont pas envie de prendre la mer sur un bateau usé et qui menace de faire eau...

Dans le voyage aller, la première épreuve consiste à éviter les pirates de Salé qui infestent le littoral de Gibraltar à la Mauritanie. Ensuite, on continue le long des côtes du Sénégal et de la Guinée. Des comptoirs se sont installés. Le plus important est celui de Gorée, au Sénégal. Le séjour face au comptoir peut varier de un à huit mois selon l'abondance du marché. Les opérations se font par l'intermédiaire d'un courtier africain. Certains d'entre eux ont déjà fait des séjours en France et manipulent à peu près correctement la langue. La plupart du temps, on discute en « sabir ». Les « rois », eux, ne connaissent rien aux langues européennes. On commence par payer les droits autorisant le commerce, ce qu'on appelle la « coutume », puis on passe à la traite proprement dite. En principe, les rois africains vendent leurs ennemis, mais il arrive qu'ils échangent aussi des membres de leur tribu contre les pacotilles des négriers.

Les esclaves attendent, parqués dans des entrepôts, après avoir cheminé jusqu'à la mer, liés les uns aux autres par des courroies de cuir ou des sortes de carcans, ou jetés dans des pirogues qui ont descendu le cour des rivières.

La traite est dangereuse. Un roi peut brutalement se montrer aussi cruel qu'il fut autrefois aimable. Des équipages entiers sont faits prisonniers. D'autres disparaissent et ne donnent jamais plus signe de vie. D'où les précautions prises par les négriers. Avant les négociations, ils choisissent des otages parmi les proches parents du roi, et les équipages ne vont sur la côte qu'en groupes armés.

Les négociations commerciales sont très compliquées. Il faut aboutir à la formation de lots : homme et femme jeunes, enfants, vieillards et infirmes consentis « par-dessus le marché »... Au terme d'infinies discussions, où le capitaine essaie de déjouer toutes les escroqueries sur la « marchandise », on embarque pour les « isles ». L'état d'esprit des transporteurs vis-à-vis de leur cargaison n'est ni plus ni moins que de la considérer comme bétail. Cheptel de grand prix, et de surcroît plus rétif et plus dangereux que les autres. Seule sa valeur marchande incite à prendre de relatives mesures d'hygiène. Si les Noirs se révoltent, répression immédiate. Les journaux de bord nous en témoignent encore. Par exemple la punition des révoltés de *L'Affriquain*. La simplicité et la gaucherie du récit ne permettent pas d'en mettre en doute la sincérité. C'est vraisemblablement un prisonnier anglais qui a fomenté la révolte. Le capitaine punit, dans la plus parfaite sérénité : « Hier à huit heures, nous amarrâmes (attachâmes) les nègres les plus fautifs... aux quatre membres et couchés sur le ventre dessus le pont, et nous les fîmes fouetter. En outre nous leur fîmes des scarifications sur les fesses pour mieux leur faire ressentir leurs fautes. Après leur avoir mis leurs fesses en sang par les coups de fouet, et les scarifications, nous leur mîmes de la poudre à tirer, du jus de citron, de la saumure, du piment, tout pilé et brassé ensemble avec d'une autre drogue que le chirurgien mit, et nous leur en frottâmes les fesses, pour empêcher que la gangrène s'y soit mise et de plus pour que cela leur eût cuit sur les fesses; gouvernant toujours au plus près du vent, l'amure à babord... Nous avons mis l'Anglais aux fers... cramponné sur le gaillard d'avant et aussi emmenotté, à cette fin de le faire mourir en languissant. »

Récit horrible. Mais on remarquera que dans la répression même, le capitaine songe à la bonne santé de sa cargaison : il tâche de trouver des punitions qui aient aussi un effet préventif : des mixtures piquantes contre la gangrène... Si les Noirs meurent, ce sont autant de « pièces d'Inde » perdues, et donc autant de bénéfices en moins. Il n'en va pas de même pour l'Anglais. Contre lui, la haine et le sadisme des marins s'exerce à plein...

Le monde négrier est l'un des plus atroces qui soient; les conditions du voyage ont été souvent décrites. Les matelots sont harassés de travail, fouettés eux aussi. Aux difficultés de la mer s'ajoute la terreur permanente de la mutinerie des Noirs et de l'épidémie. On peut se demander comment les marins bretons pouvaient supporter de telles expéditions. La solde peut-être, double du salaire habituel. L'espoir de se faire une situation aux « isles » ?

Avant d'arriver aux Antilles, les dangers se multiplient : forbans, récifs, cyclones... Il faut mériter le paradis.

LES ILES DU PASSAGE

Aux « isles », le capitaine va s'appliquer à rafraîchir son « bois d'ébène » avant la vente. Pendant le voyage, il a souvent contraint les esclaves à chanter et danser sur le pont afin de se maintenir en forme. Maintenant, du grand air, une meilleure nourriture, des massages de jus de citron et de poudre à canon mélangés pour redonner tout son éclat à la peau des Noirs, des frictions au piment pour raviver les gencives. Le navire est inspecté par les autorités maritimes, des circulaires sont distribuées dans l'île pour annoncer la vente. Elle sera officiellement ouverte quand tonneront les coups de canon. Dans les petits ports, elle a lieu sur le bateau même; au Cap de Saint-Domingue, on débarque les esclaves dans des entrepôts où se pressent les acheteurs. Les esclaves sont toujours répartis en lots : une jeune femme bien portante, un « fort nègre », un homme plus âgé ou moins fort, une femme âgée ou chétive, un enfant. Si une des femmes allaite un bébé, le lot coûte plus cher... L'achat se règle aussi en troc : les négriers sont payés en produits de la colonie : sucre, indigo, café, tabac, vanille, gingembre, etc. Le prix dépend de l'humeur des planteurs, il est en fait « personnalisé ». La cargaison échangée contre les esclaves est rapportée à Nantes par le capitaine en second, car le capitaine reste souvent aux « isles » pour faire rentrer des créances ou visiter des plantations où les armateurs possèdent des intérêts. Cela lui permet aussi de repérer des affaires intéressantes. Au bout de cinq ou six voyages, il aura fait sans doute assez de bénéfices pour abandonner la mer et investir aux Antilles. Il vaut mieux, dans ces cas-là, s'installer sur place, être présent qu'absent. Les capitaines peuvent prendre la mesure de l'illusion antillaise. Si l'on consent des prêts aux colons, on a toutes les peines du monde à les récupérer. La force des planteurs ? Celle de l'inertie, tout simplement. Nantes est si loin, et les voyages si longs... Un capitaine se plaint : « Je crois que la probité s'évapore sous la ligne, car c'est le diable pour retirer des fonds de leurs mains... » On découvre des comptabilités fantaisistes, dont le désordre est voulu ou non. On se heurte à un monde bien clos sur ses machinations, où les débiteurs se servent de tous les moyens pour résister aux plaintes de leurs créanciers. Une lettre conservée à l'Amirauté de Nantes permet de voir l'ampleur de ces intrigues antillaises. Un planteur refuse de payer, c'est une attitude systématique. Le commis de l'armateur nantais découvre bientôt la raison de cet acharnement : « C'est un bougre de chien à tuer à coups de pierre. Je ne sais comment je vais faire avec ce coquin-là, qui doit plus de 2 500 ou 2 600 livres, et est protégé des puissances en mémoire du cul de sa putain de femme... »

Car si l'on est parti s'installer aux « isles », c'est en général dans l'espoir de faire très vite fortune, et de rentrer dès que possible. Les îles de l'Ouest sont un monde qui bouge. Autant d'arrivées que de départs, tout au long du XVIIIe siècle. Il s'est donc développé aux Antilles un esprit d'indépendance vis-à-vis des négociants nantais. Les colons dépendent d'eux, mais ils savent que ces messieurs de Nantes possèdent autant d'intérêts qu'eux dans le commerce triangulaire...

Les véritables aventuriers bretons, il faut donc les chercher parmi les colons des Antilles. Ce sont les descendants des engagés qui ont réussi à s'échapper de l'enfer des « trente-six mois » et à se faire une place au soleil. Les fils de vagabonds ou de prostituées déportés au XVIIe siècle. Certains sont revenus au pays, pas toujours enrichis, et les Bretons ont vite appris que le paradis n'est pas dans les îles de l'Ouest. Mais, pauvreté et désespoir aidant, ils partent quand même de temps à autre, isolés, pour la plupart. Un chagrin d'amour, le hasard d'une escale sur un navire négrier, un esprit d'entreprise qui ne trouve pas à se satisfaire dans la Bretagne toujours plus pauvre, et l'on se dit qu'après tout, pourquoi ne pas tenter sa fortune aux « isles »... On part de Nantes sur un navire « en droiture ». Il ne va pas en Afrique, comme les « circuiteux », mais relie directement le port breton aux Antilles. Ces bateaux emportent des produits manufacturés, et, sur l'ordre du gouvernement, ils doivent encore embarquer des engagés. Les armateurs nantais se montrent réticents, mais les fonctionnaires de Versailles prétendent que la présence de ces engagés blancs peut contribuer à contenir la main-d'œuvre noire toujours plus nombreuse. Il est pourtant de plus en plus difficile de trouver des engagés. Les conditions de vie sont trop dures, et les ouvriers blancs ne veulent pas être traités sur le même pied que les Noirs qui les ont remplacés... Les Bretons préfèrent, tant qu'à partir, s'en aller aux îles de l'océan Indien, qui ont meilleure réputation... Peu à peu, les armateurs ont conquis le droit de remplacer les engagés par des pierres de taille, qui serviront à construire les belles maisons des colonies...

Sur ces navires en droiture, s'en vont surtout des aventuriers et des intrigants à la recherche des îles. Certains obtiennent, on ne sait trop comment, des passages gratuits; selon leur astuce dans l'intrigue ou leur notoriété, ils parviennent de prendre la place de deux, trois ou quatre engagés, ce qui dispense l'armateur d'en rechercher. Univers très mélangé. Fils de famille envoyés aux Antilles pour se faire une fortune, enfants de planteurs revenant de France où on a tenté de parfaire leur éducation, petits marquis ruinés, marchandes de modes... Désespérés, de temps à autre. Un jour embarque une passagère très élégante. Au moment du départ, le capitaine reçoit l'ordre exprès de ne pas recevoir à bord certaine dame, âgée de vingt-sept ans, et que son mari fait rechercher par tout le royaume. Il a fait appel au roi pour interdire le départ du navire, car il soupçonne que la dame est à bord. C'est elle, effectivement. Rigueurs du mariage : la belle passagère, qui comptait se refaire aux « isles », doit quitter le navire de liberté...

Liberté, ou plutôt illusion d'indépendance; pour quelques riches planteurs, comme les employeurs de la préceptrice vannetaise, combien de petits Blancs sur la solitude de leurs mornes, ces terres presque infertiles. Les cultures de sucre, d'indigo et de coton demandent des soins attentifs. Un cyclone ou une invasion de chenilles peuvent tout détruire. Les esclaves, bien sûr, facilitent la tâche. Mais on leur mène la vie si dure qu'ils s'évadent très souvent, deviennent « marrons », selon l'expression consacrée. Il faut donc les surveiller et éventuellement organiser des battues pour les retrouver. Essayer aussi de les loger un peu mieux, empêcher qu'ils ne succombent aux multiples fièvres et épidémies qui les menacent. Les maîtres ne se sentent pas en sécurité; ils vivent dans la terreur que leurs esclaves ne les empoisonnent. On leur prête même un plan de destruction de tous les Blancs par le poison. On recommande aux jeunes gens de se méfier de leurs esclaves-maîtresses...

Pour le reste, on se contente de vivre dans l'instant, en attendant de rentrer en France sitôt fortune faite. Rien de positif dans les « isles » que ce plaisir de se laisser aller au cours du temps. Dans les habitations des maîtres, tout semble fait pour des êtres de passage. Pas de demeures luxueuses; du bois, un mobilier léger fait de rotin. En ville, quelques maçonneries hâtives. Aucun des beaux jardins à l'anglaise ni des somptueuses demeures coloniales qu'on se plaît à imaginer, avec de belles dames sous des ombrelles. Les femmes soignent cependant leurs toilettes. On abandonne les robes françaises pour porter des vêtements flottants, sans taille, en étoffes légères : percales, mousselines, d'un blanc qu'on n'obtient qu'aux « isles ». Les blanchisseuses africaines se servent de lianes très efficaces pour laver le linge et lui mêlent, quand il est repassé, des fleurs de frangipanier.

Délices éphémères de la toilette et des bals. Les conversations tournent toujours autour de deux sujets : l'agriculture et ce qu'un témoin de la vie à Saint-Domingue appelle le « libertinage ». Dans les villes, théâtre, tripots, réceptions. Les femmes des « isles » aiment la danse. Beaucoup de projets de bal échouent cependant pour des querelles de préséances. On est jaloux de son rang. Les soirées les plus courues sont celles qu'organisent les femmes « mulâtresses ». On murmure qu'elles se terminent toutes lumières éteintes, en orgies que Paris même n'a pas su inventer...

On dirait en ce pays qu'il suffit de se laisser aller pour continuer à vivre. Les créanciers peuvent attendre... Dès qu'on peut s'en aller en France, on prend le premier bateau venu, on dépense sa fortune à Paris dans un luxe extravagant, on revient quelquefois, et l'on recommence. C'est là le vrai mirage : on vit au jour le jour. Les esclaves ont à peu près la même philosophie, les courtisanes mulâtresses déambulent dans les villes en fredonnant des chansons coquines, les esclaves écoutent le soir des conteurs africains qui commencent leurs histoires comme le font les marins bretons : « Cric ? » dit le conteur pour s'assurer que l'auditoire est bien réveillé. « Crac ! » répondent les assistants pour prouver leur attention, comme les matelots des navires négriers.

Monde divers, où l'on se sent plus qu'ailleurs un être de passage. Univers diffus, où se rencontrent trop d'influences peut-être pour la mentalité bretonne. Et les « isles » paraissent si proches du monde européen, de ses affaires, de ses finances. En Bretagne, on ressent ces îles de l'Ouest comme n'étant pas les vraies îles, mais une annexe du monde commerçant de Nantes. Les vraies seraient plus solitaires, plus lointaines, plus perdues... Les Bretons s'en vont plutôt vers l'Est. Leur chimère préférée...

L'AUTRE MONDE DES MASCAREIGNES

On appelle Mascareignes les îles sœurs de l'océan Indien, Bourbon et l'île de France. Monde neuf, isolé, sur la grande route des Indes. Il a le prestige de l'Asie, sans ses fièvres. Des îles comme des ports d'attache. Bretonnes, dès leur début. En grande partie grâce aux énergies malouines. En effet les gens de Saint-Malo en ont fait la plaque tournante du commerce en océan Indien. Bientôt certains y virent un endroit où refaire le monde. Deux îles très proches, sans l'éparpillement des Antilles. Il est difficile d'en revenir : toute l'Afrique à contourner, puis à remonter... Un univers à part, découvert dans le sillage de l'aventure. Aventure de l'argent, comme à Nantes, mais moins prudente, plus hasardeuse, plus exploratrice : plus bretonne.

L'île de France surtout a séduit. Depuis la création de

Port-Louis, elle est devenue l'escale privilégiée des marins en route vers les Indes et la Chine. Elle prend de l'importance, au détriment de Bourbon qui l'avait pourtant précédée dans la colonisation. L'île de France diffuse plus de charme peut-être. Bourbon est une gigantesque montagne volcanique qui tombe de manière assez abrupte dans la mer. L'autre île est plus plate, plus accessible. Chaînes de pitons échelonnés, un plateau central très frais l'été, une ceinture corallienne aux lagons calmes qui s'interrompt pour former quelques rades naturelles très protégées des vents dominants. Un continent en miniature, qui possède même des petits lacs et des cascades. Avec une terre bien grasse où poussent des bois précieux.

Une île, pour la folie bretonne d'y vouloir construire un nouveau monde.

MAHÉ DE LA BOURDONNAIS : LE RÊVE D'UN SAINT-MALO DES INDES

Cet autre monde à construire sera l'œuvre d'un Breton : Mahé de la Bourdonnais. Rarement un homme a si profondément marqué une terre en l'espace de quelques années. Deux cent cinquante ans après son séjour, et après un siècle et demi de colonisation anglaise, les Mauritiens en parlent encore comme d'un héros national. Car il s'est érigé en champion d'une certaine indépendance.

Le premier, Mahé a compris le parti qu'on pouvait tirer des deux îles. Il a su voir au-delà du charme des premiers jours. Car ces îles, et surtout l'île de France, sont assez traîtresses. Un charme fou, qui agresse, puis endort : la terre est si grasse, tout y pousse. Elle a parfois jusqu'à sept couleurs ensemble, toutes les nuances de l'indigo, du jaune, du vert; ... on croirait voir un arc en ciel inscrit sur le sol. Dans la limpidité des lagons, poissons, coquillages, huîtres sauvages. Les rivières descendent en cascades les plateaux volcaniques et vont se perdre dans l'océan en petits estuaires de sable fin qui semblent dire tous les plus beaux débuts du monde... Fleurs en toute saison, l'une remplace celle qui s'est fanée, et des essences d'arbres qui restent toujours verts.

L'Eden, en somme. Pour les premiers occupants, elle fut pourtant un enfer. Les premiers colonisateurs hollandais s'étaient résignés à abandonner l'île, faute d'en avoir pu faire une « île à épices ». Les Français se heurtèrent aux mêmes difficultés : les cyclones, qui peuvent saccager en deux jours l'œuvre de plusieurs années. Et puis il semblait qu'il y avait dans l'air de l'île quelque chose qui incite à la paresse, au désœuvrement, à la langueur. Rien n'était organisé. Les gouverneurs passaient leur temps à se disputer avec leurs administrés. On finissait par se demander à quoi servait l'île de France, sinon d'escale sur la route des Indes.

Et pourtant les Bretons venaient. Sur les vaisseaux des Indes, après les affres de la traversée et du scorbut, l'île apparaissait comme un paradis. Elle retenait. Une sorte de charme amoureux, assez indéfinissable. Le Calypso des mers du Sud, comme l'appela plus tard Suffren, qui pourtant n'aimait guère les femmes...

Une île, enfin. Un monde bien rond, bien lisse, comme la coque d'un navire. Il y a là de quoi bâtir un monde, si l'on s'en donne la peine. Comme bien des Malouins, le jeune Mahé de la Bourdonnais y a fait escale sur la route des Indes. Comme les autres, il a été pris sous le charme. Mais il a vu plus loin.

Mahé est un imaginatif. Depuis longtemps il navigue. Embarqué comme mousse à l'âge de onze ans, selon la coutume de Saint-Malo, à quatorze ans il partait comme enseigne pour les Philippines. Il frappe ceux qui l'entourent par son tempérament très curieux. Il saisit toutes les occasions de s'instruire, pose des questions. Il est pourtant très facile sur les bateaux de se contenter d'écouter les ordres et les leçons des maîtres. Mahé se montre très intéressé par tout ce qui concerne les Indes. A vingt-six ans, il est capitaine de frégate et participe à la prise d'un comptoir indien, Maïhi, dont le nom francisé est semblable au sien, curieusement. Avec un associé, il parvient déjà à se faire de jolis bénéfices dans le commerce d'Inde en Inde. Puis il devient corsaire des Portugais.

En 1732, il écrit à sa sœur : « Il ne me reste rien à désirer de la fortune. Je ne songe plus qu'à venir en jouir dans ma patrie. » La retraite, à trente-trois ans, pour un homme aussi entreprenant ?

Sur le bateau qui le ramène des Indes vers la France, Mahé est tombé malade. L'air des Mascareignes l'a remis. Il commence à rêver de retraite coloniale. Beau moyen de continuer à faire fortune quand on est las des bateaux. Et il y a à faire dans les deux îles : « Ce que j'ai vu à Bourbon et aussi à l'île de France a tourné mon esprit vers de nouvelles idées. » L'île Bourbon est somnolente. Une seule culture : le caféier introduit par les Malouins. L'île de France est presque inexploitée, malgré la richesse de ses terres et ses ports naturels.

Chez Mahé, en somme, le même rêve que chez René Madec. L'imaginaire et le réel se confondent. La même chevalerie : « Ma fortune était faite lorsque j'entrai au service de Sa Majesté. J'étais animé du seul désir d'être utile à mon pays et d'acquérir un peu de gloire. » Mahé rentre au pays. Sa fortune lui permet de faire un beau mariage. La jeune fille qu'il épouse ne manque pas de relations. Il rencontre les frères Orry, hauts fonctionnaires des Finances très liés aux intérêts de la Compagnie des Indes. Ils ont les mêmes vues que lui et sont tout à fait persuadés de la nécessité de s'établir solidement à l'île de France.

Le 2 février 1735, Mahé quitte Lorient. Il a trente-cinq ans. Il vient d'être nommé gouverneur général des îles de France et Bourbon. La mer, à nouveau. Mais non pour l'errance. Pour fonder un empire. Mahé veut changer l'ordre des choses aux colonies. Il s'oppose à l'idée qu'elles ont leur raison d'être, non en elles-mêmes, mais dans le seul intérêt de la mère-patrie qui ne les a créées que pour les exploiter. Ce système aboutissait dans nombre de colonies à l'établissement de restrictions qui décourageaient les habitants. Mahé ne veut pas que les Mascareignes deviennent les Antilles de l'océan Indien. Son père avait eu des intérêts à Saint-Domingue, et ses affaires avaient assez mal tourné. Pour La Bourdonnais, fonder une colonie à la seule fin d'en retirer tout le profit possible est une gigantesque erreur. Une politique à courte vue. Surtout pour les Mascareignes, si éloignées de la France. Les colons pauvres se sentent exploités, se plaignent et ne font rien. Les autres vont répétant qu'ils ne songent qu'à partir. La langueur des îles, dont on fait si grand cas, ne vient pas seulement de l'air des tropiques. C'est le résultat de toute une politique. Mahé a son idée. Si la prospérité s'installe aux Mascareignes, les discordes entre colons cesseront et les habitants seront fixés sur leurs terres. En premier lieu, il s'agit donc que les deux îles vivent de leurs propres ressources. Bourbon servira de grenier à blé et l'île de France deviendra une escale et une citadelle française pour les navires français de guerre et de commerce en route vers les Indes. Créer une sorte de Saint-Malo des Indes. Entrepôt en temps de paix, nid de corsaires en temps de guerre. Transporter en plein océan Indien l'isolement agressif de la cité malouine, qui fut aussi autrefois une île. Tenir la route des Indes comme autrefois Saint-Malo a tenu la Manche.

On engage des Bretons pour cette tâche titanesque. La Compagnie des Indes, qui possède les deux îles, leur fait signer un contrat de trois ans. Il stipule cependant que les engagés pourront être employés par des particuliers. Pour moitié, ces hommes viennent de Saint-Malo, de Lorient et des paroisses avoisinantes. Quelques gens des terres aussi. Des ouvriers errants, en général, pas de paysans et pas plus de femmes. Mais les colons s'occupent eux-mêmes de ce problème et recrutent déjà des épouses, sans que la Compagnie ait à intervenir. Viendront également des soldats libérés du service et que tente l'espoir d'un établissement à l'île de France.

En Bretagne, on part bientôt de partout. De tous les milieux. bourgeois cossus, et pauvres de Saint-Malo. Matelots des grands ports et ouvriers des petits villages : Brest mais aussi Lannilis, Pontivy, mais aussi Quistinic. L'artisan comme le faux-saulnier. Sans compter les hommes dont l'origine n'est pas spécifiée sur les premiers registres d'état civil. Décision initiale de Mahé : éviter à tout prix les famines qui s'attaquent périodiquement aux deux îles. Une seule solution : que les planteurs s'arrachent à la seule culture du caféier. Celle-ci connaît une grande faveur, car elle n'est pas très pénible et paie bien. Seulement, au premier cyclone, quand les bateaux n'arrivent pas et que le blé manque, les planteurs commencent tous à crier famine et à menacer de s'en aller. Mahé impose donc l'obligation de planter du blé. Comme les paysans de Bretagne. On en fournira aux navires. Les marchandises importées par la Compagnie seront échangées contre cette seule nourriture. Pour éviter toute famine, les colons seront astreints à planter cinq-cents pieds de manioc par tête d'esclave. Ce sera la base de la nourriture des Noirs qu'on achète à Madagascar ou au Mozambique pour accomplir les gros travaux. On construit routes et ponts afin d'acheminer la marchandise au port de Bourbon. Pour faciliter l'embarquement des provisions, Mahé décide aussi l'établissement dans la rade d'un pont volant de bateaux : le port de Bourbon est d'accès difficile.

Cinq ans après l'arrivée de La Bourdonnais, la population libre a doublé, la population servile a quadruplé. Les rapports avec les esclaves ne sont pas tout à fait les mêmes qu'aux Antilles. Mahé veut les fixer. S'ils sont maltraités, ils s'enfuient et deviennent « marrons ». Le Malouin souhaite donc qu'on les traite correctement. Il veut les associer à la prospérité de l'île, les fait entrer dans la maréchaussée et en fait même des marins. Paternalisme, certes, mais, en tout cas, la population blanche des Mascareignes ne vit pas comme à Saint-Domingue dans la terreur d'être empoisonnée par les esclaves. Il introduit dans les îles les premiers Indiens. Il est infatigable, et perfectionniste : il veut aussi que les colons produisent leur propre viande : on importe du bétail de Madagascar, que l'on nourrit avec une herbe fourragère elle aussi introduite récemment, la fataque. Pour le ravitaillement des équipages en relâche, il demande qu'on élève des volailles.

Les îles commencent à prospérer. Les premières épices viennent de prendre. On s'est mis à l'indigo, au sucre, au coton. On peut installer la première sucrerie, dans le quartier de l'île au nom savoureux de Pamplemousses. Les produits se vendent bien : à Surate, à Moka, en Perse et en Europe.

Mahé a jeté les bases d'un circuit économique neuf. Mais il veut aller plus loin. Il nourrit aussi des ambitions militaires. Il établit les plans de Port-Louis, établit des fortins pour le garder. Il veut faire de la ville une véritable capitale. Il tire parti de tout. Sous la chaleur moite, il surveille les travaux de construction d'un aqueduc vers Port-Louis, va sur les chantiers, essaie d'exploiter une mine de fer et de créer une forge. En bon Breton, il tente même de créer des salines, qu'il appelle Caudan, du nom de la rade de Lorient, d'où étaient partis tous les vaisseaux des Indes.

Mahé de la Bourdonnais se veut fondateur. L'île de France n'est pas pour lui « le pays d'où pleut sur les yeux la paresse »... Elle ne peut devenir le paradis rêvé que si elle ne dépend plus de la métropole. Il entreprend même de construire à Port-Louis un atelier de carénage pour les vaisseaux fatigués des mers chaudes. Il se dit aussi qu'il serait tout à fait possible d'y construire des navires, tout comme à Lorient. Il forme d'excellents ouvriers et de bons marins. C'est un Malouin, et il voit toujours plus loin que son île. Il tient à défendre cette prospérité naissante. Un poste de ravitaillement et de surveillance est établi dans une île de l'Est, Rodrigue. L'île de France entretient d'excellentes relations avec Madagascar. Enfin, Mahé lance des missions d'exploration vers le nord. Le 19 novembre 1749, son lieutenant échoue dans une baie où pullulent les tortues de terre géantes. Un paradis terrestre sous l'équateur. « Ile d'Abondance », qui deviendra plus tard « Mahé » en l'honneur du Breton. C'est la première d'un archipel extraordinaire d'îles coralliennes ou granitiques : les futures Seychelles...

Querelle avec Dupleix

On ne peut mener une aussi vaste entreprise sans avoir du caractère. Mahé de la Bourdonnais n'était pas l'homme affable et discret qu'a décrit Bernardin de Saint-Pierre dans *Paul et Virginie.* Il sait trop que toute lenteur peut servir de prétexte à l'indolence; la vie devient alors infernale dans ces deux îles isolées. Personnalité tranchée, sévère, Mahé condamne violemment la paresse et l'indocilité des colons. Il manie à la fois l'adresse et la force. Il connaît aussi le grand fléau des colonies : l'intrigue. Il s'arrange pour savoir tout ce qui se trame. Il apprend un jour qu'un colon s'en retourne en France avec les lettres d'une quarantaine de mécontents. Mahé s'empare des lettres et les ouvre. Les auteurs des missives sont aussitôt condamnés à l'amende et à la prison. La maison de l'intrigant est brûlée...

Mahé est un homme endurci, très sec et très autoritaire. Son frère vient à mourir : il enregistre sa mort, purement et simplement. Ce n'est pas cela qui le détournera un moment de son projet. Les hommes de la Compagnie des Indes commencent à lui en vouloir, car il ne fait pas leur jeu en rendant les îles indépendantes. On déteste son caractère si personnel. Il agace, avec son individualisme ombrageux de Celte têtu. Dans l'isolement des Mascareignes, ce tempérament s'accentue : on croirait d'ailleurs, à lire ses *Mémoires,* qu'il n'a eu aucun collaborateur, qu'il a tout organisé lui-même, qu'il a enseigné tous les métiers... Il déconcerte : souvent brutal, il est capable aussi de gestes de charité inattendus. Mais surtout, il est très mal vu d'avoir autant de personnalité et de grossir en même temps sa fortune. Les gens de la Compagnie en crèvent de jalousie. Pour Mme de la Bourdonnais, Mahé a fait construire la résidence de *Mon Plaisir.* A l'extérieur, une petite chapelle dédiée à sainte Anne rappelle le pays breton. On donne à *Mon Plaisir* des fêtes très recherchées. Mahé fait venir des artistes : un peintre d'histoire, peintre spécialisé dans la représentation d'événements historiques (batailles, etc.), un architecte, un « peintre en bâtiment ou en impression sachant dorer pour carrosses et autres sortes d'ouvrages exposés à l'air ». Tout cela sent un peu trop le luxe, au goût de certains. On s'enrichirait donc, à l'île de France ?

Depuis sa nomination, Mahé possède un vieux rival : Dupleix, gouverneur de Pondichéry. Un personnage aussi individualiste, et qui nourrit également de vastes ambitions. La France des Indes. Deux fondateurs de trempe. Et qui se ressemblent. C'est trop pour le seul océan Indien.

Dupleix anime une cabale en sous-main. Dès la nomination de La Bourdonnais, il a laissé tomber à son sujet les mots d'« ambition » et de « cupidité ». L'année suivante, ce fut l'arrivée à Chandernagor d'un navire chargé de cauris – les coquillages d'échange en Afrique. La cargaison était destinée à La Bourdonnais. Dupleix éclate : « Voilà un sûr moyen de faire bientôt fortune sans courir de grands risques. Les vaisseaux de la Compagnie servent à transporter les effets de ce seigneur. » On est à peu près sûr que Mahé tenait des propos identiques sur Dupleix. L'indépendance de son île agace de plus en plus. Mahé a même osé empêcher les marins en bordée de faire leurs orgies à l'île de France. Pour les gens de la Compagnie, ces initiatives sentent un peu trop le pouvoir. L'argent que l'Ile de France ne donne plus à la métropole, n'est-ce pas La Bourdonnais qui s'en remplit les poches ? Un directeur de la Compagnie se hasarde à poser des questions. Voici l'incident raconté par le Malouin : « M'ayant demandé avec aigreur comment j'avais si bien fait mes affaires et si mal celles de la Compagnie, « J'ai fait mes affaires selon mes lumières, et celles de la Compagnie selon vos instructions », lui répondis-je. »

La cabale continue. La Bourdonnais est présenté à Paris comme un satrape jouisseur et avide, et ses réceptions de *Mon Plaisir* comme des bacchanales. Mahé ne se laisse pas faire. Il envoie un mémoire justificatif et offre sa démission. Louis XV, qui est bien renseigné, la refuse. Il fait taire la cabale : Mahé est décoré de la croix de Saint-Louis.

Il peut reprendre son projet. Maintenant que les Mascareignes mangent à leur faim, il s'agit de faire de l'île de France une base corsaire. Il a obtenu une escadre de vaisseaux, à l'insu des directeurs de la Compagnie et grâce à la protection d'Orry de Fulvy. Contrairement aux gens de la Compagnie, Mahé ne croit pas à la neutralité du commerce. En bon Malouin, il rêve de la grande tradition corsaire, d'exploits aussi profitables que glorieux. Ces vaisseaux iront donc croiser dans le détroit de la Sonde et le long des côtes indiennes pour s'emparer des navires anglais.

Il rentre en France en 1740 pour obtenir les moyens de son grand programme. Sa femme et ses deux enfants sont morts, mais cela passe au second plan. Quand il débarque à Saint-Malo, la foule l'entoure. Mahé, l'enfant du pays ! Là non plus, il ne s'attarde pas. Sa Bretagne est désormais dans la mer des Indes.

Mahé mène son affaire très rondement. On lui promet le commandement d'une escadre : un vaisseau de guerre, cinq navires de la Compagnie. Les directeurs de la Compagnie des Indes sont furieux. Voilà maintenant qu'on donne à Mahé leurs navires pour qu'il mène SA guerre ! La chose n'a pourtant rien de scandaleux à l'époque : l'armement des navires en guerre n'est pas nécessairement un monopole d'Etat. Ceux qui avancent les fonds comptent bien se rembourser sur les prises et les divers pillages.

Mais La Bourdonnais hésite : son escadre comprendra une majorité de navires de la Compagnie. Le ministre insiste. Mahé ne relèvera dans son commandement que du roi seul. Le résultat, c'est qu'il s'en va avec une escadre hétéroclite et des équipages médiocres. Il persévère tout de même. Les navires sont réparés, carénés, les hommes entraînés. Il réussit à prendre le comptoir de l'Inde qui porte son nom et qu'assiégeaient depuis dix-huit mois les indigènes soulevés par les Anglais.

Quand il rentre à l'île de France, La Bourdonnais apprend que les partisans de la neutralité l'ont emporté en Europe. Un message l'attend : l'ordre de désarmer l'escadre et de la renvoyer en France. Mahé est déçu. Il obéit et se console en s'occupant de ses sucreries, de ses fabriques d'indigo et de coton. Il demeure pourtant persuadé que la neutralité est impossible. Les Anglais commencent d'ailleurs à razzier les bateaux français : « Messieurs, nous exécutons contre vous ce que M. de la Bourdonnais avait projeté contre nous. » Dans ces conditions, la Compagnie ne peut rester neutre. Et Dupleix le savait.

Le gouverneur de Pondichéry a depuis quelque temps une idée en tête. Prendre le comptoir de Madras aux Anglais. Mais une escadre défend la ville. Comme La Bourdonnais est commandant en chef de toutes les forces navales françaises en océan Indien, c'est à lui, et à ses bateaux, de prendre Madras.

Mars 1746. La Bourdonnais quitte l'île de France. La guerre... Il va se ravitailler à Madagascar, pour ne pas épuiser les ressources des Mascareignes. La mer le trahit. Un cyclone disperse ses navires. L'un d'eux s'échoue sur un récif, un autre a sa mâture emportée. Mahé décide de les réparer. Pendant plusieurs semaines, au fond de la baie d'Antongil, sur la côte malgache, il remet son escadre à neuf.

Il peut joindre Pondichéry le 6 juillet 1746. La jalousie de Dupleix est exaspérée. Alors qu'il aurait eu intérêt, pour le succès de son entreprise, à s'attacher La Bourdonnais, il multiplie les petites mesquineries. Ainsi, il a donné l'ordre aux soldats de ne rendre les honneurs au Malouin que lorsque, lui, Dupleix, en aura formulé l'ordre expressément... Contact glacial entre les deux hommes. La Bourdonnais part pour Madras. Sur sa route, il apprend qu'une escadre anglaise croise au sud de Pondichéry. Il fonce sur elle et la surprend tellement qu'on assiste à un fait assez unique dans les annales de la marine : une escadre anglaise prenant la fuite sans combattre...

Puis Mahé remonte vers le nord. Il sème la confusion dans les navires qui gardaient Madras. Une troupe débarque. La ville est prise. On a peu de détails sur ce que fut cette bataille. Par contre, une abondante littérature sur ce qui a suivi, avec un amas de versions contradictoires. Dupleix aurait donné à son rival l'ordre de raser Madras. Les historiens du temps prétendent pour leur part qu'il aurait ordonné de démanteler Madras : ce n'est pas tout à fait la même chose... La Bourdonnais a découvert que la population de Madras n'est pas hostile aux Français . Il soumet la ville au paiement d'une rançon, confisque pour le compte de la Compagnie les stocks de marchandises appartenant à la Compagnie anglaise. Il commence à traiter avec l'ennemi. Dupleix est furieux. Il se sent floué. Son amour-propre bafoué... Il fait envoyer à Madras une délégation chargée d'annuler le traité avec les Anglais et de jeter le Breton en prison. A peine la délégation est-elle arrivée que La Bourdonnais la met sous les verrous. On est en septembre 1746. A Paris, les choses ont bien changé. Le protecteur de Mahé, Orry, vient de tomber en disgrâce. Les intrigues de Mme de Pompadour...

Mahé rentre à l'île de France. Catastrophe sur catastrophe : un des plus violents cyclones qu'ait connus l'océan Indien assaille son escadre au nord des Mascareignes. Un navire perdu. A son arrivée, il apprend qu'on l'a déposé de sa place de gouverneur. Un certain Dumas le remplace, avec mission « de se livrer à une enquête minutieuse sur l'administration de M. de La Bourdonnais et sur les fautes qu'il a pu commettre ». Mahé doit repartir : l'attendait aussi un ordre du roi. Ramener en France son escadre, en livrant combat, si besoin est, à tous les navires anglais rencontrés.

Son escadre ? Six vaisseaux rescapés de la tempête, et seulement cent hommes d'équipage... Pendant le voyage, Mahé perdra deux vaisseaux. Il va faire escale à la Martinique. Il reprend espoir. Il n'est pas possible que son projet soit enterré. Il rentre en France. A peine est-il arrivé à Versailles qu'il comprend ce qui l'attend. Le fermier général de Baucquencourt le somme de donner des explications : on l'accuse en effet d'avoir reçu un million de livres des Anglais pour ne pas raser Madras. Baucquencourt est le frère de Dupleix...

Viennent aussi à la rescousse tous les fournisseurs de l'armée et de la Compagnie des Indes qui avaient eu maille à partir avec Orry, le protecteur de Mahé. Orry avait eu la fâcheuse habitude d'éplucher de trop près leurs factures... Ils mettent toutes leurs fautes sur le compte de La Bourdonnais. Un coupable en or...

Mahé est embastillé quarante-huit heures après son arrivée à Versailles. On le soumet à un régime exceptionnel. En une prison où la plupart des détenus célèbres tiennent salon, le Malouin est mis « au secret, sans communication ni relation avec personne ». Deux mois plus tard, congestion cérébrale. Il continue à lutter cependant. Au bout de deux ans, il obtient de pouvoir se confier à un avocat.

L'opinion parisienne commence à se passionner pour La Bourdonnais. Est-il bon ? Est-il méchant ? On sait qu'il rédige un mémoire sur ses activités à l'île de France. Il a même reproduit sur tissu une carte de l'océan Indien parfaitement exacte. Il se souvient de tout, reconstitue jusqu'au moindre détail...

1751 : c'est le procès. Il sera acquitté : deux tiers des témoins convoqués se sont récusés. On ne reconnaît plus Mahé à sa sortie de la Bastille. Il a perdu toutes ses dents, le manque d'exercice l'a fait grossir. Il meurt à Paris trois ans plus tard. On cherchera vainement chez lui le fameux « million des Anglais ».

Il n'a pu revoir l'île de France. Son projet d'un Saint-Malo des Indes a échoué. Il faudra attendre Surcouf pour qu'il soit repris, au début du XIXe siècle. Et pourtant c'est grâce à Mahé que la présence française va se maintenir aux Mascareignes tout au long du XVIIIe siècle, et qu'elle existe encore de nos jours dans ce qui est devenu l'île Maurice.

Un des successeurs bretons de Mahé devra en convenir. Du Dresnay des Roches n'a connu l'île de France qu'après les temps héroïques. Depuis La Bourdonnais, le pays a été défriché. Par son éducation et son origine, Du Dresnay aurait dû être un adversaire de la politique de Mahé, puisque celui-ci n'était pas noble, mais avait accédé à la Marine royale après s'être enrichi dans le commerce. Du Dresnay écrit pourtant : « On ne peut faire ici du bien qu'en suivant les routes tracées par M. Mahé de la Bourdonnais. Cet homme extraordinaire distinguait mieux les objets à travers l'épaisseur des forêts que d'autres ne les aperçoivent depuis que le pays est découvert. »

LES PLAISIRS DE L'ILE ENCHANTEE

Après Mahé de la Bourdonnais arrivent d'autres gouverneurs. Ils se succèdent assez vite. Les disputes reprennent. Le temps des grands projets est passé. Aucun homme n'a la carrure suffisante pour imposer des vues grandioses et constructives à la fois. On continue à vivre sur la lancée de Mahé... La Compagnie des Indes entre en plein déclin. La décadence s'installe aussi aux Mascareignes. Les carcasses de bateau s'enlisent et pourrissent dans les vases qui envahissent Port-Louis. Fortifications, batteries, fortins se délabrent : les pluies et les cyclones des Tropiques ne pardonnent pas. Les cultures vivrières sont insuffisantes. Lorsqu'éclate en 1756 la guerre de Sept Ans, la famine menace les îles à nouveau. Toute la nourriture est employée au ravitaillement des escadres. A plusieurs reprises, on n'a eu que quelques semaines de vivres d'avance; on a tué les dernières vaches pour alimenter les malades des hôpitaux. Les soldats et les ouvriers ont dû se nourrir de manioc comme les esclaves... On a envoyé des bateaux corsaires croiser entre le détroit de la Sonde et l'Afrique pour tâcher de prendre des navires ennemis chargés de vivre. L'île de France et Bourbon ont alors ressemblé à des vaisseaux en perdition... On n'a pu respirer que lorsque sont partis les soldats et leur escadre.

Et l'on reprend la vie tranquille des jours passés. La Compagnie des Indes est en telle décadence qu'elle devra bientôt céder les deux îles au Domaine royal. Dès 1767, la « royalisation » des Mascareignes est effective. Gabegie : on nomme deux administrateurs, le Breton Du Dresnay des Roches et le Lyonnais Poivre. Un capitaine de vaisseau habitué à être seul maître à bord après Dieu, et un aventurier épris de démocratie... Le premier veut développer les cultures vivrières, le deuxième penche pour les épices. Ils mènent l'un contre l'autre une guerre héroï-comique d'intrigues et de lettres. Poivre s'attribue très souvent des réalisations du Breton, qui fulmine, proteste, injurie. A charge de revanche...

Ils réussissent cependant à mettre de l'ordre dans les affaires des deux îles, mais pendant ce temps les mœurs ont bien changé. On n'en est plus aux robinsonades que Bernardin de Saint-Pierre a décrites dans *Paul et Virginie*. Le roman ne sera guère apprécié à l'île de France, où on trouvera qu'il date terriblement. La nature est toujours aussi belle, bien qu'on ait saccagé les forêts d'ébène. On a introduit des essences étrangères et certains paysages en ont pris un charme neuf, plus exotique encore. Sur ce point les descriptions de Bernardin sont exactes : on y voit Paul « semer des graines d'arbres tels que l'agothia, où pendent tout autour, comme les cristaux d'un lustre, de longues grappes de fleurs blanches; le lilas de Perse, qui élève droit en l'air ses girandoles gris de lin; le papayer, dont le tronc sans branches, formé en colonnes, hérissé de melons verts, porte un chapiteau de larges feuilles semblables à celles du figuier... ». Les anguilles fourmillent dans les rivières, on mange de nouveaux poissons, auxquels on donne des noms du vocabulaire maritime : « capitaine », « sacré chien ». Les oiseaux cependant commencent à disparaître : ils étaient si peu farouches qu'il suffisait de les chasser à coups de bâton... Les survivants se réfugient dans les restes de la forêt primitive.

Le mirage des îles reprend les habitants depuis que Mahé est parti. S'enrichir, le plus vite possible. Comme aux Antilles. Et donc cultiver des épices. C'est une erreur. Au moins tous les quinze ans, un cyclone plus terrifiant que les autres vient tout anéantir. Il faudrait des cultures qui résistent aux catastrophes. Bâtir des fortunes moins éclatantes mais plus durables. Dès la fin du monopole de la Compagnie des Indes sur les Mascareignes s'est développée une classe d'aventuriers-commerçants dont le seul but est de s'enrichir au plus vite. Ils accaparent les marchandises, en font varier le prix à leur guise. Ils ont trouvé un excellent marché; d'après un témoignage du temps, voici la préoccupation essentielle des habitants : « Le goût de la musique et de la danse est généralement répandu à l'île de France, mais aucun n'y prévaut autant que le luxe de la table : la plupart des habitants se ruinent de ce côté. »

Vivre l'instant présent. L'île de France devient l'île du Bois dormant. Tout incite à la langueur. On se laisse aller avec raffinement. On lit Pascal, Voltaire, on joue Molière, on se met au clavecin pendant les soirées. Les plus riches font construire des résidences aux noms évocateurs : *Fantaisie, Mon Loisir, Beau Séjour, Sans Souci, Mon Choisy, Mon Désir*. Les marins bretons enrichis se transforment en gentlemen-farmers. Les femmes s'alanguissent. Expertes, ces dames de l'île de France, tous les témoignages se rejoignent. Le vent des Indes est celui de l'amour. Bretonnes ou pas, elles y oublient la vieille morale européenne. Les esclaves qu'elles côtoient n'ont pas les tabous chrétiens. Le corps se laisse aller, la démarche paresseuse prend quelque chose qui parle aux hommes d'indolence et de plaisirs neufs renouvelables à volonté. Les marins s'y laissent prendre, en les traitant amoureusement de Circé ou de Calypso. Un amiral breton quitte avec son escadre Pondichéry assiégé pour retrouver au plus vite les plaisirs de l'île enchantée... Il faudra la volonté de Suffren, et peut-être son peu de goût pour les dames, pour oser tonner contre cette « Nouvelle Cythère » : « Ce pays amollit. Il y a une quantité de jolies femmes et une façon de vivre fort agréable. L'on y gagne de l'argent quand on commerce. Tout cela vaut mieux que de faire la guerre, aussi reste-t-on ici tant qu'on peut; si on y a des succès, on n'en doit plus revenir; fuir surtout cette île qui ressemble beaucoup à celle de Calypso. Si nous revenons de l'Inde sans rien faire, mon parti est pris de m'en aller plutôt que de rester six mois dans le port. Je sers pour faire la guerre, et non la cour aux femmes de l'île de France. »

Arcadie libertine. On s'épouse tout de même. Des officiers bretons brisent leur carrière pour rester auprès d'une « payse » rencontrée là-bas. Après le mariage, les plaisirs recommencent, avec la même ou avec une autre. Des grands noms bretons s'allient aux premières familles des Mascareignes : les Kersauzon, les Du Couëdic, les Coëtnampren. On se reçoit, on évoque le vieux pays, on trame d'autres projets de mariage sur fond de plaisanteries gaillardes qui enchantent tout le monde. Le gouverneur est parfois de la partie. Un soir de grand dîner, M. de Brillane a placé à sa gauche une dame très belle et généreusement décolletée, comme le veut la mode de l'époque. On apporte un bouillon de coquillages très pimenté, que le gouverneur sert lui-même à ses hôtes. Sa voisine y goûte et se met à suffoquer : le piment, peut-être ? Elle s'agite fébrilement, tant et si bien que le contenu de son corsage déborde et s'offre à la vue de tous les assistants. Sans se troubler, le gouverneur essuie la louche, y recueille les appâts vagabonds, qu'il réintroduit délicatement dans le susdit corsage. Puis il reprend sa distribution de potage. Cela donne le ton. La mode y est pour quelque chose. On transpose tous les modèles européens dans les étoffes de Chine et des Indes. Corsages armaturés et robes traînantes en cotonnades transparentes et faciles à laver. Couleurs tendres ou vives. Un inventaire des biens d'une dame de Bourbon nous fait entrer dans le château de Peau d'Ane : « Une robe brochée couleur gris de perle, une robe de jamavane couleur de rose, une robe de satin couleur de chair, une robe de pékin couleur de feu, une robe de pékin peint couleur jonquille... » Et cette dame n'est pas pourtant des plus riches. Il y a aussi les étoffes légères des déshabillés, que l'on traîne tout le jour parfois sous la chaleur, de simples mules aux pieds, en un temps où la seule vue d'une cheville féminine met un homme en émoi... Dans certaines plantations plus rustiques, les femmes se contentent d'une simple camisole, et vont par les champs aussi légèrement vêtues que leurs esclaves. Les hommes ne veulent pas être de reste et se mettent à faire les paons. Vestes de soie, chemises fines, que les gens aisés possèdent par centaines, et sur lesquelles ils fixent des jabots de dentelle. Pour faire l'important, cannes à pommeau d'argent et pipes de terre : on n'a pas été marin pour rien. Tout le monde fume ou prise du tabac de l'île. Les enfants aussi sont heureux : on ne leur met pas de maillot, même si on n'a pas lu Jean-Jacques Rousseau. Ils vont presque nus jusqu'à cinq ou six ans...

Tout cela donne aux Mascareignes un air d'Arcadie heureuse. Avec l'apparence de la richesse. Vie superficielle et nourrie d'illusions. On se prend pour un seigneur oriental parce qu'on possède un petit domaine et qu'on se promène au milieu des belles esclaves. On rêve de maisons longues et basses, avec de grandes verrières donnant sur la mer. Il faut pour cela s'enrichir le plus vite possible dans la spéculation commerciale. On se laisse aller sous les parasols ou les palanquins. Un ouragan vient détruire la plantation, une épidémie décime les esclaves. On s'endette, on spécule : « La moitié de l'île doit à l'autre », écrit un administrateur... On oublie les enfants qu'on a eus. On les envoie en France parfaire leur éducation. Ils passent leurs plus belles années dans un couvent ou un collège breton. Si des revers de fortune empêchent les parents restés aux Mascareignes de payer la pension, ils sont abandonnés à la générosité des ecclésiastiques...

Maintenant que Mahé a quitté les îles, elles sont redevenues colonies. Une mentalité d'assisté s'est installée chez les habitants. Il faut faire venir des ardoises de Bretagne pour couvrir les bâtiments publics, grondent les colons de l'île de France. Le ministre y consent, mais conseille timidement aux colons d'apprendre à fabriquer des tuiles. Ils réclament alors des ouvriers. Ils exigent jusqu'à des boulangers. Des oiseaux se mettent à dévaster les cultures : il faut que la métropole envoie de la glu. Les habitants ne peuvent pas se passer non plus des futailles de vin de Bordeaux, c'est presque l'émeute s'il n'y en a pas... On crie au scandale parce que le vin a été réservé aux hôpitaux et que le vaisseau n'a apporté de France qu'un maître brasseur pour apprendre aux colons à faire de la bière. C'est surtout le cas à l'île de France, car il semble que les colons de Bourbon se montrent plus raisonnables et se suffisent davantage à eux-mêmes. Du Dresnay en témoigne : « Ils croient qu'il ne leur manque rien, quand ils ont un cheval, un fusil, un violon et une femme, mariée ou non. » Ce sont d'ailleurs ces gens plus humbles, plus attachés à leur terre, qui vont former la souche française la plus durable. D'anciens marins et ouvriers bretons qui se reconstruisent là un univers tranquille, tandis que les fonctionnaires se disputent à perte de vue.

A la fin de l'Ancien Régime, on pourra prendre la mesure du mirage de cette existence trop facile : les épices n'ont pas pris, sauf la canne à sucre, qui fournit une eau-de-vie très appréciée des troupes. Seule la guerre contre les Anglais réveillera un peu les énergies. L'ouverture de l'océan Indien avait attiré à Port-Louis un grand nombre de négociants-armateurs, bretons en majorité. Lorsque la Guerre d'indépendance américaine commence, ils se mettent à armer en course. Sus à l'Anglais : tradition bretonne... Les capitaines venus de la vieille péninsule remportent de très brillants succès. Entre Ceylan et l'Afrique, ils sont de tous les « grands coups ». Pendant un moment, l'île de France va ressembler au Saint-Malo des Indes dont avait rêvé Mahé de La Bourdonnais. On y verra même Surcouf, le roi des corsaires. Mais en 1810, les Anglais, qui jamais ne prirent Saint-Malo, s'emparèrent de l'île de France. Ils la débaptisèrent, l'appelèrent Mauritius. On continua pourtant à parler français. Paradoxalement, à cause d'une population en majorité d'origine bretonne...

Beaucoup de ces anciens marins et ouvriers sont morts là-bas. Il est à Maurice un cimetière oublié, dans une petite ville du nom de Pamplemousses. Un cimetière un peu fou, où les dalles de lave noire se chevauchent les unes les autres. Lieu baroque où tout est désordre, comme la végétation tropicale qui l'enserre. Les grandes pluies des cyclones ont usé toutes les vieilles pierres. On se croirait parfois dans un chaos de début du monde. Et dans l'air chaud de Maurice il n'y a là rien d'inquiétant, on est loin de l'Ankou breton; ce cimetière, comme tout le reste, se laisse aller... On se penche sur une dalle, et l'on tente de retrouver l'inscription. Et surgissent des noms bretons. Des inconnus pour la plupart. Viennent ensuite le nom des villes si lointaines où ils étaient nés... De pierre en pierre reprend la même litanie : Saint-Malo, Lorient, Saint-Malo, Lorient. Pour une fois, la Bretagne avait trouvé son île.

10/*Les filles perdues des Amériques*

DOUZE BRETONNES POUR LA LOUISIANE

Il y eut aussi, sur les mers nouvelles, quelques femmes bretonnes. Destins tragiques pour la plupart. Si les marins consentent à embarquer des femmes, c'est qu'il faut peupler les terres conquises au-delà des grands océans. Des ventres à faire les colonies. Car les femmes manquent, aux terres où les hommes s'en vont contre leur gré. Pour ces pays-là, on prit souvent des Bretonnes. Contraintes et forcées; d'abord parce qu'elles étaient femmes, ensuite parce qu'elles étaient nées aux rivages d'une province chaque jour plus asservie.

La colonie française la plus difficile à peupler fut la Louisiane. Les terres du Mississippi avaient été explorées par les Espagnols au milieu du XVIe siècle. Ils ne trouvèrent pas d'or et abandonnèrent ce pays qu'ils jugeaient trop malsain. Les Français vinrent explorer à leur tour, ne découvrirent pas plus d'or, mais on décida tout de même d'établir une colonie. Elle végétait. Louis XIV et la cour avaient eu un moment d'engouement pour les Amériques; on avait nommé un gentilhomme pour s'en occuper. Malgré tous ses efforts, le pays ne rapportait rien. La Compagnie d'Occident, créée pour exploiter la Louisiane, périclitait et commençait à coûter très cher au gouvernement français. Louis XIV ne veut plus entendre parler de la Louisiane. Il confie l'affaire à un négociant toulousain, Crozat : peut-être un ancien marchand réussira-t-il là ou un gentilhomme a échoué ?

Antoine Crozat est très riche. Il connaît un peu les parages de la Louisiane : il fournit les Espagnols en esclaves. En 1712,

Louis XIV lui remet le privilège exclusif du commerce dans « tous les pays situés entre la Caroline et le Mississippi, toutes les terres arrosées par le Mississippi et ses affluents, du golfe (du Mexique) au détroit reliant les lacs Huron et Erié ». On ne connaît pas ces régions, mais on s'assure ainsi la propriété des lieux.

Crozat espère y découvrir des mines d'or et d'argent. Il accepte toutes les conditions du contrat. On ne lui demande que des pourcentages très faibles sur les hypothétiques métaux précieux qu'il découvrira. On lui accorde aussi une petite avance pour parer aux premiers frais d'exploitation. Le seul problème, c'est que personne ne veut partir là-bas. Et sans hommes pas de colonies. D'autre part, si on tient à les fixer, il faut absolument leur fournir des femmes. Surtout pas d'union avec des « sauvagesses » ! Crozat est donc tenu d'envoyer annuellement deux vaisseaux de colons. Sur chacun d'entre eux, on devra obligatoirement embarquer dix garçons et dix filles de seize à vingt ans. Pour les garçons, ce ne sera pas trop difficile. Les départs se feront de Lorient ou de Nantes : les ports bretons sont devenus capitales de l'errance. Mais les filles ?

On pense à un moyen devenu classique, et qui a fait ses preuves à Madagascar : les femmes dites « de mauvaise vie », racolées de force, déportées aux colonies où on les marie aussitôt, afin que la morale soit sauve, au premier colon qui en veut. Seulement les rêves français sur la Louisiane ne s'accommodent pas d'une telle solution. Là-bas, ce n'est pas une île, mais un territoire immense. On a de grandioses projets pour ce pays dont on ne connaît rien, sinon qu'il est à l'Ouest, lointain et « amériquain », ce qui promet toutes les fortunes. Un empire à construire. Il faut donc de bonnes et saines reproductrices. Pas de prostituées. Le ministre Pontchartrain est formel : ces femmes « qui ont vécu une fois dans le désordre, portent leur vice partout et sont habituellement glorieuses et fainéantes ».

Qu'on cherche donc des filles vertueuses en Bretagne. Ces gens-là feront l'affaire. Au XVIIIe siècle, les populations bretonnes apparaissent comme les candidats parfaits à la déportation. Un sénéchal ira même jusqu'à écrire : « Bigoudens, gens sauvages, tout juste bons à peupler les colonies. »

Les filles des Amériques, on les trouvera dans les hôpitaux de la région de Lorient. Le mouvement du port, le désordre d'une ville encore inorganisée favorisent les naissances illégitimes.

Il ne doit pas manquer dans ces hôpitaux d'« enfants trouvées » qui n'attendent que la charité. Les directeurs de ces établissements ont dû aussi recueillir des orphelines. Autant de ventres pour peupler la Louisiane.

Clairembault, commissaire de la Compagnie, s'en est donc allé voir les directeurs des hôpitaux. Mais ceux-ci n'ont pas voulu lâcher leurs pupilles. Ils se les gardent... En ont-ils déjà fait une monnaie d'échange dans toutes les intrigues locales ? Seraient-ce des Arnolphe veillant jalousement sur leurs petites Agnès ? En tout cas, Clairembault n'a pas trouvé de filles... En désespoir de cause, il a cherché à Lorient même. Les temps sont difficiles. Les pauvres ne manquent pas. Les travaux des champs sont ici des plus ingrats. Parmi ces pauvres, Clairembault a « choisi » douze filles. Certains prétendent qu'il a plutôt organisé des razzias dans les campagnes environnantes et que la moindre miséreuse ramassant son fagot s'est retrouvée encerclée par des soldats, bloquée, emmenée de force au port...

Voici donc ces douze filles à bord du vaisseau *Le Baron de la Fosse*. On a embarqué aussi une sage-femme, en prévision des naissances à venir. On l'a surnommée Sans-Regrets, peut-être par antiphrase : elle est peut-être partie contrainte et forcée, elle aussi. A bord, un gentilhomme bordelais et toute sa famille, M. de Cadillac. Il sera gouverneur général de la Louisiane. Divers membres du personnel de Crozat, dont un major de dragons, le capitaine de Richebourg. Tout ce monde espère bien s'enrichir dans les fameuses mines, pourtant toujours aussi hypothétiques.

Il semble que le capitaine de dragons se soit vite ennuyé à bord. Les Bretonnes à marier sont parquées dans un coin du navire. Elle ne sont guère attirantes. Cependant à l'arrivée en Louisiane, M. de Cadillac écume de colère. Les Bretonnes ont été séduites par le major de dragons. On ne sait pas d'où le gouverneur tient cette certitude, mais il l'affirme à qui veut l'entendre et aucune des jeunes filles ne l'a contredit. Pourtant elles étaient douze. Phénomène d'imitation sur un bateau où l'on s'ennuie, ou bien le major a-t-il utilisé des moyens plus brutaux ? De toute façon, M. de Cadillac est formel : c'est une catastrophe, aucune de ces filles ne va trouver preneur, et la colonie vertueuse que l'on projetait est bien compromise.

Les petites Bretonnes sont débarquées sur les rivages peu accueillants de la Louisiane. Des sables désolés. On les a prévenues. Maintenant qu'elles n'ont même plus d'honneur, on n'est pas très sûr de les marier. Pourtant les colons de Louisiane accourent, à l'annonce de l'arrivage de femmes. Ils en manquent tellement...

Ils repartent furieux : on se moque vraiment d'eux ! Ce sont donc là les belles filles qu'on leur promettait... Des souillons, des filles très laides, toutes contrefaites. Il n'est pas question de les épouser. M. de Cadillac n'y comprend plus rien et le commissaire ordonnateur tout déconfit écrit à la Compagnie que les colons de Louisiane « sont difficiles au point de s'attacher plutôt à la figure qu'à la vertu ». La sage-femme, qui n'aura pas de travail, est réduite à la demi-solde... Et les petites Bretonnes restent sur le quai, sur des sables à peine défrichés. Rebutées, une fois de plus : femmes, Bretonnes, et laides de surcroît. Arrachées à leur terre. Pratiquement violées par un officier brutal. On perd leur trace. Elles vont être englouties dans ce qui va devenir l'enfer de la Louisiane : les fièvres, la famine, pire encore qu'en Bretagne. Les fois suivantes, pour peupler les Amériques, on reviendra aux bonnes vieilles méthodes. Les prostituées parisiennes. Procédé tout aussi inefficace, mais ces dames au moins donneront de l'agrément. Elles inspireront à l'abbé Prévost la fin de son joli roman, *Manon Lescault.* Car les petites Bretonnes, elles, pauvres, laides, oubliées parmi les oubliées, n'eurent même pas assez de prestige pour devenir les héroïnes d'un roman larmoyant du XVIIIe siècle...

ÉVANGELINE ET LA TRAGÉDIE ACADIENNE

L'autre grande tragédie bretonne des Amériques a beaucoup plus d'acteurs. C'est l'histoire de l'errance acadienne, où il n'y eut pas que des Bretons, mais aussi des Poitevins et des Normands. Le poète américain Longfellow a immortalisé ce drame dans un long poème, *Évangeline,* du nom de son héroïne. Cette œuvre a connu un tel succès aux États-Unis qu'Évangeline est devenue là-bas le symbole même de l'errance malheureuse.

Des Bretons étaient partis en Amérique du Nord, pendant toute la durée du XVIIe siècle. Le pays n'avait pas la réputation de donner comme les îles des fortunes rapides, mais pourtant des Bretons s'en vont. On connaît mal ces gens dont on retrouve les noms sur les registres d'engagement : le pauvre est le grand personnage de l'histoire sociale du XVIIe siècle, mais on en sait si peu de choses... Ils s'en vont, pour être la piétaille de cette émigration régulière, non massive. Tout bateau appareillant pour le Canada a l'obligation d'embarquer des « engagés ». Ces hommes deviendront là-bas cultivateurs. Si l'on veut défendre ces terres contre ceux qui les convoite, il faut les peupler. Orphelins, jeunes veuves, jeunes gens désorientés : les recruteurs des ports savent repérer leur proie. Ils racolent jusqu'à des gens des terres bretonnes de l'intérieur : Josselin, Rennes. Et pourtant le climat n'a pas bonne réputation. L'hiver interminable, les chaleurs et les insectes de l'été. On murmure aussi que les « sauvages » attaquent de temps à autre, et qu'ils sont très cruels. Quand les recruteurs engagent, ils se montrent très prudents. On ne paye aux nouvelles recrues que le voyage aller... Pour emporter l'affaire : une belle avance. Les Bretons se laissent faire. Ils s'en vont. Charpentiers, taillandiers, jardiniers, scieurs de long. Là-bas, on les emploiera pour toutes sortes de travaux. Il y a tant à faire dans ce pays immense.

Bientôt ils s'acclimatent. Prennent une terre bien à eux. Se marient. Ils se mêlent aux Poitevins et aux Normands. Ils font souche. Certains d'entre eux se sont établis sur une presqu'île très fertile, au sud de l'estuaire du Saint-Laurent. On les nomme les Acadiens. Ils ont gardé les traditions du vieux pays et parlent français. Sauf quand ils jurent : on peste en anglais. Car l'ennemi, surtout depuis le début du XVIIIe siècle, c'est l'Anglais, qui est là, tout près. Les paysans acadiens vivent tranquilles sur leur presqu'île, sans gouvernement : ils n'obéissent qu'à leurs prêtres ou à leurs patriarches. Le traité d'Utrecht, en 1713, va leur apporter de premières inquiétudes.

Au terme de cet accord, les Anglais reçoivent en effet « la Nouvelle-Écosse, en ses anciennes limites ». Ces frontières sont des plus floues. Les Anglais vont se contenter pendant quarante ans d'exercer sur l'Acadie une autorité assez discrète. Mais ils se rendent compte bientôt que la population acadienne est très prolifique et que ces catholiques tranquilles cultivent les plus belles terres du pays. Pour l'instant, les Anglais n'occupent que la capitale de l'Acadie, Port-Royal. En secret, ils projettent une expansion.

Les Acadiens sont alors à peu près quinze mille. Ce ne sont ni des saints ni des bergers de pastorale, mais d'honnêtes paysans que la mer a conduits en des lieux qu'ils commencent à aimer. Une sorte de Terre promise, où l'on vit et meurt comme ailleurs, mais au moins dans la paix. Ils ont même appelé un de leurs villages Paradis. Leurs curés ne leur demandent qu'une dîme très faible (le vingt-septième des récoltes). La criminalité est pratiquement inexistante. Le témoignage de Longfellow est un peu virgilien, mais reflète un état de fait assez proche de la réalité : « Le village de la Grand'Prée reposait au milieu des champs en culture, avec ses maisons solides de chêne ou de noyer, comme savaient les bâtir les paysans du temps du roi Henri. Des lucarnes s'ouvraient sur leurs toits de chaume et un pignon protégeait le seuil de la porte. Sous cet abri, par les beaux soirs d'été, à l'heure où le soleil couchant illuminait les rues du village et dorait la girouette des cheminées, matrones et jeunes filles, coiffées de leurs bonnets blancs comme neige, avec leurs jupons verts, rouges ou bleus, aimaient à se retrouver chacune à son rouet... »

Les Anglais veulent peupler eux-mêmes ce territoire qui leur a été accordé. Il faudrait donc se débarrasser de ces Acadiens gênants, ces papistes, qui ont de surcroît le front de se prétendre neutres dans le conflit latent qui oppose la France à l'Angleterre. Les Anglais fondent Halifax, qui devient très vite florissante. Ils comptent bien s'en servir comme d'une base militaire. Pour prendre le pays, il suffira d'occuper quelques points stratégiques. Un plan méthodique est mis sur pied : on va s'emparer de tout, des terres, du bétail, puis déporter les Acadiens. Le pays deviendra de toute façon inhabitable pour un temps, puisqu'on aura préalablement brûlé les granges et les récoltes. Les Anglais pourront ainsi reconstruire à leur goût, sur un sol enrichi de cendres.

L'occasion d'attaquer sera donnée par la guerre de Sept Ans. Mais elle ne sera pas encore officiellement déclarée qu'on aura trouvé un prétexte : les Acadiens troublent les établissements des nouveaux colons anglais. Ils sont présentés comme des gens inquiétants. En cas de guerre contre la France, ce seront autant de traîtres en puissance. De toute manière, ils ne doivent guère avoir envie de s'éterniser, les traitements qu'on leur inflige sont faits pour les exaspérer. Dès 1755, il s'agit donc d'« extirper » les Acadiens. Le mot est du gouverneur anglais de la Nouvelle-Écosse...

Les Anglais n'auront guère à se battre contre les Acadiens. Ce sera une chasse à l'homme, purement et simplement. Seulement il y a des prêtres parmi les Acadiens. Des missionnaires bretons un peu fanatiques mais prêts à se battre pour leurs ouailles. Un Lorientais, Le Manach. Un homme de Morlaix, l'abbé Le Loutre.

Celui-ci est débordant d'énergie et d'idées. Il ne tient pas à ce que ses ouailles catholiques tombent sous la domination anglaise. Il a convaincu un certain nombre d'Acadiens qu'il leur faut s'établir sur d'autres terres, non loin de là. Ce sera la nouvelle Acadie. Il a réussi à se gagner une alliance avec une tribu indienne, les Micmacs. Le Loutre les évangélise, mais obtient aussi du ravitaillement. Il trafique avec les tribus des marchandises de toute sorte. Ainsi, ils sont soustraits au contrôle des Anglais. Le Loutre émet jusqu'à des certificats qui tiennent lieu de monnaie...

Il estime que les terres nouvellement occupées ne pourront être tenues sans fortifications. Il faut donc demander de l'argent à la France. Il ira le chercher lui-même à Paris. Une correspondance serait trop longue et inutile. A son arrivée dans la capitale, l'abbé est très mal reçu. On trouve qu'il aurait pu s'épargner les frais du voyage et qu'il aurait été plus utile sur les lieux. Le Loutre ne se laisse pas décourager et fait bientôt la conquête du ministre. L'homme qui a évangélisé les Micmacs a appris à convaincre... Il obtient des secours, des vivres, des médicaments, de l'argent, des ingénieurs pour superviser les travaux de fortification et l'établissement sur les nouvelles terres. Il laisse un mémento très précis concernant les points qui restent à traiter, en particulier la définition de frontières très nettes.

En son absence, tout a changé. Les Micmacs ont signé la paix avec les Anglais : ceux-ci les ont achetés... Les Acadiens hésitent à suivre Le Loutre. Ils regrettent leurs anciens villages. Si le gouverneur anglais est bienveillant comme on le prétend, on pourra peut-être discuter... Deux Acadiens ont tenté d'arracher aux Anglais la liberté de vivre « où bon leur semblera, la tête levée », et la liberté de culte. Le Loutre considère ces hommes comme des lâcheurs. Maintenant qu'il arrive avec des subventions, il faut reprendre la lutte. Il fait construire des fortifications. La marée les détruit. On les recommence. Il fait espionner les Anglais par les Micmacs. Il est presque seul à diriger les Acadiens, avec un autre prêtre breton, Le Guerne.

En juin 1755, le fort protégeant les nouvelles terres est pris. Il est tombé très vite. Il n'était défendu que par deux canons mangés de rouille... La chasse à l'Acadien commence. Le « Grand Dérangement », comme l'appelleront ses victimes. On arrache à leur foyer ceux qui s'y accrochent. On les embarque de force, en séparant les femmes de leur mari, les enfants de leur mère. On tire sur ceux qui tentent de s'évader. On traque les Acadiens qui se cachent, on les fait scalper, à 25 livres la chevelure. Ou bien on les affame. Dès qu'ils se rendent, ils sont expédiés dans les geôles anglaises.

D'autres ont suivi l'abbé Le Guerne. Pour eux commence une longue errance. Ils vont traverser avec leurs charrettes tous les États d'Amérique du Nord. Partout on les repousse. Quelquefois même on sépare encore les enfants des parents afin d'en faire de bons anglicans. Certains parviennent à acheter des bateaux et tentent de fuir. D'autres cherchent une nouvelle terre promise : la Louisiane, peut-être, au sud ? Saint-Domingue, Saint-Pierre et Miquelon ? C'est surtout la Louisiane qui tente.

Des Acadiens, en assez grand nombre, ont regagné la France où leur malheur a ému. La Bretagne se sent solidaire de leur errance et les accueille. On tente de les fixer à Belle-Ile en leur distribuant des terres. Le Loutre, rentré des prisons anglaises, s'occupera d'eux jusqu'à sa mort.

Les Acadiens ont du mal à s'acclimater à Belle-Ile. Ils étaient habitués à plus d'espace, à d'autres conditions de vie. On ne se remet pas si vite du paradis perdu. Certains d'entre eux ont appris que le « Grand Dérangement » avait conduit les Acadiens en Louisiane. Ils veulent repartir, retrouver là-bas leur ancienne communauté. Chimères, disent les fonctionnaires de Versailles : la Louisiane est devenue espagnole.

Les Acadiens repartent. Exode continu. Ils emmènent dans leur errance nouvelle les Bretons et les Bretonnes qu'ils ont épousés à Belle-Ile ou ailleurs. Après tout, ils étaient tous des errants au départ... D'autres quitteront la Bretagne pour les îles Malouines, dans l'hémisphère sud.

Immense diaspora acadienne, qui démultiplie la première diaspora bretonne... Sur les routes de Louisiane, on continue de nos jours à raconter l'histoire d'Évangeline. C'est pourtant une pure créature littéraire, sortie de l'imagination de Longfellow. Jeune fiancée du temps de l'Acadie heureuse, le Grand Dérangement a séparé Évangeline de celui qu'elle aime. Elle jure pourtant de lui rester fidèle jusqu'à la mort. Elle parcourt l'Amérique à sa recherche et connaît le malheur de toutes les errances. Lui aussi la cherche, mais elle ne le sait pas. Elle se fait sœur de charité. Elle rencontre un jour un mourant. C'est son fiancé. Les deux amoureux ne se retrouvent que dans la mort... L'histoire fait aujourd'hui sourire. Les Acadiens de

Louisiane gardent cependant un véritable culte pour Évangeline. Et ils reprennent le récit de cette quête folle d'un paradis perdu.

Évangeline est la nouvelle Iseult. L'Iseult d'un monde peuplé d'errants. L'histoire de son malheur reprend tout naturellement les plus vieux thèmes de la mythologie celtique. Peu importe qu'elle ait été ou non bretonne. Dans le creuset des Amériques, tous les hommes redeviennent neufs, les Bretons comme les autres. Mais parmi toutes les errances celtes, celles des Bretons d'Acadie fut sans doute la plus tragique. Car ils avaient trouvé leur terre promise, leur paradis, leur Autre Monde. Et le Saxon maudit vint les en arracher, comme aux temps de la prime errance...

Pourtant, tout comme la Bretagne, l'Acadie continue à vivre.

11/Retours

Retours... Le mot a double sens : douceur de la « recouvrance », du retour au port, du contact avec la terre. Mais les retours sont aussi tous les objets entassés au ventre des vaisseaux : « retours de Chine », « retours des Indes ». Les ports bretons sont devenus les entrepôts de tous les possibles qu'offre l'aventure océane. Tout le divers étrange des terres lointaines : thé, soieries, épices, porcelaines. Et même, parfois, des hommes à la peau sombre, des femmes aux yeux aigus et au teint cuivré. La Bretagne est plus que jamais le territoire des passeurs.

Retours : de partance en recouvrance, les rivages bretons ont changé. Les grands ports, bien sûr. Les vieux comme les neufs, Nantes et Saint-Malo comme Brest et Lorient. C'est par eux que les mutations vont s'infiltrer dans les terres. Selon la vocation propre de chacun d'entre eux, le pays environnant, sa mentalité, son art de vivre se transforment dans tel ou tel sens.

RITUELS DU RETOUR

Le navire est au port, mais l'homme qu'on attend n'y est pas toujours. En temps de guerre ou d'épidémie, il arrive que les bateaux rentrent avec seulement le quart ou le dixième de leur équipage vivant. On le sait. C'est la fatalité de la mer. Voici comment un amiral décrit les retours à Brest des vaisseaux de la Royale : « Chaque année le port de Brest expédiait à la

Martinique de nombreux navires; chaque année la Martinique renvoyait à Brest des navires à demi désarmés que les débris de leurs équipages allaient silencieusement mouiller sous « l'île des Morts ». Jamais aucun murmure cependant ne s'éleva de cette population décimée à l'avance. »

Pour ceux qui l'attendent, l'absence de l'être aimé est alors devenue irrémédiable. Un voyage sans retour. Les femmes disent que la magie des intersignes le leur a fait savoir avant même que la voile ait paru à l'horizon. La nouvelle de l'arrivée se répand dans le port et les campagnes avoisinantes, et elles ont la confirmation de l'événement. Reprend alors la vieille liturgie de la mort en mer, la grande légende de ceux qui ont péri loin du pays. Peu importe que les hommes se soient noyés ou qu'ils aient succombé à la maladie, qu'ils soient morts dans la tempête ou qu'on ait dû jeter à la mer leurs corps perclus de scorbut dans un sac lesté d'un boulet. Ils ont tous rejoint les eaux de l'enfer Froid. Les eaux mêmes où flotte la Bretagne des vieilles légendes. Certains racontent qu'ils continuent à vivre en une île sous-marine d'où ils sortent une fois l'an. D'autres prétendent qu'ils sont à Plogoff, près de la pointe du Raz. La mer y a foré une immense marmite, les flots se brisent en bouillonnant. On entend parfois la plainte des trépassés. Dans les nuits sombres, les voici qui sortent de l'eau en linceuls blancs, et qui récitent la messe, cierge à la main. Ce sont eux qu'on entend aux jours de tempête, quand leurs fantômes se pressent sur les côtes et que l'Océan secoue leurs ossements. Mais jamais on ne les voit aussi bien que la nuit des Morts; chaque vague qui se soulève prend alors sur sa crête une âme de marin en errance et c'est une immense plainte dont aucune autre ne pourrait donner idée, tant elle est déchirante et désespérée.

La mort attend parfois les survivants au rivage : à peine débarqués, certains marins succombent : les soldats de la Royale et les corsaires, pleins de blessures où se met la gangrène. Ceux qui reviennent des Indes pris de typhus, de variole, ou de maladies vénériennes. On met de temps à autre les navires en quarantaine, mais les marins la détournent le plus souvent. Rentrer, rentrer enfin, mourir au pays. On transporte les malades à ce qu'il est convenu d'appeler un hôpital. En général, une bâtisse trop exiguë et insalubre. Les marins ne veulent pas y rester, même si on prend bien soin d'eux, comme à Lorient, où la Compagnie des Indes fournit une nourriture très riche en viande et essaie de nouvelles thérapeutiques. Tout, sauf ce lieu de charité. Bon pour les invalides, les enfants trouvés ou les malchanceux en affaires. Quand il est clair que la mort est proche, on préfère rentrer chez soi. L'hôpital, ce serait encore le bateau, une mort en errance. La plupart du temps, ces marins épuisés meurent sur la route de leur village. Peu importe : mieux vaut pour eux un val sans retour que la mort dans le port ou en mer. Dans leurs dernières paroles, ils réclament des messes; la vente des quelques hardes qu'ils laissent servira à les payer. L'Autre Monde que l'errance marine n'a pas donné, on le cherche alors dans la religion de l'Au-delà...

Douceur des retrouvailles pour ceux qui ont gardé la vie sauve. Après les beuveries et les ripailles de l'arrivée, il convient de mettre en ordre les affaires qu'on a avec Dieu. Dans les dangers et la maladie, les marins ont prié. Ils ont fait des vœux. Ils ont promis de monter au sommet de la flèche de Notre-Dame du Folgoët et de s'y laisser pendre, la tête en bas et les mains tendues. Ils ont juré d'épouser la fille la plus laide et la plus débauchée... Si l'on ne veut plus s'exécuter, maintenant que le danger est passé, il faut donner à Dieu sa compensation. Prières, ex-voto, pèlerinages aux sanctuaires des grands saints bretons le jour de leur « pardon ». On revient voir le saint à qui on a demandé protection avant de partir. C'est surtout sainte Anne qui a la faveur des marins. Elle a remplacé une vieille divinité celtique, Ana, l'aïeule protectrice qui veille sur le domaine de l'Au-delà et ses eaux profondes. C'est elle qu'on s'en va revoir, à Auray ou à La Palud. Il ne convient pas d'arriver les mains vides à cette visite. Pour Sainte Anne la Palud, le cordon de soie aussi long que le périmètre de sa chapelle qu'on lui a promis dans les grands périls. Un plus riche, armateur ou capitaine, offre une chapelle ou un calvaire. Un tableau, où l'on voit la tempête qui s'abattait sur le navire. Les voiles claquent au vent, la situation est désespérée, mais apparaît dans le ciel la figure rassurante de sainte Anne et de la Vierge. Elle protège la chaloupe où s'est réfugié l'équipage. Pour des gens plus humbles, l'ex-voto n'est qu'une simple plaque de pierre ou de métal, parfois même du papier coloré. Le don le plus modeste cache pourtant des sacrifices matériels insoupçonnés. On offre ce qu'on a de meilleur, de plus proche. De petits objets fabriqués à bord et qui ont accompagné toute la durée du voyage. Tout un art naïf où la représentation du bateau est la plus fréquente. Dessins gravés, maquettes où le petit matelot ne se soucie pas d'exactitude, mais reproduit le bateau comme il le sent, comme il le voit. Il exagère certaines parties du navire, parce qu'il y était attaché presque charnellement : le gaillard d'avant où l'équipage se retrouvait aux heures de repos pour écouter conteurs et sonneurs. Les vergues des huniers où l'on faisait des exercices de voltige. Le don le plus simple est don de soi en échange de la vie sauve. Donnant-donnant, bien sûr. On s'acquitte d'un contrat passé avec Dieu au moment du danger. Mais comme dans la tempête, riches et pauvres s'y côtoient. Chacun donne ce qu'il a de meilleur.

LA NOUVELLE TERRE DES PASSEURS

Dans la Bretagne du XVIIe au XVIIIe siècle qui ne cesse de s'appauvrir, les ports sont à peu près les seuls lieux de passage. La prospérité qui s'étale sur les quais est factice. Toutes les richesses qu'on sort des cales des navires ne feront que traverser la province. Elles vont ailleurs, à Paris, en Suisse, dans toutes les demeures à la dernière mode. Les somptueux hôtels particuliers de Nantes et de Lorient sont construits par de gros négociants liés à la Compagnie des Indes, ou par la Compagnie elle-même. Les beaux quartiers de Saint-Malo, « Moka », « La Californie » rappellent les opérations fructueuses de quelques armateurs fortunés.

A côté d'eux, la Bretagne crève. Dans tous les bouges obscurs des ruelles des ports s'entassent des familles mal nourries. Vols, crimes, prostitution. La première maladie, le premier accident, et ce sera la mendicité. Contre ces mendiants, on multiplie les « archers chasse-gueux ». Rien n'y fait. Les familles sont si nombreuses : à peine a-t-on chassé quelques-uns de ces pauvres qu'il en réapparaît autant...

Les petits bourgs de l'intérieur sont de plus en plus en dehors des grands courants d'échange. La coupure entre le « pays de la mer » et le « pays de la terre » s'accentue. Les conteurs commencent à décrire les ports comme des lieux de perdition. On évoque avec nostalgie, en commençant le conte, les temps purs de la Bretagne heureuse : « C'était en un temps où les chênes qui ont servi à construire le plus vieux vaisseau de Brest n'étaient point encore des glands... »

Depuis que la France s'est lancée dans la guerre sur mer et a implanté la Marine royale, la Bretagne a pris l'allure d'une colonie. L'organisation militaire et économique de la province a créé des villes nouvelles, mais elle s'est superposée à un pays dont elle n'a pas respecté le vieil équilibre entre la terre et la mer. On a utilisé la Bretagne, on ne l'a pas fait vivre. Les soldats sont venus, pour tenir la province dans l'obéissance et faire la guerre sur les vaisseaux du roi. Les routes des campagnes se sont couvertes d'interminables files de charrettes. Épidémies, excès de toutes sortes dont les soudarts sont coutumiers. La vie des terres de l'intérieur s'en est trouvée bouleversée.

Sur les côtes, pour ceux qui ne sont pas partis, la menace perpétuelle de la guerre. On enrôle de force sur la marine royale : si on ne trouve pas de marins, on prend des paysans. Les Bretons font de l'excellente chair à canon, et la guerre de mer en est grande consommatrice. Pour eux, les mêmes conditions de vie atroces que sur les navires de la Compagnie des Indes, les hasards de la guerre s'ajoutant à ceux de la mer. Les hommes qui restent sur les côtes sont préposés d'office au « Guet de la mer ». Ils forment des milices gardes-côtes chargées de la protection du littoral. Car l'ennemi ne cesse de rôder. L'Anglais. Quand il attaque Pondichéry, il essaie aussi de prendre Lorient. Il porte en même temps la guerre aux Antilles et sur les côtes bretonnes. Partout où la France a établi des ports, des routes maritimes. Et comme la politique française consiste la plupart du temps à mener une guerre défensive, la Bretagne est bien obligée, elle aussi, de se défendre, et souvent par ses propres moyens. Un incident survenu à Groix donne la pleine mesure du mépris de Versailles pour la misère de ces populations côtières qui se défendaient comme elles pouvaient contre les invasions, sans recevoir aucune aide de l'État dont elles contribuaient pourtant à garantir l'intégrité. L'île de Groix protège la rade de Lorient : le gouvernement aurait dû s'y intéresser, puisque le siège de la Compagnie des Indes était directement exposé aux attaques si Groix venait à être prise. Depuis une dizaine d'années, les offensives ennemies se concentrent sur la côte sud de la Bretagne. Dans les îles, incendies, viols, razzias. Les hommes sont absents la plupart du temps. Quand ils ne sont pas à bord des vaisseaux de la Royale ou de la Compagnie des Indes, ils tâchent de faire vivre leur famille de la pêche à la sardine. Les îliens en ont assez de vivre perpétuellement dans la peur. Ils ont réclamé qu'on les protège de quelques canons. On les leur a refusés, en prétendant que les canons risqueraient d'attirer les ennemis plutôt qu'ils ne les éloigneraient. On ne possède donc rien pour se défendre, et il n'y a sur l'île de Groix que de pauvres femmes dont les hommes sont en mer...

En juin 1703 pointe à l'horizon une escadre anglaise. Le recteur de l'île bat le rappel. Les femmes de Groix ne tremblent pas. Au contraire, on sent en elles comme une impatience fébrile, on dirait qu'elles font des gestes depuis longtemps répétés. Elles se rassemblent à la pointe rocheuse de l'île. Elles passent des caleçons rouges et des corsages verts. Elles se couvrent la tête de goémon. Elles enfourchent des pouliches, des mules, des vaches. De loin, l'effet est saisissant. On dirait vraiment de vaillants officiers frisés et perruqués. Et les bâtons qu'elles portent à l'épaule font illusion : on croirait des fusils, et elles dirigent sur l'escadre anglaises des vases de grès renversés dont l'ouverture ressemble à une bouche à feu. Pour parfaire la mise en scène, elles se mettent à défiler sur les rochers de schiste. Elles hurlent. Vacarme des sabots des animaux, vociférations à perdre haleine. Les Anglais commencent à sentir leurs tripes se nouer. Ils croient voir une armée entière sur le pied de guerre. L'amiral donne l'ordre de rebrousser chemin...

La cour a ri beaucoup de l'héroïsme et du talent théâtral des femmes de Groix, et les a oubliées aussitôt. Quand le recteur demanda à Versailles quelques canons pour défendre l'île, on lui répondit avec dédain. Après tout, si ces femmes de Basse-Bretagne étaient capables de tenir l'île...

Et les Anglais reviennent, attaquent, envahissent. On les fait reculer souvent : échecs cuisants, comme à Saint-Cast, en 1758. D'autres fois, il s'en faut de peu : en 1746, ils parviennent à assiéger Lorient. Quelques coups de canon, et le commandement français perd la tête. On décide d'apporter aux Anglais les clefs de la ville. On se rend à leur camp : il est vide; ils viennent à peine de partir, il reste aux branches d'un arbre un veau tout fraîchement tué... Le vent a tourné, ils ont préféré rejoindre leur flotte plutôt que de risquer d'être coupés d'elle. Ce qui était une reddition française devient alors une victoire, et les commandants de la place en font une chanson :

« *Les Anglais pleins d'arrogance*
Sont venus attaquer Lorient
Mais les Bas-Bretons
A coups de bâtons
Les ont renvoyés... »

Il faut bien ménager les susceptibilités locales. L'Anglais est le seul ennemi que les Bretons détestent encore plus que le Français. C'est la meilleure façon de tenir en respect la province rebelle... Et la guerre continue. Opérations maritimes mal organisées, dont la Bretagne fait encore les frais. En vain, la plupart du temps. Les commandants des flottes françaises n'ont jamais pu comprendre qu'ils devaient utiliser la supériorité acquise lors d'un combat naval pour occuper une zone stratégique d'où ils pourraient mener n'importe quelle « mission ». Ils renouvellent au contraire mission sur mission, sans exploiter leurs succès, assez indécis il est vrai. En 1778, on crie à la victoire dans les salons de Versailles lors du combat de *La Belle Poule* ou pour la bataille d'Ouessant. C'est peut-être que, pour une fois, il n'y a pas eu désastre... La Bretagne, elle, n'oublie pas la défaite des Cardinaux en novembre 1759, où trois vaisseaux avaient été coulés entre Quiberon et La Roche-Bernard. Les équipages étaient composés de Bretons, et la nouvelle de leur perte avait plongé toute la province dans le deuil. Ces combats permettaient cependant au pouvoir de mettre en vedette quelques chefs héroïques : Kersaint, La Galissonnière, Guichen. C'étaient effectivement d'excellents marins, mais dont les compétences étaient la plupart du temps mal utilisées. La bravoure est souvent la solution du désespoir.

Avec la guerre, la figure mythologique de la sirène apparaît de plus en plus comme celle d'un être maléfique. L'Anglais a beau être l'ennemi héréditaire, les désertions de marins sont de plus en plus fréquentes. Les soldes ne sont pas payées régulièrement, il faut que les femmes viennent elles-mêmes les réclamer... A certaines époques de crise, comme à la fin du règne de Louis XIV, les marins se sentent complètement abandonnés. La population bretonne se montre alors très solidaire des hommes qui tentent de se soustraire à l'enrôlement. On voit des femmes cacher leurs maris avant que n'apparaisse le commissaire aux classes, et les administrateurs des ports craignent tant la colère populaire qu'ils hésitent à paraître en public.

Toutes les classes sociales sont touchées par les changements. Beaucoup d'artisans des campagnes sont devenus ouvriers des ports. Ils se mélangent à leur population flottante. Dans les classes les plus pauvres, l'alcoolisme progresse. C'est vers la fin du XVIIe siècle qu'apparaît l'image type du Breton, ivrogne brutal à l'orgueil insensé : « Il faut croire qu'il passe autant de vin dans le corps de nos Bretons que d'eau sous les ponts », écrit Mme de Sévigné. Un commissaire aux classes renchérit un peu plus tard : « Ces sortes d'animaux-là ne se gouvernent pas comme des soldats qu'on fait marcher au tambour. » Un officier écrit à son ami : « On voit bien que vous ne connaissez pas les Bretons, et lorsque vous aurez navigué quelque temps avec eux vous conviendrez qu'ils ne se gouvernent pas comme les Provençaux, attendu que joint à l'ivrognerie ils sont têtus comme des mulets. En effet, je m'en suis convaincu depuis; il est de toute impossibilité de les empêcher de s'enivrer étant forcé de les laisser cuver leur vin, mais à part ce défaut on leur pardonne en ce qu'ils sont excellents matelots et bons au combat. » On remarquera dans ces témoignages qu'il s'agit de « gouverner » les Bretons, de les faire plier et obéir. Mais jamais on n'établit de rapport entre l'orgueil qu'on leur reproche et leur propension à l'alcoolisme. Ce rapport existe pourtant, et le premier défaut explique peut-être le second. L'ivresse, refuge du désespoir d'avoir dû se soumettre ?

On dit de plus en plus souvent que les ports sont lieux de perdition, et pourtant on s'en va y vivre. La croissance très rapide de Brest et de Lorient atteste ce phénomène. Les naissances illégitimes s'y multiplient au point que les autorités font parfois surveiller toutes les femmes enceintes non mariées. Les hôpitaux ne peuvent plus assurer la subsistance de tous les enfants trouvés. On somme alors les futures mères de donner le nom du « responsable ». Il arrive même que l'interrogatoire ait lieu au moment de l'accouchement : on espère ainsi que les douleurs sauront bien faire parler la parturiente...

La noblesse bretonne est atteinte elle aussi par les transformations de la province. Les aristocrates s'étaient montrés un peu réticents au départ; ils ont eu du mal à comprendre le rôle de la mer dans la nouvelle politique de la France. Cependant, la législation de la noblesse « dormante », particulière à la Bretagne, favorisait les aventures maritimes. Phénomène fréquent dans le nord de la Bretagne, autour de Vitré et Saint-Malo, où la tradition commerciale est ancienne. Pour les autres, l'engagement dans la marine de guerre ou de commerce constitue un remède à la pauvreté. Comme les gueux, les nobles bretons se sont rués sur les océans, quitte à rester moisir des années sur un quai de Canton ou à mourir en combattant l'Anglais. D'autres, qui en ont les moyens, se contentent d'investir de l'argent dans les entreprises de leurs relations. Dans l'ensemble, cette noblesse est tout aussi révoltée que les pauvres contre le pouvoir central. Elle en approfondit davantage les raisons et tente de se battre contre le despotisme des ministres de Versailles. Volontiers querelleuse, souvent taciturne, elle partage son temps entre la ville et la campagne. L'été au manoir, afin d'économiser l'argent qui permettra de mener grand train l'hiver à la ville : bals, théâtre, concerts coûtent chers. Chateaubriand a laissé sur ce mode de vie des pages très célèbres. Son père était un négociant malouin enrichi dans le commerce. Vente des toiles de Bretagne au Canada, traite des noirs aux Antilles. Avec sa fortune, il a pu s'acheter les terres et le château de Combourg. Mme de Chateaubriand se fait mal à la vie à la campagne. Son mari tente d'agrémenter les soirées un peu moroses du récit de ses aventures maritimes. De temps à autre, on offre l'hospitalité à des nobles de passage qui se rendent à Rennes. Les gens que l'on fréquente sont limités à la société locale : les agents seigneuriaux, l'entreposeur de tabac, un ancien capitaine de la Compagnie des Indes. On rime un peu, on fait de l'esprit, on tâte un brin de la musique, on essaie de manigancer des mariages. Cette aristocratie garde quand même un certain prestige, puisque Bernardin de Saint-Pierre, retour de l'île de France, intriguera – en vain – pour tenter d'y trouver une épouse... Car tout en essayant de garder leur genre de vie traditionnel, les nobles bretons se sont ouverts aux nouveautés, surtout au XVIIIe siècle. A travers eux, l'océan pénètre davantage les terres bretonnes, les constructions qu'ils entreprennent marquent le paysage de son empreinte. Malouinières des négociants de la cité corsaire, avec leur horizon d'estuaire, manoirs des environs de Quimper, où des essences exotiques viennent se mêler aux arbres bretons, hôtels particuliers meublés de « Bois des Isles »; porcelaines, dans tous les intérieurs cossus, pour rappeler l'extrême lointain de toutes les aventures de mer...

L'UNIVERSELLE INDUSTRIE DE LA CONTREBANDE

Sur l'Océan, tous les hommes étaient à peu près égaux devant le danger et la maladie. Au retour, les différences énormes entre les classes sociales se reconstituent. Il est pourtant un point sur lequel les Bretons sont tous d'accord : ils trouvent injuste que ce soient ces messieurs de Paris qui touchent la majorité des bénéfices commerciaux gagnés dans des aventures où ils n'ont pas risqué leur vie. La contrebande est vite devenue en Bretagne une véritable industrie, au point que le gouvernement a dû finir par la tolérer, sinon la protéger.

En principe, toutes les cargaisons de retour des vaisseaux de commerce sont vérifiées très scrupuleusement : à l'arrivée, on pose des scellés sur les panneaux des cales. Les marchandises sont marquées quand elles appartiennent à la Compagnie des Indes, puisque celle-ci possède le monopole de leur commerce. En fait, les fraudes sont très nombreuses. Les contrebandiers se recrutent dans toutes les classes de la société. Les plus nombreux sont les capitaines de navire. Ils ne devaient guère se cacher, puisque des directeurs de la Compagnie se mettront parfois à suivre leur exemple. Les proportions de la contrebande sont telles que l'on refusera à Lorient l'éclairage public jusqu'en 1783, sous prétexte qu'il favoriserait les activités nocturnes des fraudeurs. Les élégantes ne cessent de solliciter les officiers des Compagnies pour qu'ils leur ramènent des tissus d'indienne. L'importation en avait été interdite pour protéger les textiles français. Dès qu'ils leur arrivent, les dames en font faire des robes splendides et s'en parent sans vergogne. Les ramages des indiennes sont bien plus beaux que ceux des tissus français. On risque gros, l'amende, l'arrestation, mais on ne va pas ainsi se laisser faire. La Bretagne s'est toujours signalée par sa résistance aux lois. Les soldats poursuivent dans les rues des dames vêtues de soie pour vérifier si les impressions du tissu sont ou non exotiques. On « verbalise ». Ce n'est plus tenable. Fort heureusement, les dames de Saint-Malo découvrent que les juges chargés de l'affaire y sont eux-mêmes impliqués, et de manière un peu compromettante. Ils avaient eux-mêmes offert à certaines jeunes personnes des toilettes faites d'étoffes prohibées, et ces dames n'étaient pas leurs femmes légitimes...

Toute la Bretagne s'est mise à fronder. On s'exhibe dans les rues. Quand on doit comparaître, on le fait « dans les vêtements incriminés ». Le peuple s'en mêle. L'intendant de Bretagne a beau pester et lancer ses soudarts à la poursuite des coquettes, elles ne démordent pas de leurs jolis tissus, pékins, gourgourans, damas, cirsacs. Et les cachent sous les capes quand elles ne veulent pas avoir d'ennuis, et les hommes, qui ne veulent pas être de reste, s'en font faire des robes de chambre. Le contrôleur général des Finances, Orry, pique alors une sainte colère : « On dit encore que certains négociants et armateurs se servent aussi de ces robes de pareilles étoffes pour travailler dans leurs études, cabinets, et même bureaux publics. Je vous prie de renouveler vos ordres à ce sujet et de les faire exécuter sans ménagement », écrit-il à l'intendant de Bretagne. En 1740, se produit un incident plus grave. Deux femmes de Saint-Malo, spécialistes de l'introduction des toiles peintes, sont appréhendées brutalement par les agents du fisc. Ils les frappent et les conduisent en prison, après les avoir dépouillées de leurs vêtements. Elles sont promenées dans les rues en chemise, comme de vulgaires criminelles. Se lève alors dans Saint-Malo une telle révolte que le lieutenant de l'Amirauté doit relâcher les deux femmes sans autre forme de procès. Cela lui vaudra d'être disgracié par les autorités, mais il aura la consolation de se voir offrir à son départ un beau bouquet de la part des dames de la ville. Vingt ans plus tard, elles obtiendront gain de cause et la prohibition sera levée.

Cet exemple donne la mesure de la prédilection bretonne pour la contrebande. La fraude des tissus ne prend pas pourtant les proportions d'une véritable industrie. C'est tout à fait différent pour la contrebande du thé à destination de l'Angleterre. On se trouve en présence d'un grand circuit économique. Occulte, mais très actif. Il s'est développé à partir de 1733, quand les ventes de la Compagnie des Indes ont été transférées à Lorient. Des gens de Morlaix et Roscoff se présentent aux ventes. On les connaît comme contrebandiers, mais on les laisse acheter des ballots de thé. Peu à peu, un axe de contrebande va se mettre en place entre Lorient et Roscoff. Un chasse-marée achemine régulièrement les ballots de thé vers le petit port du Nord... Des Irlandais s'y installent et leurs relations en Angleterre facilitent le trafic. L'Angleterre se trouve assaillie de thés étrangers. L'île de Man, autre terre celte, sert de relais pour les thés des compagnies suédoises et danoises. On croirait que tous les descendants des Celtes se liguent contre les Anglais pour les assaillir de marchandises moins chères. Le gouvernement anglais est très inquiet. Il parvient à faire tomber les fraudeurs de l'île de Man. Roscoff prend alors le relais. On en arrivera vite à des chiffres d'affaires astronomiques. La contrebande intéresse tous les négociants. Qu'ils se montrent ou non dans les ventes lorientaises, ils sont bien connus et ont pignon sur rue. Des spécialistes de l'île de Man et de Guernesey viennent s'installer dans le port breton qui paraît bientôt trop petit. Les marchands du cru rivalisent avec eux d'astuce et de finesse commerciale. Ils tentent de défendre la contrebande purement bretonne; on répète à qui veut l'entendre que ce commerce est aussi salutaire que lucratif. Une sorte de devoir national. Il fait venir en Bretagne l'or de Londres. Sans trop se fatiguer, on vole aux Anglais les trésors qu'ils ont gagnés sur les mers... On joint bientôt au trafic du the celui de l'eau-de-vie. Le mécanisme de la traversée est toujours identique : « Les bateaux partent toujours à vide, ils ne rentrent jamais que de nuit avec leur cargaison dans de petits ports ou havres à peine connus. Tout est disposé d'avance de manière qu'en arrivant ils trouvent à la côte cent hommes et autant de chevaux qui enlèvent sur-le-champ tous les thés. Les barils d'eau-de-vie sont jetés dans la mer tous attachés à un cordage au bout duquel est une petite bouée qui surnage, et qui sert d'indication à ceux qui vont ensuite repêcher ces barils. Dès que ces deux opérations sont faites,... les bateaux poussent au large et se rendent dans un autre port, ou retournent à Roscoff. Ces différents bateaux font entre eux chaque année plus de 500 voyages dans ce petit port. » Tel est le trafic, selon la description d'un contrebandier en personne. On entretient les meilleures relations du monde avec les collègues d'outre-Manche, et que le curé de Roscoff ne s'avise pas d'interdire aux aubergistes de nourrir de viande les marins anglais les jours maigres : ceux-ci veulent renoncer à la contrebande, ils ne viennent plus à Roscoff, on perd de l'argent ! On va s'en plaindre jusqu'à la cour, et l'évêque de Saint-Pol-de-Léon est prié de calmer le zèle de son curé... La contrebande du thé est devenue affaire d'État.

Il entre aussi en contrebande des francs-tireurs. Dans ce cas, l'État se fait beaucoup moins complaisant. Surtout quand il s'aperçoit que ces trafiquants le lèsent avec la complicité de toute la population. C'est l'histoire des piastres de l'abbé Jouin. Sous couvert d'évangéliser les sauvages de la Terre-de-Feu et du Chili, cet aventurier malouin s'était embarqué sur des navires interlopes. Il s'y occupait davantage de pacotille et de trafics en tous genres que du salut des âmes de marins. Au Pérou, il se débrouille si bien qu'il parvient à entrer en relations avec le vice-roi. Il ne semble guère s'être intéressé à son sort à venir dans l'Autre Monde. En mars 1709, il rentre à Lorient sur le vaisseau *L'Aimable,* dont il a obtenu on ne sait comment le commandement, puisqu'il était en principe attaché à un autre navire. Dans les cales du bateau, une énorme cargaison d'or. Avec lui, sept autres vaisseaux, rapportant du Pérou plus de trente millions de livres d'or et d'argent en piastres et lingots pour l'essentiel. On annonce sur-le-champ la nouvelle à Versailles, où c'est l'allégresse, car Louis XIV n'attendait plus qu'un miracle pour pouvoir continuer à entretenir une armée. On ordonne aussitôt à l'intendant de Bretagne de se rendre à Lorient d'urgence pour inviter les armateurs des navires, malouins pour la plupart, à « prêter » au roi la moitié des métaux précieux rapportés par leurs navires.

Les capitaines de cinq vaisseaux s'exécutent. Au moins officiellement. On fait venir au port force charrettes où l'on débarque les piastres et les lingots. Sur les autres bateaux, les capitaines font semblant de ne rien avoir appris. Ils opposent aux envoyés du roi la force de l'inertie. On murmure bientôt dans le port de Lorient que toutes les piastres appartenant aux officiers et aux équipages à titre de pacotille se sont volatilisées. Il y aurait eu des « fuites ». Les officiers du roi ne l'entendent pas ainsi. Ils veulent connaître le destin des piastres. Les propositions de prêts qu'avait faites Louis XIV était en réalité l'ordre déguisé de lui avancer cette petite fortune... Enquête. On apprend alors que les équipages des navires, se doutant de ce qui les attendait, avaient débarqué les piastres à l'île de Groix avant d'entrer dans la rade de Lorient : « Ils en enterrèrent même dans le sable des plages », dit le rapport du directeur du port... On somme alors le recteur de Groix de questionner ses ouailles sur ce qu'elles savent de cette affaire. Réponse unanime : on ne sait rien. En désespoir de cause, on blâme le fonctionnaire chargé de la surveillance des vaisseaux. Il aurait dû mettre un gardien à bord des navires, lui dit-on. Il se défend avec réalisme : « La misère étant si grande, en ces quartiers, il n'y a présentement point de gardiens à l'épreuve d'un écu... »

On décide alors de battre la campagne. On place des archers déguisés en matelots sur la route de Lorient à Saint-Malo. Les Malouins les repèrent aussitôt et les menacent. Ils se découragent. L'un d'entre eux revient en offrant sa démission et il prétend qu'il sera impossible de mettre la main sur les fraudeurs « ceux-ci marchant surtout la nuit et par petits chemins détournés ». Et il ne demande pas son reste... Toutes les complicités bretonnes se sont liguées pour que le roi n'ait pas de piastres. Le richissime négociant malouin Danycan prend ses propres affaires en main. Il se déguise et parvient à faire entrer sa voiture dans Saint-Malo. A l'intérieur, 2 millions de livres de piastres. Il n'est pas question de prêter à Louis XIV.

Devant cette résistance, les fonctionnaires de Versailles décident d'utiliser la manière forte. On dit que ce détournement est un vol qualifié. On promet des primes à ceux qui dénonceraient les « voleurs du roi ». Aucun résultat. « Les pauvres aimaient mieux 10 piastres que ces fraudeurs leur mettaient dans la main que 100 que le roi pouvait leur promettre. »

A la longue, on réussit à faire de beaux coups de filet. Mais là encore, de belles surprises : les capitaines avaient déclaré 3 206 966 piastres. Voici qu'on en découvre plus du double... Les fonctionnaires à Versailles sont alors persuadés qu'on n'a pas encore tout découvert. La chasse aux piastres continue. L'or et l'argent malouin ne cessent de circuler dans toute la Bretagne, dans les chemins creux, et au long des rivières sur des barques qui les remontaient la nuit close...

On finit par arrêter l'abbé Jouin. On trouve sur lui 974 000 piastres. Il proteste de sa qualité : il est honteux de vouloir faire passer un prêtre pour un voleur. Lui, l'évangélisateur des sauvages ! Les autorités sont convaincues que les 974 000 piastres ne représentent qu'une partie de sa fortune. On parle de certains coffres, cachés chez un ami... C'est compter sans les dons de séduction de l'abbé. Il est brillant causeur, affable, distingué. Les responsables de la Compagnie se laissent faire. Il promet sa nièce à l'un d'entre eux : si les coffres existent, la demoiselle sera richement dotée... Les fonctionnaires de la Compagnie ont vite fait de décider le roi à libérer l'abbé. Sitôt élargi, Jouin se met alors à différer le mariage de sa nièce. Les gens de la Compagnie sont furieux. L'abbé continue sa carrière d'intrigant et parvient à s'infiltrer à la cour. Il devient aumônier de Madame... En 1713, le gouvernement cesse pourtant de le protéger. Louis XIV a besoin d'argent. On décide donc d'ouvrir les fameux coffres saisis chez l'ami de Jouin.

Plusieurs barres de cuivre, quelques pièces d'argent. L'abbé lui aussi avait pris ses précautions avant d'entrer en rade de Lorient... Il avait même été plus malin que les autres. De dépit, le roi le disgracia et le fit emprisonner : on l'avait dénoncé comme escroc... Il parvint quand même à bénéficier d'une mesure d'amnistie concernant les pirates. La dernière trace qu'on garde de lui est une supplique au roi d'Espagne. Il prie humblement le monarque de lui donner l'autorisation de s'en aller évangéliser les sauvages de la Terre-de-Feu... La chasse au trésor pouvait reprendre...

L'HERBIER DES ILES

Des pays lointains d'où l'on revient, on ne ramène pas seulement des trésors monnayables. Le XVIIIe siècle a mis à la mode la botanique. Les ports bretons voient entrer des plantes inconnues, des essences rares, des bois précieux. On tente de les acclimater au sol breton. C'est parfois le luxe de commerçants enrichis, comme à Nantes. Pas de plus grand raffinement que d'accoutumer à son parc les végétaux des Isles ou d'orner son salon de plantes étranges. Le maire de Nantes donne aux capitaines de navires de longues listes de végétaux à rapporter. Noms bizarres . « dolic à poils cuisants », « bois cochon », « bananier en culotte d'Adam ». Tous les nouveaux riches se mettent à cette botanique exotique qui est la marque suprême de l'ascension sociale. On remarque cependant des tentatives plus intéressées : on acclimate à Lorient la rhubarbe. L'événement est d'importance, car cette plante avait été considérée jusque là comme une des plantes caractéristiques de la Chine. On y essaie aussi le manioc et surtout la pomme de terre qui est cultivée dans le port breton dès 1763, soit treize ans avant Parmentier. D'autres productions exotiques sont simplement consommées en abondance. On sait très bien qu'il est inutile de songer à faire pousser thé et café. Cela n'empêche pas qu'on se mette à en boire comme les snobs de Paris. Le thé ne prend guère, mais le café a beaucoup de succès, tout particulièrement à Lorient où ont lieu les ventes des produits de Moka et de Bourbon : le déjeuner du matin consiste dans la plupart des milieux en un bon café au lait bien sucré. Mais la marque la plus nette de l'influence de la mer est la généralisation de l'usage du tabac. Dès leurs premiers voyages vers l'Ouest, les marins bretons avaient observé les usages des indigènes du Brésil et du Canada. Ils rapportèrent leur épice, le « petun », et adoptèrent leurs pipes. Avec les marins espagnols et portugais, ils contribuèrent à en répandre l'usage en Europe. Dès 1525, un témoignage atteste l'usage fréquent du tabac chez les marins bretons : « Hier j'ai rencontré un vieux matelot et j'ai bu avec lui un broc de vin de Bretagne. Tout en buvant, il a sorti soudain de sa bougette (bourse) un objet en terre blanche que j'ai pris tout d'abord pour un écritoire d'écolier; on eût dit d'un encrier avec un long tuyau et un petit gallimard (encrier); il a rempli le gros bout de feuilles brunes cassées par lui dans le creux de sa main, a bouté le feu dessus au moyen d'un briquet et l'instant d'après, ayant mis le tuyau entre ses lèvres, il soufflait de la fumée par la bouche, ce qui fort m'émerveilla. Il m'apprit alors que les Portugais lui avaient appris cela et qu'eux-mêmes le tenaient des Indiens mexicos. » Ce mot de « petun », qui désignait primitivement le tabac, fut à l'origine du breton « butun ». Un mot de l'éphémère, pour nommer la plante qui apporte un moment la consolation fugace de tous les ennuis quotidiens, ceux du riche comme ceux du pauvre. Le tabac est vite devenu le compagnon de toutes les errances bretonnes... Pas de voyages sans tabac. Il permet le rêve, passe la mélancolie et on lui attribue des vertus antiscorbutiques. On en embarque en grande quantité à bord des navires. On fume aux heures autorisées; le jour, au travail, on chique. Quand la tempête secoue ou que les manœuvres feraient avaler la chique, on la cache dans son bonnet... La vogue du tabac est telle en Bretagne que dès 1674 la Compagnie des Indes édifie une manufacture à Morlaix. Mais il n'est de lieu dans la province où les gens aient le même goût. Le vieil individualisme. Le goût des directeurs de la manufacture est trop restreint et ne convient pas aux caprices des clients. Les plaintes affluent. Il est vrai que les ouvriers de Morlaix avaient coutume de pratiquer la « mouillade » du tabac, qui permet d'en séparer les feuilles, en le trempant dans la rivière de la ville. Or c'était à l'époque un véritable égoût...

En Bretagne, tout le monde fume. Les femmes comme les hommes. On prise peu, mais il se trouve des marins pour fabriquer des tabatières sculptées en forme de bateau. Le moyen le plus répandu pour goûter les plaisirs du tabac est évidemment la pipe. Elle est en général d'origine hollandaise ou anglaise. Cependant, les faïenceries de Quimper se mirent vers 1750 à en fabriquer. Elles connurent beaucoup de succès en Europe.

Pour allumer la pipe, en ces temps où les allumettes soufrées sont rares et chères, on utilise le « Toul-tan » : le « trou à feu », le brûlain. C'est un os ou une corne taillé en forme de cône tronqué. On l'a rempli de coton. On le tient entre le pouce et l'index contre une pierre à feu. Elles ne manquent pas sur la côte. Il suffit de frapper la pierre à feu d'un couteau, et les étincelles jaillissent en enflammant le coton. Quand on sort, on attache le toul-tan à sa boutonnière. Chez soi, pour l'allumer, il suffit d'attraper une braise au foyer. On renverse la pipe sur le toul-tan ou le brandon, la pipe s'allume, et commence alors le petit bonheur qui dissipe un instant l'humeur noire...

LES VILLES DES TEMPS NEUFS : BREST ET LORIENT

Jusqu'à la fin du XVIIIe siècle, une multitude de petits ports bretons continuent de vivre du cabotage à l'ancienne avec Bordeaux ou l'Espagne : Sein, Landerneau, Audierne, Pont-Croix, Pont-Labbé. A côté d'eux sont nées des villes nouvelles, créations du pouvoir central, qui ont grandi comme champignons. Elles constituent de grands pôles d'attraction pour les artisans, paysans et marins de la région.

Brest est le fief de la marine royale. Sa position avait toujours intéressé les militaires. Un site exceptionnel, dont la magnificence n'a cessé d'impressionner. La rade est large de douze kilomètres, un immense golfe encerclé de côtes élevées qui ne communique avec le large que par un étroit goulet. Pour un paysage tout en force et grandeur, on conçoit tout naturellement de vastes projets. Sa position stratégique en fait une place privilégiée. Pendant tout le Moyen-Age, le développement de Brest avait été lié aux guerres contre l'Angleterre. L'intervention de Colbert et l'impulsion qu'il avait donnée aux travaux du port fut déterminante. La ville grossit. C'est à partir de Brest que Tourville mène la guerre d'escadres. Tandis que les autres ports bretons se spécialisent dans le commerce ou la course, Brest tout entier se consacre à la guerre. Dès 1681, une devise frappée sur une monnaie a défini sa vocation : « *Tutela classium Oceani*, (Forteresse protectrice des flottes océanes) »...

Le rôle du port va suivre les fluctuations de la politique extérieure de la France et l'état général de sa marine. Pendant tout le XVIIIe siècle, la guerre contre l'Angleterre prédomine. Thèmes de manœuvre pour les escadres : projets de débarquement outre-Manche, combats en haute mer, défense et attaque des communications entre l'Europe, l'Amérique du Nord et les Antilles. Toutes les guerres lointaines, aux Indes, aux « Isles » et au Canada passent par Brest. Les retours apportent souvent la nouvelle de cuisantes défaites...

Les hommes de Brest sont donc pour la plupart des soldats et des marins. Tout y a été conçu en vue de la guerre. Arsenal, école de canonnage, école pour les jeunes officiers, les « gardes de marine ». Bientôt, un observatoire, un service hydrographique, une académie des sciences, un bagne. Comme le dit Michelet, « la pensée de Richelieu, la main de Louis XIV, fort, arsenal et bagne, canons et vaisseaux, entassés au bout de la France ».

Cette ville n'est guère bretonne. Les armées françaises y ont apporté tous les conflits qui les déchirent. Sur la ville règne « l'amiral blanc ». C'est le maître du port; il est entouré de toute une bureaucratie. Sa mission est de tenir à jour la « situation » de chaque vaisseau, des équipages, des vivres, des munitions. Il inspecte, il vérifie. Les officiers qui se battent sur mer le détestent : ils pensent que la considération qu'on a pour lui et ses subordonnés est surfaite, car elle ne leur vient pas d'actions brillantes, mais d'une existence paperassière et confortable derrière des bureaux. « Guerre de l'épée contre la plume. » Elle ne cessera qu'avec les ordonnances de Choiseul en 1765.

Les officiers d'épée sont eux-mêmes divisés. Les officiers rouges, de noblesse d'épée, se vantent d'appartenir à ce qu'on appelle le Grand Corps, et méprisent les officiers bleus dont l'uniforme rappelle qu'ils sont entrés dans la marine non pour leur naissance, mais pour leur mérite. Anciens marins de commerce, corsaires d'antan ou fils de pêcheurs... L'arrogance des officiers rouges se fait d'autant plus vive qu'ils sont souvent cadets de famille sans fortune. Or le roi les paie mal et ils sont parfois contraints à vivre pauvrement... Ils se vengent à la première occasion de leur mauvaise étoile et cherchent toutes les occasions de duel, au mépris des édits.

Dans ces conditions, il ne faut pas s'étonner que Brest devienne une ville de désordres. Le recrutement des marins de guerre accentue cette caractéristique. On les racole dans les campagnes, mais c'est de plus en plus difficile. Tout le monde sait, à la fin du XVIIIe siècle, que les soldes sont payées très irrégulièrement, que la fourniture de vêtements est si misérable que les marins du roi vont souvent demi-nus, que la vie à bord est atroce. Les batailles navales bien réglées sur des bateaux somptueux sont une trompeuse apparence. Le bel ordre une fois rompu, le joli carrousel est terminé. Les ornements dorés des vaisseaux volent en éclats sous les boulets, avec des éclats de bois qui se fichent dans les chairs et font d'atroces blessures. Les combats durent des heures. Les navires brûlent. Corps-à-corps atroces dans la fumée ou les chaloupes d'abordage, coups de grappin, noyades... Les gloires dont font état les recruteurs de chair à canon ont le visage épouvantable des mourants que ramènent à Brest les navires de la Royale. Et les pauvres marins n'ont même pas de satisfactions chevaleresques dans ces assauts où ils sont considérés comme des exécutants méprisables. On est donc obligé d'embarquer des soldats sur les vaisseaux du roi : la plupart du temps, ces hommes sont étrangers à la province. On astreint quelquefois les ouvriers et les artisans du port à les loger. Ils saccagent tout, accablent les habitants de réquisitions intolérables. La condition de soldat est aussi très pénible et les soudards se défoulent de leurs malheurs en maltraitant la population locale qui n'en peut mais. Ces ouvriers et artisans de Brest n'ont quitté leurs champs de seigle et de sarrasin que par pure nécessité. En plus de l'irrégularité du travail, qui suit les fluctuations de la guerre, avec la menace permanente d'un recrutement sur les vaisseaux du roi, les brutalités d'une soldatesque effrénée...

Étrangère en Bretagne, Brest ne cesse de bouger. Retours, départs, épidémies meurtrières, rumeurs de guerre, marins en bordée, explorateurs en quête de terres nouvelles, la ville vit presque toujours dans la fièvre. Les officiers supérieurs reçoivent brillamment, comme leur rang le leur impose, les grands princes du royaume qui arrivent avec toute leur escorte, tandis que les marins et les ouvriers croupissent dans la misère. Toutes les plaies habituelles des ports, avec plus de violence qu'ailleurs. Un univers mêlé, où les Bretons n'ont guère leur place. L'écrivain Émile Souvestre en a donné une description à peine exagérée et très savoureuse : « Quoique située à l'extrémité de la Bretagne, la ville de Brest n'est pas une ville bretonne : c'est une colonie maritime composée d'habitants de toutes les provinces de France, et dans laquelle s'est formée je ne sais quelle race douteuse... Brest avait tant reçu dans son port de ces grandes escadres sur lesquelles naviguaient des renégats de toutes les nations, que le libertinage y avait confondu tous les sangs de la terre... L'Inde, dont nos navires couvraient alors les mers, avaient habitué notre marine à toutes les sensualités orientales, et tous, officiers et matelots, en avaient rapporté je ne sais quelle soif de volupté, quelle fièvre licencieuse qui s'était communiquée de proche en proche et avait bientôt envahi tous les rangs. La noblesse, qui occupait exclusivement les positions élevées, donnait l'exemple. On trouvait encore chez elle tous les débordements libertins du siècle précédent : c'était la Régence avec des passions plus sauvages, plus sincères; la Régence avec d'ardents mâles calcinés par les Tropiques, au lieu de pâles roués en jabots de dentelle; la cabine de six pieds et le hamac africain, au lieu de la petite maison et du sofa à franges de soie... » Suit une description de l'opposition des officiers rouges avec le corps des officiers bleus. Souvestre dépeint alors le terrorisme que font régner dans Brest les officiers rouges : « Aussi avaient-ils pris possession de la ville et s'y conduisaient-ils en conquérants. Tout ce qui ne portait pas, comme eux, la culotte et les bas rouges, leur était ennemi. Ce n'était pas seulement l'expression d'un orgueil insolent que le bourgeois avait à supporter, c'étaient des taquineries tracassières d'écoliers effrontés; c'étaient des impertinences assez adroites, assez multipliées pour trouver les jointures de la patience la plus solide. Et nul moyen de se préserver de ces attaques, car elles venaient vous chercher partout, sur les promenades, au spectacle, dans votre maison. La nuit surtout, nul ne pouvait s'en croire à l'abri : souvent, au milieu de votre sommeil, vous étiez réveillé par une voix lamentable qui vous appelait de votre nom; vous couriez à votre fenêtre, et à peine aviez-vous passé la tête dehors qu'une brosse insolente vous peignait la figure à l'huile, aux grands éclats de rire des gardes de marine qui tenaient l'échelle du barbouilleur. Un autre jour en vous levant vous ne trouviez plus ni portes ni fenêtres à votre rez-de-chaussée; tout avait été muré pendant la nuit. Ici, c'étaient des enseignes dont on avait changé la place, de telle sorte que l'affiche d'une sage-femme se trouvait sous le balcon d'un pensionnat de jeunes filles... Et ne croyez pas que l'insolence des gardes de pavillon se bornât à ces insultes anonymes et individuelles; parfois elles s'adressaient à la population toute entière. Un jour, par exemple, ils se disaient : « Il n'y aura pas de spectacle ce soir », et quand vous arriviez, avec votre fille et votre femme, pour voir la pièce nouvelle, vous trouviez deux de ces messieurs à la porte, chapeau sur l'oreille, l'épée à la main, qui vous disaient tranquillement : « On n'entre pas. » On vous mettait la pointe au visage, et il fallait rebrousser chemin. Un autre jour, c'était une promenade qui était mise en interdit. A ceux qui se présentaient, on criait de loin : « Les gardes de marine se promènent, monsieur. » Et il fallait se retirer. Servantes enlevées l'espace d'une nuit, créanciers emmenés en pleine mer et qu'on ne délivre qu'après avoir obtenu quittance de leurs dettes, Souvestre ne tarit pas d'anecdotes. Mais c'est avec la description des nuits de Brest que le texte atteint sa pleine force : « Quand les équipages arrivaient de mer, ils s'emparaient de la ville comme du pont d'un navire pris à l'abordage. Alors il fallait faire rentrer les enfants et les femmes, fermer les fenêtres, baisser les rideaux, car le regard ne pouvait tomber dans la rue sans rencontrer une image sanglante ou obscène. Mais, la nuit venue, c'était bien autre chose : on n'entendait plus que clameurs furieuses, cris de meurtre et hurlements d'ivrognes ! La ville, qui avait été tout le jour un lupanar, devenait alors un coupe-gorge. Les matelots et les soldats s'assassinaient à chaque carrefour... Le lendemain seulement, les laitières de la campagne, en parcourant les rues encore solitaires, s'arrêtaient un instant autour des cadavres que l'orgie avait laissés derrière elle, puis passaient en disant tranquillement : « Il paraît qu'il y a des navires du roi en rade. »

Vandalisme, orgies, provocations permanentes. Il semble qu'il y ait là peu de place pour la création artistique. Et pourtant les vaisseaux du roi ont influencé les artistes. Les sculpteurs que Colbert a envoyés à Brest « pour faire éclater sur les mers la magnificence de Sa Majesté » ont travaillé aussi pour les églises bretonnes. Les statues et les retables des sanctuaires de Léon et de Cornouailles portent leur marque, en particulier Pleyben. Pour la gloire de mer comme pour la gloire de Dieu, ils s'inspirent des chefs-d'œuvre italiens du XVIIe siècle. Les artistes locaux reprennent leur facture dans leurs travaux d'orfèvrerie ou de sculpture. Ainsi, à nouveau, la sirène s'infiltre dans les terres...

A côté de Brest, Lorient fait figure de ville tranquille. C'est pourtant un port agité. Ce sont les Indes en pleine Bretagne. Quand grandissent les Indes françaises, Lorient s'étend. Quand la guerre fait rage là-bas, Lorient aussi est attaquée. C'est ce côté-ci du miroir des mers. Une ville un peu folle, comme Pondichéry. Née de rien, elle aussi, comme sa jumelle indienne.

Au début, la ville connaît un urbanisme désordonné. On logeait les ouvriers du port dans des maisons de torchis à toit de chaume. Les incendies étaient si fréquents qu'il fallut contraindre les habitants à les couvrir d'ardoise. La ville se limitait à ces quelques masures construites à l'intérieur de l'« Enclos » de la Compagnie des Indes. Aucun plan suivi, aucun alignement. Lorient débute dans un désordre invraisemblable. Tout ce qui compte, c'est la mer. Cette confusion des commencements reflète la convoitise fébrile qui a poussé les financiers parisiens à créer les grandes compagnies de commerce lointain. La première population est elle-même très composite. Des marins et des ouvriers provençaux, pour la plupart. Toutes sortes d'aventuriers bons à tout faire. Les Bretons s'en méfient un peu, ils boudent la ville nouvelle. Puis ils s'en approchent, vendent de l'alcool, des produits de leurs terres et finissent par se mêler aux aventuriers.

Lorient à ses débuts fait penser à une ville du Far-West. Tout est à faire. Elle grossit très vite. La pauvreté des Lorientais est si grande que Clairembault, le directeur de la Compagnie, doit se plaindre plusieurs fois auprès du ministre : « Il en meurt tant qu'il n'y a presque plus de place dans les cimetières où on puisse les enterrer... » « Ils se voient réduits à manger l'herbe dans les haies et dans les champs comme les animaux »... « Ces pauvres gens... ne sont plus que des squelettes ressemblant à des portraits de la mort. » Le ministre ne répond rien. Il temporise. Clairembault se voit contraint à utiliser la moindre anecdote pour retenir l'attention lassée de Louis XIV : il raconte que des femmes ont trouvé un gros insecte dont la tête ressemblait à une tête de mort. On l'a découvert dans un cimetière. La misère est si grande que la population est persuadée qu'il s'agit là d'un « présage de grande mortalité ».

La révolte gronde à plusieurs reprises. Il y a même des grèves. En 1707, les cordiers cessent le travail : leurs familles meurent de faim. L'année suivante, c'est le tour des maîtres canonniers. On braconne chez les seigneurs, on pille le seigle des paysans. En 1709, les femmes décident de prendre les choses en main, vont voir le caissier de la Compagnie et lui réclament les sommes dues depuis cinq ans. Elles n'ont même pas de quoi s'acheter des sabots. Elles le menacent à la bretonne : « Qu'on lui casse la tête ! » En 1711, pour la même raison, les matelots menaceront de mettre le feu à l'arsenal. Les gens de la Compagnie leur avaient répondu d'aller chercher eux-mêmes leur solde à Paris. La misère reprend en 1770, quand le port devient possession de la Marine royale. La plupart des ouvriers sont licenciés, la criminalité renaît. On vole partout : dans les magasins de la Compagnie, dans les campagnes... Mal logé, mal payé, souvent sans travail, l'ouvrier lorientais se heurte aussi aux commerçants qui vendent à des prix exorbitants en raison de la présence d'étrangers dans le port. Ils faussent leurs poids et leurs mesures, soudoient des soldats pour bloquer les portes de la ville afin d'empêcher les cultivateurs de traiter directement avec le consommateur. Les ouvriers ne cessent aussi de se heurter aux militaires qu'ils détestent. La plupart du temps, ils n'ont même pas de quoi se consoler avec l'eau-de-vie, que les taxes rendent inabordable. Alors ils se mettent à nouveau en grève. On appelle ces arrêts de travail « désertions »; les meneurs sont menacés et soumis à l'amende. On met en place un système de répressions. Il est strictement défendu « à tous ouvriers et compagnons et autres manœuvres de s'assembler et cabaler entre eux pour faire déserter les ateliers et chantiers... » Pour ceux qui ne plient pas, la prison ou les « bois de justice », carcan, etc. qu'on a pris soin d'installer, même s'il manque à la ville nouvelle d'autres équipements de première nécessité.

Lorient est une ville de passage. C'est là qu'on s'embarque pour toutes les aventures, vers les Indes, le Canada, la Louisiane. C'est par Lorient que transitent toutes les marchandises de la Compagnie des Indes et bientôt là qu'elles sont vendues, à partir de 1733. Le trafic devient tel en 1750 qu'Amsterdam et Londres la considèrent comme une rivale. Des étrangers accourent de partout pour pouvoir acheter les objets de la Chine et des Indes. Les gens de la Compagnie ont dû mettre de l'ordre dans la croissance désordonnée de la cité. On fait appel à Gabriel pour réaliser l'hôtel des ventes de la Compagnie. Façade sobre, fronton sculpté. Une porte monumentale pour faire passer les trésors des Indes. On les entasse sous des voûtes claires en plein cintre. Les bâtiments se fondent dans le décor maritime sans être écrasés. La Tour de la Découverte, d'où l'on surveille le mouvement du port, donne à l'ensemble le souffle de l'aventure. Autour de l'Enclos de la Compagnie, les négociants enrichis ont fait construire de gros hôtels particuliers. Lorient devient une ville brillante. Elle obtient droit de représentation aux États de Bretagne et prend des armoiries : vaisseau voguant sur une mer de sinople, un soleil d'or : « *Ab Oriente refulget* », « C'est de l'Orient que lui vient son éclat. »

Une vente, et la fête commence. Comédiens, montreurs d'animaux. La foule investit la ville. La fête, et le plaisir. Les administrateurs s'émeuvent de ce goût pour les festivités et les défoulements de toute sorte : « Les habitants de ce lieu sont naturellement portés au mal », écrit Clairembault dès les débuts du port. On adore le jeu, les cartes, on fonde des académies de billard; on donne à ce jeu des règles neuves : il devient le « Boston de Lorient ». La ville est pourtant difficile d'accès; les Nantais, qui la jalousent, disent que c'est « un port perdu, un séjour désagréable ». Il semble cependant qu'on s'y amuse comme nulle part ailleurs. Quand on est riche, on étale avec faste. Réceptions somptueuses dans des salons aux lambris tendus de soie chinoise, paravents laqués, porcelaines. Beaucoup de parvenus, tels M. de Rigby, qui proclame : « Ne savez-vous pas que moi, Rigby, suis roi à Lorient, au-dedans et au-dehors ? » Ce directeur de la Compagnie se sentait si sûr de lui-même qu'il possédait toute une domesticité vêtue d'une livrée spécialement conçue et d'un luxe époustouflant. Ses élégances suspectes finirent quand même par le conduire à la Bastille...

En cette fin du XVIIIe siècle, Lorient est une jolie façade. Belles maisons sobres de granit bleu-gris tacheté de blanc. Ivresse des cargaisons que rapportent les vaisseaux. Les femmes se précipitent sur les soies, les mousselines et les organdis. Tout n'est qu'apparence et passage. Comme le plaisir et les réjouissances. Mais la fête aussi n'est belle que parce qu'on la sait éphémère.

Après le règne de la Compagnie des Indes, les splendeurs de Lorient vont se faner. Certains disent qu'il ne reste que deux choses de cet âge d'or de la porte des Indes : la coquetterie des femmes et le goût de la fête.

LA TRADITION DES VILLES ANCIENNES

Nantes était l'ancienne capitale du duché. Elle a connu peut-être l'enrichissement le plus visible, et le plus durable. La vieille cité ducale est devenue la ville des « isles ». Tous les traits de la vie quotidienne y rappellent l'annexe lointaine des terres à sucre et ses voyages triangulaires. La ville prudente, qui rêvait de charmes flamands, se colore désormais de tous les exotismes des mers nouvelles. Nantes est une ville de l'eau. Les gros vaisseaux restent à Paimbeuf, et ce sont des embarcations plus petites, les gabares, qui remontent la Loire avec les marchandises. D'autres navires continuent sur le fleuve jusqu'à Roanne. Avec Nantes, les trésors des océans pénètrent les terres françaises. L'animation de la Loire donne à la ville une atmosphère très particulière. Le sucre, que l'on décharge avant de le diriger vers les raffineries. Les cafés, le coton, l'indigo. Et les ballots divers de « drogueries et épiceries » : poivre, gomme du Sénégal, gingembre. Enfin les Noirs que les capitaines ramènent pour leur service personnel ou celui d'anciens colons. On en a peur, bien souvent : « Le plus grand nombre des esclaves qui est à Nantes est inutile, et même dangereux. On ne voit dans les places et sur les ponts que nègres attroupés, qui poussent l'insolence jusqu'à insulter les citoyens, non seulement le jour mais particulièrement la nuit. » Comme à Saint-Domingue, on craint l'empoisonnement. On redoute les mariages mixtes... Et pourtant la ville ne vit que de la traite. Immenses fabriques d'indiennes, de vanneries, de chapeaux à destination de l'Afrique... Retours de familles « amériquaines » avec enfants et esclaves. Le trafic négrier conditionne toutes les activités nantaises. Une population d'artisans et d'ouvriers bretons a été attirée par les gros négociants et vit autour d'eux. Les familles s'entassent dans une pièce servant à tout, mais les maigres salaires sont une sorte de bonheur à côté de la misère passée. Que le commerce avec les Isles vienne à être perturbé et c'est la catastrophe pour toute cette population. Pendant la guerre de Sept Ans, les quais du port se couvrent de mendiants et ils vont finir dans la vermine de l'hôpital.

Le grand prestige de Nantes, ce sont ses négociants. Des Bretons, mais plus souvent des étrangers. Nantes a toujours été ville ouverte. Les ventes de la Compagnie des Indes ont attiré des acheteurs fortunés. La vieille cité ducale est devenue un centre d'affaires. Elle a même sa Bourse. Après le transfert des ventes à Lorient, le marché de la traite a pris efficacement le relais.

C'est de cette époque que date la splendeur de la ville. Pour les négociants, construire représente un acte de prestige. L'un d'entre eux contraint ses héritiers à terminer les constructions fastueuses qu'il a entreprises. Son testament est clair : « Je veux que la bâtisse de la maison et magasins que j'ai fait construire à la Fosse de cette ville, soient continués et achevés, parachevés et finis avec toutes les décorations et agréments que mérite un édifice de cette conséquence... » L'île Feydeau devient le centre aristocratique de la cité. Tout y dit la richesse venue des « isles ». Dans les mascarons qui décorent les façades, des divinités marines, des Neptunes virils, des Éoles joufflus, des rois nègres couronnés. A l'intérieur, parquets de « bois des isles », palissandre incrusté de bois de rose, acajou, ébène. Trumeaux à la dernière mode, singeries, turqueries. Grands balcons ventrus. Leur galbe truculent et baroque évoque ce monde exotique à la végétation débridée dont est venue la richesse. Derrière les grilles ouvragées des hôtels, on sent un univers repu, optimiste et satisfait de sa patience commerçante. Toute l'île Feydeau reflète le même esprit. Les négociants nantais sont de noblesse récente, mais ils y mènent l'existence d'authentiques aristocrates. Ils forment des clans, se marient entre eux. Beaucoup de négociants vivent en famille, faisant caisse commune, chacun des membres ne possédant en propre que ses meubles, ses vêtements, son linge et ses bijoux...

Ici aussi, comme à Lorient, il importe de paraître. Certains commerçants tiennent table ouverte, d'autres prétendent ne pouvoir posséder que de la vaisselle d'argent parce que les enfants cassent tout. Aux alentours de la ville, ils font construire des « folies » où ils donnent de grandes réceptions. On ne perd jamais de vue la mer. Un horizon de Loire vient rappeler le trafic du port. Des jardins, où l'on fait pousser les plantes des Isles. Serres, orangeries. Certains y consacrent tous leurs loisirs. C'est aussi un acte de prestige en ce XVIIIe siècle, comme la musique, la lecture des philosophes, le théâtre.

Dans la ville passent ceux qui s'en vont chercher fortune aux Antilles et ceux qui reviennent la dépenser en France. Ces derniers débarquent avec des airs de grands seigneurs. Il arrive aussi fréquemment que les négociants nantais reçoivent les enfants des « Amériquains » qu'on envoie en France parfaire leur éducation. Ils les traitent comme leurs propres enfants, mais leur patience est mise à dure épreuve. On doit vite constater que les insulaires se désintéressent de leur progéniture au point de les oublier et de négliger de leur confier un minimum d'argent. Évidemment, le service consenti par les négociants n'est qu'à demi désintéressé, puisqu'il contribue à entretenir de bonnes relations avec les gens des Isles, dont ils ont le plus grand besoin. Mais ils risquent aussi de très gros ennuis. Les jeunes filles ne causent pas grand souci. On les place immédiatement dans des maisons où on leur apprend les bonnes manières; les charmes des créoles et leurs jolies dots en font des partis appréciés. Il n'en va pas de même pour les jeunes garçons, le plus souvent intenables. La vie des « isles » les a accoutumés à être toujours servis. Ils sont querelleurs, capricieux, turbulents. A Nantes, avec la tentation de tous les tripots, ils ont tôt fait de s'« alibertiner ». On essaie de ne pas les laisser seuls, mais il faut croire que les promenades surveillées dans les jardins d'orangers ne leur plaisent guère, car ils ne songent qu'à se sauver. Dettes et vie de bâton de chaise. Les négociants se plaignent auprès des gens des « isles » : « Si vous envoyez des enfants en France, faites-les passer très jeunes. Dans le bas âge, ils connaissent moins d'indépendance. » Certains « amériquains » ont en effet la spécialité de se faire renvoyer de tous les collèges... Les négociants sont aussi assaillis des sollicitations multiples des habitants des Isles. On leur demande de tout, de faire teindre des robes, de trouver des perroquets... En principe, ils se doivent de veiller sur le bien-être des épouses de planteurs venues en France. Elles ne cessent de leur demander de l'argent. Une dame créole qui a dépensé tout son argent à Paris ne sait plus comment rentrer aux Antilles. Elle sollicite un armateur. L'opération-charme échoue. A court d'arguments, elle adresse alors son portrait et celui de son enfant à son époux pour lui susciter le désir de les revoir. Le négociant appuie la démarche de ces quelques mots : « C'est à vous de l'aider à se libérer... »

La vieille ville de Jean V et d'Anne de Bretagne est devenue Nantes l'exotique. On envoie son linge à blanchir à Saint-Domingue, on fait vieillir ses vins à bord des vaisseaux, quand on en a les moyens. Une ville bigarrée, animée. Elle abrite même vers 1780 un ancien Robinson Crusoé qu'un bateau a recueilli avec son épouse indigène, la « Belle Sauvage »...

Un certain bonheur, dans cet exotisme de bon ton et cette richesse bien portée. Mais il reste de vieux Bretons qui pestent contre les nouveautés et regrettent les temps des ducs. C'est que Nantes l'exotique est aussi devenue une ville française.

Seule, inaltérable, la ville-vaisseau. La cité-corsaire. Saint-Malo de l'isle... Un concentré de Bretagne maritime. L'enrichissement n'a pas changé beaucoup de choses. Avec l'argent gagné en course ou dans les voyages aux mers du Sud, les Malouins ont fait construire de somptueux hôtels particuliers. Grands toits pointus à l'épreuve des pluies, cheminées monumentales. Mais jamais l'urbanisme des temps neufs n'a fait oublier la vieille loi malouine. Celle de l'isolement, et donc du resserrement. Un urbanisme d'indépendance. L'ancienne « impossibilité d'obéir ». Tout est étroit à Saint-Malo. Bientôt la cité n'a plus eu assez de place pour loger ses morts et ils furent inhumés sous le sable des grèves. Les petites rues semblent se replier sur elles-mêmes. Le vent se brise d'angle en angle. Leurs anciens noms faisaient rêver : rue du Chat qui danse, rue du Tambour défoncé, rue de la Crevaille. Une cité marine, où se mélangent les odeurs de poisson, de goudron et de légumes. Sur la périphérie, les quartiers neufs des marins enrichis. Hommes respectés. On sait que l'argent gagné sur mer l'a été durement. Leurs quartiers disent encore l'aventure : on les appelle Moka, la Californie. L'intérieur de ces hôtels vise avant tout à procurer le confort. L'entrée est de plain-pied et ouvre sur la « chambre principale » qui tient lieu de salon. Elle est exclusivement meublée de sièges. Une salle à manger lambrissée d'acajou, où l'influence hollandaise se fait souvent sentir; elle serait due à la saisie de meubles hollandais par des navires corsaires. Les murs sont quelquefois tendus de tapisseries de Flandre à grands personnages. Porcelaines de Chine, pendules de marqueterie. Tout appelle au repos après les aventures de mer et le « commerce Gras », comme on appela un temps le commerce interlope. A l'extérieur, rien que la mer et le vent. Le plein vent de Saint-Malo. Il semble que les habitants n'aient pas pu s'en passer. Pour leurs « commodités », la plupart des Malouins se rendent sur les grèves, où ils ont parfois leur rocher de prédilection. Les plus raffinés restent à l'intérieur et s'assoient sur des reliures sans texte portant sur la tranche : « Voyage aux Pays-Bas ». Encore un souvenir des combats de corsaires...

Dans la vie quotidienne, Saint-Malo demeure un vaisseau en partance. Les plus riches font graver leur vaisselle de navires à voiles. Ou bien ils mangent dans des plats de la Compagnie des Indes. Leurs papillons et leurs poissons roses et bleus ne cessent pas de parler de voyages à la Chine. Maquettes de bateau, coffres laqués, boîtes de nacre, coquillages des îles... Richesse et rêve mariés. La partance est toujours présente, comme le splendide isolement de la cité : jusqu'à la fin du XVIIIe siècle, la ville persiste à être gardée par les fameux « chiens du guet ». On les lâche sur les grèves dès la tombée de la nuit et ils sont plus efficaces que n'importe quelle police pour garder les vaisseaux au ventre plein de cargaisons.

Comme partout, les cabarets, souvent tenus par des Irlandais. Les filles de la rue des Mœurs. Les cartes à jouer, une vraie fureur. Les bonnes indiennes ou les dames des îles. Pour ceux à qui l'étroitesse de la ville commence à peser, les « malouinières » de la campagne. Il faut pour cela être riche. Mais on ne perd jamais de vue la mer. Derrière les arbres et les jardins tranquilles, un horizon d'estuaire, un morceau d'océan. Sur les plages de Saint-Malo jouent tous les enfants, riches comme pauvres. Il y eut parmi eux, en cette fin du XVIIIe siècle, un certain Chateaubriand. Saint-Malo continuait d'être vaisseau de pierre, prêt à tous les départs. Toutes chevaleries, toutes errances possibles. Avec Chateaubriand, la nouvelle partance bretonne fut un jour le Romantisme.

Partir encore

Le voyage n'est pas terminé. Bretons, hommes d'éternelle partance. L'histoire a inscrit pour longtemps les départs de la grande époque tout au long de leurs rivages. Les destructions des guerres n'ont pas réussi à les effacer. Les estuaires s'ouvrent comme autrefois sur les grands océans. Les navires sont moins qu'avant des choses de beauté, mais toujours, chez les Bretons, l'errance native et le goût de l'aventure. Si la vie devient plus dure, l'océan promet encore toutes les chimères. Et pour ceux qui restent, contre le désespoir, la mer imaginaire. La mer intérieure. L'Autre Monde est là, en eux, avec ses prestiges et ses tentations. L'autre côté du soleil. L'autre côté du miroir. S'il n'existe pas, qu'importe : la vie n'est peut-être qu'une croisière sur l'océan des apparences.

La découverte du monde a rétréci les horizons des grands voyages. Il n'est donc pas étonnant que de nos jours l'aventure bretonne se fasse de plus en plus dans le domaine de l'art. Et toujours, la recherche de l'Autre Monde. La harpe de Stivell fait ressurgir du passé les plus anciennes mélodies celtiques et les marie à des harmonies indiennes ou japonaises. Pour Victor Segalen, André Breton, Julien Gracq, la Bretagne a représenté l'embarcadère privilégié de tous les voyages où se déploie l'imaginaire. Terre des grandes quêtes sacrées, le pays des sirènes inspire toujours les partances qui referont un monde plus beau, plus pur, plus signifiant.

Cette aventure, comme autrefois, n'est pas le fait de quelques isolés. Le peuple breton tout entier continue à vivre à sa manière bien à lui, rêveuse et révoltée à la fois. Romantique, depuis l'origine, avant même que le mot ne soit inventé.

Allez à Penmarc'h. L'endroit n'a pas encore été blessé par les grands viols pétroliers avant-coureurs d'apocalypse. C'est là que Tristan et Iseult se sont embarqués pour l'Autre Monde. Pour une terre d'amour, au-delà de la mer, au-delà de la mort. C'est aussi au pays de Penmarc'h que se trouvent les clochers bigoudens, décapités sur l'ordre d'un roi français qui se croyait Soleil.

Ils sont toujours là, les clochers bretons, qu'on avait élevés à la gloire des fortunes de mer. Décapités, ouverts à tous les vents fous. Mais toujours debout. On ne détruit pas les chimères bretonnes. On ne dissout pas le goût de l'aventure. On ne découronne pas l'orgueil des chevaliers des mers.

L'Autre Monde est toujours là, qui attend derrière le soleil.

REPÈRES CHRONOLOGIQUES

56 av. J.C. : Révolte des Vénètes contre les Romains. Les Vénètes sont battus.
V^e au VIe siècle de notre ère : Émigration des Bretons des Iles britanniques vers l'Armorique (l'actuelle Bretagne).
1291-1295 : Voyages par voie de terre du Vénitien Marco Polo vers l'Asie orientale. Naissance du mythe de Cathay et Xipanghu.
1341-1364 : Guerre de succession de Bretagne.
1399-1442 : Règne du duc Jean V, duc de la paix.
1442-1450 : Règne du duc François Ier.
1458-1488 : Règne du duc François II. Pierre Landais, son trésorier et conseiller.
1486 : Les États de Bretagne reconnaissent à Anne, fille du duc François II, le droit de succéder à son père.
1488 : Défaite bretonne de Saint-Aubin-du-Cormier. Traité du Verger.
1488-1514 : Règne de la duchesse Anne.
1491 : Mariage de la duchesse Anne à Charles VIII roi de France.
1492 : Découverte des Bahamas et des Antilles par Colomb.
1498 : Mort de Charles VIII.
1499 : Second mariage d'Anne de Bretagne avec Louis XII roi de France.
1514 : Mort d'Anne de Bretagne. Quelques mois plus tard, sa fille Claude épouse François d'Angoulême, le futur François Ier.
1532 : Traité d'Union. Fin de l'indépendance bretonne, mais statut d'autonomie dont les clauses sont définies dans l'édit du Plessis-Macé.
1534 : Premier voyage de Jacques Cartier au Canada.
1588 : Guerres de la Ligue en Bretagne. Révolte de Mercœur (1598).
1599 : Voyage des Hollandais au Japon.
1601 : Expéditions malouines vers l'océan Indien et l'archipel de la Sonde (François Martin de Vitré et Pirard de Laval).
1608 : Champlain fonde Québec.
1620 : Fondation de la Compagnie du Morbihan pour commercer vers les pays nouvellement découverts.
1626 : Richelieu, « grand maître de la navigation et du commerce ». Début de l'essor de Brest comme port de la Marine Royale.

1635 : Fondation de la Compagnie française des Isles d'Amérique. Les Français occupent la Guadeloupe. Débuts de la boucane, puis de la flibuste.
1642 : Premiers établissements français à Madagascar. Fondation de la Compagnie française d'Orient.
1644 : Débuts de la culture de la canne à sucre aux Antilles.
1648 : Banqueroute de la Compagnie française des Isles d'Amérique.
1649 : Prise de possession de l'île Bourbon (la Réunion).
1661 : Prise du pouvoir par Louis XIV. Disgrâce de Fouquet.
1664 : Fondation par Colbert de la Compagnie des Indes orientales.
1666 : Fondation de Lorient. Les Français à Saint-Domingue.
1674 : Fondation de Pondichéry.
1675 : Dans toute la Bretagne, révolte populaire contre le pouvoir central, dite « révolte du papier timbré ».
1683 : Seignelay succède à son père Colbert.
1690 : Louis de Pontchartrain prend la succession de Seignelay.
1692 : Défaite navale des Français à la Hougue.
1693-1698 : Apogée de la course à Saint-Malo. Guerres franco-hollandaises.
1699 : Jérôme de Pontchartrain aux affaires.
1708-1714 : Voyages des Malouins à Moka et établissement de relations commerciales suivies dans l'océan Indien et avec la Chine. Trafic « interlope » avec l'Amérique du Sud.
1711 : Duguay-Trouin prend Rio de Janeiro et soumet la ville à rançon.
1712 : Tentatives de mise en valeur de la Louisiane.
1713 : Traité d'Utrecht. Traité de l'Asiento.
1715 : Prise de possession de l'île Maurice par la France. Maurepas aux affaires.
1715-1720 : « Système » de Law.
1718 : Révolte de Pontkallec.
1723 : Reconstitution de la Compagnie des Indes.
1733 : Transfert des ventes de la Compagnie de Nantes à Lorient. A Nantes, apogée de la traite négrière.
1731-1754 : Dupleix aux Indes.
1735-1745 : Mahé de la Bourdonnais à l'île de France et aux Indes.
1746 : Prise de Madras par La Bourdonnais. Disgrâce de son protecteur Orry, contrôleur général des Finances. Disgrâce de La Bourdonnais.
1754 : Accord provisoire franco-anglais sur l'Acadie. Dupleix quitte l'Inde. Traité de Godeheu.
1755 : Les Anglais occupent l'Acadie et en déportent les habitants.
1756-1763 : Guerre de Sept Ans.
1758 : Lally-Tollendal dans l'Inde. En France, Choiseul aux affaires.
1759 : Offensives victorieuses des Anglais en Inde et au Canada. En Bretagne, bataille navale de la passe des Cardinaux : désastre français.
1760 : Siège de Pondichéry, perte de Karikal, capitulation de Montréal. Aux Indes, défaite de Lally-Tollendal.
1761 : Capitulation de Pondichéry et de Mahé.
1763 : Traité de Paris. Perte du Canada contre les Antilles et les comptoirs de l'Inde.
1766-1769 : Bougainville dans les mers du Sud.
1768-1771 : Cook dans les mers du Sud.
1770 : Dissolution de la Compagnie des Indes. Le commerce redevient libre.

1771-1773 : Voyages de Kerguélen et de Marion-Dufresne aux mers du Sud.
1774 : Mort de Louis XV.
1778 : Bataille d'Ouessant.
Bataille de *La Belle Poule.*

BIBLIOGRAPHIE SOMMAIRE

Je tiens tout d'abord à remercier Pierre-Jakez HÉLIAS, Pierre KERAVAL, Marc LEGROS, Joëlle et Robert NAMER de tous leurs conseils et suggestions.

OUVRAGES GÉNERAUX

Histoire de la Bretagne, sous la direction de Jean Delumeau, Privat, 1969.
Documents de l'histoire de la Bretagne, Privat, 1971.
Histoire de Rennes, Privat, 1972.
Histoire de Brest, Privat, 1976.
Histoire de Nantes, Privat, 1977.
Yann BREKILIENN, *Histoire de la Bretagne,* 1972.
Jean MARKALE, *Histoire secrète de la Bretagne,* 1977.
Charles de LA RONCIÈRE, *Histoire de la Marine française,* 1899-1920.
H.E. JENKINS, *Histoire de la Marine française,* 1977.
G. LE GENTIL, *Découverte du monde,* 1954.

Mentalité

Archives de l'Amirauté de Vannes.
Paul SÉBILLOT, *Contes de pêcheurs, Folklore des pêcheurs,* etc. *passim.*
Gwenc'hlan LE SCOUEZEC, *Guide de la Bretagne mystérieuse,* 1966; *Bretagne, Terre sacrée,* 1977.
J. MEYER, *La Noblesse bretonne,* 1972.
Pierre-Jakez HÉLIAS, *Le Cheval d'orgueil,* 1976.
M. LE LANNOU, *La Bretagne et les Bretons,* 1978.

Relations de voyage

Journaux de bord des expéditions de Jacques Cartier.
François Martin de VITRÉ, *Description du premier voyage fait aux Indes Orientales par les Français,* Paris, 1609.
Pirard de LAVAL, *Voyage de Pyrard de Laval contenant sa navigation aux Indes orientales, aux Moluques et au Brésil,* Paris, 1615.
Bernardin de SAINT-PIERRE, *Voyage à l'Ile-de-France,* édition de 1840.

Y. de KERGUELEN-TRÉMAREC, *Relation de deux voyages dans les mers australes et les Indes faits en 1771, 1772, 1773 et 1774.* Paris, 1782.
Abbé ROCHON, *Nouveau voyage à la mer du Sud commencé sous les ordres de M. Marion et achevé après la mort de cet officier sous ceux de M. le chevalier Du Clesmeur* Paris, 1783.

Pirates et flibustiers

A.O. OEXMELIN, *Histoire des aventuriers flibustiers,* 1684.
P. de La VAISSIÈRE, *Les Origines de la colonisation et la formation de la société française à Saint-Domingue.*
MERLE et DEBIEN, *Colons, marchands et engagés à Nantes au XVIIe siècle,* Revue de l'histoire des colonies, tome 29.
H. DESCHAMPS, *Pirates et flibustiers,* 1973.
G. LAPOUGE, *Les Pirates,* 1976.

Corsaires

E. DUPONT, *Les Corsaires chez eux,* 1925.
R. VERCEL, *Visages de Corsaires,* 1943; *Saint-Malo et l'âme malouine,* 1961.

Indes et Chine

Archives de la Compagnie des Indes à Lorient.
H. WEBER, *La Compagnie des Indes,* 1904.
R. PICARD, KERNEIS et BRUNEAU, *La Route de la porcelaine,* 1966.
DERMIGNY, *La Chine et l'Occident, le commerce à Canton au XVIIIe siècle,* 1964.

Ile de France et île Bourbon

Mahé de LA BOURDONNAIS, *Mémoire des Iles-de-France et Bourbon,* 1827.
Bourde de LA ROGERIE, *Les Bretons aux Iles-de-France et Bourbon,* 1934.
A. TOUSSAINT, *Histoire des îles Mascareignes,* 1972.
Ph. LENOIR, *Ile Maurice, île-de-France en mer indienne,* 1978.

Antilles

P. de La VAISSIÈRE, *La Société et la vie créole sous l'Ancien Régime,* 1909.
G. MARTIN, *Nantes au XVIIIe siècle, l'ère des négriers,* 1931.
Du HALGOUET, *Nantes, ses relations commerciales avec les Iles d'Amérique,* 1939.
F. GIROD, *La Vie quotidienne de la société créole, Saint-Domingue au XVIIIe siècle,* 1972.

Louisiane

E. LAUVRIÈRE, *Histoire de la Louisiane française*, 1940.
M. GIRAUD, *Histoire de la Louisiane française*, 1953.

Acadie

LONGFELLOW, *Evangeline.*
E. LAUVRIERE, *Brève histoire tragique du peuple acadien*, 1947.
R. RUMILLY, *Histoire des Acadiens*, 1955.

Table des matières

Achevé d'imprimer sur les presses de **Scorpion,**
à Verviers, pour le compte des **Nouvelles Editions Marabout.**
D. mars 1983/0099/42
ISBN 2-501-00361-6